McDonald's
सक्सेस Story

मैकडोनाल्ड्स को सेवा (सर्विस) ब्रांड माना जाता है। जी हाँ, विश्व में चंद ब्रांड ही ऐसे हैं, जो मैकडोनाल्ड्स से अधिक पहचाने जाते हैं। सच तो यही है कि अब सलीब में टँगे ईसामसीह का चित्र की तुलना में मैकडोनाल्ड्स के सुनहरे मेहराव (गोल्डन आर्चेज) को ज्यादा लोग पहचानते हैं। ध्यान देने की बात यह भी है कि चाहे वे वैश्वीकरण (ग्लोबलाइजेशन) का विरोध करनेवाले सामाजिक कार्यकर्ता हों या सरकारी स्वास्थ्य अधिकारी या फिर बच्चों के मोटापे को लेकर चिंतित माता-पिता मैकडोनाल्ड्स सभी दिशाओं से विरोध को झेलता हुआ आगे बड़ा है। यही कारण है कि मैकडोनाल्ड्स को बहुधा विश्व का सबसे अधिक घृणा किए जानेवाला ब्रांड भी कहा जाता है, लेकिन इन विरोधों के बाद भी मैकडोनाल्ड्स विश्वव्यापी ब्रांड के रूप में अपने प्रभाव को कायम रख सका है, तो इसका प्रमुख कारण उसकी जनसंपर्क रणनीति रही है। रोनाल्ड मैकडोनाल्ड हाउस चैरिटीज (आर.एम.एस.सी.) के अंतर्गत दुनिया के 57 देशों में 322 घर से बाहर घर संचालित किए जा रहे थे, जिनमें नजदीकी अस्पतालों में अपने बच्चों का इलाज करा रहे जरूरतमंद परिवारों को हर रात कुल 7200 शयन-कक्षों की सुविधा प्रदान की जा रही थी। इसके अलावा भी मैकडोनाल्ड्स कंपनी स्तर पर व क्रोक फाउंडेशन के माध्यम से कई तरह के सेवाकार्यों को आर्थिक सहायता प्रदान करता है।

वरिष्ठ पत्रकार **प्रदीप ठाकुर** को भारत के प्रमुख मीडिया समूहों (दिल्ली प्रेस, अमर उजाला व दैनिक जागरण) में विभिन्न संपादकीय पदों पर काम करने और विविध विषयों पर लिखने व विश्लेषण प्रस्तुत करने का दो दशक से भी अधिक समय का अनुभव प्राप्त है। उनकी अंग्रेजी में प्रकाशित कृतियाँ हैं : 'टाटा नैनो : द पीपल्स कार', 'कैरीइंग धीरूभाई', 'विजन फॉरवर्ड : मुकेश अंबानी', 'द शाइनिंग स्टार ऑफ अमेरिका एंड द वर्ल्ड : बराक ओबामा', 'द किंग ऑफ स्टील : लक्ष्मी एन. मित्तल', 'अन्ना हजारे : द फेस ऑफ इंडिया अगेंस्ट करप्शन', 'एंजेलीना जोली : इज शी द मोस्ट पॉवरफुल सेलिब्रिटी' और 'टाइगर इन द वुड्स : द स्टोरी ऑफ नं. 1 स्पोर्ट्स-ब्रांड टाइगर वुड्स'।

McDonald's
सक्सेस Story

(विश्वप्रसिद्ध बर्गर कंपनी की शिखरगाथा)

प्रदीप ठाकुर

प्रभात
पेपरबैक्स
www.prabhatbooks.com

McDonald's और अन्य ब्रांड जिनका उल्लेख इस पुस्तक में किया गया है, वे McDonald's व संबंधित कंपनियों के अधिकृत ट्रेडमार्क हैं और उनकी कंपनी ही इन लोगो और ब्रांड की असली स्वामी है। यह पुस्तक McDonald's की अधिकृत पुस्तक नहीं है और इस पुस्तक में दी सारी सामग्री लेखक ने अपनी व्यक्तिगत जानकारी के आधार पर लिखी है।

प्रकाशक

प्रभात पेपरबैक्स

4/19 आसफ अली रोड, नई दिल्ली-110002

फोन : 23289777 • हेल्पलाइन नं. : 7827007777

इ-मेल : prabhatbooks@gmail.com ❖ वेब ठिकाना : www.prabhatbooks.com

संस्करण

प्रथम, 2018

मूल्य

दो सौ पचास रुपए

अ.मा.पु.स. 978-93-5266-312-5

मुद्रक

आर-टेक ऑफसेट प्रिंटर्स, दिल्ली

★

McDONALD'S SUCCESS STORY
by Pradeep Thakur

Published by **PRABHAT PAPERBACKS**
4/19 Asaf Ali Road, New Delhi-110002

ISBN 978-93-5266-312-5

₹250.00

मेरी पूर्णकालिक लेखन-यात्रा को
संभव बनानेवाली धर्मपत्नी किरण और
मुझे हमेशा उत्साहित रखनेवाले
सुपुत्रों प्रभाकर, पुष्कर व भाष्कर
को
सस्नेह समर्पित

भूमिका

मैकडोनाल्ड्स को सेवा (सर्विस) ब्रांड माना जाता है। मई 2017 में 'फोर्ब्स' पत्रिका ने 3 प्रतिशत वार्षिक बढ़त के साथ मैकडोनाल्ड्स का ब्रांड मूल्य 40.3 अरब डॉलर व ब्रांड राजस्व 85 अरब डॉलर आँका था और विश्व के 100 सबसे मूल्यवान ब्रांड सूची में नौवें स्थान पर रखा था। मैकडोनाल्ड्स मूल्य व राजस्व दोनों दृष्टियों से रेस्तराँ उद्योग के अपने दो निकटतम प्रतिद्वंद्वियों—स्टारबक्स (ब्रांड श्रेणी क्रम : 35; ब्रांड मूल्य : 14.9 अरब डॉलर; ब्रांड राजस्व : 20.8 अरब डॉलर) व सबवे (ब्रांड श्रेणी क्रम : 92; ब्रांड मूल्य : 7.1 अरब डॉलर; ब्रांड राजस्व : 17 अरब डॉलर) से बहुत ही आगे चल रही थी, लेकिन 2015 की तुलना में, 2017 की विश्व के 100 सबसे मूल्यवान ब्रांड सूची में मैकडोनाल्ड्स छठे से नौवें स्थान पर आ गया था।

इसका मूल कारण यह था कि मैकडोनाल्ड्स के तीन सबसे प्रमुख बाजारों अमेरिका (14,267 रेस्तराँ), जापान (3,164 रेस्तराँ) व चीन (2000+ रेस्तराँ) में उसके कारोबार का संतृप्ति-स्तरों (सेचुरेशन लेवल) के ऊपर चले गए थे और उसका राजस्व 2013 (31 दिसंबर तक) के उच्चतम स्तर 28.106 अरब डॉलर से घटकर 2014 में 27.144 अरब डॉलर और शुद्ध लाभ 5.586 अरब डॉलर से घटकर 4.758 अरब डॉलर रह गया था। यही कारण था कि 2015 की शुरुआत में मैकडोनाल्ड्स ने अपने 36,258 रेस्तराओं (कंपनी संचालित : 6,714; फ्रेंचाइजी : 29,544) के विश्वव्यापी-संजाल में से 700 को बंद करने का विचार प्रकट किया था, जिनमें से आधे अमेरिका के ही थे। वर्ष 2015 में मैकडोनाल्ड्स के राजस्व 25.413 अरब डॉलर व शुद्ध लाभ 4.529 अरब डॉलर रह गया था। हालाँकि, 2016 में राजस्व और गिरकर 24.622 अरब डॉलर रह गया था, लेकिन शुद्ध लाभ मामूली बढ़त के साथ 4.687 अरब डॉलर के स्तर पर चला आया था, और फोर्ब्स ने मैकडोनाल्ड्स के ब्रांड मूल्य को 3 प्रतिशत बढ़ा दिया था। रोचक तथ्य यह है कि इन दो वर्षों में मैकडोनाल्ड्स ने कंपनी संचालित रेस्तराओं की संख्या 1045 घटाकर 5669, जबकि फ्रेंचाइजी रेस्तराओं

की संख्या को 1686 इकाइयाँ बढ़ाकर 31,230 कर लिया था; लेकिन कुल कर्मचारियों की कुल संख्या को 4.20 लाख से घटाकर 3.75 लाख कर लिया था। इस प्रकार, 31 दिसंबर, 2016 तक, मैकडोनाल्ड्स के रेस्तराओं कुल संख्या 641 इकाइयों की बढ़त के साथ 36,899 हो गई थी, और कंपनी का वित्तीय भविष्य एक बार फिर से पटरी पर आता दिखने लगा था।

जी हाँ, विश्व में चंद ब्रांड ही ऐसे हैं, जो मैकडोनाल्ड्स से अधिक पहचाने जाते हैं। सच तो यही है कि अब सलीब में टँगे ईसामसीह का चित्र की तुलना में मैकडोनाल्ड्स के सुनहरे मेहराव (गोल्डन आर्चेज) को ज्यादा लोग पहचानते हैं। ध्यान देने की बात यह भी है कि चाहे वे वैश्वीकरण (ग्लोबलाइजेशन) का विरोध करनेवाले सामाजिक कार्यकर्ता हों या सरकारी स्वास्थ्य अधिकारी या फिर बच्चों के मोटापे को लेकर चिंतित माता-पिता मैकडोनाल्ड्स सभी दिशाओं से विरोध को झेलता हुआ आगे बड़ा है। यही कारण है कि मैकडोनाल्ड्स को बहुधा विश्व का सबसे अधिक घृणा किए जानेवाला ब्रांड भी कहा जाता है, लेकिन इन विरोधों के बाद भी मैकडोनाल्ड्स विश्वव्यापी ब्रांड के रूप में अपने प्रभाव को कायम रख सका है, तो इसका प्रमुख कारण उसकी जनसंपर्क रणनीति रही है। रोनाल्ड मैकडोनाल्ड हाउस चैरिटीज (आर.एम.एस.सी.) के अंतर्गत दुनिया के 57 देशों में 322 घर से बाहर घर संचालित किए जा रहे थे, जिनमें नजदीकी अस्पतालों में अपने बच्चों का इलाज करा रहे जरूरतमंद परिवारों को हर रात कुल 7200 शयन-कक्षों की सुविधा प्रदान की जा रही थी। इसके अलावा भी मैकडोनाल्ड्स कंपनी स्तर पर व क्रोक फाउंडेशन के माध्यम से कई तरह के सेवाकार्यों को आर्थिक सहायता प्रदान करता है।

मुझे विश्वास है कि मैकडोनाल्ड्स की अपार सफलता की कहानी हमारे सभी सुधी पाठकों के लिए प्रेरणादायी सिद्ध होगी।

—प्रदीप ठाकुर

अनुक्रम

1

त्वरित खाद्य रेस्तराँ शृंखला मैकडोनाल्ड्स की शुरुआत

15 मई, 1940 को अमेरिका के सैन बर्नार्डिनो (दक्षिण कैलिफोर्निया) में मैनचेस्टर (न्यू हैम्पशायर) निवासी रिचर्ड व मौरिस मैकडोनाल्ड भाइयों ने 'मैकडोनाल्ड्स' रेस्तराँ अवधारणा की स्थापना की थी। शुरू में यह भुने मांस (बारबेक्यू) व्यंजनों का रेस्तराँ था, जिसमें मुख्य रूप से वाहन-सवार ग्राहकों को कारहॉप (महिला-पुरुष बैरा) दल के जरिए सेवाएँ दी जाती थीं, लेकिन 1948 में मैकडोनाल्ड भाइयों ने इसकी रसोई प्रक्रिया में संयोजित उत्पादन शृंखला (असेंबली प्रोडक्शन लाइन) सिद्धांतों का उपयोग कर अपने कारोबार को स्वयं-सेवा (सेल्फ सर्विस) वाले त्वरित खाद्य (फास्ट फूड) हैम्बर्गर अड्डे के रूप में पुनर्गठित किया था।

शिकागो के पश्चिमी शहर लाइन से सटे गाँव ओक पार्क (कुक काउंटी, इलिनोइस) के मल्टी-मिक्सर व्यवसायी रेमंड अल्बर्ट 'रे' क्रोक को मैकडोनाल्ड भाइयों के कारोबार में भारी संभावना नजर आई थी। क्रोक ने राष्ट्रीय विशेष अधिकार प्रतिनिधि (नेशनल फ्रैंचाइजी एजेंट) के रूप में मैकडोनाल्ड्स सिस्टम इनकॉरपोरेशन का गठन किया था। 15 अप्रैल, 1955 को शिकागो ओहारे अंतरराष्ट्रीय हवाई अड्डे के नजदीकी कस्बे डेस प्लेन्स (400 नॉर्थ ली एवेन्यू) में अपनी कंपनी के पहले विशेष अधिकार मैकडोनाल्ड्स रेस्तराँ की शुरुआत की थी। 1961 में क्रोक ने 27 लाख डॉलर में मैकडोनाल्ड्स भाइयों से सारा कारोबार खरीद लिया था और अपनी कंपनी का नाम बदलकर मैकडोनाल्ड्स कॉरपोरेशन कर लिया था।

14 जनवरी, 1984 में रे क्रोक की मृत्यु के ठीक पहले 31 दिसंबर, 1983 तक दुनिया के 32 देशों में 7778 मैकडोनाल्ड्स रेस्तराओं की शृंखला स्थापित हो चुकी थी, जो 31 मार्च, 1984 तक 7819 हो गई थी व समूह का कुल राजस्व 2.20 अरब डॉलर

60 साल पुराने जटिल निगमित सार्वजनिक ढाँचे में रहने व बहुराष्ट्रीय विस्तार के बावजूद मैकडोनाल्ड्स कॉरपोरेशन ने अपनी विशिष्ट सहभागितापूर्ण प्रबंधन प्रणाली के जरिए मौलिक उद्यमशीलता को जीवंत व जवान बनाए रखने में कामयाबी हासिल की है।

के स्तर पर पहुँच गया था। 2013 में दुनिया के 119 के 35 हजार से अधिक रेस्तराओं में मैकडोनाल्ड्स कॉरपोरेशन रोजाना औसतन 6.80 करोड़ ग्राहकों की सेवा कर करीब 28.11 अरब डॉलर के कारोबार पर 5.58 अरब डॉलर का मुनाफा अर्जित कर रहा था।

मैकडोनाल्ड्स कॉरपोरेशन दुनिया की सबसे बड़ी त्वरित खाद्य सेवा (फास्ट फूड सर्विसेज) रेस्तराँ-शृंखला है, जो विशेष अधिकार प्राप्त प्रतिनिधि (फ्रैंचाइजी), सहभागी (एफिलिएट) या स्वयं कंपनी द्वारा संचालित की जाती है। इसका राजस्व किराया, स्वत्वाधिकार (रॉयल्टी), प्रतिनिधि शुल्क (फ्रेंचाइजी फीस) के भुगतान व स्वयं संचालित रेस्तराओं में बिक्री से आता है। इन रेस्तराओं में मुख्य रूप से हैम्बर्गर (गौ/सूअर/बकरा/ मुरगी मांस कीमा की तली पट्टी/पैटी से बना बर्गर), चीज बर्गर (पनीर पट्टीवाला बर्गर), फ्रेंच फ्राइज (गहरे तले आलू की डंडियाँ), मुरगी खाद्य (चिकन फूड) नाश्ता सामग्रियाँ, शीतल कार्बनयुक्त पेय (सॉफ्ट ड्रिंक्स), दूध-मलाई पेय (मिल्क शेक) व मीठे खाद्य पदार्थ (डेजर्ट) परोसे जाते हैं। क्षेत्रीय स्वादानुसार खाद्य-सूची (फूड मेनू) में सलाद, मछली खाद्य (फिश फूड), सैंडविच व्रैप (सपाट रोटी में कटा मांस, अंडा, मछली या पनीर आदि लपेट कर तैयार सैंडविच), ताजे फलों व दूध के गाढ़े-मीठे पेय (स्मूदी) आदि भी जोड़े जाते हैं।

मैकडोनाल्ड्स कॉरपोरेशन अमेरिकी कारोबारी सपनों के विश्वव्यापी विस्तार की अद्‌भुत व प्रेरणादायक कहानी है। इसने न केवल आलू व मांस प्रसंस्करण उद्योग सहित त्वरित खाद्य सेवा उद्योग को अत्याधुनिक बनाने, बल्कि अमेरिकी खाद्य-व्यवहार को ही बदलने में परिवर्तन-कारक (चेंज एजेंट) की भूमिका अदा की थी। खाद्य-प्रौद्योगिकी (फूड टेक्नोलॉजी) में लगातार गंभीर अनुसंधान व विकास (रिसर्च ऐंड डेवलपमेंट) की बदौलत मैकडोनाल्ड्स हमेशा अपने प्रतिस्पर्धियों के लिए चुनौती बना रहा है, साथ ही 60 साल पुराने जटिल निगमित सार्वजनिक ढाँचे में रहने व बहुराष्ट्रीय विस्तार के बावजूद मैकडोनाल्ड्स कॉरपोरेशन ने अपनी विशिष्ट सहभागितापूर्ण प्रबंधन प्रणाली (पार्टिसिपेटरी मैनेजमेंट सिस्टम्स) के जरिए मौलिक उद्यमशीलता को जीवंत व जवान बनाए रखने में कामयाबी हासिल की है।

आइए हम आपको मैकडोनाल्ड्स शृंखला की रोमांचकारी व प्रेरक व्यावसायिक विकास-यात्रा पर लिए चलते हैं।

मैकडोनाल्ड्स-भाइयों की अपार सफलता

मैकडोनाल्ड्स रेस्तराँ शृंखला की अभूतपूर्व सफलता ने रे कॉर्क की व्यक्तिगत छवि को इतना विशाल बना दिया कि आमतौर पर लोग उसी को 'त्वरित खाद्य' (फास्ट फूड) व स्वयं सेवा रेस्तराँ (सेल्फ सर्विस रेस्टोरेंट) के आविष्कारक मान लेते हैं, लेकिन कॉर्क ने इन दोनों में किसी का भी आविष्कार नहीं किया था। इतना ही नहीं, 15 अप्रैल, 1955 को कॉर्क ने शिकागो के उत्तर-पश्चिमी उपनगर डेस प्लेंस में विशेष अधिकार रेस्तराँ (फ्रैंचाइजी रेस्टोरेंट) की शुरुआत थी, जो अब संग्रहालय में बदला जा चुका है, उसको पहला मैकडोनाल्ड्स रेस्तराँ मान लिया जाता है, लेकिन पहले व असली मैकडोनाल्ड्स रेस्तराँ की स्थापना रे कॉर्क के रेस्तराँ के सामने आने से पहले 15 मई, 1940 में सैन बर्नार्डिनो (कैलिफोर्निया) में हुई थी और त्वरित खाद्य सामग्रियों व स्वयं-सेवा रेस्तराँ के शुरुआती आविष्कार व कारोबार विकास का श्रेय दो भाइयों—रिचर्ड जेम्स 'डिक' मैकडोनाल्ड (16 फरवरी, 1909—14 जुलाई, 1998) व उसके बड़े भाई मौरिस जेम्स 'मैक' मैकडोनाल्ड (26 नवंबर, 1902—11 दिसंबर, 1971) को जाता है।

डिक व मैक स्वप्नदर्शी थे। डेढ़ दशकों की अथक मेहनत व लगन से उन्होंने खाद्य सामग्रियों के उत्पादन में अनोखे प्रयोग किए थे और अपने रेस्तराँ मैकडोनाल्ड्स को बेहद संभावनाशील खाद्य-कारोबार में बदल दिया था, लेकिन उनमें अपने आविष्कारों को भुनाने की तीव्रता व संगठन-कौशल (आर्गेनाइजेशन स्किल) का अभाव था। उन्हें उम्मीद से ज्यादा आर्थिक सफलता हासिल हो गई थी और नि:संतान होने के चलते वे आत्म-संतोषी भी हो चुके थे। (डिक को एक सौतेला बेटा था) इसके उलट, रे कॉर्क बेहद महत्त्वाकांक्षी विक्रेता था; वह जिंदगी भर एक के बाद दूसरे अवसरों का पीछा करता रहा था, 50 से ज्यादा उम्र के हो जाने के बावजूद उसकी कारोबारी तीव्रता जवान थी और वह आला दर्जे का संगठक था। लिहाजा उसने मैकडोनाल्ड भाइयों की अनोखी खोज को महज पाँच वर्षों में आश्चर्यजनक रूप से सफल पेशेवर कारोबारी ढाँचे में ढाल दिया था।

ऐसे में, भाइयों की आँखें चौंधियाने लगी थीं, वे लालची हो गए थे और उन्होंने कॉर्क के सपनों के रास्ते में कानूनी बाधाएँ खड़ी करने की कोशिशें की थीं। कॉर्क के लिए यह जीवन-मरण का सवाल था और उसने अपनी क्षमता से कई गुना ज्यादा बड़ा 27 लाख डॉलर का कर्ज उठाने का दुस्साहस किया था। कॉर्क ने दोनों भाइयों को मुँहमाँगी कीमत (जो उनकी सोच से बहुत ज्यादा बड़ी रकम थी) अदा की थी, और मैकडोनाल्ड को हमेशा के लिए अपना बना लिया। यदि कॉर्क ने दोनों भाइयों के लालच को पूरा करने का जोखिम नहीं उठाया होता तो शायद आज कोई मैकडोनाल्ड्स

कॉरपोरेशन नामक संगठन नहीं होता। यही कारण है कि रे कॉर्क को अमेरिकी उद्यमशीलता का प्रतीक माना जाता है, लेकिन दोनों भाइयों के लालची व्यवहार से कॉर्क इतना दु:खी हुआ था कि उसने भाइयों की अंतिम निशानी पहले मैकडोनाल्ड्स रेस्तराँ को तबाह हो जाने के लिए मजबूर कर दिया था। आज जब 'मैकडोनाल्ड्स' रेस्तराँ शृंखला दुनिया भर में फैल चुकी है, उन दोनों भाइयों के मूल आविष्कार की कोई निशानी नहीं बच सकी है।

फिर भी, त्वरित खाद्य सेवा उद्योग के विकास में मैकडोनाल्ड भाइयों के योगदान व उनके आविष्कारों की अहमियत कम नहीं होती। वे अपनी पारिवारिक पृष्ठभूमि या प्रशिक्षण से रेस्तराँ कारोबारी नहीं थे। वे परंपराबद्ध खाद्य-सेवा व्यापार से संबद्ध नहीं थे कि उनमें उस व्यापार से संबंधित कोई क्रांतिकारी सोच पनप पाती। आमतौर पर रेस्तराँ पारिवारिक कारोबार है, जो सदियों से एक पीढ़ी से दूसरी पीढ़ी में स्थानांतरित होकर पनपता-फैलता रहा है, लेकिन मैक व डिक इस तरह की किसी परंपरा से बँधे नहीं थे। उनका जन्म पूर्वोत्तर अमेरिका के न्यू हैम्पशायर प्रांत के सबसे बड़े औद्योगिक शहर मैनचेस्टर में हुआ था। जी हाँ, इस शहर का विकास भी दुनिया के सबसे पहले औद्योगिक नगर मैनचेस्टर (उत्तर-पश्चिमी इंग्लैंड, यूनाइटेड किंगडम) की तर्ज पर ही किया गया था। उनके पिता स्थानीय जूता-फैक्टरी में अधिकर्मी (फोरमैन) थे, लेकिन प्रथम विश्व-युद्ध (28 जुलाई, 1914 से 11 नवंबर, 1918 तक) की भारी तेजी का दौर खत्म होने के बाद जब ब्रिटेन में महामंदी/ग्रेट डिप्रेशन (1929-31) का दौर शुरू हुआ था, तो मैनचेस्टर में भी रुई-धागा (कॉटन-स्पिनिंग) मिलों के साथ अन्य उद्योग भी बंद होने शुरू हो गए थे। इसमें मैकडोनाल्ड भाइयों के पिता को भी अपनी नौकरी से हाथ धोना पड़ा था।

यह नौकरी मैकडोनाल्ड परिवार की आजीविका का एकमात्र जरिया थी। इसके बाद परिवार गंभीर संकट में आ गया था। दोनों भाई अपने परिवार का सहारा बनना चाहते थे, लेकिन उन्हें गृहनगर मैनचेस्टर या न्यू हैम्पशायर के अन्य नगरों में भविष्य की कोई संभावना नजर नहीं आ रही थी। उस वक्त कैलिफोर्निया नई संभावनाओंवाले प्रांत के रूप में विकसित हो रहा था। लिहाजा, 1930 में दोनों भाइयों ने कैलिफोर्निया का रुख किया था। जाहिर है कि वे सबसे पहले युवाओं के सपनों की नगरी व मनोरंजन उद्योग केंद्र के रूप में विकसित हो रहे हॉलीवुड (लॉस एंजिल्स, कैलिफोर्निया) की तरफ ही आकर्षित हुए थे। वे हॉलीवुड फिल्मों, खासतौर पर तमाशाई हास्य अभिनेता बेन टर्पिन की लघु फिल्मों के लिए दृश्य-मंच (सेट) निर्माण का काम करने लगे थे। तीन वर्षों में उन्होंने कुछ पूँजी जमा कर ली थी। वे फिल्म की संभावनाओं पर इतने मोहित थे कि उन्होंने नजदीकी कस्बे ग्लेनडेल (लॉस एंजिल्स नगर केंद्र से 16 कि.मी.

उत्तर) में 100 डॉलर प्रतिमाह के किराए पर सिनेमा-घर का संचालन शुरू कर लिया था, लेकिन कारोबार इतना ढीला था कि वे अगले चार वर्षों में कभी भी समय से किराया नहीं चुका सके थे।

इस बीच दक्षिणी कैलिफोर्निया क्षेत्र में पूरी तरह से नई जीवनशैली का जन्म हुआ था, जिसने बिल्कुल नए तरीके के खान-पान को पनपने का मौका दिया था और यह सब कार के इर्द-गिर्द घूम रहा था। इस कार-संस्कृति ने त्वरित खाद्य सेवा (फास्ट फूड सर्विसेज) कारोबार को बढ़ावा दिया था। यह जल्द ही सबसे संभावनाशील उद्योग के रूप में विकसित हुआ था और देश के बाकी हिस्सों में फैलने लगा था। मैकडोनाल्ड भाइयों ने ग्राहकों के इस जुनून को भुनाने के इरादे से 1937 में पासाडेना (लॉस एंजिल्स नगर-केंद्र से 16 किलोमीटर उत्तर-पूर्व में स्थित नगर) में एक मामूली सा वाहन-सवार रेस्तराँ (ड्राइव इन रेस्टोरेंट) खोला था। दोनों भाई खुद ही हॉटडॉग (हैम्बर्गर नहीं) व मिल्क शेक तैयार करते थे। उन्होंने ग्राहकों को बैठने के लिए चंदवा (कैनोपी) से ढकी एक दर्जन तिपाइयों का इंतजाम किया था और पार्किंग में वाहनों में बैठे ग्राहकों को तीन कारहॉप (कार में खाद्य-सेवा देने वाले बैरा) के जरिए हॉटडॉग व मिल्क शेक परोसना शुरू किया था।

लॉस एंजिल्स में कार-केंद्रित जीवनशैली का उत्थान : असल में, पूर्व समुद्रतटीय (ईस्ट कोस्ट) अमेरिका यानी अटलांटिक महासागर के किनारे बसे अमेरिकी प्रांतों—मैने, न्यू हैम्पशायर, मैसाचुसेट्स, रोड आइलैंड, कनेक्टिकट, न्यूयॉर्क, न्यू जर्सी, डेलावेयर, मेरीलैंड, वर्जीनिया, नॉर्थ कैरोलिना, दक्षिण कैरोलिना, जॉर्जिया व फ्लोरिडा के अधिकांश शहरों का विकास रेलगाड़ी-युग में हुआ था। इन प्रांतों के महानगरों व मुख्य व्यावसायिक केंद्रों को रेल व ट्रालीकार/ट्राम सेवा से जोड़ा गया था। दक्षिण समुद्रतटीय (वेस्ट कोस्ट) अमेरिका यानी प्रशांत महासागर के किनारे बसे प्रमुख अमेरिकी प्रांतों—कैलिफोर्निया, ओरेगन व वाशिंगटन के अधिकांश इलाकों में विकास का यही क्रम जारी था। 1930 के दशक में, दक्षिणी कैलिफोर्निया के ग्रेटर लॉस एंजिल्स क्षेत्र पाँच राजनीतिक-भौगोलिक उपखंडों यानी काउंटी—लॉस एंजिल्स, ऑरेंज, सैन बर्नार्डिनो, रिवरसाइड व वेंचुरा में समूचे अमेरिका की तुलना में सबसे तेजी से विकास हुआ था, लेकिन इन नगरों का विकास तब हुआ था, जब मोटरवाहन सस्ते हो रहे थे। 1920 से 1930 के बीच, ग्रेटर लॉस एंजिल्स सहित कैलिफोर्निया के दक्षिण-पश्चिमी कोने में स्थित सैन डिएगो काउंटी क्षेत्र में बेहतर रोजगार व कारोबारी संभावनाओं के मद्देनजर समूचे अमेरिका से करीब 20 लाख लोगों का जमघट हो गया था।

एक बड़ा अंतर और था। पूर्व समुद्रतटीय अमेरिकी महानगरों का विस्तार दुनिया भर के आप्रवासियों के कारण हुआ था और वे क्षेत्र ज्यादा व्यापक थे, लेकिन दक्षिण

कैलिफोर्निया में आनेवाले अधिकांश लोग मध्यमवर्गीय थे, जो महामंदी के चलते मध्य-पश्चिमी (मिडवेस्टर्न) अमेरिकी प्रांतों—इलिनोइस, इंडियाना, आयोवा, कान्सास, मिशिगन, मिनेसोटा, मिसौरी, नेब्रास्का, उत्तरी डकोटा, ओहियो, दक्षिण डकोटा व विस्कॉन्सिन से विस्थापित हुए थे। इनमें से अधिकांश गोरे अमेरिकी थे और खासतौर पर लॉस एंजिल्स इलाके में ज्यादा सजातीय समाज इकट्ठा हो गया था। समशीतोष्ण जलवायु व अच्छे जीवन का वादा करनेवाले अचल संपत्ति (रियल एस्टेट) विज्ञापनों से आकर्षित होकर अशक्त, सेवानिवृत्त लोगों के साथ-साथ छोटे व्यापारियों का बहुत बड़ा समुदाय दक्षिणी कैलिफोर्निया की तरफ रुख कर रहा था। यह पहला बड़े पैमाने का विस्थापन था, जो मुख्य रूप से कारों के जरिए हो रहा था।

जल्द ही लॉस एंजिल्स दुनिया के किसी भी अन्य नगरों के विपरीत एक ऐसे नगर के रूप में विकसित हो गया था, जैसा कि पहले कभी भी नहीं देखा नहीं जा सका था। यह अपने मूल जन्म स्थानों से बिछड़े व मोटरवाहनों के जरिए पनपे भविष्य के सपने सँजोए लोगों से पूरी तरह भरे विशाल व क्षैतिज उपनगरीय महानगर में बदल गया था। 80 फीसदी लोग कहीं और पैदा हुए थे; करीब आधे लोग पिछले पाँच वर्षों के दौरान यहाँ आए थे। लिहाजा लॉस एंजिल्स में जल्द ही एक ऐसी जीवन-संस्कृति उभरकर सामने आई थी, जिसमें कुछ भी नया करने के खुलेपन के साथ-साथ बेचैनी, अस्थायित्व व जल्दबाजी भी गुंथी हुई थीं। सस्ती कारें अमेरिका के दूसरे महानगरों की जीवनशैली को प्रभावित कर रही थीं, लेकिन लॉस एंजिल्स में यह गति काफी ज्यादा तेज थी। 1940 में लॉस एंजिल्स में करीब 10 लाख कारें थी, जो 41 अमेरिकी प्रांतों की कुल कारों से भी ज्यादा थीं।

मोटरवाहन वाहन चालकों को आजादी व नियंत्रण का एहसास मिला था। इसने दैनिक यात्रा को रेल की समय-सारणियों, ट्राली कारों के पड़ाव-स्थलों व दूसरे यात्रियों की परेशानियों से मुक्त कर दिया था। इससे भी महत्त्वपूर्ण बात यह थी कि सार्वजनिक परिवहन (पब्लिक ट्रांसपोर्ट) की तुलना में कार-यात्रा ज्यादा सस्ती मालूम पड़ती थी। यह एक प्रकार का भ्रम था, क्योंकि कार की कीमत में नई सड़कों के निर्माण की लागत को शामिल नहीं किया गया था। असल में, पेट्रोलियम-उत्पाद, टायर, मोटरवाहन व संबंधित कल-पुर्जे उद्योगों के पक्ष-जुटानकर्ताओं (लाबीस्ट) ने अमेरिकी सरकार व संबंधित संघीय अभिकरणों (फेडरल एजेंसीज) को यह मान लेने के लिए फुसला लिया था कि सड़क-निर्माण की लागत अन्य मौलिक खर्चों में से एक थी। यदि ट्राली कार/ट्राम कंपनियों की पटरियाँ व ऊपरी तार (ओवरहेड वायर) बिछाने व उनके रखरखाव की लागत की तरह मोटरवाहन कंपनियों को भी सड़क निर्माण व रखरखाव का खर्च उठाना पड़ता तो उनकी हालत क्या होती?

दिलचस्प तथ्य यह है कि मोटरवाहन कंपनियाँ सरकारी अनुदान से होनेवाले सड़क निर्माण से ही संतुष्ट नहीं हुई थीं। उन्होंने सहायक रेल सेवाट्राली कार की प्रतिस्पर्धा को पूरी तरह से ध्वस्त कर देने के लिए बहुत बड़ी साजिश को अंजाम दिया था। जी हाँ, 1920 की दशक के अंत में जनरल मोट्र्स से गोपनीय तरीके से टेक्सास, शिकागो, न्यूयॉर्क सिटी, लॉस एंजिल्स सहित अन्य बड़े नगरों में चलनेवाली 100 से अधिक ट्राली कार सेवा कंपनियों को अधिग्रहीत कर लिया था और फिर घाटे के बहाने से सारी कंपनियों को पूरी तरह बंद कर दिया था। रहस्यमय तरीके से इन सेवाओं की पटरियाँ व ऊपरी तारें ध्वस्त कर दी गई थीं और उन कंपनियों को बस-सेवा शृंखलाओं में बदल दिया था। जनरल मोट्र्स ने अमेरिका की ट्राली कार कंपनियों के महँगे अधिग्रहण की भरपाई-भुगतान के लिए सड़क निर्माण से लाभ कमानेवाली कंपनियों को पटा लिया था। 1947 में जनरल मोटर्स व उसे इस साजिश में मदद करनेवाली कंपनियों के खिलाफ अमेरिकी न्याय विभाग ने अविश्वास (एंटीट्रस्ट) मुकदमा भी शुरू किया था। संघीय न्यायपीठ (फेडरल जूरी) ने इस मामले में जनरल मोटर्स, मैक ट्रक, फायरस्टोन टायर व स्टैंडर्ड आयल को कुछ मामलों में दोषी भी माना था, लेकिन अंत में इन कंपनियों में हरेक को 5000 डॉलर व दोषी सरकारी पदाधिकारियों व कर्मचारियों में से हरेक को एक डॉलर का आर्थिक दंड सुनाया गया था। इस बीच, राष्ट्रीय व अंतर्राज्यीय राजमार्गों का निर्माण व मोटरवाहनों का उपयोग राष्ट्रीय तरक्की की पहचान बन गई थी। जल्द ही समूचे अमेरिका ने कार व त्वरित खाद्य (फास्टफूड) को अपनी जीवनशैली का अहम् हिस्सा बना लिया था और त्वरित खाद्य रेस्तराँ शृंखलाओं की बाढ़-सी शुरू हो गई थी।

'किर्बीज पिग स्टैंड' को अमेरिका की पहली 'वाहन सवार रेस्तराँ' शृंखला माना जाता है। सितंबर, 1921 में डलास (टेक्सास) में जेसी जी किर्बी व रूबेन जैक्सन नामक दो मित्र उद्यमियों ने इस शृंखला की शुरुआत की थी।

त्वरित खाद्य रेस्तराँ शृंखलाओं का विकास : जब 1937 में मैकडोनाल्ड भाइयों द्वारा पासादेना में हॉटडॉग बेचनेवाली 'वाहन सवार रेस्तराँ' (ड्राइव-इन रेस्टोरेंट) शुरू किया था, उससे पाँच वर्ष पहले ही 1932 में, हॉलीवुड (लॉस एंजिल्स) के सनसेट बुलेवार्ड व वेरमोंट के कोने पर पहले 'किर्बीज पिग स्टैंड' रेस्तराँ की शुरुआत हो चुकी थी।

'किर्बीज पिग स्टैंड' को अमेरिका की पहली 'वाहन सवार रेस्तराँ' (ड्राइव-इन रेस्टोरेंट) शृंखला माना जाता है। सितंबर 1921 में डलास (टेक्सास) में जेसी जी किर्बी व रूबेन जैक्सन नामक दो मित्र उद्यमियों ने इस शृंखला की शुरुआत की थी।

यह पहला रेस्तराँ था, जिसमें महिला-पुरुष बैरा टोलियों के जरिए वाहन सवार ग्राहकों को त्वरित-खाद्य सामग्रियाँ परोसी गई थीं। जैसा कि नाम से जाहिर होता है, यह भुने सूअर-मांस (बारबेक्यूड पोर्क) सैंडविच की विशेषज्ञता के लिए पहचाना जाता था। 1927 में इस रेस्तराँ में हर शाम औसतन 5000 लोग शाम का खाना खाने पहुँचने लगे थे। (कई महानगरों में इसका विस्तार हुआ था, लेकिन मूल संचालक के देहांत के बाद यह सेवा बिखरने लगी थी। 1975 में इसका नाम बदलकर 'वुडफायर किर्बीज' कर दिया गया था। 2007 में इसे दीवालिया घोषित कर दिया गया था।)

असल में, 1920 के दशक में अमेरिका के पूर्वी क्षेत्रों के आम रेस्तराओं में सामने सड़क या गली में खड़े कार-सवार ग्राहकों को महिला बैरा के द्वारा शीतल व अल्कोहल-पेय के साथ सैंडविच परोसे जाने का सिलसिला तेज हो गया था, लेकिन 1930 के दशक के मध्य में, दक्षिण कैलिफोर्निया के स्वतंत्र परिचालकों (ऑपरेट्र्स) ने इस कारोबार को एक कदम आगे बढ़ाया था और आम ग्राहकों की बजाए वाहन-सवार ग्राहकों पर अपना ध्यान केंद्रित करना शुरू किया था। अब बड़े पार्किंग स्थलों के आस-पास रेस्तराओं का निर्माण शुरू हुआ था और कार में बैठे ग्राहकों को महिला-पुरुष बैरा के बड़े दल के जरिए खाद्य-सेवाएँ दी जाने लगी थीं। ऐसे रेस्तराओं को ड्राइव-इन रेस्टोरेंट कहा जाने लगा था।

लॉस एंजिल्स में 'किर्बीज पिग स्टैंड' के बाद चार्ल्स व हैरी कारपेंटर द्वारा स्थापित 'कारपेंटर्स' ड्राइव-इन रेस्टोरेंट शृंखला के जरिए ओस चलन को आगे बढ़ाया था। उसने 'कारहॉप' को प्रशिक्षित करने के लिए एक फिल्म भी बनाई थी। लगभग उसी समय के आस-पास लॉस एंजिल्स के जाने-माने रेस्तराँ—सिडनी होएडमेकर ने इस उभरते ग्राहक समुदाय के लिए हर्बर्ट्स ड्राइव-इन्स की स्थापना की थी, लेकिन ड्राइव-इन रेस्तराँ कारोबार को उन मनमौजी उद्यमियों ने बढ़ावा दिया था, जिन्हें पहले से इस क्षेत्र का कोई अनुभव नहीं था। अगले कुछ वर्षों में लॉस एंजिल्स ड्राइव-इन रेस्तराँ कारोबार का विकास-स्थल बन गया था और यहाँ के रेस्तराँ मालिकों की नई नस्ल इस उद्योग में सबसे अधिक नवाचार करनेवाले परिचालकों के रूप में मशहूर होने लगी थी। वे हर तरह का प्रयोग कर रहे थे। अपनी सेवा को तेज करने के लिए उन्होंने अपने कारहॉप दल को 'रोलर स्केट' का प्रशिक्षण दिया था। पार्किंग स्थलों पर स्पीकर-फोन स्थापित किए गए थे, ताकि वाहन-सवार ग्राहक वहीं से अपने आदेश दे सकें। ये ड्राइव-इन रेस्तराँ परिचालक अपने कारोबार की जरूरतों के मुताबिक कई नई व अलग खाद्य-सामग्रियों के विकास के लिए तरह-तरह के प्रयोग कर रहे थे।

मसलन, रॉबर्ट सी 'बॉब' वियान (15 जून, 1914 से 31 मार्च, 1992) ने 1936 में ग्लेनडेल में (ब्रॉडवे व मैरीलैंड स्ट्रीट के उत्तर-पश्चिमी कोने पर) 'बॉब्स पेंट्री'

नामक 10 तिपाइयों वाले छोटे से हैम्बर्गर रेस्तराँ की शुरुआत की थी। वियान ने अपनी कार बेचकर 350 डॉलर की कार्यशील पूँजी से यह छोटा कारोबार शुरू किया था, जो जल्द ही लोकप्रिय हो गया था। यहाँ पर नियमित तौर पर रात का खाना लेनेवाले स्थानीय बैंड के सदस्यों ने लगातार हैम्बर्गर ही परोसे जाने की शिकायत की थी तो वियान ने तीन पावरोटी के बीच दो हैम्बर्गर पट्टियों को रखकर बिग ब्वॉय नामक एक विशेष प्रकार के तीन-मंजिला (ट्रिपल डेकर) सैंडविच का विकास किया था, जो अपने आप पूर्ण भोजन की तरह था। यह 'बिग ब्वॉय ' सैंडविच स्थानीय सनसनी बन गया था और इसे आजमाने के लिए बॉब्स पेंट्री के सामने लंबी कतारें लगनी शुरू हो गई थीं। इसी लोकप्रियता के मद्देनजर में वियान ने बॉब्स, होम ऑफ बिग ब्वॉय नाम से टोलुका लेक स्थित बड़ी जगह में कारहॉप की पूरी फौज के साथ ड्राइव-इन रेस्तराँ शुरू किया था। अगले कुछ वर्षों में वियान ने इसे एक रेस्तराँ-शृंखला के रूप में विकसित कर लिया था।

[1940 के शुरुआती वर्षों में वियान की कंपनी—रॉबर्ट सी वियान एंटरप्राइजेज ने पूरे अमेरिका में 'बॉब्स बिग ब्वॉय ' नाम से विशेष अधिकार (फ्रैंचाइजी) रेस्तराओं का संजाल-विस्तार करने लगी थी। जल्द ही इस शृंखला का शुभंकर (मैस्कॉट)—लाल-सफेद खानेदार चौगा में सैंडविच (डबल डेकर चीजबर्गर) की तश्तरी उठाया हुआ तगड़ा लड़का काफी मशहूर हो गया था। 1967 में वियान ने करीब 1000 विशेष अधिकार रेस्तराओंवाली इस शृंखला को 7 करोड़ डॉलर में मैरियट कॉरपोरेशन (वाशिंगटन, डीसी) को बेच दिया था। 1987 में बड़े क्षेत्रीय विशेष अधिकार परिचालक इलियास ब्रदर्स (वॉरेन, मिशिगन) ने इस समूह को अधिग्रहीत कर लिया था। 2000 में इलियास ब्रदर्स द्वारा खुद को दीवालिया घोषित करने के बाद निवेशक रॉबर्ट लिगेट जूनियर ने इस शृंखला को खरीद लिया था और कंपनी का नाम बदलकर बिग ब्वॉय रेस्टोरेंट इंटरनेशनल कर दिया था। 2014 में अमेरिका के मिशिगन (94), कैलिफोर्निया (8), ओहियो (2), इलिनोइस (1) व नॉर्थ डकोटा (1) में इस शृंखला के कुल 105 रेस्तराँ चालू थे।]

खैर, इस दौर में जब मैकडोनाल्ड भाइयों ने अपना छोटा सा हॉटडॉग ड्राइव-इन रेस्तराँ खोला था तो उन्हें इस चलन का लाभ मिला था। तीन साल के भीतर उन्होंने इतनी कमाई कर ली थी कि बड़ा रेस्तराँ खोल सकें।

बारबेक्यू रेस्तराँ से भाइयों का भाग्योदय : मैकडोनाल्ड भाइयों का अगला पड़ाव था सैन बर्नार्डिनो। लॉस एंजिल्स से लगभग 97 कि.मी. पूरब में बसा यह शहर सैन बर्नार्डिनो घाटी के तलहटी के पूर्वी भाग में स्थित है। यह यीशु मसीह के दूसरे अवतार को माननेवाले कट्टर ईसाई संप्रदाय—सेवेंथ डे एडवेंटिस्ट चर्च की

गतिविधियों का केंद्र रहा था, जिनकी बदौलत यह क्षेत्र संतरा-बगीचों की राजधानी के रूप में विकसित हुआ था। 19वीं सदी के अंत में रेल सेवाओं से जुड़ने के बाद यह एक प्रमुख वाणिज्य-केंद्र के रूप में उभरा था और 1911 में यहाँ पहला राष्ट्रीय संतरा मेला लगा था। दक्षिण कैलिफोर्निया के अन्य शहरों की तरह 1940 के दशक में यहाँ भी छोटे कारोबारियों व नौकरी पेशा लोगों का जमघट तेज हो गया था और 1937 में शहर की आबादी करीब 40 हजार के आस-पास पहुँच गई थी। मैकडोनाल्ड भाइयों को यहाँ अच्छी संभावना नजर आई थी और उन्होंने 15 मई, 1940 को इ-स्ट्रीट पर अपना ड्राइव-इन बारबेक्यू (भुने हुए मांस व्यंजन) रेस्तराँ की शुरुआत की थी।

यह लॉस एंजिल्स में खुले ज्यादा फैशनदार ड्राइव-इन रेस्तराओं के मुकाबले महज 600 वर्गफीट की जगह में खुला मामूली रेस्तराँ था। इसके आकार-प्रकार को देखकर किसी को कतई गुमान नहीं हुआ होगा कि यह विश्वस्तरीय त्वरित खाद्य सेवा की जन्मस्थली साबित होनेवाला था। हाँ, अपनी अजीबोगरीब अष्टकोणीय भवन-संरचना के लिहाजा से यह अन्य आम रेस्तराओं से बिल्कुल अलग जरूर था। भवन के सामने के आधे हिस्से में छत से लेकर रेस्तराँ पटल तक शीशे की थोड़ी तिरछी खिड़कियाँ लगाई गई थीं। यह रेस्तराँ बनावट के स्थापित मूल नियमों का सरेआम उल्लंघन कर रहा था, क्योंकि शीशे की खिड़कियों ने समूची रसोई को बेपरदा कर सार्वजिनक कर दिया था। इसमें अंदर ग्राहकों के बैठने की कोई व्यवस्था नहीं की गई थी, बल्कि बाहरी पटल के साथ-साथ कई तिपाइयाँ रखी गई थीं। पटल के नीचे की बाहरी दीवारें इस्पात (स्टील) से बनाई गई थीं।

अगले पाँच वर्षों में यह रेस्तराँ शहर के किशोरों के मिलन (हैंगआउट) का सबसे प्रमुख अड्डा बन गया था। सप्ताहांत की शामों को इसकी पार्किंग में 125 से अधिक कारों का ताँता लगने लगता था, जिन्हें 20 सदस्योंवाले बड़े कारहॉप-दल के जरिए सेवाएँ दी जाती थीं। रेस्तराँ की भोजन-सूची में गौमांस (बीफ) व सूअर मांस (पोर्क) के 25 भुने व्यंजनों को शामिल किया था, जिनमें विभिन्न प्रकार के बीफ/पोर्क सैंडविच व हैम्बर्गर, भुनी हुई पसलियाँ (रिब्स), शीतल पेय को शामिल किया गया था। इन मांस-व्यंजनों को विशेष प्रकार के बारबेक्यू उपकरण में अरकंसास से मँगाई जानेवाली हिकॉरी लकड़ी (अखरोट परिवार का वृक्ष) के टुकड़ों को जलाकर तैयार किया जाता था। खाद्य-सेवा मानकों के लिहाज से यह रेस्तराँ सामान्य था, लेकिन इसकी आमदनी जबरदस्त थी। रेस्तराँ की कुल सालाना बिक्री नियमित तौर पर दो लाख से ऊपर हो रही थी और दोनों भाई आपस में 50-50 हजार डॉलर का सालाना मुनाफा बाँट रहे थे।

जाहिर है कि इस अष्टकोणीय आकार के अजीबोगरीब रेस्तराँ ने मैकडोनाल्ड

भाइयों के भाग्य के दरवाजे खोल दिए थे और वे जल्द ही सैन बर्नार्डिनो के सबसे धनी लोगों में शुमार किए जाने लगे थे। उन्होंने शहर के उत्तर-पूर्व में पहाड़ी की चोटी पर 90 हजार डॉलर में 25 कमरोंवाला महल खरीद लिया था। यह शहर के सबसे बड़े चंद घरों में से एक था। नई बेशुमार दौलत के बावजूद दोनों भाई सीधे-सादे बने रहे थे। वे अन्य धनी लोगों की तरह विलासितापूर्ण मौज-मस्ती गतिविधियों का हिस्सा नहीं थे। वे बहुत कम हवाई यात्राएँ करते थे। उनकी मौज-मस्ती का समय कभी-कभार बाहर खाना खाने व स्थानीय बॉक्सिंग खेल प्रतियोगिता तक ही सीमित था। हाँ, वे दोनों कैडिलैक—जनरल मोटर्स की सबसे प्रतिष्ठित व बड़ी विलासिता कार ब्रांड के शौकीन जरूर थे और इसके हर नए संस्करण के शहर के सबसे पहले खरीदार होने में गर्व महसूस करते थे।

वे इस बात से परेशान हो रहे थे कि करीब एक दशक बाद ड्राइव-इन रेस्तराओं के मूल ग्राहक-प्रारूप (कस्टमर प्रोफाइल) में कोई बदलाव नहीं आया था। यह अभी भी उच्च-विद्यालयों में पढ़नेवाले किशोर ग्राहकों का मिलन-केंद्र ही बना रहा था। असल में अब तक ड्राइव-इन रेस्तराओं पर किशोरों के जमघट-केंद्र होने का पक्का ठप्पा लग चुका था।

त्वरित-खाद्य कारोबार में 'स्वयं-सेवा' का जन्म

इस तरह 1948 तक, मैकडोनाल्ड भाई इतने धनी हो चुके थे, जिसकी उन्होंने एक दशक पहले कल्पना तक नहीं की थी। वे अपने रोजाना की गतिविधियों से उकताने से लगे थे। धन लगातार आता जा रहा था, लेकिन उनके पास करने के लिए कुछ खास नहीं बचा था। हाँ, उन पर प्रतिस्पर्धा का दबाव भी बढ़ रहा था। 1940 में उनका रेस्तराँ शहर का एकमात्र ड्राइव-इन रेस्तराँ था, लेकिन अब तक कई नकलची आ चुके थे, लेकिन उनकी उकताहट का सिर्फ यही कारण नहीं था। वे इस बात से परेशान हो रहे थे कि करीब एक दशक बाद ड्राइव-इन रेस्तराओं के मूल ग्राहक-प्रारूप (कस्टमर प्रोफाइल) में कोई बदलाव नहीं आया था। यह अभी भी उच्च-विद्यालयों में पढ़नेवाले किशोर ग्राहकों का मिलन-केंद्र ही बना रहा। असल में अब तक ड्राइव-इन रेस्तराओं पर किशोरों के जमघट-केंद्र होने का ठप्पा लग चुका था। वैसे भी शुरू से ही पारिवारिक ग्राहक यहाँ आने से कतराते थे, लेकिन अब तक उनका आना लगभग बंद सा हो गया था। ग्राहक संख्या व बिक्री के लिहाज से मैकडोनाल्ड भाइयों का रेस्तराँ अभी भी शहर में अपना पहला स्थान कायम रखे हुए था। फिर दोनों भाइयों को एकल ग्राहक आधार की चिंता सता रही थी।

इससे भी ज्यादा बड़ा मामला यह था कि मैकडोनाल्ड भाइयों ने ड्राइव-इन

रेस्तराओं की आधारभूत अवधारणा में एक गंभीर आर्थिक दोष खोज निकाला था। ड्राइव-इन रेस्तराओं को सस्ती कीमतोंवाले खाद्य पदार्थों की पहचान मिल चुकी थी, जबकि यह लगातार बढ़नेवाली उच्च लागत (हाई कॉस्ट) वाला श्रम प्रधान (लेबर इंटेंसिव) कारोबारी प्रारूप (बिजनेस फॉर्मेट) था। लगातार बढ़ती प्रतिस्पर्धा के चलते कर्मचारियों की आमद-रफ्त की दरें लगातार बढ़ती जा रही थीं। दोनों भाइयों ने महसूस किया था कि नए ड्राइव-इन रेस्तराओं के साथ उन्हें जितनी प्रतिस्पर्धा ग्राहकों के लिए करनी पड़ रही थी, उतनी ही अपने कारहॉप दल को कायम रखने में। कारहॉप को अन्य प्रतिस्पर्धियों के पास जाने से रोकना उतना मुश्किल नहीं था, जितना कि कैलिफोर्निया की तेज रफ्तार अर्थव्यवस्था को बढ़ावा देनेवाले अन्य उद्योगों की ज्यादा वेतनवाली नौकरियों से। किशोर ग्राहकों के चलते खाने के बरतनों की टूट-फुट की दर भी काफी ज्यादा थी, जिसकी लागत पर नियंत्रण कर पाना मुश्किल हो रहा था। लिहाजा दोनों भाई कम जटिल रेस्तराँ परिचालन प्रारूप की खोज कर रहे थे, ताकि अविश्वसनीय कारहॉप व किशोर ग्राहकों का झंझट न मोल लेना पड़े।

यह वह वक्त था, जब अमेरिका में बड़े शहरों के पास उपनगरों का तेजी से विस्तार हो रहा था। इन उपनगरों में छोटे खरीदारी केंद्रों (स्ट्रिप मॉल/मिनी शॉपिंग मॉल/शॉपिंग प्लाजा) का चलन बढ़ रहा था। लिहाजा मैकडोनाल्ड भाइयों ने मौजूदा रेस्तराँ को बेचकर ऐसे ही किसी खरीदारी केंद्र में एक अलग प्रकार के हैम्बर्गर रेस्तराँ खोलने का मन बनाया था। उन्होंने प्रस्तावित रेस्तराँ का नाम डाइमर रखा था, क्योंकि उसकी शीतल पेय, फ्रेंच फ्राइज व हैम्बर्गर तक सीमित भोजन-सूची में हर चीज एक या दो 'डाइम' (10 सेंट का सिक्का) में बेची जानेवाली थी। दोनों भाई अपनी योजना को कार्यान्वित करने ही वाले थे कि उन्हें नए रेस्तराँ प्रारूप में कोई अनुभव न होने का जोखिम नजर आया था। चूँकि उन्हें सिर्फ ड्राइव-इन रेस्तराँ कारोबार का ही अनुभव था, इसीलिए उन्हें अपनी विशेषज्ञतावाले कारोबार क्षेत्र को बदलने में बुद्धिमानी नजर नहीं आई थी, लेकिन वे हर हाल में मौजूदा कारोबार के गैर-जरूरी झंझटों से मुक्त होना चाहते थे और उन्होंने मौजूदा कारोबार की परिचालन-प्रक्रिया में ही आमूलचूल परिवर्तन करने का फैसला कर लिया था।

मैकडोनाल्ड भाइयों का यह फैसला भी एक दुस्साहस ही था। बहुत कम छोटे कारोबारी होते हैं, जो एक बार स्थापित हो जाने के बाद अपनी सफल कारोबारी प्रक्रिया को पूरी तरह से बदलने की हिम्मत जुटा पाते हैं, लेकिन उन्होंने ऐसा किया था, क्योंकि इसके बिना उनका कोई गुजारा नहीं था। इसके लिए जब उन्होंने पिछले तीन वर्षों की बिक्री प्राप्तियों का अध्ययन किया था तो पता चला था कि 80 फीसदी आमदनी सिर्फ हैम्बर्गर से हो रही थी। वे हैरान थे कि अब तक उनका ध्यान बारबेक्यू व्यंजनों

को बढ़ावा देने पर केंद्रित रहा था। वे बारबेक्यू कारोबार को बढ़ाने के लिए स्थानीय अखबार व रेडियो के विज्ञापनों पर अच्छी-खासी रकम खर्च करते रहे थे, लेकिन बिक्री हैम्बर्गर की ही बढ़ रही थी।

इसी खोज ने मैकडोनाल्ड्स ड्राइव-इन रेस्टोरेंट की परिचालन प्रक्रिया में आमूलचूल बदलाव का रास्ता साफ किया था और त्वरित खाद्य सेवा में नई क्रांति की शुरुआत संभव हुई थी। अन्य ड्राइव-इन रेस्तराँ परिचालकों की तरह मैकडोनाल्ड भाइयों को भी सेवा की गति में लगातार सुधार करते हुए बिक्री मात्रा को बढ़ाने की कोशिशें करनी पड़ी थीं। लिहाजा उन्होंने गति को ही कारोबार का मूल तत्त्व बनाने का फैसला किया था। मतलब, उनकी पूरी कारोबारी अवधारणा गति, कम कीमत व ज्यादा बिक्री मात्र पर केंद्रित होनेवाली थी। अब तक शॉपिंग मॉल में स्वयं-सेवा (सेल्फ सर्विस) के जरिए बिक्री-मात्राओं को बढ़ाने का चलन कामयाब होने लगा था। ऐसे में दोनों भाइयों ने भाँप लिया था कि ड्राइव-इन रेस्तराओं का भविष्य भी स्वयं-सेवा ही थी।

मैकडोनाल्ड भाइयों ने अपने कारोबारी अंतर्ज्ञान को आजमाने का फैसला कर लिया था। उन्होंने 1948 के अंत में सितंबर से अक्तूबर तक के तीन महीनों के लिए रेस्तराँ का परिचालन बंद करने का ऐलान किया था। 20 सदस्योंवाली भारी-भरकम कारहॉप फौज को नौकरी से हटा दिया गया था। कारहॉप द्वारा आदेश दी जानेवाली दो सेवा-खिड़कियों (सर्विस विंडो) को ग्राहकों द्वारा स्वयं आदेश दी जा सकनेवाली सेवा खिड़कियों में बदल दिया गया था। रसोई को ज्यादा तेज व मात्रात्मक उत्पादन के लिए पुनर्व्यवस्थित किया गया था। इससे पहले तक रसोई में 3 फीट आकारवाले एकमात्र सामान्य बारबेक्यू ग्रिल (खाद्य पदार्थों को भूननेवाला रसोई उपकरण) का उपयोग किया जाता रहा था, लेकिन इसकी जगह अब 6 फीट आकारवाले बड़े बारबेक्यू ग्रिल स्थापित किए गए थे। मैकडोनाल्ड भाइयों के विशेष आदेश पर लॉस एंजिल्स की रसोई उपकरण वितरक कंपनी ने इनका निर्माण किया था। खाने के बरतनों बोन चाइना की तश्तरी, काँच के गिलास, चाकू, काँटे, चम्मच आदि की जगह कागज की थैलियों, लिफाफों व गिलासों ने ली थी। लिहाजा रसोई से डिशवाशर को बाहर कर दिया गया था।

भोजन-सूची को 25 से घटाकर सिर्फ नौ कर दिया गया था, जिनमें एक हैम्बर्गर, एक चीज बर्गर, 12 औंस आकार के एकमात्र गिलास में तीन स्वादों के शीतल पेय, दूध, कॉफी, आलू चिप्स व पाई (आटा व फलों से बने विशेष अमेरिकी पकवान) के टुकड़े को शामिल किया गया था। हैम्बर्गर के आकार को 1/8 पौंड से घटाकर 1/10 पौंड कर दिया गया था, लेकिन उनकी कीमतों को 30 सेंट से घटाकर सीधे 15 सेंट कर दिया गया था। मैकडोनाल्ड भाइयों ने अपने त्वरित खाद्य-उत्पादन प्रारूप में

बाधा पहुँचानेवाले मसाला, चटनी आदि की पसंद को भी नामंजूर कर दिया था। सभी हैम्बर्गर टमाटर चटनी (केचप), सरसों चटनी (मस्टर्ड सॉस), प्याज व दो आचारों से बनाए जाते थे। इससे अलग किसी भी आदेश में ध्यान बँटने से सेवा की रफ्तार प्रभावित होती थी। इस तरह मैकडोनाल्ड भाइयों ने सीमित भोजन सूची से न केवल उत्पादन तकनीक को सुव्यवस्थित किया था, बल्कि इसके जरिए आदेश से पहले ही खाद्यों के अग्रिम उत्पादन का रास्ता भी खुला था। यह पारंपरिक खाद्य सेवा प्रथाओं से बिल्कुल अलग थी, लेकिन सेवा की गति को बढ़ाकर ज्यादा बिक्री मात्रा हासिल करने की कारोबारी अवधारणा का जीवनाधार बन गया था। ग्राहकों को चुनाव का ज्यादा विकल्प देना का सीधा मतलब व्यवस्था-अराजक बनना था।

मैकडोनाल्ड भाइयों ने अपनी नई सेवा प्रणाली को स्पीडी सर्विस सिस्टम कहा था और अपने रेस्तराँ के विज्ञापन-पटल (साइनबोर्ड) पर स्पीडी नामक लघु जीव-संचारित रसोइया (मिनिएचर एनिमेटेड शेफ) को प्रदर्शित किया था। दोनों भाई अपनी नई उत्पादन व सेवा व्यवस्था की सफलता को लेकर आत्मविश्वास से लबालब थे। उन्होंने दिसंबर 1948 में जब अपने रेस्तराँ को फिर से शुरू किया था तो उन्हें उम्मीद थी कि हर वर्ग के ग्राहक नई व्यवस्था को पसंद करेंगे, लेकिन शुरुआत में ऐसा नहीं हुआ था और उनकी मासिक बिक्री पहले के मुकाबले 20 फीसदी कम रही थी। नौकरी से निकाले गए कारहॉप फिर से नौकरी पर रखने के लिए परेशान कर रहे थे तो पुराने किशोर ग्राहक पूछ रहे थे कि पुरानी व्यवस्था दुबारा फिर से कब शुरू होगी, लेकिन दोनों भाइयों ने अपना धैर्य बनाए रखा था। उन्होंने मिल्क शेक (दूध-मलाई पेय) व फ्रेंच फ्राइज पोटेटोज (गहरे तले आलू की डंडियाँ) को भी भोजन-सूची में शामिल किया था। इन दोनों चीजों ने बिक्री को बढ़ाने में काफी मदद की थी और छह महीने के भीतर रेस्तराँ की बिक्री सुधारनी शुरू हो गई थी।

जैसा कि मैकडोनाल्ड भाइयों ने अनुमान लगाया था, वही हुआ था। कारहॉप के जाने के बाद रेस्तराँ में किशोर ग्राहकों का आकर्षण कम हो गया था। धीरे-धीरे शहर के पारिवारिक ग्राहकों में यह खबर फैली थी कि 'मैकडोनाल्ड्स ड्राइव-इन रेस्टोरेंट' पहले की तरह किशोरों की मिलन-स्थली नहीं रह गया था। लिहाजा शुरू-शुरू में नुकसान जरूर हुआ था, लेकिन उसकी भरपाई नए ग्राहकों ने करनी शुरू कर दी थी, खासतौर पर नौकरी-पेशा परिवारों को अपने बच्चों को रेस्तराँ का खाना खिलाने का सस्ता विकल्प मिला था। इस रेस्तराँ की अष्टकोणीय बनावट व पारदर्शी खाद्य-उत्पादन व्यवस्था बच्चों के लिए मुख्य आकर्षण बन गई थी, साथ ही खाद्य-पदार्थों को तैयार होते देखकर वयस्कों के मन की आशंका भी दूर हो रही थी कि 'सस्ता' का मतलब 'घटिया' नहीं होता था।

चूँकि हैम्बर्गर की कीमत 30 सेंट से घटाकर सीधे 15 फीसदी कर दी गई थी, इसीलिए अधिकांश लोग यही सोच रहे थे कि शायद इसकी गुणवत्ता घटा दी गई होगी, लेकिन जब ग्राहकों को अपनी आँखों से मैकडोनाल्ड्स की आधुनिकतम रसोई व्यवस्था व उसकी जबरदस्त साफ-सफाई को देखने का मौका मिला था, तो वे हैरान हुए बिना नहीं रह सके थे। इस्पात से बने सभी रसोई उपकरण चमक रहे थे, बारबेक्यू ग्रिल में कहीं कोई धब्बा नजर नहीं आ रहा था, हैम्बर्गर में बेहतरीन गुणवत्तावाले मांस का इस्तेमाल हो रहा था, सभी रसोइए व अन्य कर्मचारी झक सफेद वेशभूषा में सजे हुए थे, रसोई पटल की लगातार सफाई की जा रही थी। यह सब अनोखा था और पारिवारिक ग्राहकों—खासतौर पर बच्चों ने मैकडोनाल्ड्स को दिल से अपनाना शुरू कर दिया था। इस तरह साल भर से कुछ ज्यादा समय में 'मैकडोनाल्ड्स ड्राइव-इन रेस्टोरेंट' अपने पुराने बिक्री स्तर पर वापस लौट आया था। लेकिन दोनों भाइयों ने जिस असाधारण बिक्री मात्रा को हासिल करने का मनसूबा बनाया था, वह अभी भी दूर की कौड़ी थी।

रसोई में 'संयोजित उत्पादन शृंखला' का उपयोग

मैकडोनाल्ड भाइयों ने त्वरित खाद्य सेवा (फास्ट फूड सर्विस) के विकास का पहला चरण पूरा कर लिया था। अपनी कोशिशों की बदौलत उन्होंने 'मैकडोनाल्ड्स ड्राइव-इन रेस्टोरेंट' को किशोरों की मिलन-स्थली की जगह पारिवारिक रेस्तराँ का दर्जा दिलाने में कामयाबी हासिल की थी। उन्हें कारहॉप की अविश्वनीय व सुस्त सेवा, उनकी तेज आवाजाही, बरतनों की टूट-फूट आदि झंझटों से मुक्ति मिल गई थी। सीमित भोजन-सूची व नई रसोई व्यवस्था से उन्हें खाद्य गुणवत्ता को नियंत्रित करने व अग्रिम उत्पादन से कुछ हद उत्पादन-मात्रा को बढ़ाने में भी मदद मिली थी, लेकिन वे इससे संतुष्ट नहीं थे। जिस तरह स्वयं-सेवा के जरिए ग्राहक-सेवा की जटिलता को खत्म करने व उसमें तेजी लाने में सफलता मिली थी, उसी तरह रसोई प्रणाली में भी तेजी लाने की जरूरत थी और उन्होंने इसी मसले पर अपना ध्यान केंद्रित किया था।

तब मैकडोनाल्ड भाइयों को यह पता नहीं था कि वे त्वरित खाद्य सेवा में भी बड़े उद्योगों की क्रांतिकारी उत्पादन प्रणाली—संयोजित उत्पादन शृंखला (असेंबली प्रोडक्शन लाइन)को अपनाने जा रहे थे, लेकिन उनके कदम उसी दिशा में बढ़ रहे थे। उन्होंने जल्द ही यह एहसास कर लिया था कि मौजूदा रसोई उपकरणों के जरिए खाद्य-उत्पादन की गति को बढ़ाना आसान नहीं था। वे रसोई प्रक्रिया में आमूलचूल बदलाव चाहते थे। अग्रिम उत्पादन से उन्हें यह पता चल गया था कि रसोई के कामों को अलग-अलग चरणों में बाँट कर गति में सुधार किया जा सकता था, लेकिन उसके

लिए विशेष प्रकार के रसोई उपकरणों व उसके मुताबिक रसोई की संरचना में भी बदलाव की जरूरत थी।

इसी उधेड़बुन में छोटे भाई डिक मैकडोनाल्ड के मन में लेजी सुसन (गोल खाने की मेज के केंद्र में स्थापित घूमनेवाली बड़ी भोजन तश्तरी) का खयाल आया था। उसने स्थानीय खरादिया (मशीनिस्ट) व कारीगर एड टोमन से इधर-उधर खिसकाए जा सकनेवाला इस्पात का पोर्टेबल स्टील लेजी सुसन तैयार करवाया था, जिस पर 24 हैम्बर्गर पावरोटियाँ (बन) रखी जा सकें। इसे रसोई में बारबेक्यू ग्रिल से थोड़ी दूर रखा गया था, ताकि दो रसोई कर्मचारी धीरे-धीरे घूमनेवाली 'लेजी सुसन' पर एक निश्चित समय में सभी 24 पावरोटियों पर प्याज का छल्ला, टमाटर चटनी, सरसों चटनी, अचार की दो कतलियाँ (पिकल स्लाइस) रख सकें। यह लेजी सुसन एक चलायमान मंच (मोबाइल प्लेटफार्म) पर रखा गया था, जिसे खिसकाकर बारबेक्यू ग्रिल के पास में लाया जा सकता था। घूमते लेजी सुसन पर सजी पावरोटियों के ऊपर बारी-बारी से हैम्बर्गर पट्टी रखी जाती थी और फिर उसे हैम्बर्गर लपेटनेवाले स्थान की तरफ खिसका दिया जाता था। इस तरह हैम्बर्गर तैयार करने की प्रक्रिया को तीन चरणों में बाँट दिया गया था।

एड टोमन को रसोई उपकरण तैयार करने का कोई अनुभव नहीं था। वह एक छोटे से वर्कशॉप में खराद (मशीन शॉप) पर दिन-रात जुटा रहता था। डिक मैकडोनाल्ड ने जब उसके सामने पोर्टेबल लेजी सुसन की बनावट पेश की थी, तो उसने चुनौती समझकर उस पर काम करना शुरू कर दिया था। मैकडोनाल्ड भाइयों ने उससे और भी उपकरण तैयार करवाए थे। हैम्बर्गर तैयार करने की प्रक्रिया को स्वचालित बनाने के लिए टोमन ने 'हस्तचालित इस्पात पिचकारी यंत्र' (हैंड हेल्ड स्टील पंप डिस्पेंसर) तैयार किया था, जिससे पावरोटी के ऊपर समान मात्रा पर टमाटर चटनी व सरसों चटनी डालना आसान हो गया था, लेकिन टोमन ने इन उपकरणों को कभी भी पेटेंट नहीं कराया था। उसने मैकडोनाल्ड्स सहित अन्य शुरुआती त्वरित खाद्य परिचालकों को करीब 5 लाख डॉलर मूल्य के पंप डिस्पेंसर बेचे थे, लेकिन पेटेंट न होने के चलते उसे वह लाभ नहीं मिल सका था, जिसका वह हकदार था। अभी भी टोमन का वही पिचकारी यंत्र थोड़े से संशोधन के साथ त्वरित खाद्य उद्योगों में प्रचलित है।

खाद्य सेवा को रफतार देने लिए सिर्फ स्वनिर्धारित रसोई उपकरण (कस्टमाइज्ड किचन इक्विपमेंट) ही मैकडोनाल्ड भाइयों का रहस्य नहीं था। उन्होंने इन उपकरणों के जरिए सुदृढ परिचालन प्रक्रियाओं (रिजिड ऑपरेटिंग प्रोसिजर) को अपनाया था, ताकि त्वरित खाद्य सेवा की मुख्य रुकावट—मानवीय तत्त्व को खत्म किया जा सके। त्वरित खाद्य से पहले तक वाणिज्यिक स्तर पर खाना पकाना व्यक्तिगत कला थी, नतीजतन

खाद्य सेवा की गुणवत्ता व गति में काफी भिन्नता रहती थी, लेकिन मैकडोनाल्ड भाइयों की सीमित खाद्य-सूची की अवधारणा ने उन्हें खाद्य-उत्पादन प्रक्रिया को आसान व बार-बार दुहराए जा सकनेवाले कार्यों में बदलने का मौका दिया था। वाणिज्यिक रसोई में पहली बार प्रवेश करनेवाले कर्मचारियों को भी ये काम तेजी से सिखाए जा सकते थे। जैसे-जैसे दोनों भाइयों ने उत्पादन तकनीक को परिष्कृत किया था, रसोई कर्मचारी दल अलग-अगल कामों के विशेषज्ञ बनते चले गए थे। मसलन, अब रसोई में तीन ग्रिल मैन थे, जो अन्य काम करने की बजाए सिर्फ हैम्बर्गर को भूनने का काम ही कर रहे थे; दो शेकमैन थे, जो सिर्फ मिल्क शेक ही बनाते थे; दो फ्राईमैन थे, जो फ्रेंच फ्राइज पोटेटोज को तलने के विशेषज्ञ हो गए थे; दो ड्रेसर थे, जो हैम्बर्गर को सजाने व लपेटने का काम करते थे; और तीन काउंटरमैन थे, जो दो ग्राहक-खिड़कियों पर सिर्फ आदेशों को भुगताने का काम कर रहे थे।

मैकडोनाल्ड भाइयों ने समय बचाने के लिए इन कार्यों को भी विस्तृत प्रक्रियाओं में तोड़ दिया था। ग्रिल-मैन को हैम्बर्गर के आदेश देने और आदेशों को भरने व लपेटने के लिए भी विशिष्ट नियम विकसित किए गए थे। रेस्तराँ के मिल्क शेक विभाग को चार मल्टी-मिक्सर से सुसज्जित किया गया था; अधिक-से-अधिक 80 मिल्क शेक को अग्रिम तौर पर तैयार किया जाता था, जिन्हें प्रशीतितधारक अलमारी (रेफ्रिजरेटेड होल्डिंग कैबिनेट) में सजाकर रखा जाता था। जैसे-जैसे उच्च मात्रा का पूर्वानुमान और अधिक स्पष्ट होता गया था, दोनों भाइयों ने ऐसी प्रथा शुरू की थी, जिसने उनकी नई त्वरित खाद्य सेवा को दूसरे रेस्तराओं से और भी ज्यादा प्रतिष्ठित कर दिया था। मसलन, मैकडोनाल्ड्स ड्राइव-इन रेस्टोरेंट में अधिकतम माँग समय (पीक ऑवर) में भी 30 सेकंड या उससे कम समय में आदेश भुगतने की प्रथा शुरू की गई थी। ऐसा कैसे हुआ था ? जाहिर था कि मैकडोनाल्ड्स के संचालक दल के सदस्यों ने ग्राहकों के आदेशों का पूर्वानुमान लगाकर भोजन सूची की खाद्य सामग्रियों को अग्रिम तौर पर पूरी तरह तैयार करना शुरू कर दिया था। मतलब वे ग्राहकों के आदेश का अनुसरण करने की बजाए उनकी आदेश संभावनाओं की पूर्ति करने लगे थे। जाहिर है कि इस प्रक्रिया में मानक समय से ज्यादा पहले तैयार हुए कुछ खाद्य-पदार्थों को त्यागने का नुकसान भी उठाना पड़ता था, लेकिन ज्यों-ज्यों पूर्वानुमान पक्का होता चला गया था, इस प्रकार का नुकसान काफी कम रह गया था।

खाद्य-उत्पादन की इन प्रक्रियाओं को इतने विस्तार से पेश किया गया था और हरेक काम को इतना विशेषज्ञतापूर्ण बना दिया गया था कि मैकडोनाल्ड्स रेस्तराँ परिचालन को न केवल ज्यादा उत्पादन गति का लाभ मिला था, बल्कि श्रम की भी काफी बचत हुई थी। जी हाँ, मैकडोनाल्ड भाइयों की यह त्वरित खाद्य उत्पादन प्रक्रिया हेनरी फोर्ड

1906 में अमेरिकी पत्रकार-उपन्यासकार अप्टन सिंक्लेयर के अपने उपन्यास 'द जंगल' में शिकागो सहित अमेरिका के अन्य औद्योगिक क्षेत्रों में आप्रवासियों की नारकीय जिंदगी का वर्णन किया था। इस उपन्यास में मांस प्रंस्करण व डब्बाबंदीकरण उद्योग द्वारा स्वास्थ्य मानकों के साथ किए जा रहे खिलवाड़ को भी उजागर किया था।

की संयोजित उत्पादन शृंखला (असेंबली प्रोडक्शन लाइन) की तरह थी। याद रहे कि 1 दिसंबर, 1913 को फोर्ड मॉडल टी कार उत्पादन के लिए हेनरी फोर्ड ने संयोजित उत्पादन शृंखला का उपयोग शुरू किया था, जिससे मोटरवाहन उद्योग की उत्पादन प्रक्रिया में एक नई क्रांति आई थी। अब मैकडोनाल्ड भाइयों ने अप्रशिक्षित रसोइयों की कम वेतन पर बहाली शुरू की थी। इन्हें मामूली प्रशिक्षण के बाद काम पर लगाया जा सकता था और उनसे बेहतर गुणवत्ता नियंत्रण के साथ ज्यादा तेज खाद्य उत्पादन का लक्ष्य हासिल किया जा सकता था। इस तरह अनुभवी रसोइए की आमदरफ्त के चलते आनेवाली दिक्कतें खत्म हो गई थीं। इतना ही नहीं, दोनों भाई महिला कारहॉप व किशोर ग्राहकों के बीच के अनैतिक संबंधों को लेकर इतने परेशान थे कि उन्होंने कर्मचारी दल में महिलाओं की भरती पर पूरी तरह रोक लगा दी थी।

दुबारा शुरू होने के साल भर के भीतर 'मैकडोनाल्ड्स ड्राइव-इन रेस्टोरेंट' पूरी तरह से छोटे 'खाद्य संयोजन संयंत्र' (फूड असेंबली प्लांट) में बदल गया था। दोनों भाइयों ने उत्पादन तकनीकों को इतना परिष्कृत कर लिया था कि उन्होंने एक विशिष्ट रेस्तराँ प्रारूप का अविष्कार कर लिया था, जिसकी प्रमुख चाभियाँ थी—स्वयं सेवा (सेल्फ सर्विस), कागज सेवा (पेपर सर्विस) व त्वरित सेवा (क्विक सर्विस)। इस तरह खाद्य सेवा कारोबार में कोई और नहीं था, जो मैकडोनाल्ड्स के आस-पास टिक सके।

हाँ, अमेरिका की पहली त्वरित खाद्य रेस्तराँ शृंखला (फास्टफूड रेस्टोरेंट चैन) 'व्हाइट कैसल' का कारोबारी प्रारूप जरूर मैकडोनाल्ड्स से मिलता-जुलता था। 13 सितंबर, 1921 को मध्य-पश्चिमी (मिडवेस्टर्न) अमेरिका के कंसास प्रांत के सबसे बड़े नगर विचिटा में इसकी शुरुआत हुई थी। यह शुरू से ही सीमित खाद्य-सूचीवाला रेस्तराँ रहा है, जो खासतौर के भाप में तले (स्ट्रीम फ्राइड) प्याज लदे हैम्बर्गर के लिए मशहूर हुआ था। 40 के दशक तक यह हैम्बर्गर 5 सेंट व उसके बाद लंबे समय तक 10 सेंट में बेचा जाता रहा था। अमेरिकी लोगों में गौमांस कीमा (ग्राउंड बीफ) को लोकप्रिय बनाने का श्रेय 'व्हाइट कैसल' को जाता है।

असल में 1906 में अमेरिकी पत्रकार-उपन्यासकार अप्टन सिंक्लेयर के अपने उपन्यास 'द जंगल' में शिकागो सहित अमेरिका के अन्य औद्योगिक क्षेत्रों में

आप्रवासियों की नारकीय जिंदगी का वर्णन किया था। इस उपन्यास में मांस प्रंस्करण व डब्बाबंदीकरण उद्योग (मीट प्रोसेसिंग ऐंड पैकेजिंग इंडस्ट्री) द्वारा स्वास्थ्य मानकों के साथ किए जा रहे खिलवाड़ को भी उजागर किया था। उसके बाद अमेरिकी नागरिकों में गौमांस-कीमा सेवन के प्रति हिचकिचाहट कायम हो गई थी। ऐसे में, व्हाइट कैसल के संस्थापकों—कुक वॉल्ट एंडरसन व एडगर वाल्डो बिली इनग्राम ने उद्योग की सफाई-व्यवस्था के प्रति जनता की धारणा बदलने का बीड़ा उठाया था। सफाई की भावना को प्रदर्शित करने के लिए रेस्तराँ भवन को छोटे सफेद किले की शक्ल दी गई थी, चमकते इस्पात पटल से आंतरिक सज्जा की गई थी और बेदाग वरदियों में सजे कर्मचारियों द्वारा महँगे चीनी मिट्टी के बरतनों में खाद्यों को परोसा गया था।

एंडरसन ने ताजे गौमांस कीमा व प्याज से हैम्बर्गर पकाने का कारगर तरीका विकसित किया गया था। मशीन के जरिए एक पौंड गौमांस कीमा से 18 गेंद (एक किलो में 40 गोले) बनाई जाती थी। इन मांस गेंदों को गरम ग्रिल पर रखा जाता था, जिसके ऊपर मुट्ठी भर ताजा बारीकी कटा हुआ प्याज रखा जाता था। उसे इस तरह से उलट-पलट किया जाता था कि प्याज मांस के भीतर चला जाए। फिर मांस गेंदों को इस तरह कुचला जाता था कि वे मांस-पट्टी की शक्ल में बदल जाएँ। उस मांस पट्टी को पावरोटी के निचले हिस्से पर रखा जाता था। फिर पावरोटी के ऊपरी हिस्से इस तरह ढँक दिया जाता था कि मांस पट्टी की भाप व रस पावरोटी के दोनों हिस्सों में समा जाए। परोसने से पहले बर्गर के बीच में आचारी खीरे की एक कतली घुसेड़ी जाती थी। टमाटर व सरसों की चटनियाँ अलग से पेश की जाती थीं। रेस्तराँ की साफ-सफाई व सस्ती कीमत के चलते इस छोटे हैम्बर्गर को लोग इतनी ज्यादा मात्रा में खाने लगे थे कि इसका नाम 'स्लाइडर्स' (फिसलपट्टी) पड़ गया था। 14 जनवरी, 2014 को टाइम पत्रिका ने 'व्हाइट कैसल स्लाइडर' को उस समय का सबसे प्रभावशाली बर्गर ब्रांड घोषित किया था और इस सूची में मैकडोनाल्ड्स को दूसरे स्थान पर रखा था।

बिली इनग्राम की व्यापार की समझ को न केवल 'व्हाइट कैसल' की सफलता, बल्कि हैम्बर्गर को लोकप्रिय बनाने के लिए भी जिम्मेदार माना जाता है। उस युग में अमेरिका में त्वरित खाद्य (फास्ट फूड) बिल्कुल अनजाना था और आज की तरह इस व्यापार को मदद करनेवाला बुनियादी ढाँचा भी विकसित नहीं हुआ था। लिहाजा कंपनी को खुद ही केंद्रीकृत बेकरी, मांस प्रसंस्करण संयंत्र व अपने गोदाम विकसित करने पड़े थे। 1933 तक मध्य पश्चिमी प्रांतों व न्यूयॉर्क में कुल 14 रेस्तराँ खुल चुके थे और बिली इनग्राम एक बड़ी व्यापारिक शख्सियत के रूप में उभरा था। उसी वर्ष इनग्राम ने एंडरसन की हिस्सेदारी खरीद ली थी और कंपनी मुख्यालय को कोलंबस (ओहियो) से स्थानांतरित कर लिया था। 1934 में इनग्राम ने 'पोर्सिलेन स्टील बिल्डिंग' नामक

सहायक कंपनी स्थापित की थी, जो व्हाइट कैसल भवनों को संयोजित करने के लिए पूर्वनिर्मित इस्पात संरचनाओं व चीनी मिट्टी तामचीनी (पोर्सिलेन एनामेल) की दीवार पट्टिकाओं का उत्पादन करती थी, लेकिन बिली इनग्राम विशेष अधिकार (फ्रेंचाइजी) व बैंक कर्ज के सख्त खिलाफ था, लिहाजा 'व्हाइट कैसल' रेस्तराँ को उतना तेज विकास नहीं हो सका। विचिटा (कंसास) स्थित पहले रेस्तराँ का परिचालन 1938 में ही बंद कर दिया गया था। 1958 में इनग्राम के सेवानिवृत्त होने के बाद भी कंपनी अपनी गति से चलती रही थी। अगस्त, 2014 में अमेरिका के 12 प्रांतों—इलिनोइस, इंडियाना, केंटुकी, मिशिगन, मिनेसोटा, मिसौरी, न्यू जर्सी, न्यूयॉर्क, ओहियो, पेनसिलवेनिया, टेनेसी व विस्कॉन्सिन में कुल 407 रेस्तराँ संचालित हो रहे थे।

असल में इनग्राम के कारोबारी प्रारूप में त्वरित खाद्य की कुछ सुविधाएँ जरूर थीं, लेकिन व्हाइट कैसल प्रणाली की मूल बनावट उच्च-गति स्वयं-सेवा के अनुकूल नहीं थी। इस शृंखला के छोटे रेस्तराओं में भी चीनी मिट्टी के बरतनों में खाद्य-परोसने व बिक्री पटल (सेल काउंटर) पर बैठकर खाने की सेवा दी जा रही थी, लेकिन बर्गर बनाने, परोसने से लेकर बाकी अन्य सभी कार्यों के लिए सिर्फ एक या दो कम अनुभवी रसोइयों को नियुक्ति किया गया था। लिहाजा रेस्तराँ की साफ-सफाई व सेवा की गुणवत्ता को लगातार कायम रखना संभव नहीं था। इस तरह व्हाइट कैसल को आमतौर पर अमेरिका की पहली त्वरित-खाद्य शृंखला का ऐतिहासिक गौरव दिया जाता हो, लेकिन खाद्य-उत्पादन व सेवा दोनों मामले में वह 'तेज' नहीं थी। फिर भी यह शृंखला काफी लोकप्रिय हुई थी और इसके कई नकलची भी पैदा हो गए थे।

जाहिर है कि मैकडोनाल्ड भाइयों ने साफतौर पर बिल्कुल अलग त्वरित खाद्य-सेवा प्रणाली विकसित की थी। यह द्वितीय विश्व-युद्ध के बाद 1946 से 1964 के बीच तेजी से पैदा हुई अमेरिकी पीढ़ी—बेबी बूमर्स की त्वरित जीवनशैली की जरूरतों से मेल खाती थी। यह ज्यादा तेज, ज्यादा गतिमान, ज्यादा सुविधाजनक व तत्काल संतुष्टि देने वाली खाद्य-सेवा प्रणाली थी। यह वही दौर था, जब गली-मोहल्लों की छोटी किराना दुकानें स्वयं-सेवावाले बड़े साफ-सुथरे खरीदारी-केंद्रों—सुपर मार्केट, शॉपिंग प्लाजा, स्ट्रिप मॉल आदि में स्थानांतरित हो रही थीं, और गैर-खाद्य खुदरा (नॉन फूड रिटेल) कारोबार छूट (डिस्काउंट) के जरिए ज्यादा उपभोग यानी बिक्री को बढ़ावा दिया जा रहा था। दोनों भाइयों ने उन्हीं रुझानों को खाद्य-सेवा के साथ जोड़ा था।

लेकिन स्वयं-सेवा की लोकप्रियता का, जो आश्चर्यजनक रूप से स्पष्ट नजारा सैन बर्नार्डिनो के इ-स्ट्रीट स्थित मैकडोनाल्ड्स ड्राइव-इन रेस्टोरेंट में देखने को मिल रहा था, वह कहीं और नहीं था। उच्च सेवा समय में उस रेस्तराँ की दोनों ग्राहक खिड़कियों पर अपनी बारी का इंतजार करनेवाले 20 या उससे भी अधिक ग्राहकों की

लंबी पंक्तियाँ बन रही थीं। 1951 में इस रेस्तराँ ने 2.77 लाख डॉलर की कुल सालाना बिक्री दर्ज की थी, जो स्वरूप बदले जाने से पहले की औसत सालाना बिक्री के मुकाबले 40 फीसदी अधिक था। यह तो महज एक शुरुआत थी। 1955 तक सालाना बिक्री का स्तर 3.50 लाख हो गया था और दोनों भाइयों के बीच मुनाफा बँटवारे की रकम करीब 1 लाख डॉलर के स्तर पर पहुँच चुकी थी। दिन व रात के खाने (लंच-डिनर) के घंटों में कुल 600 वर्ग फीट में बने इस रेस्तराँ के सामने औसतन 150 ग्राहकों की भीड़ जमा हो रही थी। यह बिक्री मात्र बैठने की व्यवस्था व कारहॉप की सेवा देनेवाले विशाल ड्राइव-इन रेस्तराओं के लिए भी सम्मानित मानी जाती थी। उसके मुकाबले काफी छोटे, एक तिहाई कम लागत, एक तिहाई कम श्रम-शक्ति व 15 सेंट कीमतवाले उत्पाद बेचनेवाले परिचालन के लिए इतनी बड़ी बिक्री मात्रा को हासिल करना चौंकानेवाली उपलब्धि थी। इस तरह मैकडोनाल्ड्स के मानक ड्राइव-इन से 'फास्ट फूड फैक्टरी' में बदलाव ने धुआँधार सफलता को जन्म दिया था।

मैकडोनाल्ड्स का शुरुआती फ्रेंचाइजी विस्तार

कैलिफोर्निया प्रांत के दक्षिणी भाग में सैन फ्रांसिस्को से करीब 97 कि.मी. पूरब में मोजावे रेगिस्तान के मुहाने पर सैन बर्नार्डिनो घाटी की तलहटी पर बसा है सैन बर्नार्डिनो। फिर भी मैकडोनाल्ड्स की धुआँधार सफलता की खुशबू बड़ी तेजी से समूचे अमेरिका के रेस्तराँ कारोबार में फैलने लगी थी। आमतौर पर यह समझा जाता था कि मैकडोनाल्ड भाइयों को रे क्रोक ने विशेष अधिकार (फ्रेंचाइजी) रेस्तराँ विस्तार का विचार दिया था, लेकिन हकीकत इससे उलट है। क्रोक से दोनों भाइयों की मुलाकात जुलाई 1954 में हुई थी, लेकिन उससे बहुत पहले ही मैकडोनाल्ड्स ड्राइव-इन रेस्टोरेंट समूचे देश के अवसरवादी व्यावसायियों के आकर्षण का केंद्र बन चुके थे। रे क्रोक से पहली मुलाकत के ठीक दो साल पहले जुलाई 1952 में अमेरिकन रेस्टोरेंट मैगजीन ने मैकडोनाल्ड्स रेस्तराँ अवधारणा की सफलता को अपनी आवरण कथा (कवर स्टोरी) बनाया था। उसके बाद मैकडोनाल्ड भाइयों के पास पत्रों व दूरभाष के जरिए जिज्ञासाओं की बाढ़ सी आ गई थी। रेस्तराँ की सफलता व स्पीडी सर्विस सिस्टम के बारे पूछताछ करनेवालों लोगों की औसत मासिक संख्या 300 हो गई थी। व्यक्तिगत तौर पर रेस्तराँ का मुआयना करनेवालों की संख्या भी लगातार बढ़ रही थी। दोनों भाइयों का अधिकांश समय आगंतुकों से बातचीत में बीतने लगा था। जब वे इन मुलाकातों से परेशान होने लगे तो उन्हें एहसास हुआ था कि एक विशेष अधिकार (फ्रेंचाइजी) प्रतिनिधि को नियुक्त करने की जरूरत थी।

लिहाजा, मैकडोनाल्ड भाइयों ने रे क्रोक से मिलने से दो साल पहले ही 'स्पीडी

सर्विस सिस्टम' का विशेष अधिकार अनुज्ञा-पत्र (फ्रेंचाइजी लाइसेंस) जारी करना शुरू कर दिया था। लोगों की पूछताछ से दोनों भाई इतने उत्साहित हुए थे कि उन्होंने फ्रेंचाइजी आमंत्रण के लिए एक व्यापार पत्रिका में पूरे पृष्ठ का विज्ञापन भी जारी किया था। उस विज्ञापन का शीर्षक था—यह आपके जीवन के सबसे महत्त्वपूर्ण 60 सेकंड हो सकते हैं।

1952 में दक्षिण-पश्चिमी अमेरिका में कैलिफोर्निया के दक्षिण-पूर्व के प्रांत एरिजोना की राजधानी फीनिक्स (लॉस एंजिल्स से 595 कि.मी. पूरब में) के स्वतंत्र गैस खुदरा विक्रेता नील फॉक्स को मैकडोनाल्ड्स ड्राइव-इन रेस्टोरेंट का पहला फ्रेंचाइजी लाइसेंस जारी किया गया था। दोनों भाइयों ने फॉक्स के रेस्तराँ को अपने आगे के रेस्तराँ-शृंखला विस्तार का कार्यशील प्रारूप (वर्किंग प्रोटोटाइप) बनाने का फैसला किया था। उन्होंने इस प्रारूप रेस्तराँ भवन की रचना के लिए सैन बर्नार्डिनो के स्थानीय वास्तुकार स्टैनले मेस्टन को बहाल किया था। दोनों भाइयों ने मौजूदा अष्टकोणीय रेस्तराँ के मुकाबले प्रस्तावित प्रारूप का आकार दोगुना रखने व उसकी बनावट को और भी ज्यादा आकर्षक बनाने का निर्देश दिया था। स्टैनले मेस्टन ने प्रारूप भवन को आयताकार रखा था, उसकी बाहरी दीवारों को लाल व सफेद टाइलों से सजाए था, उसके ऊपर आगे से पीछे की तरफ तेज ढलानवाली छत और मूल भवन की तरह अगले आधे हिस्से में छत से लेकर ग्राहक पटल तक शीशे की खिड़कियों का प्रावधान किया था। रसोई का कुछ भी ग्राहकों की नजरों से छुपा नहीं था।

यह सर्कसनुमा बनावट 1950 के दशक की वास्तुकला का ऐतिहासिक नमूना व जवाँ, प्रयोगधर्मी व उभरते हुए त्वरित खाद्य कारोबार का प्रतीक बननेवाली थी, लेकिन इस भवन की सबसे अधिक ध्यान खींचनेवाली चीज थी भवन के आरपार जानेवाली दो अर्द्धचंद्राकर मेहराब। इन मेहराबों को सुनहरे रंग में तैयार कर निओन रोशनी से जगमगाया था। यह बाद में मैकडोनाल्ड्स रेस्तराँ प्रणाली की प्रतीक 'गोल्डन आर्चेज' के नाम से मशहूर हुई थी।

लेकिन मैकडोनाल्ड भाइयों ने जब इन मेहराबों को प्रारूप भवन में शामिल करने का सुझाव दिया था तो मेस्टन ने इस विचार को सिरे से खारिज कर दिया था। मेस्टन का मानना था कि इस तरह की गोलाकार भारी कंक्रीट संरचना मूल भवन को नुकसान पहुँचाएगी। मेस्टन दोनों भाइयों का दोस्त था, उनकी नजर में कोई और बेहतर वास्तुकार भी नहीं था। इसीलिए भाइयों ने मेस्टन को खुश करने के लिए बिना मेहराब के ही प्रारूप भवन का नक्शा तैयार करा लिया था, लेकिन उनकी कल्पनाओं में प्रारूप भवन के आर-आर जानेवाली अर्द्धचंद्राकर संरचना की खूबसूरती तैरती रही थी। वे हार मानने वालों में से नहीं थे। उन्होंने अपने परिचित स्थानीय विज्ञापन पटल (साइनबोर्ड) निर्माता

जॉर्ज डेक्सटर के सामने वह नक्शा रखा था और उसे भवन को सहारा दे सकनेवाली दो अर्द्धचंद्राकर ठोस संरचना बनाने का सुझाव दिया था। चूँकि डेक्सटर को वास्तुकला का कोई अनुभव नहीं था, इसीलिए उसने अपनी विज्ञापन पटल निर्माण कला का इस्तेमाल किया था और फिर निओन रोशनी में जगमगानेवाले गोल्डन आर्चेज का अनोखा विकल्प सामने आया था।

सिर्फ भवन ही नहीं, मैकडोनाल्ड भाइयों ने फीनिक्स के प्रारूप रेस्तराँ के लिए रसोई उपकरणों की बनावटों में भी अपनी आविष्कारशीलता का उपयोग किया था। चूँकि नई रेस्तराँ की रसोई का आकार मूल रेस्तराँ से दोगुना था, इसीलिए उपकरणों की बनावट में बदलाव भी जरूरी था। दोनों भाइयों ने निश्चित किया कि नए उपकरणों की बनावट उनके द्वारा सुपरिभाषित उत्पादन प्रणाली में पूरी तरह समायोजित हो। इसके लिए लंबी माथापच्ची की थी, अपने निवास स्थित टेनिस मैदान में रसोई का पूरा नक्शा खींचा था, रेस्तराँ बंद होने के बाद रसोई दल से समूची उत्पादन प्रक्रिया की नकली कवायद (मॉक ड्रिल) करवाई थी और फिर पूरी तरह संतुष्ट होने के बाद उपकरण निर्माता के प्रारूपकार (ड्राफ्ट्समैन) से रसोई की अंतिम बनावट तैयार करवाई थी।

असल में, मैकडोनाल्ड भाइयों ने फीनिक्स स्थित अपने पहले फ्रेंचाइजी ड्राइव-इन रेस्तराँ को 'भविष्य-प्रारूप' (फ्यूचर मॉडल) के रूप में विकसित किया था। लिहाजा उन्होंने रेस्तराँ भवन की वास्तु संरचना को ज्यादा आकर्षक व रसोई की बनावट को अपनी उत्पादन प्रणाली—स्पीडी सर्विस सिस्टम के मुताबिक पूरी तरह से दोषरहित (परफेक्ट) बनाने की कोशिश की थी, लेकिन फ्रेंचाइजी लाइसेंस को दोषरहित बनाने के लिए दोनों भाइयों द्वारा अभी काफी कुछ करना बाकी था। नील फॉक्स को रेस्तराँ भवन व रसोई का नक्शा दिया गया था। 1953 में उस रेस्तराँ के शुरू होने से पहले स्पीडी सर्विस सिस्टम के आधारभूत वर्णन के साथ उसे लागू करने के लिए एक सप्ताह के लिए सैन बर्नार्डिनो रेस्तराँ के अनुभवी कर्मचारी आर्ट बेंडर को भी भेजा गया था। इन सभी कामों के बदले विशेष अधिकार अनुज्ञा-पत्र शुल्क (फ्रेंचाइजी लाइसेंस फीस) के रूप में 1000 डॉलर राशि की राशि वसूल की गई थी। उसके बाद, दोनों भाइयों ने मैकडोनाल्ड्स की पहली फ्रेंचाइजी रेस्तराँ की वित्तीय व परिचालन व्यवस्थाओं को पूरी तरह से उसके संचालक के भरोसे छोड़ दिया था। चूँकि फ्रेंचाइजी रेस्तराँ से मैकडोनाल्ड भाइयों को लगातार राजस्व आमदनी नहीं होनेवाली थी, इसीलिए उसकी सफलता को सुनिश्चित करने के लिए मदद करने में कोई आर्थिक लाभ नहीं था। इसी तरह फ्रेंचाइजी परिचालक के लिए भी मैकडोनाल्ड्स प्रणाली को लागू करना जरूरी नहीं था। कुल मिलाकर यह फ्रेंचाइजी लाइसेंस सिर्फ नाम के इस्तेमाल भर के लिए ही था।

जुलाई, 1954 में रे क्रोक से ऐतिहासिक मुलाकात से पहले के दो वर्षों में भाइयों ने सिर्फ 15 लाइसेंस जारी किए थे। इनमें से 10 की परिचालन व्यवस्था इतनी लचर हो गई थी कि क्रोक को उन्हें कंपनी परिचालित इकाइयों में शामिल करना पड़ा था।

[संगीत मंडलियों व सेना में ड्रमवादक व लेखन-सामग्री भंडारों (स्टेशनरी स्टोर) में सोडा व मिल्कशेक बनाने-बेचने का काम कर चुके आर्ट बेंडर को मैकडोनाल्ड भाइयों ने दिसंबर 1948 में अपने नए रेस्तराँ का प्रबंधक नियुक्त किया था। उसने रेस्तराँ का पहला हैम्बर्गर बेचा था। उसने शुरुआती फ्रेंचाइजी रेस्तराओं के संचालन को सुव्यवस्थित करने के लिए प्रशिक्षक के रूप में अहम भूमिका अदा की थी। उसने 15 अप्रैल, 1955 को रे क्रोक द्वारा डेस प्लेंस, इलिनोइस में स्थापित पहला कार्यशील प्रारूप रेस्तराँ स्थापित करने में भी मदद की थी। फिर जुलाई 1995 में रे क्रोक द्वारा नियुक्त पहले फ्रेंचाइजी के रूप में कैलिफोर्निया की राजधानी, सैक्रामेंटो 270 कि.मी. दक्षिण में स्थित शहर फ्रेस्नो में रेस्तराँ खोला था।]

लोग जिस तरह दोनों मैकडोनाल्ड भाइयों के पीछे पड़े हुए थे, वे चाहते तो फ्रेंचाइजी लाइसेंस के लिए मोटी रकम वसूल कर मोटी कमाई कर सकते थे, लेकिन आसान आमदनी में उनका कोई भरोसा नहीं था। यही कारण था कि फ्रेंचाइजी कार्यक्रम के लिए उन्होंने कोई खास उत्साह नहीं दिखाया था। असल में उन्हें अपने रेस्तराँ की ब्रांड छवि व सफल उत्पादन प्रणाली की अहमियत का ही पता नहीं था, या यों कहें कि वे इसका मोल नहीं लगाना चाहते थे। यही कारण था कि जब नील फॉक्स ने फीनिक्स में फ्रेंचाइजी रेस्तराँ आवेदन किया था तो मैकडोनाल्ड भाइयों ने यही समझा था कि वह उसका नाम 'फॉक्सज' रखेगा, लेकिन जब फॉक्स ने यह कहा था कि वह रेस्तराँ का नाम 'मैकडोनाल्ड्स' ही रखना चाहता था तो दोनों भाइयों को हैरानी हुई थी। उन्होंने फॉक्स से यह सवाल भी किया था कि आखिर फीनिक्स में इस नाम को कितने लोग जानते थे और उस नाम से क्या फर्क पड़ने वाला था। वे इस आशंका से परेशान हुए थे कि हो न हो 'फीनिक्स मैकडोनाल्ड्स' कामयाब न हुआ तो उनका असल कारोबार भी प्रभावित हो सकता था, लेकिन फॉक्स के विपणन जोश को देखते हुए उन्होंने नाम इस्तेमाल की इजाजत दे दी थी और इस तरह मैकडोनाल्ड्स हैम्बर्गर रेस्तराँ शृंखला की शुरुआत हो गई थी।

जाहिर है कि मैकडोनाल्ड भाइयों की रूढ़िवादिता (कंजरवेटिवज्म) के चलते मैकडोनाल्ड्स के शुरुआती फ्रेंचाइजी रेस्तराओं को जो होना तय था, वैसा ही हुआ भी था। जुलाई 1954 में रे क्रोक से ऐतिहासिक मुलाकात से पहले के दो वर्षों में भाइयों ने

सिर्फ 15 लाइसेंस जारी किए थे। इनमें से 10 की परिचालन व्यवस्था इतनी लचर हो गई थी कि क्रोक को उन्हें कंपनी परिचालित इकाइयों में शामिल करना पड़ा था। चूँकि दोनों भाइयों के पास फ्रेंचाइजी के इतने आवेदन आ रहे थे, उन्होंने उनकी संभावनाओं का आकलन करने की भी कोई खास कोशिश नहीं की थी। भाइयों में न तो यह कुशलता थी और न ही इच्छा कि वे फ्रेंचाइजी संचालकों को रेस्तराओं के परिचालन में पूँजी के अलावा अपनी खुद की भी भूमिका निभाने के लिए प्रेरित कर सकें। उन्होंने कैलिफोर्निया की राजधानी सैक्रामेंटो (सैनफ्रांसिस्को से करीब 140 कि.मी. उत्तर-पूर्व में) छह रेस्तराँ खोलने के इच्छुक निवेशक की 15 हजार डॉलर की फ्रेंचाइजी फीस की पेशकश को ठुकरा किया था। इसका यह कारण था कि उन्होंने एक दिन पहले वहाँ एक रेस्तराँ खोलने के इच्छुक फ्रेंचाइजी से 2500 डॉलर प्राप्त कर लिया था।

इतना ही नहीं, भाइयों ने कई फ्रेंचाइजी आवेदकों को हतोत्साहित करने की भी कोशिश की थी। मसलन, जब आधी उम्र की विद्यालय शिक्षिका हेरिएट चार्ल्सन अलहम्ब्रा ने पश्चिमी सैन गैब्रियल घाटी क्षेत्र, लॉस एंजिल्स काउंटी के लिए फ्रेंचाइजी हासिल करने की इच्छा जताई थी तो मैकडोनाल्ड भाइयों ने उसे कपड़ा-भंडार चलाने की सलाह दी थी, लेकिन दो दिनों बाद वह 2500 के चेक के साथ सैन बर्नार्डिनो रेस्तराँ पर पहुँच गई थी। चार्ल्सन ने अगले 16 वर्षों तक रेस्तराँ का सफल संचालन किया था और 1969 में मैकडोनाल्ड्स को 1.80 लाख डॉलर में वह संपत्ति बेची थी।

मैकडोनाल्ड भाइयों ने एक और सुनहरा मौका छोड़ दिया था। वे अमेरिका की मशहूर दुग्ध उत्पाद निर्माता कारनेशन मिल्क प्रोडक्ट्स कंपनी (केंट, किंग काउंटी, वाशिंगटन; सिएटल से 40 कि.मी. पूरब) के मिल्कशेक मिक्स का इस्तेमाल कर रहे थे। कारनेशन को मैकडोनाल्ड्स रेस्तराँ शृंखलाओं के विस्तार में अपने दुग्ध उत्पादों की भारी बिक्री संभावना नजर आई थी। लिहाजा कंपनी ने दोनों भाइयों के सामने साझेदारी में शृंखला विस्तार करने का प्रस्ताव भेजा था। कारनेशन सबसे पहली इकाई सैनफ्रांसिस्को में खोलना चाहती थी, उसके बाद समूचे कैलिफोर्निया के तटीय इलाके में और फिर संभवतः सारे पूर्वी अमेरिका में। कंपनी इस विस्तार योजना के वित्त-पोषण की जिम्मेवारी लेने को तैयार थी, लेकिन रेस्तराँ परिचालन की सारी जिम्मेवारी मैकडोनाल्ड भाइयों पर डालना चाहती थी। असल में, कारनेशन की रुचि रेस्तराँ कारोबार में नहीं, बल्कि इसके जरिए अपने दुग्ध-उत्पादों की बिक्री बढ़ाने में थी।

जाहिर है कि यह दोनों भाइयों के लिए अनोखा प्रस्ताव था, जिसमें मालिकाना हक खोने की भी कोई आशंका नहीं थी, लेकिन बड़े भाई मैक मैकडोनाल्ड ने छोटे भाई डिक को यह कहकर भड़का दिया था कि रेस्तराँ विस्तार के चक्कर में उनकी निजी जिंदगी नरक हो जाएगी। मैक कहना था कि रेस्तराँ स्थानों व प्रबंधकों के चुनाव

के चक्कर में लगातार एक से दूसरे जगह की यात्रा करनी पड़ेगी और उनका दिन सड़कों पर कार में व रातें दोयम दर्जे के स्थानीय होटलों में गुजारनी पड़ेंगी। बाद में भी रेस्तराओं के सुचारु संचालन व उसकी वित्तीय सफलता की जिम्मेवारी भी उन्हीं को उठानी थी। वे इन झंझटों में अपनी सुकून भरी जिंदगी को खतरे में डालने को तैयार नहीं थे, उन्हें पहले ही उम्मीद से ज्यादा आर्थिक समृद्धि मिल चुकी थी, उन्हें और ज्यादा की कोई लालसा नहीं थी और वे सैन बर्नार्डिनो के अपने जबरदस्त कारोबार ही से ही पूरी तरह संतुष्ट थे। लिहाजा उन्होंने कारनेशन के प्रस्ताव को नामंजूर कर दिया था।

इस तरह की संतुष्टि से तो कभी भी कोई बड़ा कारोबार-साम्राज्य खड़ा नहीं हो सकता था। कुल मिलाकर दोनों भाई राष्ट्रीय शृंखला के निर्माण में असफल रहे थे, क्योंकि वे इस विचार को पचा नहीं सके थे। वे दोनों हर साल एक लाख डॉलर का मुनाफा बाँटकर ही खुश थे, क्योंकि वे इससे ज्यादा कमाई को आयकर का झंझट मोल लेना ही मानते थे। दोनों भाइयों को अपनी कोई संतान नहीं थी कि वे उसके लिए ज्यादा बड़ी परिसंपत्ति बनाते। वे धार्मिक भी नहीं थे कि गिरजाघर के लिए अपनी संपत्तियाँ इकट्ठा करें।

ऐसे में 1953 के अंत तक मैकडोनाल्ड भाइयों की फ्रेंचाइजी योजना ध्वस्त होने के कगार पर पहुँच चुकी थी। अधिकांश स्वतंत्र फ्रेंचाइजी मूल स्पीडी सर्विस सिस्टम का अनुशासन पालन करने की बजाए रेस्तराँ को अपने-अपने हिसाब से चलाने की कोशिश कर रहे थे। भाइयों ने फ्रेंचाइजी विस्तार के लिए साल के शुरू में विलियम तानसे को फ्रेंचाइजी प्रतिनिधि भी नियुक्त किया था। हृदय रोग की परेशानियों के चलते काम छोड़ने के पहले तानसे ने कुछ महीनों में कई नए फ्रेंचाइजी बनाए थे, लेकिन वे भी दोनों भाइयों द्वारा चुने गए लोगों से अलग नहीं थे। फ्रेंचाइजी फीस अदा कर सभी महज लाल-सफेद रेस्तराँ भवन का नक्शा, 15 पृष्ठों की परिचालन पुस्तिका (ऑपरेशन मैनुअल) व 'मैकडोनाल्ड्स' का प्रतीक चिह्न (लोगो) ही खरीद रहे थे। उसके बाद वे पूरी तरह से स्वतंत्र थे। अधिकांश अपने-अपने हिसाब से खाद्यों की कीमतें रख रहे थे और कुछ ने मूल खाद्य-सूची में नई सामग्रियों को भी जोड़ लिया था।

हाँ कुछ लोग ऐसे जरूर थे, जो परिचालन पुस्तिका के अधिकांश निर्देशों का पालन करते हुए व्यक्तिगत देखभाल व ध्यान के साथ अपने रेस्तराओं को संचालित कर रहे थे, लेकिन किसी भी फ्रेंचाइजी ने मूल मैकडोनाल्ड्स रेस्तराँ जैसी सफाई व्यवस्था को लागू करने में खास रुचि नहीं दिखाई थी। सैन बर्नार्डिनो रेस्तराँ में सारी खिड़कियों की रोजाना धुलाई की जाती थी और रसोई-पटलों के साथ-साथ अंदर-बाहर के सभी फर्शों पर लगातार झाड़ू-पोंछा का सिलसिला जारी रहता था और हर वक्त सफाई-

तौलियों को बिल्कुल तैयार रखा जाता था। ऐसे में कोई आश्चर्य की बात नहीं थी कि किसी भी फ्रेंचाइजी रेस्तराँ की बिक्री की रफ्तार मूल रेस्तराँ की दिशा में आगे बढ़ती दिखाई नहीं दे रही था। इसका मूल कारण यह था कि दोनों भाइयों व उनके प्रतिनिधियों ने फ्रेंचाइजी व्यवस्था को आसान कमाई का रास्ता समझ लिया था। अधिकांश फ्रेंचाइजी मालिक निवेशक थे, जिन्होंने अपने रेस्तराँ के संचालन के लिए प्रबंधक नियुक्त कर रखे थे। उनके लिए रेस्तराँ एक और कारोबार की तरह था और वे अपने मूल कारोबार में ही व्यस्त रहते थे। इसी तरह मैकडोनाल्ड भाइयों ने भी फ्रेंचाइजी परिचालनों की गुणवत्ता की निगरानी के लिए कोई संगठन निर्माण किए बिना ही फ्रेंचाइजी लाइसेंस को मुफ्त की आमदनी का जरिया ही मान लिया था।

यह कोई अनहोनी बात भी नहीं थी, क्योंकि उससे पहले भी किसी ने भी फ्रेंचाइजी व्यवस्था को दूसरे नजरिए से देखने की कोशिश नहीं की थी। आखिरकार, मैकडोनाल्ड भाइयों को यह एहसास हुआ था कि यदि रचनाकार अपने मूल विचार को प्रचारित व नियंत्रित नहीं करेगा तो वह जल्द ही चोरी कर लिया जाएगा। जी हाँ, जब तक भाइयों को एहसास होता, कई स्वतंत्र परिचालकों ने मैकडोनाल्ड्स फ्रेंचाइजी के मुकाबले बेहतर सफलता के साथ उनकी त्वरित खाद्य अवधारणा की नकल शुरू कर दी थी। और यह सब दोनों भाइयों की नासमझी व भलमनसाहत के चलते हुआ था। दोनों भाई इतने उदार थे कि जब भी कोई आगंतुक उनके रेस्तराँ के मुआयने के लिए आता था, तो वे कुछ भी छुपाते नहीं थी। वे आगंतुकों से उत्पादन प्रक्रियाओं, उपकरणों व आपूर्तिकर्ताओं से संबंधित संवेदनशील सूचनाओं को भी साझा करने से हिचकिचाते नहीं थे, तो फिर किसी को मैकडोनाल्ड्स का रहस्य जानने के लिए फ्रेंचाइजी भी लेने की क्या जरूरत थी?

बढ़ती नकल व मूल संस्थापकों की दुविधा

1952 में विचार-चोरीवाली रेस्तराँ इकाइयों ने पनपना शुरू कर दिया था और दो साल के अंदर कैलिफोर्निया बाजार नए-नवेले त्वरित खाद्य कारोबार का पालना बन गया था। दर्जनों स्वयं-सेवा ड्राइव-इन रेस्ताराँ खुल गए थे। सभी 15 से 19 सेंट में बर्गर, 10 सेंट में फ्रेंच फ्राइज व 15 से 20 सेंट में मिल्क शेक बेचने लगे थे। जाहिर है कि सभी ने मैकडोनाल्ड भाइयों की सैन बर्नार्डिनो रेस्तराँ को ही कार्यशील प्रारूप (वर्किंग प्रोटोटाइप) के तौर पर इस्तेमाल किया था। सभी आगंतुक बनकर वहाँ गए थे और दोनों भाइयों से कारोबार के गुर निकाल लाए थे।

मैकडोनाल्ड्स का विचार चुरानेवालों में प्रमुख कंपनी थी—कॉलिंस फूड्स इंटरनेशनल (लॉस एंजिल्स), जो बाद में केंटकी फ्राइड चिकन (केएफसी) की सबसे बड़ी फेंचाइजी व 'सिज्जलर' रेस्टोरेंट शृंखला की परिचालक बन गई थी। 2014

में कॉलिंस ऑस्ट्रेलिया में 168 केएफसी फ्रेंचाइजी रेस्तराओं व स्वयं स्वामित्ववाले 26 सिज्जलर रेस्तराओं का संचालन कर रही थी। इसके अलावा एशियाई बाजारों में कॉलिंस के कुल 61 सिज्जलर रेस्तराँ चल रहे थे।

कॉलिंस के चेयरमैन जेम्स ए. कॉलिंस ने 1952 में पहली बार मैकडोनाल्ड्स के सैन बर्नार्डिनो स्थित ड्राइव-इन रेस्तराँ के बारे में सुना था। उस वक्त वह कल्वर सिटी (पश्चिमी लॉस एंजिल्स काउंटी) में एक कॉफी शॉप खोलने की तैयारी कर रहा था। तब बिजली आपूर्तिकर्ता कंपनी एडीसन इंटरनेशनल (रोजमीड, लॉस एंजिल्स काउंटी) के एक प्रतिनिधि ने उसे पुराने तौर-तरीके के कॉफी शॉप खोलने से पहले एक बार मैकडोनाल्ड्स का मुआयना करने का आग्रह किया था। उसकी जिद को देखकर कॉलिंस हैरान था और आखिरकार उसी के साथ सैन बर्नार्डिनो की चार घंटे की यात्रा पर निकल पड़ा था। वे लोग ठीक दोपहर के खाने के वक्त (लंच ऑवर) में सैन बर्नार्डिनो पहुँचे थे, जब मैकडोनाल्ड्स ड्राइव-इन के सामने ग्राहकों का ताँता लगा हुआ था। कॉलिंस ने भी रेस्तराँ के सामने इतनी भीड़ नहीं देखी थी और वह वहाँ के दृश्य को देखकर भौचक रह गया था। पूरी पार्किंग वाहनों से भरी हुई थी और ग्राहक दो लंबी पंक्तियों में अपनी बारी का इंतजार कर रहे थे। कॉलिंस रेस्तराँ की त्वरित सेवा को लेकर भी आश्चर्यचकित हुआ था कि सिर्फ 10 सेकंड में ही एक ग्राहक के आदेश को पूरा कर दिया जा रहा था। उसने तत्काल अपनी कॉफी शॉप योजना फाड़ दी थी।

वापस लौटकर कॉलिंस ने मैकडोनाल्ड्स की नकल कर केन मैककोनेल द्वारा बीते जून में खोली 'केंस ड्राइव-इन' (लांग बीच, लॉस एंजिल्स काउंटी) में त्वरित-खाद्य कारोबार का प्रशिक्षण लिया था। फिर उसने काफी शॉप की जगह पर सितंबर 1952 में 'हैम्बर्गर हैंडआउट' नाम से ड्राइव-इन रेस्तराँ खोल लिया था, जो पूरी तरह से मैकडोनाल्ड्स की प्रतिलिपि ही था। फर्क सिर्फ इतना था कि कॉलिंस ने अपने बर्गर की कीमत 15 सेंट की बजाए 19 सेंट रखी थी। एक महीने बाद मेल हॉल ने पोमोना (लॉस एंजिल्स काउंटी) में 'मिल्स ड्राइव-इन' खोला था, और वह भी मैकडोनाल्ड्स की ही प्रतिलिपि था।

असल में केन मैककोनेल, जेम्स ए. कॉलिंस व मेल हॉल तीनों को रेस्तराँ के बारे में सबकुछ मैकडोनाल्ड भाइयों ने ही बताया था। कॉलिंस ने भी 'हैम्बर्गर हैंडआउट' खोलने से पहले मैकडोनाल्ड भाइयों से मुलाकात की थी। उन्होंने कॉलिंस को रसोई घुमाते हुए बड़ी बारबेक्यू ग्रिल के विकास के बारे में पूरी जानकारी दी थी, स्वयं विकसित संयोजित उत्पादन प्रक्रिया की खूबियाँ गिनाई थीं, स्वचालित चटनी पिचकारी निर्माता का पता बताया था और हैम्बर्गर सहित फ्रेंच फ्राइज, मिल्क शेक आदि तैयार

करने की बारीकियाँ समझाई थीं। ये सब ऐसी गोपनीय जानकारियाँ थीं, जिनके लिए फ्रेंचाइजी भुगतान करते थे, लेकिन मैकडोनाल्ड भाइयों को यह सब मुफ्त में बाँटने में कोई गुरेज नहीं था। आखिर वे ऐसा क्यों कर रहे थे? डिक मैकडोनाल्ड ने 'बिहाइंड द आर्चेज' (बैंटम बुक/रैंडम हाउस समूह; 1986) के लेखक जॉन एफ लोवे को बताया था, ''रेस्तराँ पूरी तरह से शीशे का था और हम लोग मछली कटोरी (फिश बाउल) में थे। हम क्या कर रहे थे, हम छिपा नहीं सकते थे। इसीलिए हम किसी से, जिसके पास सवाल होते थे, बात करते थे। वे कागज व कलम के साथ आते थे और नक्शे की प्रतिलिपि करते थे और मेरा भाई व मैं हँसा करते थे।''

लेकिन मैकडोनाल्ड भाइयों की यह दरियादिली व मसखरी उन्हीं पर भारी पड़ने वाली थी। इस तरह वे फ्रेंचाइजी से अधिक खुद ही अपने प्रतिस्पर्धियों को बढ़ावा दे रहे थे। असल में, भाइयों से अनौपचारिक तौर पर महत्त्वपूर्ण जानकारियाँ हासिल करनेवाले लोग त्वरित खाद्य-सेवा की इस अनोखी अवधारणा को आगे दूसरे अन्य उद्यमियों के साथ भी साझा कर रहे थे। नतीजतन 1954 तक, दोनों भाइयों ने पश्चिम समुद्रतटीय (वेस्ट कोस्ट) अमेरिका, कैलिफोर्निया के सुदूर शहर सैन बर्नार्डिनो में जिस अवधारणा की शुरुआत की थी, वह नकलचियों के जरिए पूर्व समुद्रतटीय (वेस्ट कोस्ट) अमेरिका में भी फैलने लगी थी। जिम कॉलिंस ने कारनेशन मिल्क प्रोडक्ट्स कंपनी द्वारा लाए जा रहे स्वतंत्र रेस्तराँ संचालकों को प्रशिक्षित करने की एवज में प्रतिदिन 100 डॉलर वसूलना शुरू कर दिया था। हकीकत में मैकडोनाल्ड भाइयों द्वारा शृंखला विस्तार प्रस्ताव ठुकराए जाने के बाद कारनेशन ने अपनी दुग्ध उत्पाद बिक्री बढ़ाने के लिए स्वतंत्र रेस्तराँ संचालकों को 'मैकडोनाल्ड्स' जैसे हैम्बर्गर रेस्तराँ खोलने के लिए उकसाना व आर्थिक मदद करना शुरू कर दिया था। कॉलिंस ने कारनेशन द्वारा बढ़ावा दिए गए ऐसे 11 संचालकों को प्रशिक्षित किया था, जिन्होंने सैनफ्रांसिस्को, सिएटल व ऑस्टिन जैसे व्यापक बाजारों में अलग-अलग नामों से हू-ब-हू मैकडोनाल्ड्स जैसे हैम्बर्गर रेस्तराँ-शृंखलाएँ खोलने शुरू कर दिए थे।

जिम कॉलिंस द्वारा प्रशिक्षित परिचालकों में उस जमाने में काफी मशहूर आइसक्रीम शृंखला—ब्रेसलर आइसक्रीम कंपनी (शिकागो, इलिनोइस) के पोलैंड मूल के अमेरिकी संचालक विलियम जे ब्रेसलर भी शामिल थे। ब्रेस्लर ने 1954 में शिकागो में 'हेनरी हैम्बर्गर्स' नामक त्वरित खाद्य-शृंखला की शुरुआत की थी। दो साल के भीतर शिकागो क्षेत्र के 35 स्थानों पर 'हेनरी हैम्बर्गर्स' रेस्तराँ खोले जा चुके थे। 1960 के दशक में समूचे अमेरिका में इस शृंखला के 200 से ज्यादा रेस्तराओं का विस्तार हो चुका था। 15 सेंट में एक व एक डॉलर में 10 हैम्बर्गर बेचकर हेनरी हैम्बर्गर्स ने छोटे शहरों के पारिवारिक ग्राहकों के बीच जबरदस्त लोकप्रियता हासिल कर ली थी, लेकिन

1970 के दशक में मूल कंपनी विलय व स्वामित्व बदलावों के चलते 1970 के दशक में ये रेस्तराँ तेजी से बंद होने शुरू हो गए थे। 1987 में ओबेरवेइस डेयरी (औरोरा, ग्रेटर शिकागो का बाहरी क्षेत्र, इलिनोइस) ने ब्रेसलर आइसक्रीम के 300 फ्रेंचाइजी भंडारों को अधिग्रहीत कर लिया था और उस शृंखला को नए ब्रांड नाम 'ब्रेसलर 33' से प्रचारित किया गया था। 1995 में योगेन फ्रुज (थोर्नहिल, ओंटारियो, कनाडा)— दही (योगर्ट) व दूध के गाढ़े-मीठे पेय (स्मूदी) बेचनेवाली अंतरराष्ट्रीय कंपनी ने 'ब्रेसलर 33' को अधिग्रहीत कर लिया था और उसे 'कूलब्रांड्स' नाम से प्रचारित किया था, लेकिन 2007 में उसके पाँच भंडार ही संचालित थे। दूसरी तरफ जून 2014 में हेनरी हैम्बर्गर्स शृंखला का एकमात्र रेस्तराँ अभी भी मध्य-पश्चिमी अमेरिकी के मिशिगन प्रांत के बेंटन हार्बर (बेरींयन काउंटी) में स्थानीय ग्राहकों के बीच अपनी लोकप्रियता कायम रखे हुए था।

इसी तरह मैकडोनाल्ड्स की नकल करनेवालों में डीज ड्राइव-इन (साल्टलेक सिटी, उटाह) शृंखला भी थी, जिसने 1983 में हार्डीज फूड सिस्टम्स (रॉकी माउंट, नॉर्थ कैरोलिना) को अपने 44 रेस्ताराएँ बेच दिए थे। डी फ्रेडरिक एंडरसन ने 1932 में अपने गृहनगर एप्रैम (सैनपेटे काउंटी, उटाह) में 'डीज रेस्टोरेंट' नामक अपने पहले रेस्तराँ की शुरुआत की थी और बाद में साल्टलेक सिटी में हैम्बर्गर रेस्तराँ चलाने लगा था। 1953 में वह रेस्तराँ कारोबार से ऊबकर अचल संपत्ति (रियल एस्टेट) कारोबार में आने की तैयारी में था। इसी सिलसिले में वह पत्नी के साथ लांग बीच (लॉस एंजिल्स काउंटी) की यात्रा पर था कि उसे मैकडोनाल्ड्स की हमशक्ल 'केंस ड्राइव-इन' को देखने का मौका मिला था। उसके बाद उसने साल्ट लेक सिटी (साउथ स्ट्रीट) में करीब 1.25 लाख डॉलर की लागत से शानदार रेस्तराँ भवन का निर्माण कराया था और 1954 में पहले 'डीज ड्राइव-इन' रेस्तराँ की शुरुआत की थी। उस रेस्तराँ में 19 सेंट में हैम्बर्गर, हॉटडॉग व एप्पल टर्नओवर (तिकोने आकर की पेस्ट्री) बेचे जा रहे थे तो शीतल पेय व फ्रेंच फ्राइज की कीमत 10 सेंट रखी गई थी। जल्द ही वहाँ रोजाना औसतन 2500 ग्राहकों का जमघट होने लगा था। दो साल के भीतर फ्रेडरिक एंडरसन ने दो और रेस्तराओं का विस्तार कर लिया था और उसके कर्मचारियों की संख्या 100 के ऊपर चली गई थी।

1960 के दशक में स्थानीय अखबारों व रेडियो प्रसारण में परिवार अनुकूल विज्ञापनों के जरिए 'डीज ड्राइव-इन' रेस्तराँ शृंखला समूचे उटाह में फैल गई थी और वह हरेक रेस्तराँ के बाहर लगाए गए विशाल रंग-बिरंगा विदूषक विज्ञापन चरित्र 'डी जोकर' के लिए मशहूर हो गया था। 1970 के दशक में फ्रेडरिक एंडरसन परिवार द्वारा संचालित रेस्तराओं की संख्या 53 तक पहुँच गई थी, लेकिन उसके बाद एक बार फिर

से परिवार का ध्यान अचल-संपत्ति कारोबार की तरफ चला गया था। 1983 में हार्डीज फूड सिस्टम्स ने इसके 44 रेस्तराओं को अधिग्रहीत कर उन्हें 'हार्डीज' ब्रांड नाम से संचालित करना शुरू कर दिया था, लेकिन उत्तर-मध्य उटाह के वासात्च फ्रंट महानगर क्षेत्र के विभिन्न नगरों में स्थित सभी 12 'डीज ड्राइव-इन' मार्च 2004 तक मूल परिवार के पास ही रहा था। उसके बाद बाद यह विभिन्न हाथों में चला गया था और अब इस नाम का कोई रेस्तराँ नहीं बचा है।

दूसरी तरफ हार्डीज शृंखला के रेस्तराओं की संख्या करीब 2000 हो गई थी, जब 1997 में 'कार्लस जूनियर' रेस्तराँ शृंखला की संस्थापक कंपनी कार्ल कर्चर इंटरप्राइजेज/ केसीई रेस्टोरेंट्स इनकॉरपोरेशन (कार्पिंटेरिया, सांता बारबरा काउंटी, कैलिफोर्निया) ने उसे अधिग्रहीत कर लिया था। जून, 2014 में केसीई समूह दक्षिण-पूर्वी व मध्य-पश्चिमी अमेरिका के 1932 स्थानों पर हार्डीज (200 हार्डीज/रेड बुर्रीटो दोहरे ब्रांड नाम से) रेस्तराओं और पश्चिमी अमेरिका के 14 राज्यों सहित अंतरराष्ट्रीय स्थानों पर कुल 1312 कार्लस जूनियर (500 कार्लस जूनियर/ग्रीन बुर्रीटो दोहरे ब्रांड नाम से) रेस्तराओं का संचालन कर रहा था, और वित्तवर्ष 2013 में समूह ने 1.28 अरब डॉलर कारोबार दर्ज किया था।

मैकडोनाल्ड्स की नकल करनेवालों में एक पुराना ग्राहक ग्लेन विलियम बेल, जूनियर (3 सितंबर, 1923—16 जनवरी, 2010) भी था। 1946 में अमेरिकी नौ-सेना से सेवानिवृत्त होने के बाद 23 वर्ष का ग्लेन बेल टेलीफोन कारीगरी व अन्य छोटे-मोटे काम कर रहा था। वह पुराने मैकडोनाल्ड्स के बारबेक्यू व्यंजनों का प्रशंसक था। दिसंबर 1948 में जब मैकडोनाल्ड्स की सीमित भोजन सूचीवाली स्वयंसेवा शुरू हुई थी, तो ग्लेन बेल ने भाँप लिया था कि यह प्रारूप ही ड्राइव इन रेस्तराँ कारोबार का भविष्य था। उसने अपने भवन निर्माता दोस्त नील बेकर की मदद से सैन बर्नार्डिनो में ओक व माउंट वेरनॉन एवेन्यू के कोने पर एक छोटा हॉटडॉग अड्डा बनवाया था, जिसका नाम बेलस ड्राइव-इन रखा था। जल्द ही उसने अपनी भोजन-सूची में हैम्बर्गर को भी जोड़ लिया था। पहले रेस्तराँ की सफलता के बाद 1952 में नील बेकर ने सैन बर्नार्डिनो सहित आस-पास के इलाकों में 'बेकर्स बर्गर' रेस्तराँ शृंखला का निर्माण

पहले रेस्तराँ की सफलता के बाद 1952 में नील बेकर ने सैन बर्नार्डिनो सहित आस-पास के इलाकों में 'बेकर्स बर्गर' रेस्तराँ शृंखला का निर्माण करना शुरू कर दिया, जो बाद में समूचे कैलिफोर्निया में फैल गया था। अब ग्लेन बेल व नील बेकर के बीच प्रतिस्पर्धा शुरू हो गई थी। जल्द ही कई और नकलची मैदान में आ गए थे और सैन बर्नार्डिनो त्वरित खाद्य-सेवा का प्रमुख केंद्र बन गया था।

करना शुरू कर दिया, जो बाद में समूचे कैलिफोर्निया में फैल गया था। अब ग्लेन बेल व नील बेकर के बीच प्रतिस्पर्धा शुरू हो गई थी। जल्द ही कई और नकलची मैदान में आ गए थे और सैन बर्नार्डिनो त्वरित खाद्य-सेवा का प्रमुख केंद्र बन गया था।

इस बीच, ग्लेन बेल ने बार्सटो (सैन बर्नार्डिनो काउंटी) ने एक रेस्तराँ खोला था, जिसमें पारंपरिक मैक्सिकन व्यंजन 'टैकोस' को भी जोड़ लिया था। (मकई या गेहूँ आटा से तैयार विशेष प्रकार की सपाट रोटी—टॉरटिल्ला में विभिन्न प्रकार की भरवाँ सामग्रियों—गौमांस, सूअर मांस, मुरगी मांस, मछलियों व अन्य समुद्री खाद्य जीवों, सब्जियों, पनीर आदि को लपेटकर टैकोस तैयार किया जाता है।) यह काफी लोकप्रिय हुआ था और ग्लेन बेल ने 1954 में सैन बर्नार्डिनो (बेस लाइन और अकेसिया के कोने पर) में 'टैको टिया' नामक पूर्णतया मैक्सिकन त्वरित खाद्य रेस्तराँ का भव्य उद्‌घाटन किया था, लेकिन ग्लेन बेल को सबसे अधिक सफलता तब मिली थी, जब उसने 21 मार्च, 1962 को डाउनी (दक्षिण पूर्व लॉस एंजिल्स काउंटी) में 'टैको बेल' पूर्णतया मैक्सिकन त्वरित खाद्य रेस्तराँ श्रृंखला की स्थापना की थी। 1978 में ग्लेन ने 12.50 करोड़ डॉलर मूल्य के शेयर सौदे में टेको बेल के 868 रेस्तराओं को पेप्सीको को बेच दिया था।

[30 मई, 1997 को पेप्सिको के त्वरित खाद्य प्रभाग को 'युम!' ब्रांड नामक रेस्तराँ श्रृंखला संचालक स्वतंत्र कंपनी ट्राइकॉन ग्लोबल रेस्टोरेंट इनकॉरपोरेशन (लुइसविल, केंटकी) में विनिवेशित कर दिया गया था। 2002 में कंपनी का नाम बदल युम! ब्रांड्स इनकॉरपोरेशन हो गया था। यह दुनिया के 125 देशों में टेको बेल, केएफसी, पिज्जा हट व विंगस्ट्रीट की लाइसेंस-आधारित 40 हजार से अधिक रेस्तराँ इकाइयों के साथ दुनिया की सबसे बड़ी त्वरित खाद्य रेस्तराँ संचालक कंपनी है। 2013 के अंत में युम ब्रांड के अंतर्गत टेको बेल की 6500 (मुख्य रूप से अमेरिका में), केएफसी की 18,875 (4563 चीन, 4491 अमेरिका, 1200 जापान, 784 यूके, 600 ऑस्ट्रेलिया व 361 भारत सहित दुनिया के 118 देशों में), पिज्जा हट की 11,139 (6000 अमेरिका व अन्य 94 देशों में), विंगस्ट्रीट की 1600 (अमेरिका, ऑस्ट्रेलिया व कनाडा में पिज्जा हट के साथ) सहित चाइनीज खाद्य श्रृंखला 'ईस्ट डाउनिंग' (मुख्य रूप से चीन में) व हॉटपॉट रेस्तराँ श्रृंखला 'लिटिल शीप' (मुख्य रूप से चीन, ताइवान, दक्षिण कोरिया व जापान में) का संचालन कर रही थी।]

खैर, 1954 में जब मैकडोनाल्ड भाइयों की फ्रेंचाइजी योजना ढुलमुल चल रही थी, तो दूसरी तरफ अधिकांश नकलची भी दिशाहीनता के शिकार थे। मसलन, जिम कॉलिंस के हैम्बर्गर हैंडआउट ने पहले साल में 4.20 लाख डॉलर के कारोबार पर 80 हजार डॉलर का मुनाफा दर्ज किया था, लेकिन ज्यों ही प्रतिस्पर्धी रेस्तराओं की

बाढ़ आई थी तो उसका कारोबार नीचे की तरफ जाने लगा था। उसकी अगली तीन शाखाओं की बिक्री पहले जैसे नहीं रही थी। दूसरी तरफ प्रतिस्पर्धी भिन्नता की खोज में अधिकांश नौसिखिए फ्रेंचाइजी संचालकों ने मैकडोनाल्ड्स के प्रारूप में नए-नए प्रयोग करने शुरू कर दिए थे, जिससे भाइयों द्वारा विकसित मूल त्वरित खाद्य सेवा अवधारणा ने अपनी विशिष्ट पहचान खोना शुरू कर दी थी। गुणवत्ता, साफ-सफाई, उत्पादकता व लाभदायकता के मामले में कोई भी फ्रेंचाइजी मूल मैकडोनाल्ड्स के आस-पास नहीं आ पा रहा था और उनके बीच प्रतिस्पर्धी-तनाव का माहौल बना हुआ था।

कुल मिलाकर कैलिफोर्निया के त्वरित खाद्य कारोबार में अजीबोगरीब दुविधा की स्थिति बनी हुई थी। सभी को हैम्बर्गर रेस्तराँ शृंखला कारोबार में संभावना दिखाई दे रही थी, लेकिन किसी में भी इसे राष्ट्रीय फलक पर ले जा पाने की दूरदर्शिता व क्षमता नहीं थी···और ऐसे दुविधापूर्ण माहौल में रे क्रोक नामक इतिहास-पुरुष का प्रवेश हुआ था, जिसने इस कारोबार की दशा व दिशा दोनों को बदल कर रख दिया था।

मैकडोनाल्ड भाइयों से रे क्रोक का समझौता

1954 की गरमियों में करीब 52 की उम्र के रेमंड अल्बर्ट रे क्रोक के पेशेवर जीवन में एकबार फिर से उथल-पुथल होनेवाली थी। वह हमेशा से इस साधारण दर्शन में भरोसा करता रहा था, ''हरेक व्यक्ति अपनी खुद की खुशियों को बनाता है, व अपनी परेशानियों का जिम्मेवार होता है।'' शायद ऑस्ट्रिया-हंगरी मूल के किसान पूर्वजों से उसमें यह सोच आई थी। उसके जीवन के हर मोड़ पर यह सच साबित हुआ था···20 साल की उम्र में भी, जब वह कागज की प्यालियाँ (पेपर कप) बेच कर प्रति सप्ताह सिर्फ 35 डॉलर की कमाई कर पाता था और अपनी पत्नी व बच्ची के भरण-पोषण के लिए उसे पियानो-वादक की अंशकालिक नौकरी भी करनी पड़ती थी और तब भी, जब वह अरबपति बन गया था।

यह दर्शन हरेक व्यक्ति के जीवन का पीछा करता है। लिहाजा हरेक को अपने जीवन में आनेवाले अवसरों का हरसंभव फायदा उठाने की कोशिश करनी चाहिए। क्रोक ने हमेशा ऐसा ही किया था। 17 वर्षों तक लिली टुलिप कप कंपनी के लिए कागज की प्यालियाँ बेचने व बिक्री विभाग के सबसे ऊँचे पद पर पहुँचने के बाद क्रोक को, जब मिल्कशेक बनाने की छह धुरियों (स्पिंडल) वाली मशीन—मल्टीमिक्सर में कमाई की बेहतर संभावना नजर आई थी तो उसने उस मौके को झपट लिया था, लेकिन क्रोक के लिए दूरगामी सुरक्षा व अच्छी तनख्वाहवाली नौकरी को छोड़कर अपने दम पर नया कारोबार शुरू कर पाना आसन नहीं था। क्रोक के फैसले से उसकी पत्नी बुरी तरह से हैरान-परेशान हुई थी, लेकिन शुरुआती सफलता ने पत्नी की आशंका

को दूर कर दिया था। क्रोक ने समूचे देश में दवा, किराना व दुग्ध-उत्पाद भंडारों पर स्थापित शीतल पेय वितरक मशीन—सोडा फाउंटेन चलानेवाले छोटे कारोबारियों को बहु-मिश्रक यंत्र (मल्टीमिक्सर) बेचना शुरू कर दिया था। यह फायदेमंद संघर्ष था। हालाँकि क्रोक को नया काम काफी पसंद आया था, लेकिन वह अन्य अवसरों के प्रति भी हमेशा सचेत रहता था।

क्रोक की यह कहावत काफी मशहूर हुई है, "जब तक आप हरे हैं, आप बढ़ रहे होते हैं; ज्यों ही आप पक जाते हैं, आप सड़ना शुरू हो जाते हैं।" उसने आजीवन इस सीख का पालन किया था और 80 की उम्र को पार कर जाने के बावजूद देहांत से पहले तक खुद को लगातार व्यस्त बनाए रखा था। खैर, उस वक्त तो क्रोक सिर्फ तो 52 साल का ही था और चंद क्षेत्रीय बिक्री प्रतिनिधियों के साथ खुद ही पूरे देश में सफर कर कारोबार सँभाल रहा था। ऐसे में 1954 के सेंट पैट्रिक दिवस (17 मार्च) के मौके पर उसे कैलिफोर्निया में अपने बहु-मिश्रक मशीन के साथ एक अविश्वसनीय-सी घटना होने की सूचना मिली थी। उसके बाद अमेरिका के सुदूर स्थानों से उसके मल्टीमिक्सर की नई माँग आनी शुरू हो गई थी। पहले दिन पोर्टलैंड (ओरेगन) के रेस्तराँ मालिक, अगले दिन युमा (एरिजोना) के सोडा फाउंटेन संचालक, फिर तीसरे दिन वाशिंगटन डीसी के दुग्ध-उत्पाद भंडार (डेरी बार) के प्रबंधक ने क्रोक को फोन कर मशीन के आदेश दिए थे। वे सभी लोग एक ही बात कर रहे थे, "मुझे वैसा ही मल्टीमिक्सर चाहिए, जो दक्षिणी कैलिफोर्निया में सैन बर्नार्डिनो के मैकडोनाल्ड भाइयों के पास है।"

क्रोक द्वारा बेची गई एक जैसी बहु-मिश्रक मशीन तो पूरे देश में हजारों स्थानों पर चल रही थीं, फिर सभी एक ही स्थान का हवाला क्यों दे रहे थे? हाँ, फर्क इतना था कि उस वक्त तक बहु-मिश्रक मशीन में मामूली सुधार किया जा चुका था। मशीन के गोलाकार-मंच पर गिलास रखने की जगह को बेहतर बनाने के लिए धुरियों की संख्या छह से घटा कर पाँच कर दी गई थी। लिहाजा क्रोक की जिज्ञासा भी लगातार बढ़ती चली गई थी। ये मैकडोनाल्ड भाई कौन थे···लोग उन्हीं से मशीन की जानकारी क्यों ले रहे थे? क्रोक को दफ्तर के बिक्री-खाता की छानबीन व क्षेत्रीय प्रतिनिधि से जानकारी मिली थी, वह चौंकानेवाली थी—मैकडोनाल्ड भाइयों के पास एक मशीन नहीं थी, दो भी नहीं, तीन भी नहीं···कुल आठ! यानी वे आठ मशीनों से एक साथ 40 मिल्कशेक बना रहे थे? यह हजम होनेवाली बात नहीं थी। 1954 में एक मशीन की कीमत 150 डॉलर थी। क्रोक के आश्चर्य का कारण यह भी था कि यह घटना रेगिस्तान के मुहाने पर बसे एक शांत व छोटे शहर सैन बर्नार्डिनो में घट रही थी।

इसी बीच मैकडोनाल्ड भाइयों ने दो और नई मशीनों—नौवीं व दसवीं का आदेश दिया था, और रेमंड अल्बर्ट 'रे' क्रोक के अनुभवी विक्रेता दिमाग को यह अनुमान

लगाते देर नहीं लगी थी कि कोई अनोखी-अनोखी संभावना उसके भाग्य का दरवाजा खटखटा रही थी। फिर उसने 1954 की गरमियों की शुरुआत में सैन बर्नार्डिनो की यात्रा की थी और फिर त्वरित खाद्य-सेवा कारोबार क्रांति का नया अध्याय शुरू हुआ था।

रे क्रोक ने अपनी आत्मकथा 'ग्राइंडिंग इट आउट : द मेकिंग ऑफ मैकडोनाल्ड्स' (1977; सेंट मार्टिन प्रेस, न्यूयॉर्क) में अपनी सैन बर्नार्डिनो यात्रा का दिलचस्प वर्णन किया है। उसने एक दिन लॉस एंजिल्स की उड़ान भरी थी और वहाँ अपने प्रतिनिधि के साथ कुछ नियमित मुलाकातें की थीं। फिर अगली सुबह बहुत तड़के ही वह कार से करीब 60 मील पूरब में स्थित सैन बर्नार्डिनो के लिए निकल पड़ा था। करीब 10 बजे जब वह मैकडोनाल्ड्स ड्राइव-इन रेस्तराँ के स्थान पर पहुँच था, तब उसे वहाँ कोई बहुत बड़ी बात नजर नहीं आई थी। उसे एक कोने में 200 वर्ग फीट की जगह पर विशिष्ट अष्टकोणीय संरचनावाला भवन दिखा था। वह एक मामूली सा दिखनेवाला ड्राइव-इन रेस्तराँ जैसा था। 11 बजे रेस्तराँ के खुलने से ठीक पहले क्रोक ने अपनी कार को सामने की पार्किंग में खड़ी कर ली थी और वहीं से सारी गतिविधियों को देखने लगा था।

सबसे पहले सहायकों का दल दिखाई पड़ा था—सभी पुरुष थे, झक सफेद पतलून, कमीज व कागज के टोपे में सजे। क्रोक को उनकी वेशभूषा पसंद आई थी। उन लोगों ने रेस्तराँ के पीछे नीची छतवाले लंबे गोदाम से सामानों को इधर-उधर करना शुरू किया था। उन्होंने आलू की बोरियों, मांस के मोटे कागजवाले डिब्बों (कार्टन), दूध व शीतल पेयों की पेटियों व पावरोटियों के बक्सों से भरी चार पहियोंवाली गाड़ी को लुढ़काकर अष्टकोणीय भवन की तरफ लाना शुरू किया था। फिर उनकी गतिविधियों में अचानक तेजी आ गई थी। फिर पार्किंग स्थल में कारों के पहुँचने और ग्राहक खिड़कियों के सामने पंक्तियाँ बनने का सिलसिला शुरू हो गया था। जल्द ही पार्किंग स्थल कारों से भर गया था। ग्राहक जो खिड़की की तरफ बढ़ रहे थे और हैम्बर्गर से भरे थैले के साथ वापस अपनी कारों में आ रहे थे। दोनों ग्राहक खिड़कियों की तरफ जिस तरह जुलूस की शक्ल में आगे बढ़ रहे थे, उसे देखते हुए यही लग रहा था कि आठ बहुमिश्रक यंत्र भी इस रेस्तराँ के लिए काफी कम थे।

अब रे क्रोक की जिज्ञासा बढ़ गई थी। वह अपनी कार से उतरकर एक पंक्ति में ग्राहक की तरह शामिल हो गया था। उसने पंक्ति में खड़े दूसरे ग्राहक से पूछा था, "बताइए, क्या आकर्षण है यहाँ?" ग्राहक ने पलट कर पूछा था, "क्या पहले यहाँ कभी नहीं खाया?" रे ने 'न' में सिर हिलाया था तो उस ग्राहक ने उससे दावा किया था, "आप देखेंगे...आप को 15 सेंट में अब तक का खाया सर्वश्रेष्ठ हैम्बर्गर मिलेगा और आप को सामान ढोनेवाली परिचारिकाओं की प्रतीक्षा व गड़बड़ी का सामना नहीं करना पड़ेगा।"

यह जवाब मिलने के बाद रे क्रोक ने ग्राहक पंक्ति को छोड़ दिया था और रेस्तराँ भवन की पीछे की तरफ बने शेड की तरफ चला गया था। वहाँ कई लोग दीवार से पीठ सटाए बेसबॉल पकड़नेवाले खिलाड़ी के अंदाज में सिर झुकाए हैम्बर्गर खाने में जुटे हुए थे। उनमें से एक ने बढ़ई का तहबंद (एप्रन) पहन रखी थी। वह शायद नजदीकी निर्माण स्थल से यहाँ आया हुआ था। उसने रे की तरफ दोस्ताना अंदाज में निहारा था। फिर रे ने उससे बातचीत शुरू की थी। उसे पता चला था कि वह बढ़ई वहाँ रोज हैम्बर्गर खाने आता था। उसने दावा किया था कि मैकडोनाल्ड्स का बर्गर बाजार में आम तौर पर मिलनेवाले किसी भी अन्य मांस-सैंडविच से काफी बेहतर था।

रे क्रोक को यहाँ एक और खास बात नजर आई थी। वे गरमी के दिन थे, लेकिन रेस्तराँ के अंदर या आस-पास कहीं भी मक्खियाँ नहीं नजर आ रही थीं। सफेद वरदी में सजे लोग अपना काम करते हुए हरेक चीज को साफ-सुथरा रख रहे थे। रे को यह बात सबसे ज्यादा पसंद आई थी, क्योंकि वह हमेशा से घर की, खासतौर पर रेस्तराओं की घटिया देख-भाल को लेकर काफी बेसब्र हो जाया करता था। रे ने देखा था कि पार्किंग स्थल से भी लगातार कूड़ा उठाया जा रहा था, और उसे बिल्कुल साफ रखा जा रहा था।

तभी रे को हल्के पीले रंग की महँगी परिवर्तनीय (कनवर्टिबल) कार में एक अभिनेत्री जैसी दिख रही सुनहरी बालोंवाली महिला नजर आई थी। ऐसा लग रहा था कि उसे कोई पाँच-सितारा रेस्तराँ नहीं मिला था, इसीलिए गलती से वहाँ आ गई होगी, लेकिन रे को बड़ी हैरानी हुई थी कि वह महिला इतने चाव से हैम्बर्गर व फ्रेंच फ्राइज को खा रही थी, मानो उसे कोई पसंदीदा चीज मिल गई हो। रे अपनी जिज्ञासा को रोक नहीं सका था और उसके कदम उस महिला की तरफ बाढ़ गए थे। रे ने खुद को यातायात-सर्वेक्षक (ट्रैफिक सर्वेयर) बताते हुए उस महिला से कुछ सवाल पूछने की इजाजत माँगी थी। रे ने पूछा था, ''यदि आपको बुरा न लगे तो बताएँगी कि आप यहाँ कितनी बार आती हैं?'' उस महिला ने मुसकराते हुए जवाब दिया था, ''कभी भी, जब मैं इस इलाके में होती हूँ और ऐसा जितनी बार संभव हो, क्योंकि यहाँ मेरा प्रेमी (ब्वॉयफ्रेंड) रहता है।''

वह महिला चिढ़ा रही थी, या फिर सच्चाई बयाँ कर रही थी, या फिर प्रेमी के हवाले से मध्यम आयु वर्ग के पुरुष से पीछा छुड़ाने की कोशिश कर थी? खैर, रे क्रोक को उसकी खूबसूरती से कोई लेना-देना नहीं था, वह तो यह देखकर हैरान था कि वह किस चाव से हैम्बर्गर को खा रही थी, लेकिन रे को लगा था कि वह इसी तरह उस महिला से कुछ और देर तक बातचीत की कोशिश करता रहा तो पार्किंग स्थल की भीड़ का ध्यान उसकी तरफ चला जाएगा और लोग उसे बूढ़ा मनचला मान बैठेंगे। लिहाजा

रे को अपनी कार में बैठकर ही वहाँ का नजारा देखना बेहतर विकल्प लगा था। वह दोपहर 2.30 बजे तक अपनी कार में यूँ ही बैठा रहा था। उसने अनुमान लगाया था कि तब तक नियमित ग्राहकों की भीड़ धीमी हो गई थी और अब सिर्फ कभी-कभार आनेवाले ग्राहक ही वहाँ आ-जा रहे थे।

फिर रे कार से बाहर निकला था और रेस्तराँ तक पहुँचा था। उसने मैक व डिक मैकडोनाल्ड को अपना परिचय दिया था। दोनों भाई उससे मिलकर खुश हुए थे और उन्होंने रे को मिस्टर मल्टीमिक्सर कहकर संबोधित किया था। जल्द ही वह उन दोनों से घुल-मिल गया था। फिर रे ने उन दोनों भाइयों से रात के खाने पर उनके रेस्तराँ परिचालन के बारे में बातचीत करने का समय तय किया था।

उस रात भाइयों द्वारा सुनाई गई रेस्तराँ-प्रणाली की सादगी (सिम्प्लिसिटी) व प्रभावशीलता (इफेक्टिवनेस) पर रे क्रोक मोहित हो गया था। सीमित भोजन-सूची की उत्पादन प्रक्रिया को अलग-अगल हिस्सों में बाँटकर जिस सहजता से उत्पादन लक्ष्य को हासिल किया जा रहा था, वह अपने आप में अद्‌भुत था। सभी बर्गर पट्टियाँ एक पौंड मांस का दसवाँ हिस्सा थीं, सभी को एक ही तरीके से तला जाता था, और सभी की कीमतें भी एक जैसी 15 सेंट रखी गई थीं। ग्राहक चार सेंट ज्यादा चुकता कर अपने बर्गर पर पनीर (चीज) की एक कतली भी अलग से डलवा सकते थे। शीतल पेय 10 सेंट, 16 औंस का मिल्क शेक 20 सेंट और कॉफी एक निकेल (पाँच सेंट) में बेची जा रही थीं।

रात के खाने के बाद मैकडोनाल्ड भाई रे क्रोक को अपने वास्तुकार से मिलावाने के लिए ले गए थे, जो उनके नए रेस्तराँ भवन के नक्शे व रूपरेखा को अंतिम रूप दे रहा था। यह एक बिल्कुल साफ-सुथरा सा भवन था। इसकी रंग-योजना मुख्य रूप से लाल व सफेद रंगों में की गई थी, जिसमें पीले रंग का छिड़काव भी किया गया था। इसमें काफी बड़े आकारवाली पारदर्शी खिड़कियाँ लगाई जानेवाली थीं, बेहद सजीली व आकर्षक लग रही थीं। इसमें मौजूद अष्टकोणीय भवन संरचना के मुकाबले ज्यादा बड़े सेवा-क्षेत्र (सर्विंग एरिया) की सुविधाओं का प्रावधान किया गया था और प्रसाधन-कक्षों (वाशरूम) को उसके ठीक पीछे रखा गया था। मौजूदा रेस्तराँ में ग्राहकों को प्रसाधन-कक्ष के लिए काफी दूर तक चलना पड़ता था, जो मुख्य भवन के पीछे बने गोदाम के अंत में था। रे को उस भवन में सबसे खूबसूरत चीज छत के आर-पार जानेवाली दो समानांतर अर्द्धचंद्राकर सुनहरी मेहराब (गोल्डन आर्चेज) लगी थीं, लेकिन उनके तेज हवा से टूट जाने के खतरे भी नजर आए थे।

उस रात सैन बर्नार्डिनो के अपने मोटल-होटल (वाहन-यात्री विश्रामालय) कक्ष

अधिकांश लोगों के लिए लंबे कटे आलू के तले टुकड़े—फ्रेंच फ्राइज पोटेटो में ऐसी कोई वस्तु नजर नहीं आती है, जो खास दिलचस्पी लेने लायक हो। आमतौर पर यह हैम्बर्गर के टुकड़े काटकर खाने व मिल्कशेक की घूँट भरने के बीच में चबानेवाला खाने जैसा ही होता है।

में लेटे-लेटे रे क्रोक ने दिनभर की बातचीत का गंभीर मंथन किया था। उसके दिमाग में मैकडोनाल्ड्स रेस्तराँ शृंखला को समूचे देश में फैलाने का नक्शा घूम रहा था। जाहिर है कि रे को हर रेस्तराँ में अपने आठ बहु-मिश्रक यंत्र लगे नजर आ रहे थे और उसे अपना खजाना भी भरता नजर आ रहा था।

खैर, जब अगली सुबह रे क्रोक की नींद खुली थी, तब तक उसके दिमाग में एक ठोस कार्य-योजना ने आकार ले लिया था। एक बार फिर से वह पिछले दिन की ही तरह रेस्तराँ खुलने से ठीक पहले वहाँ पहुँच गया था। उसकी आँखों के सामने एक बार वही घटनाएँ दोहराई जाने लगी थीं, लेकिन वह उन दृश्यों को बिना किसी उकताहट के बड़े चाव से देखता रहा था। कल मैकडोनाल्ड भाइयों से हुई लंबी बातचीत से मिली जानकारियों के बाद आज रे क्रोक के देखने का नजरिया बदल गया था। वह बहुत ही बारीकी से हरेक गतिविधि को परख रहा था। व्यावसायिक तवा (कमर्शियल ग्रिडल) को संचालित करनेवाला रसोइया—ग्रिडलमैन कितनी सलाहियत व सावधानी से अपने हर कार्य को अंजाम दे रहा था; वह किस तरह मांस पट्टियों को पलटते हुए थपकी देता था और किस तरह से दहकते हुए तवे की सतह को खुरचता था, लेकिन क्रोक ने खासतौर पर फ्रेंच फ्राइज बनाने की प्रक्रिया को विशेष ध्यान से देखा था, क्योंकि मैकडोनाल्ड भाइयों ने संकेत दिया था कि यही वह भोजन-सामग्री थी, जो उनकी रेस्तराँ की बिक्री कामयाबी में सबसे बड़ी भूमिका अदा कर रही थी। क्रोक देखना चाहता था कि आखिर ग्राहकों को बेहद पसंद आनेवाली फ्रेंच फ्राइज को तैयार करने में दोनों भाइयों ने ऐसी कौन सी रहस्यमय विधि का इस्तेमाल किया हुआ था।

अधिकांश लोगों के लिए लंबे कटे आलू के तले टुकड़े—फ्रेंच फ्राइज पोटेटो में ऐसी कोई वस्तु नजर नहीं आती है, जो खास दिलचस्पी लेने लायक हो। आमतौर पर यह हैम्बर्गर के टुकड़े काटकर खाने व मिल्कशेक की घूँट भरने के बीच में चबानेवाला खाने जैसा ही होता है, लेकिन मैकडोनाल्ड भाइयों के फ्रेंच फ्राइज की बात ही निराली थी। यह बिल्कुल अलग तरह की थी। दोनों भाइयों ने इसे तैयार करने की खास विधि को ईजाद करने के लिए वर्षों मशक्कत की थी और उस विधि के हर कदम का बिल्कुल सावधानी से पालन किया जाता था। बाद में रे क्रोक के लिए भी फ्रेंच फ्राइज

की उत्पादन प्रक्रिया एक पवित्र धार्मिक अनुष्ठान जैसी बननेवाली थी। मैकडोनाल्ड भाइयों द्वारा अपने खास फ्रेंच फ्राइज के लिए सबसे महँगे व बेहतरीन गुणवत्तावाले 'इडाहो आलू' (उत्तर पश्चिमी अमेरिका के इडाहो प्रांत क्षेत्र में पैदा होनेवाला आलू) का उपयोग किया जा रहा था। हरेक आलू करीब आठ औंस का था। उन्हें रेस्तराँ के पीछे बने गोदाम में एक खास प्रकार के पिंजरा-टोकरियों में भंडार किया जाता था, जिनकी दीवारें पतले तारों की दोहरी जालियों से बनी हुई थीं। यह आलुओं को न केवल चूहे व कीड़े-मकोड़ों से सुरक्षा प्रदान करता था, बल्कि उनके बीच हवा के बहाव को भी आने-जाने का मौका देता था।

रे क्रोक ने देखा था कि कर्मचारी आलू को चार पहिएवाली गाड़ी (कार्ट) में रखकर रेस्तराँ भवन में ला रहे थे। वहाँ पर बड़ी सावधानी से उनके छिलके उतारे जा रहे थे, छोटे हिस्से के छिलके को साबूत छोड़ दिया जा रहा था; उन्हें लंबी धारियों में काटा जा रहा था और फिर उन्हें ठंडे पानी से भरी बड़ी हौदी (सिंक) में डाल दिया जा रहा था। उसके बाद उस कर्मचारी ने अपने दोनों आस्तीनों को कंधे तक मोड़ लिया था और दोनों हाथों को हौदी में डुबोकर तैर रहे आलू के टुकड़ों को हिलोरना शुरू कर दिया था। जल्द ही हौदी का पानी आलू से निकली माड़ी (स्टार्च) से पूरी तरह सफेद हो गया था। इस माड़ी-जल को बहाने के बाद आलू के टुकड़ों पर बाकी बची हुई माड़ियों को भी पानी के फुहारे से धोकर बहा दिया गया था। फिर आलू के उन टुकड़ों को तार की टोकरी में रखकर उसे रसोई में हरी तलाई करनेवाले उपकरण—डीप-फ्रायर की बगल में रखा जा रहा था।

क्रोक ने देखा कि मैकडोनाल्ड भाइयों ने आम चलन से अलग फ्रेंच फ्राइज के लिए बिल्कुल अलग तेल व डीप फ्रायर का इस्तेमाल किया था। आमतौर पर अधिकांश रेस्तराओं में मुरगी मांस या अन्य चीजों को तलने के लिए एक ही तेल व डीप फ्रायर का इस्तेमाल होता है, हालाँकि सभी इस हकीकत से इनकार करते हैं। उस जमाने में भी इसी आम घोटाले के चलते फ्रेंच फ्राइज अमेरिकी ग्राहकों के बीच बदनाम था, लेकिन मैकडोनाल्ड्स की रसोई में तेल में कोई मिलावट नहीं की गई थी। जाहिर है कि दोनों भाई इस छोटी सी हेरा-फेरी से बचत करने के लिए अपने ग्राहकों से धोखा करने को कतई इच्छुक नहीं थे। उस तेल में फ्रेंच फ्राइज के अलावा और कुछ भी नहीं तला जा रहा था। वहाँ तीन औंस फ्रेंच फ्राइज को कागज के लिफाफे में 10 सेंट में बेचा जा रहा था। इसमें कोई तोलमोल नहीं था। ग्राहक भी इस खुले खेल को जानते थे और वे अच्छी-खासी मात्रा में उसे खरीद रहे थे। कुल मिलकर मैकडोनाल्ड्स में फ्रेंच फ्राइज बनाने का तरीका रे क्रोक को काफी दिलचस्प लगा था।

दोपहर के खाने के समय की भीड़ थमने के बाद, एक बार फिर से रे क्रोक ने मैक व डिक मैकडोनाल्ड के साथ आगे की बातचीत का सिलसिला शुरू किया था। उनके परिचालन के प्रति रे क्रोक का उत्साह सच्चा था और उसे उम्मीद थी कि दोनों भाइयों को भी उसकी विस्तार योजना लुभाएगी। क्रोक ने कहा था, "देश भर में बहुमिश्रक बेचते हुए मैं बहुत से रेस्तराओं व ड्राइव-इन की रसोई में रहा हूँ और मैंने कभी भी आपकी इस जगह जैसे संभावनावाला परिचालन नहीं देखा है। आप इस तरह की इकाइयों की श्रृंखलाएँ क्यों नहीं खोलते? यह आपके और मेरे लिए भी सोने की खान होगी, क्योंकि हरेक मेरे बहुमिश्रक की बिक्री को बढ़ाएगी। आपका क्या कहना है?"

मैकडोनाल्ड भाइयों की तरफ से कोई प्रतिक्रिया नहीं आई थी; वे दोनों भाई चुप थे और क्रोक को निहार रहे थे। क्रोक को लगा था कि शायद उसने कोई गलती कर दी थी। फिर मैक मैकडोनाल्ड थोड़ा सा मुसकराया था और अपनी कुरसी को घुमाकर रेस्तराँ से दिख सकनेवाली सामने की सैन बर्नार्डिनो की पहाड़ी की तरफ इशारा करते हुए कहा था, "सामने के बड़े बरामदेवाले उस सफेद घर को देख रहे हो? वह हमारा घर है और हम उसे बहुत पसंद करते हैं। हम शाम को उस बरामदे में बैठते हैं और सूर्यास्त को निहारते हैं और नीचे की तरह अपनी जगह (रेस्तराँ) को देखते हैं। यह शांतिपूर्ण है। हमें किसी भी अधिक समस्या की जरूरत नहीं है। अब हम जीवन का आनंद लेने की स्थिति में हैं और हमारा ऐसा ही करने का इरादा है।"

दोनों भाइयों के सोचने का नजरिया रे क्रोक से बिल्कुल अलग था। क्रोक को थोड़ा वक्त जरूर लगा था, लेकिन उसने जल्द ही इस मुद्दे पर बहस को एक अलग दिशा में मोड़ दिया था। दोनों भाई अपने कारोबार से संतुष्ट थे और वे कारोबार विस्तार के झंझटों में खुद को नहीं डालना चाहते थे। लिहाजा क्रोक ने उन्हें समझाया था कि वे आराम से अपनी जिंदगी का आनंद उठाते हुए इस काम को कर सकते थे, क्योंकि विस्तार के झंझटों को सँभालने का काम कोई दूसरा व्यक्ति कर लेगा और वह अपने बहुमिश्रक की बिक्री भी बढ़ा सकेगा, लेकिन डिक मैकडोनाल्ड ने क्रोक को चेताया था कि इस काम में बहुत सारी दिक्कतें आएँगी और ऐसा व्यक्ति वे कहाँ से लाएँगे, जो उनके लिए यह सब कर पाने में सक्षम होगा? क्रोक ने भाँप लिया था कि अवसर उसके भाग्य का दरवाजा खटखटा रहा था और उसने तपाक से कहा था, "ठीक है, मेरे बारे में क्या खयाल है?"

उसके बाद मैकडोनाल्ड भाइयों व रे क्रोक के बीच आपसी समझौते को लेकर बातचीत का सिलसिला शुरू हुआ था। अगले दिन, जब रे क्रोक लॉस एंजिल्स के लिए रवाना हुआ था तो उसके पास मैकडोनाल्ड्स का राष्ट्रीय विशेष-अधिकार प्रतिनिधि

(नेशनल फ्रेंचाइजी) अनुबंध दस्तावेज भी था। दोनों भाइयों के खास वकील ने उस अनुबंध में ऐसी बहुत से कानूनी पेंच शामिल कर दिए थे, जो भविष्य में क्रोक को काफी परेशान करनेवाले थे, लेकिन तब भविष्य के सपनों में खोए रे क्रोक ने उन बारीकियों पर ध्यान नहीं दिया था। जब उसने लॉस एंजिल्स से वापस अपने गृहनगर शिकागो की उड़ान भरी थी तो वह मैकडोनाल्ड्स रेस्तराँ शृंखला को समूचे अमेरिका में फैलाने की योजनाओं में खोया हुआ था।

□

2

जन्मजात स्वप्नदर्शी व जुझारू बिक्रीकर्मी रे क्रोक

उस समय रे क्रोक 52 साल का था। वह अपना पित्ताशय (गाल ब्लैडर) व थायरॉयड ग्रंथि पहले ही निकलवा चुका था और फिलहाल वह मधुमेह (डायबिटीज) के साथ-साथ गठिया (आर्थराइटिस) का रोगी भी था। फिर भी उसे पक्का यकीन था कि उसका सबसे अच्छा आगे आनेवाला था। वह खुद को अभी भी हरा व बढ़ता हुआ महसूस कर रहा था; उसके सपने हवाई जहाज से भी ऊपर सातवें आसमान पर उड़ रहे थे और वह बादलों के पार रोशनी से भरे अपार आकाश को निहार रहा था। वह आत्मविश्वास से लबालब था और शिकागो में उतरते ही अपने नए अभियान में जुटने की रूपरेखा में जुटा हुआ था। तब उसे कतई पता नहीं था, उसकी कोशिशें न केवल उसकी अपनी, बल्कि समूचे अमेरिकी त्वरित खाद्य उद्योग की दिशा व दशा बदलने वाली थीं। उड़ान ज्यों-ज्यों शिकागो की तरफ बढ़ रही थी, उसके सपने की उड़ान थमनी शुरू हो गई थी। उसने नई योजना के रास्ते में आनेवाली व्यावहारिक समस्याओं के हल ढूँढ़ने के दिशा में सोच-विचार करना शुरू कर दिया था। उसे बचपन से लेकर अब तक की अपनी संघर्ष यात्रा याद आ रही थी। वह रोमांचित हो रहा था कि किस तरफ उसने शुरू से अब तक लीक से हट कर फैसले किए थे और बिना हारे-थके जीवन की राह पर चलता चला जा रहा था।

शिकागो में पलता-बढ़ता रेमंड अल्बर्ट क्रोक

रेमंड अल्बर्ट रे क्रोक का जन्म 5 अक्तूबर, 1902 को संयुक्त राज्य अमेरिका के मध्य-पश्चिमी प्रांत इलिनोइस की राजधानी शिकागो महानगर की पश्चिमी सीमा से सटे ग्रामीण क्षेत्र ओक पार्क (कुक काउंटी) के ऑस्ट्रिया-हंगरी मूल के परिवार

में हुआ था। उसके पिता लुइस क्रोक का जन्म प्लजेन (बोहेमिया, चेक गणराज्य) के पास गाँव ब्रासी में हुआ था, जो अमेरिका में आ बसा था। लुइस क्रोक ने 8वीं कक्षा में ही पढ़ाई छोड़ दी थी और परिवार के भरण-पोषण में हाथ बँटाने के लिए 12 साल की उम्र में ही वेस्टर्न यूनियन के लिए काम करना शुरू कर दिया था। धीरे-धीरे काम करते हुए, वे कंपनी में अच्छी स्थति में आ गए थे और उन्हें आशा थी कि बड़ा बेटा रे क्रोक कम-से-कम उच्च विद्यालय जरूर उत्तीर्ण होगा। बचपन से ही रे का ध्यान पढ़ने-लिखने में नहीं लग रहा था, जबकि उससे पाँच साल छोटा बॉब व आठ साल छोटी बहन लौरीन अध्ययन में बेहतर रुचि ले रही थी। असल में रोबर्ट बॉब क्रोक चिकित्सा शोधकर्ता (मेडिकल रिसर्चर) व प्राध्यापक बना था। दोनों भाइयों के स्वभाव में लगभग कोई समानता नहीं थी और वर्षों तक दोनों एक-दूसरे से बातचीत करने में भी दिक्कत महसूस करते रहे थे।

रे की माँ रोज एक प्यारी आत्मा थी। वह अपने घर को बिल्कुल साफ-सुथरा रखते हुए परिवार का सुव्यवस्थित संचालन करती थी, लेकिन उसकी साफ-सफाई की सीमा अपनी माँ से काफी कम थी। रे को अपनी नानी की रसोई की साफ-सफाई आजीवन याद आती रही थी। वह अपने रसोई के फर्श को पूरे सप्ताह अखबार से ढँककर रखती थी। हर शनिवार को पहले से ही साफ फर्श को भाप निकलते बेहद गरम पानी में साबुन मिलाकर धोती थी और फर्श के सूखने के बाद उसे फिर से नए अखबार से ढँक देती थी। यह बोहमिया में रसोई की सफाई रखने का पुराना तरीका था, जिसे वह अमेरिका आने के बाद भी जारी रखे हुई थी। अतिरिक्त कमाई के लिए रे की माँ घर में ही पियानो का प्रशिक्षण वर्ग भी चलाती थी और उम्मीद करती थी कि रे घर के कामकाज में उसका हाथ बँटाए। रे को यह सब बुरा नहीं लगता था। असल में, रे को झाड़ू-पोचा लगाने, बिछावन को ठीक करने व अन्य घरेलू काम करने में गर्व महसूस होता था।

उस जमाने में बच्चों को वयस्कों की मंडली में गाने-बजाने की इजाजत नहीं दी जाती थी। रे के पिता एक गायक मंडली के सदस्य थे, जो रियाज के लिए, या फिर यूँ ही मौज-मस्ती के लिए, अकसर घर में जमा होती थी। उसकी माँ पियानो बजाती थी और सभी वयस्क गाते थे। इस कार्यक्रम के दौरान रे व उसके भाई दोनों को ऊपरी मंजिल पर आपस में खेलने व खुश रहने के लिए छोड़ दिया जाता था। नीचे ज्यों ही संगीत बंद होता था, दोनों भाई अपना खेल बीच में ही छोड़कर सिलाई कक्ष में भाग आते थे। यह रसोई घर के ठीक ऊपर स्थित था। रे रसोई घर के फर्श में बने गरम हवा के दरवाजे को खिसका देता था और उसकी माँ उस रास्ते से मेहमानों को परोसी जानेवाली खाने-पीने की चीजों की एक तश्तरी उन दोनों भाइयों के लिए भी सरका देती

रे क्रोक की आत्मकथा 'ग्राइंडिंग इट आउट' के मुताबिक, जब रे ने लेमोनेड स्टैंड का सपना देखा था, तो वह समय भी दूर नहीं था, जब उसने ऐसा हकीकत में कर दिखाया था। उसने इस काम के लिए कड़ी मेहनत की थी और काफी मात्रा में नीबू-पेय बेचा था।

थी। यह रे व उसके भाई के लिए एक साहसिक कार्य का आनंददायक अनुभव था, क्योंकि रे की माँ ऐसा बड़ों से छुपाकर करती हुई दिखाई देती थीं।

बचपन में रे कभी भी पढ़ाकू नहीं रहा था। वह किताबों से ऊब जाता था। वह पढ़ने की बजाए कुछ करना चाहता था। लिहाजा वह पढ़ने के समय में पढ़ने से ज्यादा कुछ करने के बारे में सोचते हुए अधिकतर समय बिताता था। वह काम से संबंधित तमाम स्थितियों की कल्पना करने व उन्हें सँभालने के उपायों के बारे में सोचा करता था। ऐसे में उसकी माँ पूछती थी, "रेमंड क्या कर रहे हो?" रे का जवाब होता था, "कुछ नहीं, यूँ ही सोच रहा हूँ।" और फिर उसकी माँ कहती थी, "तुम्हारा मतलब है कि हवाई किले बना रहे हो, डैनी ड्रीमर फिर अपना काम कर रहा है।" लिहाजा रे क्रोक को घर के लोग डैनी ड्रीमर कहकर ही पुकारने लगे थे। जब वह उच्च विद्यालय में पढ़ने लगा था और जब कभी भी अपनी किसी योजना के बारे में बातें करता था, तो भी घर के लोग उसे डैनी ड्रीमर ही कहते थे, लेकिन रे ने अपने सपनों को कभी भी ऊर्जा की बरबादी नहीं समझता था, क्योंकि वे सपने निश्चित तौर पर किसी-न-किसी काम से जुड़े हुए थे।

रे क्रोक की आत्मकथा 'ग्राइंडिंग इट आउट' के मुताबिक, जब रे ने लेमोनेड स्टैंड (नीबू स्वादवाले मीठे पेय की दुकान) का सपना देखा था, तो वह समय भी दूर नहीं था, जब उसने ऐसा हकीकत में कर दिखाया था। उसने इस काम के लिए कड़ी मेहनत की थी और काफी मात्रा में नीबू-पेय बेचा था। उच्च विद्यालय में पढ़ते हुए उसने गरमी की एक छुट्टी में किराने की दुकान में काम किया था; फिर अपने चाचा की दवा-दुकान में काम किया था और फिर एक दोस्त के साथ छोटी सी संगीत की दुकान भी चलाई थी। कुल मिलकर, रे क्रोक के मन में जब भी किसी काम का सपना आया था तो उसने उस काम को वास्तविक तौर पर आजमाने की हर संभव कोशिश की थी। रे हमेशा कहा करता था, "काम जीवन रूपी हैम्बर्गर का मांस है।" अंग्रेजी की पुरानी कहावत 'चाहे सभी काम कर लो, बिना खेल-कूद के इनसान मंदबुद्धि बन जाता है' रे पर लागू नहीं होती थी। इसका कारण यह था कि रे के लिए काम ही खेल था। वह काम करने में उतना ही आनंद लेता था, जितना बेस बॉल खेलने में।

उस जमाने में अमेरिका में बेस बॉल काफी लोकप्रिय था और शिकागो में रे के

घर के पास के ही मैदान में उसकी बड़ी प्रतियोगिताएँ होती थीं। रे के पिता बेस बॉल के दीवाने थे और वे उसे सात साल की उम्र से ही मशहूर बेसबॉल टीम 'शिकागो क्लब' की प्रतियोगिता देखने ले जाए़ा करते थे। लिहाजा बेसबाल में रे को उस खेल के बारे इतनी समझ आ गई थी कि उसके माता-पिता उसे बेसबॉल खिलाड़ी बनाने के लिए उकसाने लगे थे, लेकिन रे को पियानो बजाने में ज्यादा आनंद आता था। यह उसे अपनी माँ से विरासत में मिला था। बचपन से ही उसकी उँगलियाँ सटीक बैठने लगी थीं और उसकी माँ ने उसे इसमें महारत हासिल करने में बढ़ावा दिया था। वह अपने मार्गदर्शन में रे से घंटों अनुशासित रियाज करवाती थी। रे को अकसर लगता था कि माँ की रियाज की माँग ज्यादा थी, क्योंकि वह आस-पड़ोस में अपनी धाक जमाने के लिए काफी पारंगत हो चुका था। रे को हार्वर्ड कांग्रेशनल चर्च के संगीत दल में शामिल होने के अभ्यास-सत्र के लिए भी चुना गया था, लेकिन उसका संगीत-प्रेम कलात्मकता से ज्यादा व्यावसायिक रुझानवाला था। रे को शिकागो के मुख्य बाजार 'द लूप' (अब कम्युनिटी एरिया-32) स्थित बड़े भंडारों में ग्राहकों को संगीत विभाग की ओर आकर्षित करने के लिए पियानो बजानेवाले ज्यादा आकर्षित करते थे। उन्हें देखकर रे सपने देखता था कि वह भी पियानोवादक है। उच्च विद्यालय में पहुँचते ही उसने गरमी की छुट्टियों में अपना वह सपना भी पूरा कर लिया था।

उच्च विद्यालय के वर्षों के दौरान रे को अपने पड़ोस (ओक पार्क) स्थित अपने चाचा एडमंड स्वीट की दवा-दुकान व उसके अंदर चलनेवाले सोडा फाउंटेन में काम करके ग्राहकों को रिझाने का गुर सीखने का असल मौका मिला था। वहाँ काम करते हुए रे को यह लगा था कि वह अपनी मुसकान व उत्साहपूर्ण व्यवहार से ग्राहकों को प्रभावित कर सकता था और यदि ग्राहक कॉफी पीने के लिए आए थे तो वह उन्हें संदाई (आइसक्रीम, फल व विभिन्न स्वादवाले रसों से बना शीतल खाद्य/पेय) भी बेच सकता था। वह हर काम की कमाई से एक-एक पैसा बचाता जा रहा था और अंत में उसके पास बैंक में इतने पैसे जमा हो गए थे कि वह अपने दो दोस्तों की साझेदारी में संगीत-भंडार (म्यूजिक स्टोर) का कारोबार खोल पाने में सक्षम हो गया था। उनमें से हरेक ने सौ डॉलर का निवेश किया था और 25 डॉलर प्रतिमाह के किराए पर एक छोटी से दुकान खोल ली थी। वे संगीत संकेत पत्रक (शीट म्यूजिक) व विभिन्न संगीत वाद्यों—ऑकारिना (विशेष प्रकार की वर्तन बाँसुरी), हारमोनिका (माउथ ऑर्गन), उकुलेल (चार तारोंवाला गिटार) आदि बेचा करते थे। रे पियानोवादक था और ठीक-ठाक गा भी लेता था, लेकिन वाद्य-यंत्र बेचने के मामले में उसे सफलता नहीं मिली थी। कुछ महीनों तक तीनों दोस्तों किराया भर पाने लायक कमाई ही कर पा रहे थे। लिहाजा सभी ने कारोबार बंद करने का फैसला किया था। सारा माल बाजार में बेच

दिया गया था। प्राप्त रकम को तीनों ने बराबर-बराबर बाँट लिया था और वे अपने अलग-अलग रास्तों पर आगे बढ़ गए थे।

इस तरह, रे क्रोक के लिए 10वीं कक्षा का वर्ष मातम जैसा बीता था। उसने स्कूल के बारे में उसी तरह सोचना शुरू कर दिया था, जैसा कि वह पहले 'ब्वॉय स्कॉट' के बारे में सोचा करता था। यह रे के लिए बहुत ही धीमा मामला था। वह ब्वॉय स्कॉट बनने के लिए काफी उतावला हो रहा था और कुछ समय तक उसे इस काम में काफी मजा भी आया था। ब्वॉय स्कॉट दल में रे को बिगुलवादक बनाया गया था। बिगुल एक सीमित क्षमताओंवाला वाद्य-यंत्र होता है, लिहाजा रे को एक ही धुन बार-बार बजाने के लिए मजबूर होना पड़ता था। उसे अपनी वादन-क्षमता में कोई प्रगति होती नहीं मसहूस हो रही थी और उसने ऊबकर स्कॉट से अपना नाता तोड़ लिया था। अब यही स्थिति उसे उच्च-विद्यालय की पढ़ाई में भी महसूस होने लगी थी। उसे पाठ्यक्रम उबाऊ विषयों से भरा व व्यावहारिक जीवन में प्रगति के लिए कतई सहायक नजर नहीं आ रहा था।

उच्च विद्यालय कार्यक्रमों में रे को यदि कुछ भी पसंद था तो वह था सिर्फ वाद-विवाद (डिबेट)। यह एक ऐसा काम था, जिसमें उसे अपनी प्रतिभा को चमकाने व श्रोताओं का ध्यान अपनी तरफ खींचने का मौका नजर आता था। वह इन वाद-विवाद कार्यक्रमों में बढ़-चढ़कर हिस्सा लेता था और अपने तर्कों से श्रोताओं को अपनी तरफ आकर्षित करने में आनंद महसूस करता था। रे क्रोक ने अपनी आत्मकथा में एक वाद-विवाद कार्यक्रम का विशेष उल्लेख किया है, जिसका विषय था—क्या धूम्रपान को खत्म कर दिया जाए? जैसा कि अकसर होता था, इस वाद-विवाद में भी रे क्रोक हारनेवाले दल में शामिल था और वह धूम्रपान के पक्ष में अपने तर्क पेश कर रहा था। यह बहुत ही जोशीली बहस थी और चूँकि रे धूम्रपान के समर्थन में था, लिहाजा उसका हारना तय माना जा रहा था, लेकिन विरोधी पक्ष ने एक गलती कर दी थी। तंबाकू को खासतौर पर अश्वेत समुदायों द्वारा उपयोग में लाए जानेवाला, घिनौने कार्यों व बुराइयों को उकसानेवाला पदार्थ करार दिया था और समझदार समाज द्वारा उसके सेवन का अनुमोदन न किए जाने का तर्क पेश किया गया था। लच्छेदार भाषण तभी तक अच्छा लगता है, जब तक कि जमीनी हकीकतों से उसका वास्ता हो। लिहाजा रे ने अपने दादा व उनकी प्रेमिका जैसी तंबाकू-पाइप की कहानी सुनाते हुए विरोधी-पक्ष की ज्यादतियों पर आक्रमण किया था। उसने अपने बोहेमिया में अपने दादा के दर्दनाक संघर्ष व अमेरिका में अपने परिवार के लिए कड़ी मेहनत से एक घर बनाने की कहानी सुनाई थी। जीवन के अंतिम दौर में उसके दादा के पास अपना समय बिताने के लिए पालतू कुत्ते को घुमाने व अपने पुराने पाइप से तंबाकू पीते हुए धुएँ के छल्ले में अपने बेहतर

दिनों को याद करने के अलावा और कोई साधन नहीं था। श्रोताओं की तरफ मुखातिब होते हुए रे ने एक भावुक सवाल उछाला था, "आप में से कौन उस सफेद दाढ़ीवाले बूढ़े को धरती पर आराम देनेवाली अंतिम चीज (पाइप) से मरहूम करना चाहेगा?" सभागार में अचानक सन्नाटा छा गया था और रे ने कई लड़कियों की आँखों में आँसू भी देखे थे। उस वक्त रे को अपने पिता की याद आई थी, जो उसकी शैक्षणिक अरुचि को लेकर काफी परेशान रहा करते थे। यदि वह इस मौके पर उपस्थित होते तो उन्हें अपने बेटे की वक्तृत्व-कला पर गर्व होता और उन्हें लगता कि उनका बेटा उतना फिसड्डी नहीं था, जितना कि वह सोचते थे।

पियानोवादक क्रोक को लगा कमाई का चस्का

उस साल जब वसंत ऋतु में उच्च विद्यालय का सत्र समाप्त हुआ था, तो अमेरिका में प्रथम विश्व-युद्ध (28 जुलाई, 1914 से 11 नवंबर, 1918 तक) में शामिल होने की तैयारियाँ चरम पर थीं। रे ने घर-घर जाकर कॉफी बीज व उपहार सामग्रियाँ बेचने का काम शुरू कर लिया था। वह विश्वस्त था कि वह दुनिया में अपनी राह बना सकता था और अब उसके लिए विद्यालय लौटने का कोई वाजिब कारण नहीं था। उसकी उस धारणा में युद्ध के माहौल ने भी महत्त्वपूर्ण भूमिका निभाई थी। युद्ध को लेकर आम अमेरिकी नागरिकों में भारी उत्साह का माहौल था और वे उसमे बढ़-चढ़कर हिस्सा लेने के लिए उतावले से हो रहे थे। जाहिर है कि रे क्रोक भी उस युद्ध में अपना योगदान देना चाहता था। लिहाजा उसने रेडक्रॉस के रोगीवाहन (एंबुलेंस) का चालक होने का फैसला कर लिया था। हालाँकि माता-पिता ने रे के उस फैसले का काफी विरोध किया था, लेकिन उसने अंततः उन्हें मना लिया था, लेकिन वह अपनी दादी को संतुष्ट करने में सफल नहीं हुआ था।

इतना ही नहीं, रेडक्रॉस वाहन के चालक बनने के लिए रे को अपनी उम्र के बारे में जूठ बोलना पड़ा था। उसके दल को कनेक्टिकट (उत्तर-पूर्वी अमेरिका के सबसे दक्षिण में अटलांटिक महासागर के तट पर न्यूयॉर्क व लांग आइलैंड से सटा प्रांत) में प्रशिक्षण दिया गया था। अपनी उम्र के बारे में जूठ बोलकर उस दल में शामिल होने वालों में रे के अलावा एक और शख्स भी शामिल था—वाल्ट डिज्नी। शर्मीले स्वाभाव के चलते डिज्नी को दल के अंदर विचित्र बतख के रूप में जाना जाता था। प्रशिक्षण के बीच में जब छुट्टी के समय में लड़के शहर में लड़कियों को पटाने की कोशिशों में जुटे रहते थे, डिज्नी कैंप में बैठकर तसवीरें बनाने में जुटा रहता था।

जब रे क्रोक फ्रांस के लिए रवाना होनेवाले जहाज पर सवार होने लिए तैयार हो रहा था, उसी समय युद्धविराम के समझौते पर हस्ताक्षर होने की खबर आई थी।

लिहजा क्रोक को वापस अपने घर शिकागो के लिए रवाना होना पड़ा था और वह कुछ सोच नहीं पा रहा था कि क्या करे ? माता-पिता ने उस पर एक बार फिर से पढ़ाई शुरू करने का दबाव बनाया था, लेकिन रे एक तिमाही से आगे बढ़ नहीं सका, क्योंकि वह बीजगणित में कोई सुधार कर पाने में सक्षम नहीं हो सका था। उसका ध्यान हमेशा कमाई के अवसर खोजने के पीछे लगा रहा था। वह बिक्री करने व पियानो बजाने के लिए विद्यालय से बाहर रहना चाहता था और उसने ऐसा ही किया भी था। उसे एक क्षेत्र में घूम-घूमकर रिबन (जूड़ा बाँधने का फीता) व उससे संबंधित वस्तुओं की बिक्री का काम मिला था। उसकी जान में जान आई थी और उसने उस मौके को हाथ से जाने नहीं दिया था। वह जिस होटल में ठहरता था, उसी में नमूनों की नुमाइश लगाया करता था। वह अलग-अलग ग्राहकों की रुचि के हिसाब से वस्तुएँ बेचा करता था। कुल मिलकर 1919 में रे क्रोक हर सप्ताह 25 से 30 डॉलर कमा लेता था और कुछ सप्ताह जब उसे पियानो बजाने का काम भी मिल जाता था तो उसकी सप्ताहिक कमाई अपने पिता से भी ज्यादा हो जाती थी।

इस तरह 17 साल की उम्र में आर्थिक सफलता ने रे क्रोक को जरूरत से ज्यादा आत्म-विश्वस्त बना दिया था। वह खुद को 'शेख' जैसा समझने लगा था और बहुत हद तक अहंकारी भी हो गया था। उसकी बेखौफ गतिविधियाँ सिर्फ परिवारजनों के लिए ही नहीं, बल्कि आस-पड़ोस के लोगों के लिए चिंता का कारण बनती जा रही थीं। उस वक्त इतालवी अभिनेता रूडोल्फ वैलेंटिनो की कई मूक फिल्में लोकप्रिय हुई थीं और खासतौर पर अमेरिकी युवतियाँ उसकी दीवानी सी हो रही थीं। जाहिर है कि माता-पिता पर निर्भरता से आजाद रे क्रोक ने भी वैलेंटिनो की नकल करना शुरू कर दिया था। हालाँकि उसके बाल उलझे हुए थे, लेकिन उसने बालों को बीच से काढ़ना व उस पर पामेड (खास सुगंधित लेप) लगाकर वैलेंटिनो की तरह बिल्कुल काले चमड़े की तरह सिर पर चिपकाना शुरू कर दिया था। रे ने काफी भड़कदार पोशाकें भी खरीद ली थी, जिन्हें वह लड़कियों के साथ घूमने-फिरने (डेटिंग) जाते समय पहनता था। इन मौकों पर वह मशहूर मेलाचिर्नो ब्रांड की आयातित तुर्की सिगरेट पिया करता था। इस दौरान जब कभी वह लड़कियों के साथ खाने-पीने के लिए बैठता था तो खास अंदाज में जेब से सिगरेट का पैकेट निकालकर मेज पर रखता था। रे जिंदगी भर नकली दिखावे से सबसे ज्यादा नफरत करता रहा था, लेकिन यह उसकी जिंदगी का गुजरता हुआ दौर था। अपनी आत्मकथा में इस दौर को याद कर रे ने खुद का काफी उपहास किया है।

कमाई के प्रति अपनी दीवानगी की चर्चा करते हुए रे ने अपनी आत्मकथा में एक दिलचस्प घटना का उल्लेख किया है। पियानोवादन के जरिए अतिरिक्त कमाई

रिबन व उससे संबंधित चीजों का रे का बिक्री कारोबार पहले ही संतृप्ति-बिंदु को पार कर चुका था। लेकिन 1919 की गरमियों में रे ने इस काम को छोड़ दिया था और मिशिगन प्रांत के बेरियन काउंटी के कोलोम टाउनशिप स्थित पर्यटन स्थल 'पाव पाव लेक' के एक लोकप्रिय संगीत-दल में पियानोवादक के रूप में शामिल हो गया था।

का मौका खोजने के लिए रे शिकागो के लोकप्रिय संगीतकार हर्बी मिंत्ज के संपर्क में रहा करता था। एक दिन हर्बी ने उसे काल्युमेट सिटी (ओक पार्क, शिकागो से 50 कि.मी. दक्षिण-पूर्व में बसा नगर) के कैबरे नृत्यवाले रेस्तराँ में पियानोवादक की जरूरत के बारे में बताया था, जो इस काम के लिए आम बाजार दर से ज्यादा भुगतान करता था। वहाँ पहुँचने के लिए कई बसें व रेलगाड़ियाँ बदलनी पड़ी थीं, फिर भी वह कैबरे शुरू होने से पहले करीब 9 बजे से वहाँ पहुँच गया था। देखते-ही-देखते रेस्तराँ में ग्राहकों का जमघट हो गया था और वह जगह वेश्यालय के माहौल में बदल गई थी। रे अन्य कलाकारों के साथ तहखाने में पियानो बजा रहा था, जहाँ कैबरे नृत्यांगनाओं के साथ ग्राहक भी अश्लील नृत्य कर रहे थे। उस कैबरे संगीत का संचालन 90 किलो से अधिक वजनवाली भारी-भरकम महिला कर रही थी। उस महिला का लिबास अजीबोगरीब था और उसका केश-विन्यास (हेयर स्टाइल) व बनाव-श्रृंगार बेहद भड़कीला था। वह कई बार रे के पास आ-जा रही थी और हर बार उसके बदन से घटिया इत्र की भाप का झोंका रे की नाक में भर जाता था। जब वह अपनी कर्कश आवाज में गाना गाती थी तो उनके गले का पीले मोतियों का हार उछलने लगता था और उसकी मोटी अँगलियों की अंगुठियाँ चमकने लगती थीं। नृत्य के शोर के बीच जब ग्राहक अपने जोड़े को पसंद कर लेता था, तो वह महिला उसे ऊपर के कमरों में भेज देती थी।

बीच में जब संगीत-दल भी थकने लगा तो वह महिला रे के पास आई थी। उसने रे से मादक अंदाज में पूछा था, "प्यारे, कहाँ रहते हो?" यह सवाल सुनते ही रे के चेहरे पर हवाइयाँ उड़ने लगी थीं, और उसने अटकते हुए कहा था, "मैं ओक पार्क से आया हूँ।" महिला ने कहा था, "ठीक है, अब वह तुम्हारे लिए देर रात में सफर करने के लिए काफी दूर है। आज की रात तुम यहीं ठहर जाओ।" रे काफी डर गया था, लेकिन उसने तब न कहना उचित नहीं समझा था और 'हाँ' में सिर हिला दिया था। जब कार्यक्रम अंतिम दौर में पहुँचा तो उसने शराब-परोसनेवाले (बार टेंडर) के जरिए संचालिका से अपने-अपने मेहनताने की रकम मँगा ली थी और पुरुष प्रसाधन कक्ष में जाकर उस रकम को मौजे में छुपा लिया था। कार्यक्रम समाप्त होने के बाद जब अन्य

वादक अपने साजो-सामन समेट रहे थे तो रे आनन-फानन में उस रेस्तराँ से बाहर आ गया था और लगभग भागता हुआ, वहाँ से काफी दूर जाकर सवारी का इंतजार करने लगा था। फिर काफी मुश्किल से वह ओक पार्क अपने घर लौटा था और दुबारा उस रेस्तराँ का रुख करने की हिम्मत नहीं जुटाई थी।

नाबालिग क्रोक ने रचाई शादी : दूसरी तरफ, रिबन व उससे संबंधित चीजों का रे का बिक्री कारोबार पहले ही संतृप्ति-बिंदु (सेचुरेशन प्वॉइंट) को पार कर चुका था। हालाँकि यह काम दिलचस्प था, लेकिन रे को कभी भी यह नहीं लगा था कि वह घरेलू महिलाओं के फीते व गोटे बेचता हुआ अपनी जिंदगी गुजार देगा। लिहाजा 1919 की गरमियों में रे ने इस काम को छोड़ दिया था और मिशिगन प्रांत के बेरियन काउंटी के कोलोम टाउनशिप स्थित पर्यटन स्थल 'पाव पाव लेक' के एक लोकप्रिय संगीत-दल (म्यूजिक बैंड) में पियानोवादक के रूप में शामिल हो गया था। उस समय 'पाव पाव लेक' एक लोकप्रिय ग्रीष्मकालीन पर्यटन-केंद्र था और उस इलाके में काफी पर्यटक आते थे। रे का संगीत दल इलाके के होटलों से पर्यटकों को जुटता था और दोपहर में उन्हें एक बड़ी नाव में सवार कर संगीत-कार्यक्रम के साथ झील की सैर पर ले जाता था। फिर शाम को संगीत के साथ-साथ झील के किनारे पर नृत्य का कार्यक्रम भी आयोजित किया जाता था।

पर्यटकों के नियमित दल में दो बहने भी शामिल थीं, जिनके नाम थे एथल व मायबेल्ले फ्लेमिंग। वे दोनों रे के गृहनगर शिकागो के एक ग्रामीण इलाके मेलरोज पार्क (ओक पार्क से करीब 8 कि.मी. दूर) की थीं, जो गरमी की छुट्टियों में उस झील के पार स्थित अपने माता-पिता के होटल के काम में सहयोग करने के लिए आई थीं। उनके पिता शिकागो में अभियंता थे, जो अनियमित तौर पर यहाँ आते थे। उनकी माँ एक ऊर्जावान महिला थी, जो होटल के संचालन के साथ रसोई व साफ-सफाई का अधिकांश काम भी खुद ही करती थी। दोनों बहनें शाम को झील के किनारे घूमने-फिरने आ जाए करती थीं और रे के संगीत-दल के साथ घुल-मिल सी गई थीं। शाम को संगीत-नृत्य कार्यक्रम के खत्म हो जाने के बाद रे क्रोक दोनों बहनों के साथ हैम्बर्गर या भुने हुए व्यंजनों का लुत्फ उठाने या फिर चाँदनी रात में नौकायन का आनंद लेने जाए करता था। हालाँकि पहली मुलाकात के बाद से ही एथल व रे के बीच दोस्ती हो गई थी, लेकिन गरमी की छुट्टियाँ खत्म होते-होते दोनों एक-दूसरे के बीच गहरी रुचि लेने लगे थे।

रे को अगला काम शिकागो के वित्त-बाजार में मिला था, जहाँ उसने न्यूयॉर्क कर्ब (पहले, अमेरिकन स्टॉक एक्सचेंज, न्यूयॉर्क) की शेयर-ब्रोकर फर्म वूस्टर-थॉमस के साथ 'बोर्ड मार्कर' की नौकरी शुरू की थी। शुरू-शुरू में रे को कंपनी का नाम काफी

प्रभावी लगा था और उसने समझा था कि उसका काम ट्रिकर पर आनेवाले शेयरों की दरों को श्याम-पट्ट (ब्लैक बोर्ड) पर लिखना था, ताकि वहाँ आनेवाले ग्राहकों को शेयर-बाजार की ताजी जानकारी मिल सके। काफी बाद में उसे पता चला था कि उसकी फर्म असल में शेयरों के भाव को बढ़ा-चढ़ाकर बेचने के अवैध कारोबार में संलिप्त थी।

1920 के शुरू में रे के पिता को एडीटी कॉरपोरेशन (वेस्टर्न यूनियन की सहायक कंपनी) में प्रबंधन पद पर पदोन्नत कर न्यूयॉर्क स्थानांतरित कर दिया गया था। दूसरी तरफ, अब तक रे व एथल फ्लेमिंग की दोस्ती लगातार गहराती चली गई थी और वे दोनों जितना जल्दी संभव हो, शादी की बातचीत कर रहे थे। वह एथल को शिकागो में छोड़ करीब 1264 कि.मी. दूर न्यूयॉर्क जाने के लिए कतई तैयार नहीं था, लेकिन माँ की जिद पर रे को भी न्यूयॉर्क जाना पड़ा था। उसे वूस्टर-थॉमस के न्यूयॉर्क कार्यालय में वही नौकरी मिल गई थी। अगले एक साल तक सब ठीक-ठाक था, लेकिन एक दिन जब वह अपने काम पर पहुँचा था तो दफ्तर के बाहर फर्म के दिवालिया हो जाने की सूचना चिपकी हुई थी। रे ने अगले सप्ताह एथल से मिलने शिकागो जाने की योजना बना रखी थी। फर्म ने उसे एक सप्ताह के बकाया भुगतान के साथ छुट्टी का भी वायदा किया हुआ था, लेकिन अब इंतजार का कोई मतलब नहीं रह गया था और रे अगले ही दिन शिकागो के लिए रवाना हो गया था। विदा होने से ठीक पहले जब रे ने अपनी माँ को शिकागो से अब वापस न लौटने के अपने फैसले की जानकारी दी थी, तो वह काफी परेशान हुई थी, लेकिन वह इस संबंध कुछ कर भी नहीं सकती थी। असल में वह खुद भी न्यूयॉर्क को पसंद नहीं करती थी और रे के जाने के लिए उसने अपने को अपनी पदोन्नति त्याग कर पुराने पद पर वापस शिकागो जाने को तैयार कर लिया था।

हालाँकि अभी रे बालिग नहीं हुआ था, लेकिन 1922 में अंततः रे व एथल ने शादी करने का फैसला कर लिया था। वे दोनों पहले ही काफी इंतजार कर चुके थे और अब ज्यादा दिनों तक अलग-अलग रहने को तैयार नहीं थे। जब रे ने पिता को अपना फैसला सुनाया था तो वह अपनी जिद पर अड़ गए और इस नाबालिग शादी की अनुमति को असंभव करार दिया, लेकिन रे भी अपने पिता की तरह ही अड़ियल था और शादी का पूरा मन बना चुका था, चाहे इसके लिए कुछ भी क्यों न झेलना पड़े। फिर पिता ने उसे समझाया था कि उसे शादी से पहले स्थायी नौकरी का जुगाड़ करना चाहिए था। वह रे के यहाँ-वहाँ घूमकर बिक्री करने को कमाई का ठोस जरिया मानने को तैयार नहीं थे और उसे शादी से पहले कुछ ठोस काम ढूँढ़ने की सलाह दे रहे थे।

अगले कुछ दिनों में रे क्रोक ने लिली ब्रांड की कागज की प्यालियाँ (पेपर कप) बेचने का काम ढूँढ़ लिया था। उसे इस नवीनतम उत्पाद में भविष्य की बेहतर संभावना

नजर आई थी। उसने तत्काल भाँप लिया था कि अमेरिकी जीवनशैली तेजी से 'पेपर कप' को अपनाने की दिशा में आगे बढ़ रही थी। खैर, रे के पिता ने भी इस काम को संभावनाशील माना था और शादी के लिए मौन सहमति दे दी थी।

पेपर-कप बिक्री से शुरू हुआ रे का पेशेवर जीवन

20वीं सदी के शुरुआती वर्षों में फ्लोरिडा पानी के नीचे की अचल संपत्ति की धोखाधड़ीपूर्ण बिक्री के लिए काफी बदनाम रहा। पर्यटन को बढ़ावा देने की आड़ में की गई इस राष्ट्रीय धोखाधड़ी ने देश भर में विभिन्न क्षेत्रों में काम कर रहे ईमानदार बिक्रीकर्ताओं को भी ज्यादा कमाई के लालच में अपनी चपेट में ले लिया था और रे क्रोक में उनमें से एक था।

असल में, उस वक्त पेपर कप का कारोबार ढीला था और खासतौर पर ठंड के मौसम में उसकी माँग काफी कम रह जाती थी। लिहाजा पेपर कप बिक्रीकर्ताओं को बहुत हद तक गरमी में की गई कमाई के सहारे ही मंदे में गुजारा करना पड़ता था। वैसे भी, 1922 में जब वह लिली कप के नमूना-झोले के साथ बाजार में उतारा था तो उसकी बिक्री कर पाना आसन नहीं था। उस वक्त छोटे रेस्तराँ मालिकों को पेपर कप महँगा नजर आता था, जबकि शीशे के गिलास को बार-बार धोने के झंझट से बचने के लिए सोडा फाउंटेन संचालक उसे अपना रहे थे। रे को भरोसा था कि ज्यों-ज्यों लोग पेपर कप की सुविधा को समझते जाएँगे, उसका कारोबार बढ़ता चला जाएगा। लिहाजा वह सुबह से लेकर 5.30 बजे शाम तक अपने इलाके की गलियों में भटकता हुआ पेपर-कप की बिक्री बढ़ाने की कोशिशों में जुटा रहता था। वह देर शाम तक भी उस काम को जारी रख सकता था, लेकिन वह 6 बजे से वह ओक पार्क स्थित ड्ब्लू.जी.ई.एस. (वर्ल्ड्स ग्रेटेस्ट इलेक्ट्रिकल स्कूल) नामक रेडियो स्टेशन में पियानोवादन की नौकरी भी करता था। 1923 में चालू हुआ यह रेडियो स्टेशन का लक्षित श्रोता अफ्रीकी-अमेरिकी धार्मिक समुदाय था। यह स्टूडियो ओक पार्क आर्म्स होटल में था, जहाँ से कुछ ब्लॉक दूर रे व एथल ने शादी के बाद एक किराए के फ्लैट में रहना शुरू किया था।

शुरू-शुरू में रे ने रेडियो स्टेशन के नियमित कर्मचारी पियानोवादक हैरी सोस्निक के साथ जोड़ी बनाई थी। जल्द ही उन दोनों की जोड़ी श्रोताओं के बीच 'पियानो ट्विंस' के रूप में लोकप्रिय होने लगी थी। जब हैरी जाने-माने जेज कॉन्फ्रे ऑर्केस्ट्रा में पियानोवादक के रूप में शामिल हुआ था, तो उसके बाद शीट-म्यूजिक के आवरणों पर हैरी के साथ-साथ रे की तसवीरें छापी जाने लगी थीं। बाद में हैरी ने अपना खुद का ऑर्केस्ट्रा बना लिया था और वह रेडियो के 'हिट परेड' कार्यक्रम का स्थायी मेहमान कलाकार जैसा बन गया था। हैरी के हटने के बाद रे को रेडियो स्टेशन में उसकी जगह

नियमित कर्मचारी पियानोवादक के पद पर पदोन्नत कर दिया गया था। इस तरह, अतिरिक्त कमाई कर अपने विवाहित जीवन के खर्च को बेहतर बनाने के चक्कर में रे ने अपने रोजाना कार्यदिवस को दोगुना कर लिया था। वह ठीक 6 बजे शाम में रेडियो स्टेशन आ जाता था और दो घंटे तक लगातार पियानोवादन करता था। 8 से 10 बजे रात तक एथल के पास घर में बिताने व खाने-पीने के बाद काम पर लौट आ आता था और फिर 2 बजे सुबह तक स्टूडियो में अपनी जिम्मेवारी निभाने के बाद वापस घर जाता था फिर चार-पाँच घंटे सोने के बाद सुबह 7 बजे नमूने का झोला उठाकर पेपर कप की बिक्री व नया बिक्री-आदेश प्राप्त करने के अपने काम पर चला जाता था।

रविवार को उसे लिली कप की बिक्री के काम से छुट्टी मिलती थी, लेकिन वह दोपहर को कुछ घंटे रेडियो स्टेशन में बिताता था। सोमवार की शाम को रेडियो स्टेशन से कोई कार्यक्रम प्रसारण नहीं होता था और उसे खामोश रात्रि (साइलेंट नाइट्स) कहा जाता था, लेकिन रे ने सोमवार की रात में भी खुद को व्यस्त रखने का इंतजाम किया हुआ था और रेडियो स्टेशन के उद्घोषक (एनाउंसर) के साथ नाटक-कार्यक्रम में हिस्सा लेता था। जाहिर है कि रे की लगातार व्यस्त दिनचर्या को लेकर एथल परेशान रहा करती थी और उससे शिकायत भी करती थी। अपनी आत्मकथा में रे ने उस समय की दिनचर्या को एथल के साथ एक तरह से नाजाएज कार्य माना है, लेकिन रे ने इस बाबत जाएज सफाई दी है। वह शुरू से ही महत्त्वाकांक्षा से प्रेरित रहा था और खुद को एक मिनट भी बेकार रखने से उसे नफरत-सी थी। वह अच्छा जीवन जीने के लिए कृत-संकल्प था और हर प्रकार की सुख-सुविधाएँ जुटाना चाहता था और ऐसा दो नौकरियों की कमाई से ही संभव था। वह अखबारों में अमीर उपनगरों—रिवर फारेस्ट, हिंसडेल व व्हेटन में अपना घर लेने की योजना के तहत अचल-संपत्तियों के विज्ञापनों पर नजर रखता, ताकि अपनी पसंद का घर खरीद सके, साथ ही अपने सपनों के घर की जरूरतों के हिसाब से अच्छा सौदा पटने पर बेहतरीन फर्नीचर व अन्य सामानों आदि की खरीदारियाँ भी करता जा रहा था।

खैर, रे ने शनिवार को रेडियो स्टेशन काम से छुट्टी रखने की अनुमति ले ली थी, जो उसके व एथल के दांपत्य मौज-मस्ती के लिहाज से बहुत महत्त्वपूर्ण दिवस बन गया था। वह शनिवार को शिकागो के मुख्य कारोबारी केंद्र—द लूप स्थित लिली कप के दफ्तर में आधे दिवस तक ही काम करता था और कंपनी उसे साप्ताहिक वेतन-भुगतान का चेक देती थी। घर लौटते हुए वह बैंक से चेक को नकद करवा लेता था। अधिकांश राशि बचत में डालने के बाद, वह सप्ताह की किराना व अन्य जरूरतों के लिए जरूरी रकम अपने पास रख लेता था। शाम को एथल जल्दी खाना परोस देती थी और उसके बाद दोनों बेहतरीन पोशाक पहनकर नगर में घूमने-फिरने, फिल्म, नाटक

या अन्य संस्कृतिक कार्यक्रम देखने निकल जाए करते थे।

खैर, रे शुरू से ही चालाक बिक्रीकर्ता था और ग्राहकों के मनोभाव को परखकर ही अपनी बातें रखता था। लिहाजा उसका काम तेजी से फैल रहा था। दोहरी नौकरी से उसकी माली हालत भी अच्छी होने लगी था। उसने अपने काम को तेज करने व आराम के लिए एक पुरानी फोर्ड मॉडल-ए कार भी खरीद ली थी। अक्तूबर 1924 में, एथल ने बेटी को जन्म दिया था, जिसका नाम मर्लिन रखा गया था। बेटी के जन्म की जिम्मेदारी ने रे को और ज्यादा मेहनत करने के लिए प्रेरित किया था। उस साल की ठंड पेपर कप कारोबार के लिए कुछ ज्यादा ही कठिन साबित हो रही थी। हॉस्पिटल व स्वास्थ्य क्लिनिक छोड़कर बाकी तमाम कारोबारी उप-खंडों (सेगमेंट) में बिक्री सुस्त थी। जाहिर है कि तमाम कोशिशों के बाद भी रे बिक्री को बढ़ा पाने में कामयाब नहीं हो पा रहा था। चूँकि रे 'ग्राहक पहले' (कस्टमर फर्स्ट) के बिक्री-दर्शन (सेल्स फिलोसोफी) का कड़ाई से पालन करता था, इसीलिए अपने बिक्री लक्ष्य को पूरा करने लिए आमतौर पर बिक्रीकर्ताओं द्वारा अपनाए जानेवाले झूठी लालच का हथकंडा नहीं अपनाता था। उसकी नजर में ग्राहकों का फायदा सुनिश्चित करना किसी भी उत्पाद के बिक्रीकर्ता का पहला कर्तव्य होना चाहिए था और यदि ग्राहक को फायदा नहीं होगा तो बिक्री का स्वाभाविक कारोबारी लक्ष्य पूरा नहीं होगा। दूसरी तरफ, कंपनी 35 डॉलर प्रति सप्ताह के हिसाब से पहले की तरह निश्चित भुगतान कर रही थी। रे को यह बात बुरी लग रही थी कि वह अपना बिक्री लक्ष्य हासिल नहीं कर पा रहा था और उसने प्रतिज्ञा की थी कि अगली ठंड में वह ऐसा कतई नहीं होने देगा और हर हाल में अपना लक्ष्य पूरा करेगा।

1925 के वसंत ऋतु में रे क्रोक ने पेशेवर बिक्रीकर्म (प्रोफेशनल सेल्समैनशिप) में छलाँग लगाई थी। शिकागो के दक्षिणी भाग में वाल्टर पावर्स नामक एक जर्मन रेस्तराँ था। उसका प्रबंधक प्रशिया मूल का एक अति अनुशासित व्यक्ति था, जो बड़े ही धैर्य व विनम्रता से रे के बिक्री प्रदर्शन की कोशिशों को ध्यानपूर्वक सुनता था, लेकिन अंत में खरीदारी आदेश देने से साफ मना कर देता था, लेकिन रे ने अपनी कोशिशें जारी रखी हुई थीं। इसी क्रम में एक दिन उसकी मुलाकात रेस्तराँ मालिक श्री पावर्स से हो गई थी, जब वह उसकी महँगी कार को प्रशंसा-भाव से निहार रहा था। पावर्स भी रे से प्रभावित हुए बिना नहीं रह सका था। बातचीत के दौरान जब उसे पता चला था कि उसके रेस्तराँ का प्रबंधक रे को कोई खरीदारी आदेश नहीं दे रहा था, तो उसने रे को अपनी कोशिशें जारी रखने को कहा था। अगले कुछ सप्ताह बाद रे को उस रेस्तराँ के प्रबंधक ने एक बड़ा खरीद आदेश दिया था। बाद में उस रेस्तराँ के पेपर कप के सारे खरीद आदेश रे को ही मिलने लगे थे। अन्य ग्राहक खातों में भी बिक्री बढ़ रही थी। नतीजतन लिली

कप ने रे क्रोक की तनख्वाह में बढ़त की थी। इस आमदनी व रेडियो स्टेशन की कमाई के जरिए रे अब नई कार खरीद पाने में सक्षम हो गया था और अगस्त 1925 में उसने फोर्ड मॉडल-टी खरीद ली थी।

अचल-संपत्ति के कारोबार में लगा झटका : यह वही समय था, जब फ्लोरिडा में अचल-संपत्तियों के कारोबार की पूरे अमेरिका में धूम मची हुई थी। अखबार इस कारोबारी उफान की तुलना कैलिफोर्निया गोल्ड रश (1848-1855) से कर रहे थे। सुखमय व अमीर जीवन जीने की लालसा ने रे को भी इस कारोबार को आजमाने के लिए उकसाया था। उसने एथल को जाड़े में फ्लोरिडा जाने के लिए मना लिया था। लिली कप ने भी ठंड के नरम-कारोबार के मद्देनजर बिना किसी आनाकानी के रे के पाँच महीने के अनुपस्थित अवकाश (अबसेंस लीव) के आवेदन को स्वीकार कर लिया था। वह साल भर के बिक्री लक्ष्य को पहले ही पूरा कर चुका था। छुट्टी पर जाने से पहले रे ने अपने सभी ग्राहकों से मुलाकात की थी। अगले पाँच महीनों की संभावित जरूरतों के मुताबिक उनके पास भंडारण भी करवा दिया था। उसने सभी से वायदा किया था कि वह निश्चित समय पर फ्लोरिडा से वापस आ जाएगा और उनसे आगे की गरमी की आपूर्ति का आदेश प्राप्त करेगा।

अपने घर के सारे फर्नीचरों के सुरक्षित भंडारण करने के बाद रे व एथल ने अपनी बेटी के साथ नई कार में फ्लोरिडा के सफर पर कूच कर दिया था। पुराने डिक्सी हाईवे पर मियामी पहुँचने तक कार के सभी पाँच मूल टायर बदले जा चुके थे। मियामी में रे जैसे समूचे अमेरिका से भाग्य आजमाने पहुँचे लोगों की भारी गहमागहमी थी। काफी मुश्किल से रे ने शहर के बीच किसी तरह गुजरा कर सकने लायक निवास स्थान ढूँढ़ा था। वह एक बड़ा सा पुराना घर था, जिसमें उन लोगों के उपयोग के लिए एक साधारण डबल-बेड व चंद कुरसियोंवाला एक छोटा सा कमरा और एक छोटी सी रसोई मिल सकी थी। मकान के बाकी कमरों में खटिया बिछी हुई थीं, जिनमें पुरुष किराएदार रह रहे थे। उस बड़े मकान में एक ही बाथरूम था, जो सभी किराएदारों द्वारा इस्तेमाल होता था। शुक्र था कि एथल ने इस निवास में कुछ समय के लिए रहने में कोई नाराजगी नहीं जताई थी। एथल के उस स्थान पर रह पाना मुश्किल तब हो गया था, जब उसके साथ आई बहन को निजी सचिव का काम मिल गया था और उसने अपने तरीके से अलग अपार्टमेंट में रहने का फैसला कर लिया था।

रे को ड्ब्ल्यू एफ मोरंग 3 सन में काम मिल गया था, जो मियामी से करीब 48 कि.मी. दूर लॉस ओलस बुलेवार्ड (फोर्ट लौडरडेल, फ्लोरिडा) में अचल संपत्तियों की बिक्री कर रहा था। उस समय में लॉस ओलस महज एक कच्ची सड़क जैसा था, जो दलदली झीलों को पार कर फोर्ट लौडरडेल समुद्रतट तक जाता था। 1917

में इस इलाके को सबसे मनोरम समुद्रतीय आवासीय-जिले में विकसित करने काम शुरू हुआ था, जो 1925 के अंत तक अमेरिकी अमीरों के लिए अवकाश गृह के रूप में एक शानदार निवेश-स्थल बन गया था। फ्लोरिडा में अचल संपत्तियों में कारोबार के उफान के बारे में रे ने जैसा सुना था, वैसा ही पाया था। कंपनी के पास सात सीटोंवाली 27 हडसन कारें थी, जो अपने उच्च-बिक्री लक्ष्य हासिल करनेवाले 20 बिक्रीकर्मियों को कारोबारी उपयोग के लिए चालक के साथ कार मुहैया कराती थी। जल्द ही रे भी उस श्रेणी में आ गया था। वह मियामी चैंबर ऑफ कॉमर्स के दफ्तर में जाकर शिकागो क्षेत्र से आनेवाले पर्यटकों की सूची हासिल कर उन्हें फोन करता था और उन्हें कार में बिठाकर विकास-स्थल की मुआयना-सैर कराने ले जाता था। रे को इच्छुक पर्यटकों से जमीन के खरीदारी-आरक्षण के लिए अग्रिम राशि के तौर पर 500 डॉलर हासिल करना होता था। अगले कुछ महीनों में काम अच्छा चल रहा था कि अखबारों में अचल-संपत्ति की धोखाधड़ी की खबरें छपने लगी थीं और कारोबार अचानक धराशायी हो गया था।

शिकागो छोड़ फ्लोरिडा आना रे के लिए 'सिर मुड़ाते ओले पड़े' वाली कहावत सही साबित हुई थी। जाहिर है कि वह शिकागो वापस जाने के लिए लिली कप व रेडियो स्टेशन से संपर्क साधने की कोशिश कर रहा था, तभी किसी ने उसका दरवाजा खटखटाया था और पियानोवादक के काम करने के बारे में पूछा था। रे को मानो मन माँगी मुराद मिल गई थी; वह अगले मार्च तक किसी तरह मियामी में अपना निर्धारित समय गुजरना चाहता था। रे को मियामी के दक्षिण समुद्र तट के पास पाम आइलैंड स्थित एक आलीशान नाइट-क्लब 'द साइलेंट नाइट' के विल्लार्ड रोबिंसन ऑर्केस्ट्रा में पियानोवादक की नौकरी मिल गई थी और उसने मार्च तक के अनुबंध पर हस्ताक्षर कर दिया था। असल में विल्लार्ड रोबिंसन खुद बेहतरीन पियानोवादक था, लेकिन शराब की लत के चलते क्लब प्रबंधन ने उसे खुद की जगह किसी अन्य की नियुक्ति करने को कहा था। कुछ समय पहले रोबिनसन का तलाक हुआ था और मुआवजे की राशि की भुगतान के लिए उसे लांग आइलैंड का बँगला बेचना पड़ा था। उसने इसी विषय पर एक गानाकॉटिज फॉर सेल बनाया था, जो काफी लोकप्रिय हुआ था। खैर, रोबिंसन की पीने की लत रे क्रोक के लिए अवसर बन गई थी और वह प्रति सप्ताह 110 डॉलर की कमाई करने लगा था, जो उस जमाने के हिसाब से अच्छी कमाई थी। रे व एथल अपनी बेटी सहित एक अच्छे अपार्टमेंट में आ गए थे।

लौटकर बुद्धू घर आया : कुछ महीनों तक सब ठीक-ठाक चलता रहा था, लेकिन फरवरी के बीच में एक दिन अचानक क्लब पर राजस्व विभाग का छापा पड़ा था, और कर चोरी के आरोप में क्लब के कुछ कर्मचारियों के साथ रे को हवालात

की हवा खानी पड़ी थी। खैर, विभाग ने रे को निर्दोष पाकर छोड़ दिया था, लेकिन थाने में गुजरे तीन घंटे रे के लिए बेहद खौफनाक थे। एथल ने भी इस घटना को सहजता से नहीं लिया था। बहन द्वारा मौज-मस्ती में अपनी अलग जिंदगी जीने के चलते एथल पहले से ही अकेलापन महसूस कर रही थी और उसे शिकागो की याद सता रही थी। लिहाजा रे ने एथल व बेटी को रेल से शिकागो के लिए रवाना कर दिया था और खुद अनुबंध के मुताबिक एक पखवाड़े की इत्तला सूचना के पूरे होने का इंतजार करने लगा था। फोर्ड मॉडल-टी से अकेले करीब 2200 कि.मी. की सड़क-यात्रा रे को काफी भारी पड़ी थी। भारी ठंड व थकान की नींद के चलते वह रास्ते में कई बार दुर्घटना के शिकार होने से बचा था। अपने माता-पिता के घर में रे की अच्छी आव-भगत इससे पहले कभी भी नहीं हुई थी। एथल ने उसे गरम सूप पिलाया था और गरम बिस्तर में उसने अगले 18 घंटों तक सोते हुए अपनी थकान उतारी थी।

बहन द्वारा मौज-मस्ती में अपनी अलग जिंदगी जीने के चलते एथल पहले से ही अकेलापन महसूस कर रही थी और उसे शिकागो की याद सता रही थी। लिहाजा रे ने एथल व बेटी को रेल से शिकागो के लिए रवाना कर दिया था और खुद अनुबंध के मुताबिक एक पखवाड़े की इत्तला सूचना के पूरे होने का इंतजार करने लगा था।

शुक्र था कि रे सही वक्त पर फ्लोरिडा में मोटी कमाई का मोह छोड़कर वापस शिकागो चला आया था। अचल-संपत्ति की धोखाधड़ी का परदाफाश होने के बाद वहाँ निवेशक पर्यटकों की आवाजाही कम होनी शुरू हो गई थी, क्लब का धंधा भी मंदी की चपेट में आ गया था और 'द साइलेंट नाइट' को भी अपना दरवाजा बंद करना पड़ा था।

जुझारू बिक्री शैली से मिली रे को सफलता

1927 से 1937 का कालखंड अमेरिकी पेपर-कप उद्योग के लिए भाग्य-निर्माण का दशक साबित हुआ था। कारोबार को लगातार बढ़ते देखना समूचे उद्योग के लिए उत्तेजनापूर्ण था और उस्ताद बिक्रीकर्मी रे क्रोक भी उसी तेजी में मदहोश-सा लगातार नए बिक्री शिखर को छूता हुआ पेशेवर तरक्की करता चला जा रहा था। इस दौरान, कभी भी रे को यह एहसास नहीं हुआ था कि उसके जीवन में बहुत जल्द वह समय भी आनेवाला था, जब वह पेपर-कप के धंधे से तौबा कर लेगा। यदि रे को तनिक भी आशंका होती तो उसने काफी पहले ही दूसरा काम ढूँढ़ लिया होता, लेकिन रे ने अपनी सारी ताकत पेपर-कप बेचने में झोंक दी थी और उसे इसी से उतनी कमाई भी होने लगी थी कि अब पियानोवादन अतिरिक्त कमाई का जरिया नहीं, बल्कि मनोरंजन का साधन भर रह गया था।

रे जिस वितरक कंपनी में काम कर रहा था, उसका संचालक जॉन क्लार्क एक चतुर कारोबारी था। वह देखते ही बिक्री-प्रतिभाओं को पहचान लेता था और अपने उद्‌देश्य की पूर्ति के उनका जमकर इस्तेमाल करता था। वर्षों तक रे क्लार्क की मीठी-चुपड़ी बातों व धूर्त उकसावे में उलझा हुआ, पेपर कप की ज्यादा-से-ज्यादा बिक्री कर उसके कारोबारी प्रदर्शन को बढ़ाने में अंध-भक्त सा जुटा रहा था। क्लार्क का असल रंग तब उभर कर सामने आया था, जब उसने रे के साथ रस निचोड़ लिए गए नींबू की तरह पहली बार व्यवहार करना शुरू किया था। क्लार्क सेनेटरी कप ऐंड सर्विस कॉरपोरेशन का अध्यक्ष था, जिसके सबसे बड़े हिस्सेदार न्यूयॉर्क के दो अविवाहित भाई थे। यह कॉरपोरेशन लिली ब्रांड की निर्माता कंपनी—पब्लिक सर्विस कप कंपनी (ब्रुकलिन, न्यूयॉर्क) द्वारा मध्य-पश्चिमी (मिडवेस्ट) अमेरिका क्षेत्र यानी उत्तर-मध्य अमेरिका के 12 प्रांतों—इलिनोइस, इंडियाना, आयोवा, कान्सास, मिशिगन, मिनेसोटा, मिसौरी, नेब्रास्का, उत्तरी डकोटा, ओहियो, दक्षिण डकोटा, व विस्कॉन्सिनके लिए नियुक्त विशिष्ट वितरक (एक्सक्लूसिव डिस्ट्रीब्यूटर) थी। रे ने शिकागो इलाके में लिली कप को लोकप्रिय बनाने में जबरदस्त मेहनत की थी और उसे नए-नए कारोबारी अनुभागों में प्रचलित करने में अहम भूमिका निभाई थी।

1920 के दशक के अंतिम वर्षों तक अमेरिका आइसक्रीम सोसाइटी बन चुका था, जिसका बड़ा कारण अमेरिका द्वारा संवैधानिक संशोधन के जरिए लागू की गई ऐतिहासिक राष्ट्रव्यापी शराब-बंदी (17 जनवरी, 1920 से 5 दिसंबर, 1933 तक) का कानून था। इस दौरान अमेरिका में मादक पेय पदार्थों की बिक्री, उत्पादन, आयात व परिवहन पर एक राष्ट्रव्यापी संवैधानिक प्रतिबंध था। नतीजतन मदिरालयों (बार) व रेस्तराओं में शराब परोसना बंद हो गया था और उसकी जगह आइसक्रीम व अन्य दुग्ध-उत्पादों ने ली थी। इस बीच, 1929 में लिली ब्रांड का टूलिप में विलय हो गया और नई कंपनी का नाम लिली-टूलिप कप कॉरपोरेशन (स्प्रिंगफील्ड, मिसौरी) हो गया था। [1968 में हिस्सेदारों में विभाजन के बाद 1989 में कंपनी का नाम बदल कर स्वीटहार्ट कप कंपनी बन गया था, जिसे 2004 में सोलो कप कंपनी (लेक फॉरेस्ट, इलिनोइस) ने अधिग्रहीत कर लिया था। मई 2012 में यह कंपनी डार्ट कंटेनर कॉरपोरेशन (मेसन, मिशिगन) द्वारा अधिग्रहीत हो गई।]

यह वही समय था, जब 4 सितंबर, 1929 को अमेरिकी शेयर बाजारों में गिरावट का दौर शुरू हो गया था और 29 अक्तूबर, 1929 के 'काले मंगलवार' (ब्लैक ट्यूजडे) को बाजार पूरी तरह धराशायी हो गया था। उसके बाद 20वीं सदी की सबसे लंबे समय तक चलने वाली, सबसे गहरी व सबसे व्यापक आर्थिक महामंदी 'द ग्रेट डिप्रेशन' विश्वव्यापी होती चली गई थी। हालाँकि 1933 में अमेरिकी अर्थव्यवस्था में सुधार का

दौर शुरू हो गया था, लेकिन विश्व-अर्थव्यवस्था द्वितीय विश्व-युद्ध (1 सितंबर, 1939 से 2 सितंबर, 1945) के बाद ही सही मायने में पटरी पर आनी शुरू हो सकी थी।

रे के पिता इस महामंदी की चपेट में भारी घाटा उठानेवालों में से एक थे। 1923 में रे की माँ की जिद पर वह पदोन्नति त्यागकर न्यूयॉर्क से शिकागो तो लौट आए थे, लेकिन उसके बाद निचले पद को स्वीकारने की कुंठा को दूर करने के लिए अचल-संपत्ति की सट्टेबाजी में भाग्य आजमाने लगे थे। वह मुद्रास्फीति से फूली हुई अमेरिकी अर्थव्यवस्था का संभवत: सबसे तेजी से निर्मित हुआ बुलबुले का युग था। उस वक्त अखबारों व पत्रिकाओं में अचल संपत्ति के कारोबार में तुरत-फुरत धनवान बनाने में मदद करने की जमानत देनेवाले पत्राचार पाठ्यक्रमों के विज्ञापनों की भरमार होती थी। हालाँकि रे के पिता ने ऐसे किसी पाठ्यक्रम में शामिल होने की जरूरत नहीं समझी थी, लेकिन उन्होंने इलिनोइस प्रांत के दक्षिणी-पूर्वी क्षेत्र के विभिन्न इलाकों की कई अचल संपत्तियों में भारी निवेश कर लिया था। उन्होंने ओक पार्क के मेडिसन स्क्वायर के एक कोने की जगह को खरीद कर अगले महीने एक मोटरवाहन विक्रेता को बेचकर भारी मुनाफा भी कमाया था। इसी तरह उन्होंने 6000 डॉलर में खरीदी गई जमीन 18,000 डॉलर में बेचकर आश्चर्यजनक मुनाफा कमाया था। अचल संपत्ति खरीदने के मामले में रे के पिता मानो 'पारस पत्थर' साबित हुए थे और अपनी शुरुआती सफलता के जोश में वह भी बाकी अधिकांश सफल सट्टेबाजों की तरह उस 'बुलबुले' की असलियत को देख पाने में अंधे साबित हुए। नतीजतन, जब बाजार का बुलबुला फटा था तो उनके द्वारा खरीदी गई जमीनों की कुल कीमत देनदारियों से कम निकली थी और इसी मानसिक दबाव के चलते 1930 में मस्तिष्क रक्तस्राव (ब्रेन हैमरेज) से उनकी अचानक मृत्यु हो गई थी। वह खुद ही अपनी मृत्यु को लेकर आशंकित थे। जिस दिन उनकी मृत्यु हुई थी, उनकी मेज पर दो कागज पड़े हुए थे—एक टेलीग्राफ कंपनी के वेतन का अंतिम चेक व उनके पूरे वेतन पर रोक लगाने की सूचना।

बाद में रे को अपने पिता द्वारा सँभालकर रखा गया 1906 का एक पीला पड़ चुका दस्तावेज भी मिला था। यह कपाल विज्ञानी (ललाट देखकर चारित्रिक गुण बताने वाला) द्वारा चार वर्ष के बालक रेमंड ए क्रोक का ललाट देखकर उसके संबंध में की गई भविष्यवाणी का दस्तावेज था। उसमें भविष्यवाणी की गई थी कि रे आगे चलकर पेशेवर बावर्ची (शेफ) बनेगा या खाद्य-सेवा की किसी शाखा में काम करेगा। जब रे ने उस दस्तावेज को पढ़ा था, तब भी उसे दूर-दूर तक यह नजर नहीं आ रहा था कि कपाल विज्ञानी की भविष्यवाणी कभी सच होगी, लेकिन जब यह हुआ था तो रे को सचमुच बहुत आश्चर्य हुआ था, लेकिन ऐसा होने में अभी काफी वक्त था।

1930 में रे क्रोक अपनी जुझारू बिक्री-शैली से एक ऐसे बड़े ग्राहक को पटाने

में सफल हो गया था, जिससे न केवल लिली टुलिप की बिक्री मात्रा में भारी बढ़त हुई थी, बल्कि उससे क्रोक को पेपर कप वितरण को एक नई दिशा देने की अंतर्दृष्टि मिली थी। शिकागो की वालग्रीन ड्रग कंपनी ने हाल में जबरदस्त विस्तार का दौर शुरू किया था, जो अपने भंडारों के सोडा फाउंटेन पर सिर्फ चटनियाँ परोसने के लिए छोटे लिली टुलिप पेपर कप इस्तेमाल कर रही थी। दोपहर में उन सोडा फाउंटेन पर अचानक इतनी भीड़ इकट्ठा हो जाती थीं कि उन्हें सँभाल पाना मुश्किल हो रहा था। रे को इस समस्या में एक सुनहरा अवसर नजर आया था। उसे लगा था कि यदि वालग्रीन इन फाउंटेन पर शीतल पेयों (सॉफ्ट ड्रिंक), दुग्ध-पेयों (मिल्क ड्रिंक) व अल्कोहलरहित अनाज पेयों (नॉन-अल्कोहलिक माल्ट ड्रिंक) को परोसने के लिए भी पेपर-कप का इस्तेमाल करे तो ग्राहकों की भारी भीड़ को आसानी से सँभाल सकता था।

याद रहे कि रे हमेशा से ही ग्राहकों को फायदा पहुँचाने की स्थायी बिक्री वृद्धि रणनीति पर अमल करता रहा था। जाहिर है कि वह इस विचार को लागू करवाने का सुझाव लेकर वालग्रीन के मुख्यालय पहुँचा था, लेकिन कंपनी के खाद्य-सेवा विभाग के प्रमुख को पहली नजर में वह सुझाव घाटे का सौदा लगा था। उसने रे के विचार का विरोध करते हुए था, "क्या तुम पागल हो गए हो या मुझे पागल समझ रहे हो? यदि माल्ट-ड्रिंक काउंटर पर पिया जाता है तो भी मुझे 15 सेंट मिलता है, फिर मैं पेपर कप के लिए तुम्हें क्यों डेढ़ सेंट का भुगतान करूँ और कम कमाऊँ?" इस पर रे ने अपनी बहस पेश की थी, "आप अपनी बिक्री मात्रा को बढ़ाओगे। आप अपने काउंटर पर एक विशेष-क्षेत्र बना सकते हैं; उन पर ढक्कन लगाएँ और उन्हें बिस्कुट, नमकीन आदि सामग्रियों के साथ फाउंटेन पर ले जाएँ और उन्हें बाहर ले जाने के लिए एक बैग में डाल दें।" इस बात पर तो वह कंपनी अधिकारी और भी खीझ गया था, "सुनो, यदि मैं यह अतिरिक्त व्यय करूँगा तो मैं कैसे लाभ कमा पाऊँगा? फिर तुम चाहते हो कि पेयों को ढकने व उसे थैले में डालने के लिए मैं अपने कर्मचारियों का समय बरबाद करूँ? तुम सपने देख रहे हो।"

खैर, उस समय तो रे को कामयाबी नहीं मिली, लेकिन वह चुप बैठनेवालों में से नहीं था। रे ने भाँप लिया था कि जब तक वह इस विचार को फलित होता हुआ नहीं साबित करेगा, वालग्रीन का अधिकारी उसकी बात नहीं मानेगा। लिहाजा एक दिन वह इस प्रस्ताव के साथ उस अधिकारी के पास पहुँचा था कि वह मुख्यालय के नीचे के भंडार स्थित फाउंटेन पर एक प्रयोग करेगा और उसमें लगनेवाले पेपर-कप की ढक्कन सहित अगले एक महीने तक मुफ्त में आपूर्ति करेगा। जाहिर है कि वह अधिकारी तैयार हो गया था और पहले दिन ही वह प्रयोग इतना सफल हुआ था कि रे को दुबारा समझाने की जरूरत नहीं पड़ी थी। बढ़ी हुई बिक्री मात्रा से वह अधिकारी

इतना उत्साहित हो गया था कि उसने तत्काल रे के विचार को अपने सभी फाउंटेन पर लागू करवा दिया था। जाहिर है कि सिर्फ एक बड़े ग्राहक को पटाने से रे को काफी बड़ी बिक्री मिल गई थी और उसने छोटे दुकानदारों के पीछे भागने की बजाए अपना समय बड़े ग्राहकों पर केंद्रित करना शुरू कर दिया था। जाहिर है कि लिली टुलिप की बिक्री बढ़ी थी, रे पदोन्नत होकर बिक्री प्रबंधक (सेल्स मेनेजर) बन गया था और उसके बिक्री कार्य-क्षेत्र का दायरा भी बढ़ता चला गया था। जाहिर है भविष्य की बेहतर संभावनाओं के मद्देनजर रे ने भी काम में अपनी जान झोंकना जारी रखा था, मानो वह किसी और के लिए नहीं, बल्कि खुद के लिए काम कर रहा हो।

लेकिन एक दिन अचानक लिली टुलिप के न्यूयॉर्क मुख्यालय से एक आदेश भेजा गया था, इसमें मंदी के चलते हर किसी को 10 फीसदी वेतन कटौती लेने के लिए बाध्य किया गया था। इसके अलावा चूँकि गैस, तेल व टायर की कीमतें गिरी थीं, इसीलिए सभी कार-भत्तों को 50 डॉलर प्रतिमाह से घटाकर 30 डॉलर कर दिया जाएगा। रे को यह खबर वितरक कंपनी के संचालक जॉन क्लार्क ने अपने केबिन में बुलाकर सुनाई थी। क्लार्क ने दावा किया था कि उसने रे की कड़ी मेहनत व जबरदस्त कार्य-प्रदर्शन की काफी तारीफ की थी और कंपनी के उच्चाधिकारियों ने भी उसके काम की सराहना की थी। उसने रे को समझाया था कि चूँकि वेतन-कटौती सभी कर्मचारियों पर लागू की गई थी, इसीलिए उसे भी कंपनी का फैसला स्वीकार करना होगा।

इस खबर से सातवें आसमान पर उड़ रहा रे धड़ाम से जमीन पर आ गिरा था। वेतन में कमी से रे को कोई परेशानी नहीं थी, लेकिन उसके अहंभाव (इगो) को भारी ठेस पहुँची थी। वह सोच नहीं पा रहा था कि आखिर कंपनी के उच्चाधिकारीगण सबसे अच्छे बिक्री अधिकारी के साथ इस तरह का एकपक्षीय व्यवहार कैसे कर सकते थे। रे को पता था कि वह कंपनी के लिए कितनी बड़ी रकम कमा रहा था। रे गुस्से में थरथरा उठा, लेकिन अपने पर काबू रखते हुए उसने शांत स्वरों में साफ कह दिया था, ''ठीक है, मुझे दुःख है, लेकिन मैं (कंपनी के) फैसले को स्वीकार नहीं कर सकता।'' इस पर क्लार्क ने कहा था, ''रे, तुम्हारे पास कोई विकल्प नहीं है।'' अब रे का गुस्सा फूट पड़ा था और वह चिल्ला उठा था, ''भाड़ में जाओ···मेरे पास कोई विकल्प नहीं है। मैं (नौकरी) छोड़ रहा हूँ। मैं अभी दो सप्ताह का सम्मन दे रहा हूँ और यदि आप चाहते हैं कि मैं आज छोड़ दूँ तो मैं आज ही छोड़ दूँगा।''

क्लार्क को अनुमान नहीं था कि रे इतना बिफर पड़ेगा, लेकिन उसने खुद को संयत रखते हुए रे को शांत करने की कोशिश की थी, ''अब मान भी जाओ रे। शांत हो जाओ। तुम छोड़ने नहीं जा रहे हो और यह तुम जानते हो। यह तुम्हारी जिंदगी का बहुत ही बड़ा हिस्सा है। तुम अपनी कंपनी और अपने आदमियों के साथ यहीं से ताल्लुक

रखते हो।'' रे ने भी खुद के गुस्से को नियंत्रित करने की कोशिश की थी, ''मैं जानता हूँ कि यह मेरी जिंदगी है…'' लेकिन उसकी आवाज एक बार फिर से ऊँची हो गई थी, ''लेकिन चाहे जो हो, मैं अभी भी इसे पकड़े रखे नहीं जा रहा। जब समय अच्छे थे तो मैंने पुरस्कार के रूप में कुछ ज्यादा ही पाया…'' यह कहते हुए अब रे चिल्लाने लगा था, ''अस्वीकार्य। यह अस्वीकार्य नहीं है कि मैं भी कुछ लोगों, जो कॉरपोरेशन की लागत समस्या हैं, के साथ एक ही आधार पर रखा जाऊँ। उन लोगों को आप जानते हैं कि वे कौन हैं, वे लोग इस कंपनी की ऊपरी लागत के हिस्से हैं। मैं रचनात्मक (लागत) का हिस्सा हूँ। मैं धन लाता हूँ और मैं खुद को उन लोगों के साथ एक ही श्रेणी में नहीं डालने जा रहा हूँ!''

क्लार्क ने और नरम होकर बोला था, ''रे, एक मिनट सुनो। मैं खुद भी कटौती ले रहा हूँ।'' रे ने तपाक से जवाब दिया था, ''ले लें। यह आपका विशेषाधिकार है। ले लें भाई, लेकिन मैं इसे स्वीकार नहीं कर पाऊँगा। मैं नहीं करूँगा।'' उसके बाद भी क्लार्क ने रे को समझाने की काफी कोशिशें की थीं, लेकिन वह अपने फैसले पर अडिग रहा था।

और जब रे दफ्तर छोड़ने लगा था तो अपने नमूने का थैला भी साथ ले गया था। उसने अपनी पत्नी से दिन की घटना व नौकरी छोड़ने के बारे में कुछ भी नहीं बताया था। वह जानता था कि उसकी पत्नी को उसका फैसला नामंजूर होगा, लेकिन उसे अपने फैसले पर गर्व था और उसे लगता था कि उसने जो भी किया, वह जाएज था। हालाँकि रे अपने भविष्य को लेकर थोड़ा डरा हुआ जरूर था, लेकिन उसने अपने मनोभाव को छुपा लिया था और ऐसा नाटक करने की कोशिश कर रहा था कि मानो कुछ हुआ ही नहीं था।

पहले की तरह हर दिन ठीक समय पर रे अपने नमूने के थैले के साथ घर से निकल जाता था और दिनभर नई नौकरी की तलाश में गुजारता था। अब की बार वह ऐसा काम खोज रहा था, जो धन से ज्यादा, कुछ ज्यादा दे सके, कुछ ऐसे जिसके साथ वह सचमुच में खुद को भी शामिल कर सके, लेकिन जो नौकरियाँ मिल रही थीं, उनमें ऐसा कुछ नहीं पेश किया जा रहा था। तीन दिनों तक उसे अपनी पसंद की कोई नौकरी नहीं मिली थी और स्वाभाविक रूप से उसकी घबराहट भी बढ़ती जा रही थी। चौथे दिन जब वह यूँ ही बाजार का चक्कर लगाकर वापस घर आया था, तो पत्नी ने सवाल दागा था कि वह दिनभर कहाँ था। पहले तो रे ने सवाल पर आश्चर्य जाहिर किया था, फिर कहा था कि वह आगे की आपूर्ति आदेश जुटा रहा था। तब पत्नी ने रहस्य से परदा हटाते हुए उसे बताया था कि क्लार्क उसे अगली सुबह दफ्तर में मौजूद देखना चाहता था। अब रे ने खुद को फँसा हुआ महसूस किया था। जब पत्नी ने जोर देकर

पूछा था कि कल वह दफ्तर जाएगा कि नहीं तो उसे झुँझला कर सच बोल दिया कि वह उन जैसे घाटिया लोगों की शक्ल नहीं देखना चाहता और वह कंपनी छोड़नेवाला था।

यह सुनकर रे की पत्नी का मुँह बंद हो गया था और वह आश्चर्य के भाव से उसकी आँखों में झाँकने लगी थी। रे ने महसूस किया था कि असलियत छुपाकर उसने अपनी पत्नी व बेटी दोनों के साथ विश्वासघात किया था और उसका आत्मसम्मान डगमगाने लगा था। तभी उसकी पत्नी उसकी मूर्खता पर बिफर पड़ी थी कि घोर महामंदी के उस निराशाजनक दौर में भला कोई इतनी पुरानी नौकरी छोड़ेगा? लेकिन रे पर उसकी बातों का कोई असर नहीं हुआ था, वह अपना मन बना चुका था और वह अपने फैसले से पीछे नहीं हटनेवाला था। चाहे जो भी हो जाए, रे का दिलोदिमाग उसके अपने फैसले से पीछे हटने का विरोध कर रहा था, अब वह पीछे नहीं जा सकता था।

रे ने पत्नी को तसल्ली देने की कोशिश की थी कि ज्यादा घबराने की जरूरत नहीं थी और वह जल्द ही जरूर कोई नई नौकरी दूँढ़ लेगा। नहीं कुछ मिला तो फिर से पियानो बजाना शरू कर देगा और परिवार के भरण-पोषण का बढ़िया इंतजाम कर लेगा।

फिर रे ने पत्नी को तसल्ली देने की कोशिश की थी कि ज्यादा घबराने की जरूरत नहीं थी और वह जल्द ही जरूर कोई नई नौकरी दूँढ़ लेगा। नहीं कुछ मिला तो फिर से पियानो बजाना शरू कर देगा और परिवार के भरण-पोषण का बढ़िया इंतजाम कर लेगा, लेकिन रे को लगा था कि उसने कोई गलत बात कह दी थी। उसकी पत्नी अभी भी उन पुराने दिनों को नहीं भूल सकी थी, जब रे दिन में नौकरी व रात में पियानोवादन कर धन जुटाने की कोशिश करता रहा था और वह रात-रातभर उसके घर आने का इंतजार करती रहती थी। रे घबरा गया था कि अगर वह अपनी जिद पर अड़ा रहा तो उसकी पत्नी का दिमागी संतुलन बिगड़ जाएगा और वह तत्काल अपने फैसले से पीछे हटने व अगली सुबह दुबारा से दफ्तर जाने को राजी हो गया था।

जब रे दफ्तर पहुँचा था तो क्लार्क ने उसे आश्चर्य से देखा था और अपने केबिन में ले जाने पर प्यार भर गुस्से में चिल्लाया था, "तुम कहाँ थे?" रे ने शांत भाव से जवाब दिया था, "मैं दूसरी नौकरी खोजता रहा था। मैंने आपसे कहा था, मैं यहाँ रुकनेवाला नहीं था।" क्लार्क ने कहा था, "अरे, मान भी जाओ रे। दरवाजा बंद कर दो। बैठो। तुम यह जगह छोड़ नहीं सकते। यह यहीं के हो। इसे मानो। तुम अपने काम से प्यार करते हो और यह तुम जानते हो।" रे ने जवाब दिया है, "हाँ, मैं बिल्कुल जानता हूँ, लेकिन मेरे साथ जैसा बरताव हो रहा है, मैं प्रस्तुत नहीं हो सकता। मैं बस

इसके साथ खड़ा नहीं हो सकता।'' तब क्लार्क ने कहा था, ''यह सिर्फ अस्थायी बात है, रे, बस जब तक कि समय अच्छा नहीं हो जाता। क्या तुम इतना बरदाश्त कर सकते हो?'' रे ने हकीकत बयान की थी, ''पत्नी के मुताबिक मैं नहीं कर सकता, लेकिन मैं कर सकता हूँ, मैं कटौती को एक अपमान के तौर पर लेता हूँ, और मैं अपमानित नहीं होने जा रहा।''

रे की बात पर क्लार्क केबिन में टहलता हुआ, जेब में हाथ लिये थोड़ी देर तक खिड़की के बाहर देखता रहा था, मानो वह कोई बीच का रास्ता निकालने की तरकीब सोच रहा हो। फिर उसने रे की तरफ मुड़कर कहा था, ''ठीक है। मुझे यह सोचने के लिए कुछ दिन दो कि मैं क्या कुछ कर सकता हूँ। अपना काम वैसे ही करो, जैसे कि कुछ हुआ ही नहीं। मैं तुम्हें दो या तीन दिन में बताऊँगा।'' रे के लिए यह ठीक था। तीसरे दिन देर दोपहर को क्लार्क ने रे को अंदर बुलाया था, ''दरवाजा बंद कर दो और बैठो। अब, रे, यह पूरी तरह से गोपनीय है। मैं जो कर सकता हूँ, वह यह है, मैंने तुम्हारे लिए विशेष व्यय खाता बनाया है, जो तुम्हारी 10 फीसदी वेतन कटौती की भरपाई कर देगा। इसमें तुम्हारे कार का 20 डॉलर प्रतिमाह का बकाया भुगतान भी शामिल होगा। अब...क्या तुम रुकोगे?'' रे का मन अब शांत हुआ था और उसने खुश होकर कहा था, ''आपको बहुत-बहुत धन्यवाद। उस आधार पर मैं रुकूँगा।''

उस दिन जब रे दफ्तर से बाहर निकला था तो खुद को कई इंच बड़ा महसूस कर रहा था। यह एथल के कदमों में डालने के लिए अच्छा पुरस्कार साबित होनेवाला था। जाहिर है कि इस पूरे मामले का नतीजा यह हुआ था कि रे को हमेशा से अधिक मेहनत करनी थी और कंपनी के लिए ज्यादा बिक्री राजस्व जुटाना था। रे ने यह सब खुशी-खुशी किया था। क्लार्क ने उसे ऐसा करने के लिए कभी भी नहीं कहा था, लेकिन रे बखूबी जानता था कि क्लार्क को मालूम था कि उसने अच्छा सौदा पटाया था। हाँ, ग्राहकों के हितों की रक्षा को लेकर क्लार्क के साथ रे की थोड़ी-बहुत बक-झक चलती रही थी, लेकिन झगड़े जैसी कोई नौबत नहीं आई थी।

मसलन, रे अपने ग्राहकों से कहा करता था कि वह अपने अपने पेपर कप का भंडार बढ़ा लें, क्योंकि निकट भविष्य में दाम बढ़ने की संभावना थी। जाहिर है यह सब वह 'अनाधिकारिक' सूचना के तौर पर अपने लोगों को आगाह करने के लिए सांकेतिक तौर पर कहा करता था। जब क्लार्क को इसकी जानकारी मिली थी तो वह रे पर पागल हो उठा था, लेकिन इससे दोनों के बीच कोई मनमुटाव जैसी स्थिति नहीं आई थी, क्योंकि उससे लिली टुलिप से कोई घाटा नहीं उठाना पड़ रहा था। कंपनी के पास मौजूदा कीमतों पर बने पेपर कप के कई गोदाम भरे हुए थे। रे की कोशिशों से बिक्री के साथ-साथ ग्राहकों के बीच कंपनी की साख भी बढ़ रही थी।

उस वक्त रे के अधीन 15 बिक्रीकर्मी थे और उनके बीच उत्साह की भावना का संचार हो रहा था। काम के बाद वे मौज-मस्ती के लिए इकट्ठा होते, संवाद-सत्र आयोजित करते और बिक्री बढ़ाने के विचारों पर चर्चा किया करते थे। रे को दल के युवा सदस्यों को अपने काम पर पकड़ बनाते व आगे बढ़ते देखकर काफी खुशी मिलती थी और वह इस अनुभव को अपने पेशेवर जीवन की सबसे बड़ी उपलब्धि देने वाली बात मानता था। हालाँकि रे उन लोगों से ज्यादा उम्रदराज नहीं था और दल में कई लोग उससे भी ज्यादा उम्र के थे, फिर भी वह खुद को उनके लिए पिता की तरह ही मसहूस करता था। जाहिर है कि जल्द ही रे व उसका दल बहुत ज्यादा कारोबार पैदा करने लगा था। इससे रोजाना के कागजी कार्यवाही का दबाव इतना बढ़ गया था कि दफ्तर के मौजूदा लिपिकों को उसे सँभाल पाने में काफी दिक्कत महसूस होने लगी थी। ऐसे में क्लार्क ने रे को अपने लिए एक निजी सचिव नियुक्त कर लेने की सलाह दी थी।

तब रे ने कहा था, ''मुझे लगता है कि आप सही हो, लेकिन मैं एक पुरुष सचिव नियुक्त करना चाहता हूँ।'' क्लार्क को हैरानी हुई थी, ''क्या कर रहे हो तुम?'' रे ने आगे कहा था, ''मैं एक पुरुष चाहता हूँ। शुरू में उसकी लागत कुछ ज्यादा जरूर होगी, लेकिन यदि उसमें थोड़ी भी अच्छाई होगी, तो मैं उससे प्रशासनिक कामों के अलावा बहुत सारा बिक्री का काम भी ले सकूँगा। मुझे सुंदर लड़की को आस-पास रखने में कोई ऐतराज नहीं है, लेकिन मेरे दिमाग में जो काम है, वह पुरुष द्वारा ज्यादा बेहतर सँभाला जाएगा।''

इस मसले ने रे व क्लार्क के बीच बहसों व दरवाजा-बंद सत्रों के एक अलग सिलसिले को शुरू कर दिया था, लेकिन अंत में रे की ही जीत हुई थी। एक दिन मार्शल रीड नामक शख्स काम की तलाश में उसके पास आया था। उसने कैलिफोर्निया के एक व्यावसायिक महाविद्यालय (बिजनेस स्कूल) से व्यवसाय प्रशासन निष्णात (एम.बी.ए.) किया था और वह एक अखबार में काम करने की आशा में शिकागो आया हुआ था, लेकिन उसे वह काम नहीं मिल सका था और वह किसी भी नौकरी की तलाश में भटकता हुआ रे के दफ्तर में आ गया था। चूँकि दफ्तर में लोगों को पता था कि रे एक पुरुष सचिव के लिए वर्गीकृत विज्ञापन देने जा रहा था, इसीलिए उस शख्स को सीधे रे के पास ही भेज दिया गया था। रे ने रीड को पसंद किया था, क्योंकि वह ईमानदार था और शुरू से ही उसकी अपेक्षाओं पर खरा उतर रहा था।

रीड को सच बोलने में कोई झिझक नहीं हुई थी। उसने कहा था, ''मैं प्रति मिनट 60 शब्द टंकित कर सकता हूँ और 120 शब्दों की आशुलिपि (शोर्टहैंड) ले सकता हूँ, लेकिन महाविद्यालय के बाहर यह मेरा पहला अनुभव है। मैं आपके कारोबार के बारे में कुछ भी नहीं जानता हूँ।'' तब रे ने कहा था, ''इसके बारे में चिंता मत करो। जैसे ही

हम साथ होंगे, मैं तुम्हें बताऊँगा कि मैं क्या करता हूँ। यदि तुम्हारे मन में कोई सवाल हो तो बस पूछ डालो।'' खैर, रे जैसे पुरुष सचिव की तलाश कर रहा था, रीड वैसा ही निकला था। रे को अपने फैसले का असल मुआवजा तब मिला था, जब उसे पहले पित्ताशय की थैली (गाल ब्लैडर) और बाद में घेंघा (थायरॉयड ग्रंथि की वृद्धि) की शल्यक्रियाओं (ऑपरेशन) के लिए अस्पताल में भरती होना पड़ा था। दोनों मौकों पर मार्शल रीड ने अस्पताल में रे की देखभाल के अलावा दफ्तर के सारे काम-काज को बखूबी सँभाला था। रे ने उसके जरिए रोजाना के कारोबार को ठीक उसी तरह सँभाला था, जैसा कि वह हर सुबह दफ्तर में बैठकर करता था और कारोबार अपनी तेज रफ्तार में जारी रहा था।

मंदी के बावजूद रे व उसका दल अच्छा प्रदर्शन कर रहा था। रे ने फोर्ड मॉडल-ए की ही कीमत पर एक पुरानी विलासिता (लक्जरी) कार—बुइक (अब जनरल मोटर का ब्रांड) खरीद ली थी और उसे इस तरह से चमकाकर बाहर निकला था, जैसे वह बिल्कुल नई हो। दूसरी तरफ, रे की पत्नी एथल ने अपनी बेशकीमती शराब—स्कॉच व्हिस्की का शौक जारी रखा हुआ था। इसके बावजूद रे ने बचत करने की अपनी खानदानी आदत को जारी रखा था और उसकी बचत-राशि लगातार बढ़ती जा रही थी। अब रे घर में रहनेवाली नौकरानी को बहाल कर सकने के खर्च को बरदाश्त कर सकता था। उसने चार डॉलर प्रति सप्ताह के वेतन सहित एक कमरा व खान-पान पर एक लड़की को बिल्कुल घर के सदस्य की तरह ही रख लिया था।

रे ने इस बात का विशेष ध्यान रखा था कुछ भी दिखावटी न लगे, क्योंकि वह खामख्वाह के दिखावे को नापसंद करता था। फिर भी, उसके रहन-सहन व वेशभूषा के अंदाज से दफ्तर में उसके कर्मचारी हैरत में रहते थे। सभी रे के अंदाज को अपनाने की कोशिश करते थे। रे अच्छी दिखावट—सही तरीके से इस्तरी किए गए सूट, अच्छी तरह से पॉलिश किए गए जूते, कंघी किए गए बाल व साफ किए गए नाखूनों के महत्त्व पर काफी जोर दिया करता था। वह कहा करता था, ''तेज दिखो, तेज करो। पहली चीज जिसे तुम्हें बेचनी है, वह खुद तुम हो। जब तुम ऐसा कर लेते हो तो पेपर कप बेचना आसान हो जाएगा।'' इतना ही नहीं, रे अपने साथी कर्मियों को धन की सँभाल के बारे में भी सलाह दिया करता था और उन्हें समझदारी से खर्च करने व बुरे दिनों के लिए कुछ बचत करने के लिए प्रोत्साहित करता था।

एक दिन जब रे अपने दल के सदस्यों को दिनभर के बिक्री अभियान पर भेज रहा था, तभी उसे क्लार्क से तत्काल भेंट करने का संदेश मिला था। जब वह केबिन में पहुँचा था तो क्लार्क ने उसके दोस्ताना अभिवादन को नजरअंदाज करते हुए अजीबोगरीब अंदाज में घूरते हुए कहा था, ''दरवाजा बंद कर दो रे, मुझे तुमसे बहुत

ही गंभीर मुद्दे पर बात करनी है।'' जब रे दरवाजा बंद कर बैठ गया था तो क्लार्क ने अपनी कुरसी पर पीछे झूलते हुए पूछा था, ''मैं सुन रहा हूँ कि तुम अपने बिक्रीकर्मियों को यह बताते रहे हो कि वे अपने व्यय-खातों से कैसे धन बनाएँ?'' रे का सीधा जवाब था, ''बिल्कुल ठीक है, मैंने बताया है।'' यह सुनकर क्लार्क बिफर पड़ा था, ''बाहर निकल जाओ! यहाँ से बाहर निकल जाओ और बाहर ही रहो!''

रे ने सिर हिलाया था और सावधानीपूर्वक दरवाजे की तरह बढ़ा था। उसने दरवाजे की घुंडी पर हाथ रखा था, और धीरे से पीछे मुड़कर क्लार्क की ओर देखा था। अभी भी उसके चेहरे पर मुर्दनी छाई हुई थी और रे को लगा था कि क्लार्क खुद अपने अचानक गुस्से को लेकर सदमे में था। दोनों की नजरें मिली थी और रे ने पूछा था, ''क्या मैं कुछ कह सकता हूँ?'' क्लार्क ने मुँह सिकोड़ते हुए सिर हिलाया था। फिर रे ने बोलना शुरू किया था, ''मैंने जो वास्तव में अपने आदमियों से कहा था, वह इस तरह है—आप में से हरेक को सड़क पर अपने खर्च के लिए प्रतिदिन एक निश्चित राशि मिलती है। आप कमरे के लिए इतना, यात्राओं के लिए इतना और भोजन के लिए इतना मिलता है। स्नानकक्षवाले कमरे में रहने की बजाए थोड़ा नीचे चलकर बड़े कमरे चले जाए करो। तुम उतने ही साफ-सुथरे रहोगे और तुम कुछ धन की बचत करोगे। जब तुम रेलगाड़ी में जाते हो तो ऊपरी शायिका (अपर बर्थ) लिया करो, तुम उतना ही सोओगे, जितना निचली पर और यह तुम्हें सस्ते में मिलेगी। फैशनदार होटल में नाश्ता मत खाओ, वाई.एम.सी.ए. (यूथ मेंस क्रिश्चियन एसोसिएशन) के जलपान-गृह में जाए करो। सूखा आलूबुखारा व दलिया खाया करो; यह पेट भरनेवाला है और यह तुम्हारे लिए अच्छा है; यह तुम्हें एक नियमित आदमी बनाए रखता है।''

अब तक क्लार्क शर्मिंदगी भरी राहत में मुसकरा रहा था। वह कुछ भी नहीं बोल सका था। उसने सिर्फ अपनी हथेलियों को ऊपर उठाया और लहराते हुए मुझे विदा कर दिया था। एक बार फिर से रे बड़ा बन बाहर निकला था, हालाँकि क्लार्क के अन्यायपूर्ण आरोप को लेकर उसके मन में कंपनी छोड़ने का भी अधूरा विचार आया था। हकीकत यह थी कि यदि जबरदस्त कारोबार के चलते रे को अपने काम में मजा न आ रहा होता, तो बॉस के साथ बढ़ रही तकरारों की वजह से वह कब का कंपनी छोड़ चुका होता। खैर, रे को इस बात का कतई गुमान नहीं था उसके पेशेवर जीवन में निकट भविष्य में कोई बड़ा बदलाव आनेवाला था और वह अपने बिक्री-कर्म में आनंद ले रहा था, लेकिन भाग्य ने तो उसके लिए कुछ और ही तय कर रखा था।

स्टर्लिंग (व्हाइट साइड काउंटी, इलिनोइस; शिकागो से 185 कि.मी. पश्चिम में) का एक अभियंता अर्ल प्रिंस कोयला व बर्फ के कारोबार को समाप्त करने के बाद बचपन के दोस्त वाल्टर फ्रेडेनहेगेन की भागीदारी में एक बिल्कुल नए कारोबारी

किले का निर्माण कर रहा था। वे इलिनोइस प्रांत के तमाम शहरों में प्रिंस कैसल नामक बर्फमलाई भंडार (आइसक्रीम पार्लर) शृंखला का निर्माण कर रहे थे। उन भंडारों में तत्काल खाने के लिए कागज-शंकुओं (पेपर कोन) में खुदरा व विभिन्न आकार की कागज बाल्टियों /थैलियों (पेपर बकेट/पैकेट) में थोक आइसक्रीम सहित पेपर कप में सुंडाए [आइसक्रीम में ताजे फल, सूखे मेवे (ड्राई फ्रूट्स), चाशनी (सिरप) व फेंटी गई मलाई (व्हिप्ड क्रीम) से बना विशेष खाद्य] बेचे जा रहे थे। उन लोगों ने भंडार की जरूरत के लिए रे के जरिए ही लिली टुलिप के कागज-उत्पादों की आपूर्ति शुरू की थी। रे को इस शृंखला में कारोबार-विस्तार की काफी संभावना दिखाई दी थी और वह लगातार कंपनी की गतिविधियों पर नजर रखे हुआ था।

इसी तरह बैटल क्रीक (उत्तर पश्चिम कैलहॉन काउंटी, मिशिगन) में रे का ग्राहक थाराल्फ सुल्लिवान, जिसने अपने मक्खन-घी कारखाने (क्रीमेरी) के सामने एक दुग्ध-उत्पाद भंडार (डेरी बार) की स्थापना की थी। सुलिवान ने जमाए गए दूध का इस्तेमाल के जरिए मक्खन-वसा (बटर फैट) सामग्री को घटाकर बर्फ दुग्ध-पेय (आइस मिल्कशेक) का आविष्कार किया था, जो चकित करनेवाला कारोबार खींच रहा था। मिल्कशेक बनाने की पारंपरिक विधि यही थी कि धातु जार में आठ औंस दूध रखकर उसमें दो छोटा करछा (स्कूप) आइसक्रीम गिराई जाती थी और स्वाद-मसाला (फ्लेवरिंग) मिलाकर उस मिश्रण को धुरी-मिश्रक (स्पिंडल मिक्सर) पर रखा जाता था। राल्फ का सूत्र यह था कि वह सामान्य दूध में स्थिरक (स्टेबलाइजर), चीनी, मक्का-सत्व (कॉर्न स्टार्च) व थोड़ा सा वैनिला स्वाद-मसाला मिलाकर उस मिश्रण को प्रशीतक में जमा लेता था। इस तरह वह मिश्रण आइसमिल्क बन जाता था। वह धातु जार में चार औंस दूध डालता था, चार करछा आइसमिल्क गिराता था और फिर मिश्रक पर रख पुराने तरीके से मिल्कशेक बना डालता था। नतीजतन एक ज्यादा ठंडा, बहुत अधिक चिपचिपा पेय बनता था, जिसे लोग पसंद करते थे। गरमी के मौसम में उस भंडार के सामने लगनेवाली पंक्तियाँ अद्‌भुत थीं। इस सामान्य दुग्ध-पेय के मुकाबले इस बर्फ दुग्ध-पेय के बहुत ज्यादा फायदे थे। पतला व आधा ठंडा होने की बजाए यह गाढ़ा व बहुत अधिक ठंडा था। चूँकि इसमें अपेक्षाकृत कम मक्खन-वसा थी, इसीलिए यह ज्यादा आसानी से पचता था और लोग एक पेय लेने के बाद आधे घंटे तक डकार मारते नहीं घूमते थे। रे ने 1932 के आस-पास राल्फ को 16 औंस के पेपर कप बेचना शुरू किया था। आपूर्ति-खेप की मात्रा लगातार बढ़ती ही चली गई, जब तक वह एक लाख तक नहीं पहुँच गई थी।

क्रोक को बहुमिश्रक में दिखी संभावना : वाल्टर फ्रेडहेगेन शिकागो के पश्चिमी इलाके नेपरविल स्थित अपने दफ्तर से रे के क्षेत्र के प्रिंस कैसल भंडार का

रे चाहता था कि यदि प्रिंस कैसल वह मिल्कशेक बेचना शुरू कर दे तो न केवल उसके भंडारों का कारोबार बढ़ेगा, बल्कि रे को भारी मात्रा में पेपर कप बेचने का मौका मिलेगा, लेकिन वाल्टर इसके लिए तैयार नहीं हो रहा था।

संचालन करता था। अर्ल प्रिंस से रे की कभी मुलाकात नहीं हुई थी, लेकिन उसने वाल्टर से नजदीकियाँ बढ़ाने का सिलसिला शुरू किया था और उसने राल्फ सुल्लिवान के अद्‌भुत आइस मिल्कशेक कारोबार पर नजर डालने के लिए बोलना शुरू किया था। रे चाहता था कि यदि प्रिंस कैसल वह मिल्कशेक बेचना शुरू कर दे तो न केवल उसके भंडारों का कारोबार बढ़ेगा, बल्कि रे को भारी मात्रा में पेपर कप बेचने का मौका मिलेगा, लेकिन वाल्टर इसके लिए तैयार नहीं हो रहा था। उसका कहना था, ''रे तुम एक बढ़िया इनसान हो और मैं तुम्हें पसंद करता हूँ, लेकिन मैं मिल्कशेक के गोरख-धंधे में नहीं जाना चाहता। हम यहाँ साफ-सुथरा आइसक्रीम का व्यापार करते हैं और दूध की बोतल की बड़ी अव्यवस्था को सँभालना मेरे लिए अंतिम चीज है। यह बहुत गंदा है। तब रे ने उसे समझाने की कोशिश की थी, वाल्टर मुझे हैरानी है कि आप जैसा दूरंदेशी आदमी, जो खुद को दुग्ध-उत्पाद कारोबार के बारे में सूचित रखता है, नवीनतम विकासों से अनजान है। अब वे लोग (डेरी कारोबारी) दुग्ध वितरक (मिल्क डिस्पेंसर) बना रहे हैं, जो पाँच गैलन के कनस्तर (कैन) को समा लेता है और उसे प्रशीतित (रेफ्रिजरेटेड) रखता है। आप बिल्कुल यहाँ नेपरविल स्थित अपने संयंत्र में आइस-मिल्क बना सकते हैं। यह आइसक्रीम बनाने से सस्ता है और आप उतना मुनाफा देखेंगे, जिसके संभव होने के बारे में आपने कभी भी सपना नहीं देखा होगा।

अंत में एक दिन वाल्टर ने इस बारे में अर्ल प्रिंस से बातचीत की थी और दोनों रे से मिलने के लिए शिकागो आने के लिए सहमत हो गए थे। जिस दिन सुबह दोनों रे के पास पहुँचे थे तो वह उन्हें अपनी कार में बैटल क्रीक स्थित राल्फ सुल्लिवान की अद्‌भुत डेरी बार दिखाने ले गया था। वे लोग शाम को वापस शिकागो लौट आए थे। इस छोटी सी यात्रा के दौरान ही रे ने तत्काल अर्ल प्रिंस को पसंद कर लिया था। वह सीधी बातें करनेवाला स्पष्टवादी आदमी था। बाद में उसके कम खर्च करने की आदत को लेकर रे के दफ्तर की लड़कियाँ हँसा करती थी कि उसके जैसा बेहद सफल व धनवान पुरानी टोपी व मटमैला-सा दिखनेवाले कपड़े पहनता था। वह चाहे तो समूचे कर्मचारी दल को बेहतरीन होटल में खाना खिलाने का खर्च उठाने में सक्षम था, लेकिन वह शिकागो के किसी भी रेस्तराँ में जाने की बजाए दोपहर के खाने में मूँगफली-मक्खन (पीनट बटर) सैंडविच ही मँगाया करता था। चाहे अर्ल ने कंजूसी की हदें पार

कर रखी हों, लेकिन रे ने कभी उसके कमखर्ची का सवाल नहीं उठाया और उसकी सादगी का आदर करता रहा था।

बैटल-क्रीक की यात्रा के दौरान अर्ल व वाल्टर दोनों चौकन्ना थे। वे आइस मिल्कशेक पर फिदा हो गए थे और वे उसका अपना संस्करण तत्काल शुरू करना चाहते थे। वहाँ से लौटने की यात्रा का समय परिचालन शुरू करने की योजना पर चर्चा करते हुए ही गुजरा था। अर्ल ने अपने आइस मिल्कशेक का नाम वन इन ए मिलियन (लाखों में एक) रखने की घोषणा की थी। इस बहस के दौरान रे ने अर्ल द्वारा एक डाइम (10 सेंट का सिक्का) में शेक बेचने के फैसले में संशोधन कर उसकी कीमत 12 सेंट रखने का सुझाव दिया था। अर्ल व वाल्टर दोनों ने इस मुद्दे पर रे से काफी तीखी बहस की थी। उनका कहना था कि दो सेंट की रेजगारी को लेकर भंडारों में काफी समस्याएँ आएँगी। ग्राहकों के साथ-साथ गणकों (कैशियर) को भी उसकी गिनती व सँभाल करने में काफी मुश्किलों का सामना करना पड़ेगा। लिहाजा दो सेंट का झंझट पालना व्यावहारिक नहीं होगा, जबकि रे का तर्क था कि 12 सेंट में बेचने के बावजूद प्रिंस कैसल ग्राहकों को काफी मूल्यवान वस्तु देगा और यह कीमत वास्तव में ग्राहकों की जिज्ञासा व बिक्री दोनों को बढ़ाएगी, लेकिन दोनों रे के तर्कों से सहमत नहीं थे और उसकी जिद को टालते हुए कारोबार से जुड़े अनके मुद्दों पर चर्चा करने लगे थे, लेकिन रे बार-बार उसी मुद्दे पर दोनों को वापस खींच लाता था। इस पर अर्ल ने वाल्टर से खीझकर कहा था, "हम अपने पहले भंडार में 12 सेंट की कीमत में ही बेचेंगे और इस चुड़ैल के बच्चे को सबक सिखाएँगे कि दो सेंट की सँभाल असल में कितनी मुश्किल होती है।" लेकिन यह नौबत कभी भी नहीं आई थी। 12 सेंट की कीमत पर प्रिंस कैसल का 'वन इन ए मिलियन' आइस मिल्कशेक तत्काल सफल हो गया था। अर्ल ने कभी भी उसकी कीमत नहीं घटाई थी। जाहिर है कि धुआँधार बिक्री पर दो सेंट की अतिरिक्त कमाई कंपनी के लिए बहुत बड़ी रकम बनती थी, जिसके सामने रेजगारी सँभाल में असल में समस्या नहीं साबित हो सकी। नतीजतन, रे ने पहले साल में प्रिंस कैसल को 16 औंस के 50 लाख पेपर कप बेचे थे और उसे 1,00,000 डॉलर की अतिरिक्त कमाई हुई थी।

'वन इन ए मिलियन' आइस मिल्कशेक की जबरदस्त बिक्री मात्रा ने अर्ल प्रिंस को और भी ज्यादा रचनात्मक बना दिया था। ग्राहकों को ज्यादा तेजी से परोसने के लिए प्रिंस कैसल भंडारों में शेक-मिश्रण को अग्रिम रूप से तैयार कर और शेक बनानेवाले धातु-बरतनों को खँगालने के लिए कुंडों (सिंक) में भर कर रखा जाने लगा था। फिर भी व्यस्त अवधि के दौरान माँग को पूरी कर पाना लगभग असंभव सा हो रहा था। इस समस्या से निपटने के लिए अर्ल प्रिंस ने अपनी अभियांत्रिकी कौशल का उपयोग किया था। उसने धातु-बरतन के ऊपरी हिस्से से एक गलपट्टा (कालर) का आविष्कार

किया था और सिलिंडरनुमा उस बरतन के निचले हिस्से को संकुचित पतला बना दिया था। फिर 16 औंस के पेपर-कप के सबसे ऊपरी हिस्से पर धातु की अँगूठी चढ़ा दी गई थी। धातु बरतन का पतला हिस्सा आस्तीन की तरह पेपर कप में नीच की तरफ सरक जाता था और ऊपरी हिस्सा का गलपट्टा पेपर कप के किनारे के साथ सटकर बैठ जाता था। इस तरह यह पूरी व्यवस्था बिल्कुल नियमित धातु-बरतन का आकार ग्रहण कर लेती थी। अर्ल ने रे के सामने उस मशीन का प्रदर्शन करते हुए पहले गल-पट्टे के जरिए 'वन इन ए मिलियन' शेक-मिश्रण को पेपर कप में डाला था और फिर उसे धुरी मिश्रक से चिपकाकर फैंट दिया था। धातु के इस आस्तीन ने मिल्क शेक बनाने के लिए धातु के बरतन की जरूरत को ही खत्म कर दिया था। इसके जरिए तेजी से पेपर कप में मिल्कशेक को बनाना संभव हो गया था।

रे को समझते देर नहीं लगी थी कि यह निश्चित तौर पर एक सनसनीखेज आविष्कार था। जयादा दिन नहीं बीते थे कि लिली टुलिप के शिकागो दफ्तर में रे ने अर्ल द्वारा भेजे गए धातु-आस्तीन की आपूर्ति प्राप्त की थी और उसने जॉन क्लार्क व अन्य अधिकारियों के सामने उस क्रांतिकारी आविष्कार का प्रदर्शन किया था। रे ने उन्हें बताया था कि वह उस मशीन को किस तरीके से डेरी बार व सोडा फाउंटेन मालिकों को बेचने का इरादा रखता था और सभी ने खासतौर उस विचार को पसंद किया था।

धातु-आस्तीन के जरिए मिल्कशेक बनाने के नए तरीके ने प्रिंस कैसल की बिक्री की मात्रा को इतना ज्यादा बढ़ा दिया था कि हैमिलटन बीच ब्रांड के एकल धुरीवाले मिश्रकों (सिंगल स्पिंडल मिक्सर) उसे नहीं सँभाल पा रहे थे। चूँकि शुरू में इस मिल्कशेक का मिश्रण ज्यादा भारी था और जब ग्राहकों की माँग को पूरी करने के लिए उसे लगातार चलाया जाता था तो उसका मोटर जल जाता था। इसी जरूरत ने अर्ल प्रिंस को बहुमिश्रक (मल्टी मिक्सर) के अविष्कार के लिए प्रेरित किया था। शुरुआत में इस मशीन में छह धुरियाँ थीं, जिन्हें बिचले खंभा-आधार के चारों तरफ लगाया गया था और उसके ऊपरी हिस्से को घुमाकर पेय को बाहर निकाला जा सकता था, लेकिन उसमें बहुत अधिक संख्या में पेय गिर रहे और मामूली दुर्घटनाओं की आशंका ज्यादा थी। लिहाजा अर्ल ने मशीन के ऊपरी हिस्से को स्थिर और धुरियों की संख्या को घटाकर पाँच कर दिया था। इसमें प्रत्यक्ष चालन तंत्र (डायरेक्ट ड्राइव मैकेनिज्म) वाला एक-तिहाई अश्वशक्ति (हॉर्सपॉवर/एच.पी.) का औद्योगिक मोटर लगाया गया था। इस तरह यह मिश्रक ऐसा था, जो कंकर-पत्थरों को भी आसानी से पीस सकता था, और लंबे समय तक चलते रहने के बावजूद इसके जलने की कोई आशंका नहीं थी। यही वह आविष्कार था, जिसने वास्तव में बड़ी मात्रा में मिल्कशेक का उत्पादन संभव किया था और इसी ने रे क्रोक की पेशेवर जिंदगी की धारा बदल दी थी।

जब अर्ल प्रिंस ने बहुमिश्रक का अंतिम उत्पादन शुरू कर दिया था, तो रे एक मशीन लिली टुलिप के दफ्तर में लाया था और उसका जीवंत प्रदर्शन कर दिखाया था। उस क्रांतिकारी बहुमिश्रक को देखकर जॉन क्लार्क के पाँव ठंडे पर गए थे और उसने बिना कोई समय गँवाए उस मशीन के विशिष्ट वितरण अधिकार (एक्सक्लूसिव डिस्ट्रीब्यूशन राइट्स) के लिए अनुबंध के दस्तावेज बनाने की कार्यवाही शुरू कर दी थी। जल्द ही सेनेटरी कप ऐंड सर्विसेज कॉरपोरेशन की तरफ से जॉन क्लार्क ने प्रिंस कैसल के अर्ल प्रिंस के साथ संबंधित अनुबंधित दस्तावेज पर हस्ताक्षर कर दिए थे। इस सौदे के फलित होने का असल श्रेय रे को ही दिया गया था और वह अर्ल व क्लार्क दोनों की नजरों में नायक बन गया था, लेकिन दिलचस्प तथ्य यह है कि लिली टुलिप के न्यूयॉर्क मुख्यालय ने इस अद्भुत मशीन में कोई रुचि नहीं दिखाई थी और वह इससे अपना कोई ताल्लुक नहीं रखना चाहती थी।

नौकरी छोड़ रे क्रोक बना बहुमिश्रक कारोबारी

अंततः अर्ल प्रिंस ने रे को लिली टुलिप को छोड़कर अपने साथ कारोबार में आने का प्रस्ताव रखा था। एकमात्र अभिकर्ता (सोल एजेंट) के रूप में रे को अर्ल के अनोखे आविष्कार-मल्टीमिक्सर को समूचे अमेरिका में बेचना व प्रचारित करना था और अर्ल को उस मशीन का उत्पादन देखना। बिक्री खाते व राजस्व प्राप्ति का सारा लेखा-जोखा भी रे को ही रखना था और अंत में लाभ को रे व अर्ल के बीच दो हिस्सों में बाँटा जाना था।

यह प्रस्ताव काफी आकर्षक था, जबकि रे लिली टुलिप के काम से लगातार ऊबता भी रहा था। रे को जल्द ही अपने सबसे बड़े ग्राहक वालग्रीन के हाथ से निकल जाने की खुफिया जानकारी मिली थी, क्योंकि उसका एक अधिकारी लिली टुलिप की प्रतिस्पर्धी पेपर कप कंपनी में चला गया था और 10 फीसदी कम दर पर आपूर्ति आदेश लेने का प्रस्ताव कर रहा था। रे वालग्रीन को सालाना 50 लाख कप बेच रहा था। लिहाजा उसने जॉन क्लार्क के सामने कीमत घटाकर आपूर्ति जारी रखने का सुझाव दिया था, लेकिन उसने इस तथ्य को गंभीरता से नहीं लिया था। इससे रे की निराशा गहरा गई थी।

लिली टुलिप के बड़े ओहदे व आकर्षक आमदनी की बदौलत रे अपनी पत्नी एथल व बेटी के साथ शानदार जिंदगी जी रहा था। हाल में ही में, रे ने शिकागो नगर केंद्र से 40 कि.मी. उत्तर पश्चिम में स्थित ग्रामीण-क्षेत्र अर्लिंगटन हाइट्स की नई एकल परिवार आवासीय परियोजना—स्कार्सडेल में शानदार घर खरीदा था। एथल को नया घर काफी पसंद था और वे लोग बेहद आराम में थे। ऐसे में, जमी-जमाई नौकरी छोड़कर एक बार फिर से साधारण बिक्रीकर्मी की तरह समूचे देश में भ्रमण कर सड़कों

की खाक छान कर अपना कारोबार जमाने का रे का विचार एथल को कतई पसंद नहीं आया था। उसने रे को सुझाव दिया था कि अब वह 35 साल का हो चुका था, जबकि ऐसा काम करने जा रहा था मानो 20 साल का नौजवान हो। एथल का कहना था कि बहुमिश्रक की बाजार संभावनाएँ अभी भले ही अच्छी दिख रही हों, लेकिन यदि भविष्य में इसकी माँग धीमी पड़ी व कारोबार असफल हुआ तो क्या होगा?

रे अपनी धुन का पक्का था और उसे बहुमिश्रक के जरिए अपनी जिंदगी बदलती दिख रही थी। उसने एथल को समझाने व उत्साहित करने की कोशिश की थी, ''तुम्हें बस मेरी अंत:प्रेरणा (इंस्टिंक्ट) पर भरोसा करना होगा। मैं सकारात्मक हूँ, यह काम विजेता बननेवाला है। इसके अलावा, अर्ल कई दूसरे बाजार-योग्य विचारों के साथ आनेवाला है। यह तो बस शुरुआत है। मैं चाहता हूँ कि तुम मेरी मदद करो; गुस्सा शांत करो और मेरे लिए, मेरे दफ्तर में काम करो एवं एक साथ मिलकर हम इसे एक कमाल का व्यापार बना देंगे।'' लेकिन एथल का सपाट जवाब था, ''मैं ऐसा कुछ नहीं करूँगी।'' रे ने उससे आग्रह किया था, ''लेकिन एथल, मुझे तुम्हारे मदद की जरूरत है। तुम जानती हो कि मैं किसी को बहाल करने में सक्षम नहीं हूँ और यह तुम्हारे लिए, हम दोनों के लिए बेहतर होगा। कृपया, मान जाओ।''

लेकिन रे के समझाने-बुझाने व खुशामद का एथल पर कोई असर नहीं हुआ था। वह टस-से-मस नहीं हुई थी और रे की मदद करने से साफ मना कर दिया था। रे अपनी आत्मकथा में लिखते हैं, ''मुझे यकीन है कि वह खुद को जाएज मान रही थी, लेकिन मैंने धोखा दिया गया महसूस किया था। मैं बस विश्वास नहीं कर पा रहा था कि वह मुझे इस तरह से नीचा दिखाएगी, यहाँ तक कि जब तक मैं कारोबार को चालू करता, वह अंशकालिक तौर पर, या सीमित समय के लिए भी काम करने को सहमत नहीं हुई थी। तब जाकर मैंने 'मनमुटाव' शब्द का मतलब जानना शुरू किया था। यह एक भयानक अनुभूति है और जब एक बार प्रकट होती है तो यह पतन की तरफ बढ़ती जाती है।''

लेकिन, एथल से मिली निराशा रे को डिगा नहीं सकी थी। जब वह एक बार किसी सौदे या व्यापार के बारे में मन बना लेता था, तो उससे पीछे नहीं हटता था। चाहे हो भी हो, वह अपने फैसले पर आगे ही बढ़ता था। इसलिए वह पूरे आत्मविश्वास के साथ लिली टुलिप के कार्यालय में गया था और जॉन क्लार्क को अपने दृढनिश्चय की सूचना दी थी कि वह नौकरी छोड़कर बहुमिश्रक के एकमात्र अभिकर्ता के रूप अपना कारोबारी जीवन शुरू करने जा रहा है। उसने क्लार्क की एक भी बात नहीं सुनी, बस अपना फैसला सुनाया था और उसके कक्ष का दरवाजा बंद करने लगा था कि क्लार्क ने 'हाँ' में सिर हिला दिया था। लिली टुलिप की जमी-जमाई नौकरी व मोटी आमदनी को

त्यागने में रे को तनिक भी डर नहीं लगा था, उसने उस समय यह भी नहीं सोचा था कि नौकरी से हटने के बाद उसकी क्या हालत होगी, बिल्कुल नए कारोबार में किस तरह की दिक्कतें आएँगी। रे हमेशा से धुन का पक्का था और वही करता था, जिसके लिए उसका मन गवाही देता था। इस बार भी उसने ऐसा ही किया था। याद रहे कि बहुत पहले क्लार्क ने उसे लिली टुलिप से निकालने की कोशिश की और इस बार रे ने खुद। वह तो तब नहीं घबराया था, जब क्लार्क ने अचानक उसके पाँवों के नीचे से जमीन खिसका दी थी। अब तो रे के पास अपना सुनहरा भविष्य था—बहुमिश्रक कारोबार। भले ही रे की पत्नी ने उसमें भरोसा नहीं जताया था। कोई बात नहीं, रे ने अकेले ही आगे कम बढ़ाने का दृढनिश्चय कर लिया था।

जॉन क्लार्क ने भी रे की आँखों में दृढनिश्चय की रोशनी को देख लिया था। फिर भी उसने रे को काफी समझाने की कोशिश की थी कि बहुमिश्रक को पूरे अमेरिका में बेच पाना अकेले उसके लिए आसान नहीं था। क्लार्क ने यह भी समझाया था कि लिली टुलिप के मालिकान आसानी से बहुमिश्रक में अपना हिस्सा नहीं छोड़ेंगे। तब रे ने कहा था कि चाहे जो हो, उन्हें मानना ही पड़ेगा। उसने क्लार्क को याद दिलाया था कि वह बहुमिश्रक का प्रस्ताव उसके प्रति विश्वास के कारण लेकर आया था, इसीलिए अब इस समस्या का हल भी उसे ही निकलना पड़ेगा। रे ने यह कहते हुए खुद को संयत रखने की कोशिश की थी, लेकिन क्लार्क ने भाँप लिया था कि रे अपने मन की करने के लिए किसी भी सीमा को पार कर सकता था, कुछ भी कर गुजरने की ठान सकता था।

अंतत: जॉन क्लार्क ने एक सौदा पेश किया था, जिसकी शर्त यह थी कि बहुमिश्रक के एकमात्र अभिकर्ता बनने के लिए रे को बदले में अपनी नई बिक्री कंपनी 'प्रिंस कैसल सेल्स' में लिली टुलिप की स्वामी कंपनी—सेनेटरी कप को 60 प्रतिशत की हिस्सेदारी देनी होगी। यह एक शैतानी सौदा था। रे अंदर ही अंदर पागल हो रहा था, लेकिन समय की माँग को देखते हुए रे ने खुद को शांत रखा। वह यह अंदाजा लगाने में सक्षम था कि यह सौदा उसकी गले की फाँस बनेगा, फिर भी उसके सामने इस सौदे को स्वीकार करने के अलावा और कोई विकल्प नहीं था। रे अपनी नाजुक आर्थिक स्थिति को जानता था। प्रिंस कैसल सेल्स को चलाने के लिए कम-से-कम 10,000 डॉलर बीज पूँजी (सीड कैपिटल) की जरूरत थी, जो उसके अकेले के वश की बात नहीं थी। ऐसे में, कंपनी को शुरू करने के लिए उसे सेनेटरी कप की ओर से 60 प्रतिशत हिस्सेदारी के बदले में 6000 डॉलर की बीज पूँजी मिल रही थी और उसने इस सौदे को न चाहते हुए भी मंजूर कर लिया था।

तर्कसंगत जोखिम चुनौती का हिस्सा बनाया : जी हाँ, यही था एक तर्कसंगत जोखिम, जो किसी भी चुनौती का हिस्सा होता है। रे क्रोक ने भी अपनी आगामी

> **मार्च 1976 में डार्टमाउथ कॉलेज के छात्रों ने रे क्रोक को उद्यमशीलता की कला—व्यावसायिक उद्यम को अग्रणी कैसे बनाएँ, विषय पर संबोधन के लिए आमंत्रित किया था।**

कारोबारी चुनौती में जॉन क्लार्क के 'शैतानी सौदे' के जोखिम को हिस्सा बनाया था। रे ने अपने इस कारोबारी दर्शन को 38 वर्षों बाद व्यापार-प्रबंधन के छात्रों के समक्ष प्रस्तुत किया था। मार्च 1976 में डार्टमाउथ कॉलेज (हनोवर, न्यू हैम्पशायर, अमेरिका) के छात्रों ने रे क्रोक को उद्यमशीलता की कला—व्यावसायिक उद्यम को अग्रणी कैसे बनाएँ, विषय पर संबोधन के लिए आमंत्रित किया था। तब रे ने कहा था, ''लगभग कुछ भी नहीं है, जिसे आप हासिल नहीं कर सकते, यदि आपने इसे अपने दिमाग में स्थापित कर लेते हैं। (लेकिन) आप इसे मुफ्त पाने के लिए नहीं जा रहे हैं और आपको जोखिम उठाने हैं। मेरा मतलब अति उत्साही बनने का नहीं है, वह तो सनक है, लेकिन आपको जोखिम उठाने हैं और कुछ मामलों में आपको जरूर टूट जाने के लिए जाना चाहिए। यदि आप कुछ करने में विश्वास करते हैं, तो आप अपने पैर के अंगूठे के अंत तक इसमें चले जाना चाहिए। तर्कसंगत जोखिम उठाना चुनौती का हिस्सा होता है। यह आनंददायक होता है।''

और, रे क्रोक ने इसी आनंद की खोज 1938 में की थी, जब उसने प्रिंस कैसल सेल्स में 60 प्रतिशत हिस्सेदारी सेनेटरी कप को देकर बिल्कुल नए बहुमिश्रक कारोबार में अपना अपनी जान झोंकने की ठानी थी। उसने एक बड़ी नई नमूना-पेटी (सैंपल केस) में बहुमिश्रक (मल्टीमिक्सर) को रखा था और स्वयं अकेले ही निकल पड़ा था समूचे अमेरिका में घूम-घूमकर उसके विपणन व बिक्री के लिए। रे के लक्षित ग्राहक थे, देश के विभिन्न हिस्से में सोडा फाउंटेन संचालक, रेस्तराँ मालिक, जिन्हें प्रतीक्षा थी बस ऐसे ही एक तुरत-फुरत काम निपटानेवाले उपकरण की। वे लोक एकल-धुरी मिश्रक (सिंगल स्पिंडल मिक्सर) के जरिए मिल्क शेक बना-बनाकर थक से गए थे। उन्हें न केवल अनेक मशीनों की जरूरत पड़ रही थी, बल्कि अचानक आ धमके ग्राहकों को तुरंत सेवा देने के लिए सहायकों के खर्चे के बोझ भी उठाने पड़ रहे थे और उनका कारोबारी लाभांश दबाव में था। रे ने तो ऐसा ही अनुमान लगाया था कि मानो वे लोग बहुमिश्रक जैसे क्रांतिकारी उत्पाद को झपट ही लेंगे, लेकिन रे का अनुमान पूरी तरह से सही नहीं निकला था।

जैसे, रे अपना क्रांतिकारी बहुमिश्रक लेकर एक ऐसे महानुभाव के पास पहुँचा था, जो छह एकल-धुरी मिश्रकों का उपयोग कर रहा था। रे को लगता था कि उस व्यक्ति को बहुमिश्रक की सख्त जरूरत थी, लेकिन उस व्यक्ति ने बहुमिश्रक की खूबियों के बारे में रे की बातें सुनने के बाद उससे एक सवाल किया था, ''यदि

इस बहुमिश्रक का मोटर जला गया, या फिर अन्य गड़बड़ियाँ आ गईं तो मेरा काम कैसे चलेगा? पहले हम मशीन को तुम्हारे पास शिकागो भेजेंगे और जब तक तुम उसकी मरम्मत करवाकर हमारे पास भिजवाओगे, तब तक मेरा कारोबार तो चौपट हो जाएगा। अभी तो एक खराब हो दो, या फिर 3, या फिर पाँच ही क्यों नहीं, हम तो बाकी एक से भी अपना काम चला लेते हैं।'' और यह इतना बड़ा सवाल था, जिसके बारे में रे ने कभी सोचा ही नहीं था। इसलिए अब उसके पास अपना सिर खुजलाने के आलावा और कोई विकल्प नहीं था। हाँ, उस व्यक्ति ने बहुमिश्रक की गुणवत्ता या कार्यक्षमता पर सवाल नहीं उठाया था, बल्कि उसने तो बस अपनी समस्या सामने रखी थी। इसीलिए रे ने उम्मीद नहीं छोड़ी और अपना काम जारी रखा। कइयों को वह समझा पाने में सफल रहा था, जबकि कइयों ने उसकी बात ही नहीं सुनी। कुल मिलकर रे को पुख्ता संकेत मिल रहे थे कि उसके उत्पाद में दम है और ग्राहकों को उसकी सख्त जरूरत भी, लेकिन अभी वे लोग अपनी पुरानी व्यवस्था को बदलने को तैयार नहीं हो पा रहे थे।

उस समय रे अकेला ही पूरा बैंड था और अपनी ही कला के दम पर आगे कदम बढ़ाए जा रहा था। उसने बहुमंजिला भवन लासेल-वेकर बिल्डिंग (लूप समुदाय क्षेत्र, शिकागो, इलिनोइस) में छोटा सा कार्यालय बना रखा था, लेकिन देश भ्रमण के चक्कर में वह वहाँ पर कभी-कभार ही जा पाता था। कार्यालय का सारा कामकाज रे की निजी सचिव ही चलाया करती थी। उत्पाद के नएपन को देखते हुए बिक्री की रफ्तार बुरी नहीं थी। रे यह महसूस कर सकता था कि आनेवाले दिनों में काम जरूर बढ़ेगा, लेकिन रे जब कभी भी जॉन क्लार्क के 'शैतानी सौदे' के बारे सोचता था तो वह बुरी तरह दु:खी हो जाए करता था। सारा काम वह अकेले कर रहा था, लेकिन 60 प्रतिशत हिस्सेदारी के साथ सेनेटरी कप उसके सिर के ऊपर बैठा था, सभी अधिकार उसके पास ही थे—चाहे वह रे की वेतन का मामला हो या फिर अन्य खर्चे, सेनेटरी कप सभी कुछ नियंत्रित कर सकता था। इस अधिकार-व्यवस्था के चलते जॉन क्लार्क अभी भी रे का बॉस बना बैठा था।

वास्तव में, रे की स्थिति में कोई बदल नहीं हुआ था, वह तो पहले की तरह अभी भी क्लार्क के नीचे ही काम कर रहा था, जबकि कहने को प्रिंस कैसल उसकी अपनी कंपनी थी, यानी लिली टुलिप छोड़ने के बावजूद क्लार्क ने यह सुनिश्चित किया था कि रे उसके ही नीचे काम करे, उसकी पहुँच से बाहर न जाने पाए, लेकिन रे क्रोक हार माननेवालों में से कहाँ था। उसने ठान लिया था कि वह अपना पूरा हक वापस लेकर ही दम लेगा, लेकिन उसने अपने मनसूबे को जाहिर नहीं होने दिया, बस काम ही काम में लगा रहा। जब दो वर्षों से अधिक का समय बीत गया और प्रिंस कैसल सेल्स का

कारोबार तेजी से बढ़ने की पूरी संभावना दिखाई देने लगी, तो एक दिन रे जॉन क्लार्क के पास आ धमका था और अपने वास्तविक हक की चर्चा छेड़ दी थी। तब जाकर रे को पता चला था कि जॉन क्लार्क ने उसे किस तरह उल्लू बनाया था। सेनेटरी कप के मालिकान कूप ब्रदर्स ने अपनी हिस्सेदारी जॉन क्लार्क को दे दी थी, क्योंकि उनकी तो शुरू से ही बहुमिश्रक में शायद कोई रुचि नहीं थी तो रे के साथ जो शैतानी सौदा हुआ था, उसमें कूप ब्रदर्स का कोई हाथ नहीं था। सारा खेल जॉन क्लार्क ने ही रचा था, और अब वह रे के दिल का बड़ा टुकड़ा काट लेने के लिए तैयार बैठा हुआ था। रे तो आग-बबूला हो उठा था, लेकिन वह क्लार्क का कुछ बिगाड़ भी तो नहीं सकता था। उसके पास क्लार्क की बातें सुनने के आलावा कोई चारा नहीं था।

तब क्लार्क ने कहा था, ''मुझे लगता है रे कि जो मशीन तुम बेच रहे हो, उसका बड़ा भविष्य है। मैं वर्तमान में छूट के लिए तैयार था कि तुम्हें उस भविष्य को वसूलने की अनुमति दे दूँ, लेकिन यदि तुम मेरा हिस्सा वापस लेने पर अड़े रहे तो मुझे तुमसे यह जरूर कहना पड़ेगा कि मुझे अपने पूँजी निवेश पर आकर्षक लाभ मिलना चाहिए।''

चाहे वह रे क्रोक हो या फिर बहुमिश्रक का आविष्कारक अर्ल प्रिंस, दोनों ऐसा कभी नहीं चाहते थे कि जॉन क्लार्क की शैतानी पूँजी पहले स्थान पर हो, तो रे ने शांत भाव से क्लार्क को जवाब दिया था, ''ठीक है, कितना?'' लेकिन जब क्लार्क ने अपना मुँह खोला तो रे हैरान था कि ऐसे कहते हुए क्लार्क का गला क्यों नहीं सूखा! जी हाँ, क्लार्क ने रे से कहा था कि उसे 68,000 डॉलर चाहिए और रे के लिए इससे भी ज्यादा परेशानी की बात यह थी क्लार्क ने इतनी बड़ी रकम एक साथ नकद माँगी थी। साफ है कि रे ने अपना संतुलन खो दिया था। उसने क्लार्क को काफी खरी-खोटी सुनाई। सच्चाई यह थी कि रे के पास उतने पैसे थे ही नहीं. लेकिन वह हर हाल में जॉन क्लार्क के चंगुल से बाहर आना चाहता था और अपनी जिद पर अड़ा रहा था।

अंतत: क्लार्क इस बात के लिए तैयार हो गया कि रे फिलहाल 12,000 डॉलर नकद भुगतान करेगा और बाकी रकम अगले पाँच वर्षों में ब्याज सहित वापस लौटाएगा। क्लार्क का सहमति-समझौता भी शैतानी सौदे जैसा ही था। क्लार्क ने पूरा गणित लगा लिया था कि यदि रे अपना वेतन व खर्चों को अगले पाँच सालों तक नहीं बढ़ाएगा, तभी उसकी रकम ब्याज सहित लौटा पाने की स्थिति में होगा। रे भी यही सोचकर हैरान था कि उसने जिस बॉस के साथ इतने लंबे समय तक काम किया था, वह इतना बड़ा शैतान निकलेगा। जी हाँ, क्लार्क ने अपने हिस्सेदारी छोड़ने के लिए भी अगले पाँच वर्षों के लिए रे को एक तरह से अपना गुलाम बना रखने का इंतजाम कर लिया था।

और रे की हालत 'मरता क्या नहीं करता' जैसी थी। वह बेचारा तो यह भी नहीं सोच पा रहा था कि 12,000 डॉलर की नकदी वह कहाँ से लाएगा, लेकिन उसे

तर्कयुक्त जोखिम उठाने की आदत-सी थी। वह कुछ सोच पाने की हालत में तो नहीं था, लेकिन उसे इतना आत्मविश्वास जरूर था कि सब ठीक हो जाएगा—चाहे जो हो, पाँच साल बाद ही सही, वह अपनी कंपनी का सौ प्रतिशत मालिक तो बन सकेगा। आखिर उतनी बड़ी रकम कहाँ से आती। रे के पास एक ही रास्ता था कि वह अपने नए घर की गिरवी की रकम को और ऊपर बढ़ाने के लिए ऋणदाता बैंक की खुशामद करे। आखिरकार रे बिक्रीकर्मी ठहरा और उसने किसी तरह बैंक अधिकारियों को इस बात के लिए पटा लिया था। उसने जॉन क्लार्क को नकद रकम का भुगतान कर दिया था, लेकिन उसके ऊपर घर की गिरवी की रकम बढ़कर करीब एक लाख डॉलर हो गई थी। वह खुद तो बड़ा जोखिमबाज था, लेकिन उसकी पत्नी के लिए यह एक बड़ा सदमा जैसा था। वह पहले से ही रे के कारोबार करने के फैसले से दुःखी थी और अब उसके कर्ज की रकम बढ़ने की खबर को बरदाश्त कर पाना मुश्किल था। अब उसे अपना घर भी जाता हुआ दिखने लगा था, क्योंकि उसे कतई विश्वास नहीं था कि रे अपनी कारोबारी चुनौती से उबर पाएगा कि बैंक की इतनी बड़ी रकम चुकता हो सकेगी।

पूँजीवाद का व्यक्तिगत स्मारक : शायद इसी को तो कहते हैं—घिस-घिस कर चंदन बन जाना, या भट्ठी में तप-तपकर सोने का कुंदन बन जाना, या पिस-पिसकर गेहूँ का आटा बन जाना। यह रे क्रोक के लिए घिसने का, तपने का या पिसने का पहला चरण था और इस प्रक्रिया से गुजरता हुआ वह पूँजीवाद का अपना व्यक्तिगत स्मारक बना रहा था। जी हाँ, इस तरह रे ने पूँजीवाद का प्रतीक बन जानेवाली मैकडोनाल्ड श्रृंखला शुरू करने के बहुत पहले से ही उसकी नींव रखनी शुरू कर दिया था। यदि रे यह सब नहीं सहा होता तो उसके लिए बाद की बड़ी-बड़ी आर्थिक परिशानियों को दूर कर पाना संभव नहीं हो पाता। उस दौर में ही रे ने सीखा था कि समस्याओं द्वारा कुचले जाने से कैसे बचा जा सकता है।

दिलचस्प तथ्य यह है, जैसा कि रे ने अपनी आत्मकथा में लिखा है कि उसने एक समय में एक से ज्यादा समस्या के बारे में सोचना ही बंद कर दिया था। चाहे दूसरी समस्याएँ कितनी ही महत्त्वपूर्ण क्यों न हो, रे उन्हें बाकायदा अपने से दूर रखने की कला विकसित कर चुका था। एक वक्त में एक काम, बाकी जो होगा, देखा जाएगा। यही कारण था कि समस्याएँ कभी रे को इतना ज्यादा भी चिंतित नहीं कर सकीं, वह सुकून से गहरी नींद में सो न सके। वैसे यह कहना आसान है, लेकिन करना कठिन। फिर भी रे ने स्व-सम्मोहन (सेल्फ-हिप्नोसिस) की अपनी स्वयं विकसित कला का इस्तेमाल किया था। उसने इस संबंध कोई किताब नहीं पढ़ी थी। रे ने एक बस एक ऐसी प्रणाली विकसित की थी, जिसके माध्यम से वह अपने तंत्रिका-तनाव (नर्वस

टेंशन) को बंद कर देता था, जिससे चिंता पैदा करनेवाले छिद्रान्वेषी प्रश्न दिमाग के दरवाजे में घुस ही नहीं पाते थे और वह चिंतामुक्त भाव से सो सकता था।

रे को यह कला क्यों विकसित करनी पड़ी थी? इसलिए कि बिना आराम से सोए वह सुबह में ग्राहकों से ठीक प्रकार से बातचीत नहीं कर सकता था। जिस तरह श्याम-पट्ट (ब्लैक बोर्ड) पर बहुत कुछ लिखा हो और आप उसे पोंछ दें। ठीक उसी तरह, रे अपनी दुश्चिंताओं को अपने दिमाग रूपी श्याम-पट्ट से पूरी तरह से पोंछ सकने में सक्षम हो गया था। जैसे ही चिंताएँ दिमाग का दरवाजा खटखटाती थीं, रे उन्हें आकार में आने से पहले ही पोंछ डालता था। फिर वह अपने शरीर को सुस्ताने देता था। उसकी गरदन के पिछले भाग से शुरू होकर यह सुस्ती धीरे-धीरे नीचे की ओर जाने लगती थी और फिर कंधों, बाँहों, धड़ व पैरों से गुजरती हुई अँगूठे के आखरी हिस्से तक पहुँच जाती थी और तब तक रे सो पाने की स्थिति में आ जाता था। इस कला के माध्यम से रे 2 बजे, 3 बजे सुबह तक भी अपने ग्राहकों से बातचीत कर पाने में सक्षम हो गया था, लेकिन इसका मतलब यह नहीं कि वह सुबह देर से जगे। वह समय से जगता था और फिर से ग्राहकों से मिल सकता था। वह औसतन छह घंटे की नींद भी पूरी नहीं कर पाता था, फिर भी हमेशा तरोताजा होकर खुद को प्रस्तुत कर लेता था। इसका रहस्य यही था कि वह अपने आराम के समय का एक-एक मिनट उपयोग कर लेता था। कई बार वह चार घंटे या उससे भी कम सोता था, लेकिन जितनी देर सोता था, गहरी नींद में सोता था।

वह द्वितीय विश्वयुद्ध का समय था। विश्व में हर स्तर पर तरह-तरह की दुश्चिंताएँ व्याप्त थीं। विशेष तौर पर यूरोप व एशिया में हर दिन भयानक घटनाएँ घट रही थीं, जिनकी खबरों से अखबार व पत्रिकाएँ भरी पड़ी रहती थीं। खबरों में आशंकाएँ जताई जा रही थीं कि जापान के साथ युद्ध अवश्यंभावी था या नहीं। कभी जनता का ध्यान चीन पर जापान की चढ़ाई की ओर जाता था, तो कभी यूरोप में नाजियों की विजय की तरफ। वैसे तब तक अमेरिकी जनता प्रत्यक्ष रूप से युद्ध के लपेटे में नहीं आई थी, लेकिन आशंकाओं का बाजार गरम था। आखिरकार 7 दिसंबर, 1941 को अमेरिका को भी विश्वयुद्ध में कूदना पड़ा था, जब जापान ने अमेरिका के पर्ल हार्बर (ओअहु द्वीप, हवाई, होनोलूलू के पश्चिम) स्थित गहरे पाने के भीतर बने अमेरिकी नौसेना अड्डे पर आक्रमण कर दिया था। देश में अचानक सभी धातुओं के साथ ताँबे की आपूर्ति भी प्रतिबंधित कर दी गई थी। इसका नतीजा यह हुआ कि बहुमिश्रक में इस्तेमाल होनेवाले मोटर का उत्पादन ठप्प हो गया और रे क्रोक का बहुमिश्रक कारोबार जहाँ का तहाँ रुक गया था।

रे के लिए बहुमिश्रक की आपूर्ति का इंतजार करना संभव नहीं था, क्योंकि

द्वितीय विश्वयुद्ध के बाद बहुत जल्द ही बाजार में सुधार हुआ था। मुलायम-मिश्रण युक्त बर्फमलाई के सेवन का चलन बढ़ा था। देश भर में डेरी क्वीन, तास्ती-फ्रीज व अन्य कई बर्फमलाई ब्रांड के विशेष अधिकारप्राप्त (फ्रेंचाइजी) भंडार खुल रहे थे। यह रे क्रोक के लिए सुनहरा अवसर था, क्योंकि ऐसी हरेक दुकान पर तेजी से मिल्कशेक बनाने के लिए बहुमिश्रक जादुई उपकरण जैसा था।

उसे हर हाल में धन कमाना था। इसीलिए उसने वैकल्पिक उत्पाद के लिए इधर-उधर खोजबीन शुरू की थी। उसे हैरी बी बर्ट द्वारा विकसित कम-वसावाला मशहूर माल्टयुक्त दूध पाउडर व 'मेक ए प्लेंटी' नामक पेय बनानेवाला 16 औंस के पेपर कप की बिक्री का अनुबंध मिल गया था। रे ने अर्ल प्रिंस को भी कोई वैकल्पिक उत्पाद विकसित करने का निवेदन किया था, लेकिन वह ऐसा कुछ भी सोच नहीं पाया, जो कि उस समय रसद (राशन) के तौर न बाँटा जा रहा हो या फिर प्रतिबंधित न हो। रे ने किसी तरह मेक ए प्लेंटी बेचकर गुजारे के लायक कमाई तो कर ली थी, लेकिन जॉन क्लार्क का ऋण चुकता करना एक गंभीर समस्या बनी हुई थी। खैर रे ने किसी तरह द्वितीय विश्वयुद्ध (2 सितंबर, 1945 तक) का समय काटा और फिर से बहुमिश्रक के कारोबार में दुबारा वापस आ गया था। यह भी रे के लिए युद्ध जीतने से कम न था।

बहुमिश्रक कारोबार में तेजी : द्वितीय विश्वयुद्ध के बाद बहुत जल्द ही बाजार में सुधार हुआ था। मुलायम-मिश्रण युक्त बर्फमलाई (आइसक्रीम) के सेवन का चलन बढ़ा था। देश भर में डेरी क्वीन, तास्ती-फ्रीज व अन्य कई बर्फमलाई ब्रांड के विशेष अधिकारप्राप्त (फ्रेंचाइजी) भंडार खुल रहे थे। यह रे क्रोक के लिए सुनहरा अवसर था, क्योंकि ऐसी हरेक दुकान पर तेजी से मिल्कशेक बनाने के लिए बहुमिश्रक जादुई उपकरण जैसा था।

इसी दौरान रे क्रोक ने विलार्ड मैरियट नामक शख्स को भी बहुमिश्रक बेचा था, जो उस वक्त 'ए ऐंड ड्ब्ल्यू रूट बियर' के विशेष अधिकारप्राप्त रेस्ताराओं की शृंखला बना रहा था। रे उन रेस्तराओं के परिचालन के तरीके से बहुत प्रभावित हुआ था। वास्तव में बहुमिश्रक बेचने के चक्कर में रे हजारों रेस्तराओं के रसोई कक्ष में जा चुका था और खुद को रसोई विशेषज्ञ ही समझने लगा था। वह यह सुझाव देने में गर्व करता था कि कौन सी परिचालन विधि ग्राहकों को पसंद आएगी और कौन सी नहीं। रे की नजर में विलार्ड मैरियट शुरू से ही विजेता था, लेकिन उसने यह अनुमान नहीं लगाया था कि देखते-देखते मैरियट होटल व रेस्तराँ विश्वव्यापी शृंखला बन जाएगा।

उस दौर में रे मदिरालयों (बार) में काफी चक्कर लगाया करता था, लेकिन

ग्राहक बनकर नहीं, बल्कि विशेषज्ञ आलोचक के रूप में। वास्तव में रे को समूचा मिश्रित पेय (मिक्स्ड ड्रिंक) उद्योग ही बहुत भाता था। वह घूम-घूमकर मदिरालयों को ऐसे पेयों की जरूरत के लिए उकसाता था, जिनमें आइसक्रीम का उपयोग हो और ऐसे पेय बनाने के लिए बहुमिश्रक की जरूरत पड़ती थी।

बहुमिश्रक की बिक्री को बढ़ावा देने के लिए रे अपनी यात्रा-योजना रेस्तराँ व दुग्ध-उत्पाद (डेरी प्रोडक्ट) संगठनों के सम्मेलनों के हिसाब से बनाता था। उसे समूचे देश में ऐसे सम्मेलनों की पूर्व जानकारी होती थी और वह हर सम्मेलन में प्रदर्शन के लिए सीधे इलेनॉइस स्थित संयंत्र से रेलगाड़ियों के जरिए करीब दर्जन भर बहुमिश्रक मँगाया करता था। वह कुछ मशीन अपने प्रदर्शन-पटल (डिस्प्ले काउंटर) पर रखता था और बाकी मशीनों को बड़े सोडा-फाउंटेन निर्माताओं के पटलों पर प्रदर्शित करता था। उसकी हर संभव कोशिश होती थी कि मँगाई गई सारी मशीनें प्रदर्शन स्थल पर ही बिक जाएँ और आगे के लिए भी माँग-आदेश मिल जाएँ। ऐसा करने के लिए वह सम्मेलन के अंतिम दिन लगभग सारी हदें पार कर देता था और सारी मशीनें बेचकर ही दम लेता था। रे अपने साथ एक नमूना-पेटी रखता था, जिसका वजन 50 पौंड के आस-पास होता था। चूँकि यह काफी भारी थी, इसीलिए रे ने उस नमूना-पेटी में पहिए लगवाए हुए थे, ताकि एक स्थान से दूसरे तक ले जाने में आसानी हो।

रे बिक्री को बढ़ाने के लिए सबकुछ करता था, लेकिन उसने कभी बिक्री-लक्ष्य निर्धारित नहीं किया। वह केवल काम में विश्वास करता था और उसे उसके नतीजे मिले। साल भर में 5000 बहुमिश्रक बिक जाएँ तो वह उसे अच्छा बिक्रीवर्ष मान लेता था, लेकिन ऐसा कोई वर्ष नहीं बीता, जब इससे कम बिक्री हुई हो। 1948 व 1949 तो ऐसे वर्ष रहे, जब रे ने 8000 से अधिक बहुमिश्रक बेच दिए थे।

लेकिन कार्यालय से बाहर रहकर इतनी बड़ी मात्रा में बेचने का रे का तरीका लगातार कठिन हो रहा था। इतने बड़े परिचालन को सँभालना एक कर्मचारी के वश में नहीं था। कम-से-कम एक-दूसरे कर्मचारी की रे को सख्त जरूरत थी, लेकिन रे खर्च बढ़ाने के लिए खुद को तैयार नहीं कर पा रहा था। रे को पत्नी एथल से तो किसी प्रकार के सहयोग की उम्मीद नहीं थी, इसीलिए उसने उसे कहा भी नहीं। अंततः उसने अपने दूसरे कर्मचारी के रूप में जून मारीटिनो को नियुक्त किया था, जो अपनी मेहनत व लगन से मैकडोनाल्ड कॉरपोरेशन में सचिव व कोषाध्यक्ष जैसे उच्च पदों पर पहुँचनेवाली शीर्ष महिला कर्मचारी साबित हुई थी।

जून मारीटिनो का ताल्लुक शिकागो के उत्तर-पश्चिमी इलाके में रहनेवाले एक खर्चीले जर्मन परिवार से था। द्वितीय विश्वयुद्ध शुरू होने के ठीक पहले ही उसने व लुइस मारिटिनो ने शादी की थी। लुइस वेस्टर्न इलेक्ट्रिक में अभियंता था और उसकी

कंपनी उसे सैनिक सेवा से छूट दिलाना चाहती थी, क्योंकि वह एक विशेष प्रकार के तार के अविष्कार में संलग्न था। वह उसी से संबंधित कागजात लेकर सेना के दफ्तर में गई थी। उसके पति को सैन्य सेवा से छूट मिल गई थी, लेकिन जून को भरती कर लिया गया था। उसी सेवा के दौरान उसने नार्थवेस्टर्न विश्वविद्यालय (शिकागो) से त्रिकोणमिति (ट्रिग्नोमेट्री), गणना (कैलकुलस) आदि कठिन विषयों की पढ़ाई की थी। चूँकि, जून बहुत जुझारू महिला थी। उच्चतर गणित में स्वाभाविक रुझान न होने के बावजूद उसने बाहरी शिक्षकों की मदद से परीक्षा की गहन तैयारी की थी और उसमें सफल भी रही थी। जून के लिए कुछ भी बहुत बड़ा नहीं था। उसे जो भी कुछ नहीं आता था, पुस्तकालय जाकर उससे संबंधित किताब पढ़ती थी और उसे जानकार ही दम लेती थी। विश्व-युद्ध खत्म होने तक जून मारीटिनो कुछ बच्चों की माँ भी बन चुकी थी। उसी समय जून के पिता व लुइस की माता गंभीर रूप से बीमार हो गई थी। जल्द ही वे लोग 14000 डॉलर के ऋण के नीचे दब गए थे। उन लोगों ने दूर-दराज के सस्ते इलाके में भी रहना शुरू कर दिया था, लेकिन अकेले लुइस की आमदनी से घर का खर्च पूरा नहीं हो पा रहा था। इसीलिए जून ने नौकरी की तलाश में पूरा शिकागो छान मारा था। रे ने थोड़ी देर बात करने के बाद ही जून के जुझारूपन को भाँप लिया था और उसे लगा था कि वह उसके काम के हिसाब से सटीक व्यक्तित्व थी।

□

3

रे के मैकडोनाल्ड्स सिस्टम्स का शुरुआती विस्तार

जैसा कि हम पहले अध्याय में पढ़ चुके हैं, 1930 के दशक के शुरुआती वर्षों में अमेरिका के दक्षिण कैलिफोर्निया क्षेत्र में खाद्य-सेवा क्षेत्र में असाधारण घटना की स्थिति आई थी और यह घटना थी कार सहित अंदर जानेवाले रेस्तराओं (ड्राइव इन रेस्टोरेंट) की अचानक आई बाढ़। वास्तव में, तब समूचा अमेरिका ही विश्वव्यापी महामंदी से उबर रहा था, लेकिन हॉलीवुड के आस-पास विकसित हुई उन्मुक्त जीवनशैली मानो मंदी की कैद से बाहर निकली थी। घूमना-फिरना और रेस्तराओं में जाने का चलन अचानक उफन कर बाहर आया था। उस क्षेत्र के महानगरों-नगरों के मोटर-अड्डों (पार्किंग लोट्स), विशेष रूप से राज्यमार्गों पर भारी संख्या में रेस्तराँ खुल रहे थे। उन रेस्तराओं की भोजन सूची में भुने हुए गौमांस (बीफ), सूअर-मांस (पोर्क) व मुरगा-मांस (चिकन) की खाद्य-सामग्रियों का प्रमुख स्थान था, लेकिन सबसे महत्त्वपूर्ण बात यह थी कि वह रेस्तराँ सेवा में क्रांति का दौर था। अधिक-से-अधिक ग्राहकों को अपनी तरफ खींचने के लिए रेस्तराओं की ग्राहक-सेवा के तरीकों में नए-नए प्रयोग किए जा रहे थे। सभी रेस्तराँ दूसरे को पछाड़ने की कोशिशों में जुटे हुए थे।

इसी दौर में मोटर वाहन में आनेवाले ग्राहकों को पटानेवाली लड़कियों को रखने का चलन बढ़ा था। हॉलीवुड में फिल्मी जीवन-यात्रा शुरू करने की चाहत रखनेवाली लड़कियों के लिए अपना गुजारा करने लायक कमाई करने के साथ-साथ अपनी खूबसूरती व मनमोहकता को प्रदर्शित करने के लिए ये रेस्तराँ महत्त्वपूर्ण अड्डे साबित हो रहे थे। रेस्तराँ मालिक इन लड़कियों को उनकी खूबसूरती व आकर्षक वेशभूषा के आधार पर चुनते थे। इन्हें कारहॉप गर्ल्स कहा जाता था, जो रेस्तराँ के मोटर अड्डे

में खड़ी रहती थीं, अपनी मोहक अदा से ग्राहकों की सेवा करती थीं। कुछ लड़कियाँ 'रोलर स्केटिंग' पर तेजी से यहाँ-वहाँ फुदकती हुई ग्राहकों के आदेश लेती थीं और उन्हें कार के अंदर ही अपेक्षित भोजन सामग्री परोसती थीं। इनका उद्‌देश्य ग्राहकों को मोहित कर ज्यादा-से-ज्यादा खर्च कराना होता था, जिससे संबंधित रेस्तराओं के कारोबार में इजाफा होता था।

लेकिन 1950 के दशक तक पहुँचते-पहुँचते इन रेस्तराओं की छवि खराब हो चुकी थी। अपनी अदाओं से ग्राहकों को पटाने की कोशिश करनेवाली अधिकांश कारहॉप गर्ल्स वेश्यावृत्ति भी करने लगी थीं। अब मनचले ग्राहक ही इन रेस्तराओं में जा रहे थे और उन्हें लड़कीबाजी का अड्डा समझा जाने लगा था। लोग उन रेस्तराओं में अपने परिवार के साथ जाने से कतराने लगे थे। इसके अलावा, ड्राइव-इन रेस्तराओं के निमार्ण में भारी पूँजी निवेश, कम-से-कम 3 लाख डॉलर की जरूरत पड़ती थी, जो उस जमाने के हिसाब से बड़ी रकम मानी जाती थी। इस तरह लगातार खराब होती जा रही छवि, पारिवारिक ग्राहकों की संख्या में कमी व भारी पूँजी के दबाव से इस प्रकार के रेस्तराओं का कारोबारी भविष्य खतरे में पड़ता दिखाई देने लगा था।

रे क्रोक इन रेस्तराओं को बहुमिश्रक की आपूर्ति करता था, इसीलिए उसे पता था कि वह उद्योग किस दिशा में जा रहा था। अब उसका ध्यान विशेष रूप से कैलिफोर्निया के नगर केंद्रों में खुल रहे पारिवारिक रेस्तराओं की तरफ केंद्रित हुआ था। इन रेस्तराओं के पास खाद्य सामग्रियों की सूची सीमित होती थी, लेकिन त्वरित खाद्य सेवा प्रदान करते थे। इन रेस्तराओं में मिल्कशेक व अन्य मिश्रित पेयों का चलन भी बढ़ रहा था। जाहिर है कि अब इन्हीं रेस्तराओं से बहुमिश्रक की माँग आनी बस शुरू ही हुई थी और रे को उम्मीद थी कि धीरे-धीरे माँग की गति तेज होगी। इसी क्रम में, जब दक्षिण कैलिफोर्निया के सबसे पुराने शहरों में से एक सैन बर्नार्डिनो में स्थित मैकडोनाल्ड भाइयों ने अपने रेस्तराँ के दो नए बहुमिश्रक का माँग-आदेश दिया था, तो रे चौंका था। वह मैकडोनाल्ड भाइयों को पहले ही 8 मशीनें बेच चुका था। देश भर के रेस्तराओं की जानकारी रखनेवाला रे क्रोक जब वहाँ पहुँचा था तो उसके कारोबारी प्रारूप पर फिदा हो गया था। अब उसे यह भी पता चल गया था कि कैलिफोर्निया में इस तरह के रेस्तराओं के खुलने का सिलसिला क्यों तेज हो रहा था। अधिकांश रेस्तराँ मालिक मैकडोनाल्ड्स भाइयों के कारोबारी प्रारूप की नकल ही कर रहे थे। जमीन व भवन सहित इन रेस्तराओं की कुल लागत औसतन 75,000 डॉलर थी, जो ड्राइव-इन रेस्तराओं के मुकाबले काफी कम थी। चूँकि इस प्रारूप के रेस्तराओं का ग्राहक लक्ष्य परिवार था, इसीलिए उनमें मिल्क शेक व अन्य मिश्रित पेयों की माँग भी ज्यादा थी। इसलिए मैकडोनाल्ड्स भाइयों से बातचीत के दौरान रे ने समूचे अमेरिका

में उस रेस्तराँ प्रारूप को फैलाने का 'मुख्य विशेषाधिकार' (मास्टर फ्रेंचाइजी) का अनुबंध कर लिया था।

मैकडोनाल्ड्स सिस्टम का नमूना रेस्तराँ

मुख्य विशेषाधिकार-अनुबंध में रे को नए फ्रेंचाइजी रेस्तराओं के कुल कारोबार में 1.9 प्रतिशत की हिस्सेदारी का प्रावधान था। असल में रे ने 2 प्रतिशत का प्रस्ताव रखा था, लेकिन मैकडोनाल्ड्स भाइयों का कहना था कि यदि वह फ्रेंचाइजी मालिकों से 2 प्रतिशत की हिस्सेदारी माँगेगा तो वह भड़क जाएँगे, क्योंकि वह बड़ी रकम सुनाई पड़ती है, जबकि उसके मुकाबले 1.9 प्रतिशत काफी कम। अब इस हिस्सेदारी की रकम में से मैकडोनाल्ड्स भाइयों ने अपने स्वत्वाधिकार (कॉपीराइट) के अधिशुल्क (रॉयल्टी) के रूप में 0.5 प्रतिशत की हिस्सेदारी का प्रावधान किया था। इस तरह रे के हिस्से में सिर्फ 1.40 प्रतिशत की रकम ही आती थी, जिससे उसे अपनी मुख्य विशेषाधिकार कंपनी के संचालन का खर्च चलाना था और उसी में से लाभ भी बचाना था। यह किसी भी प्रकार से आकर्षक अनुबंध नहीं था, फिर भी रे को इस कारोबार में भविष्य की अपार संभावनाएँ दिख रही थी। हाँ, इस अनुबंध का दूसरा पहलू यह भी था कि रे हरेक फ्रेंचाइजी रेस्तराँ से अनुज्ञा-पत्र शुल्क (लाइसेंस फी) के रूप में 950 डॉलर वसूल कर सकता था। यह राशि रे को अपनी मख्य विशेषाधिकार कंपनी द्वारा रेस्तराओं के लिए उपयुक्त स्थान के चुनाव के खर्चों को पूरा करने के लिए दी गई थी। यह रकम भी कम ही थी। इतना ही नहीं, रे का यह मुख्य विशेषाधिकार अनुबंध केवल 10 वर्षों के लिए ही था, जिसे बाद में 99 वर्षों तक बढ़ाने के लिए रे को काफी परेशानियों का सामना करना पड़ा था।

रे चाहता तो वह भी अन्य लोगों की तरह मैकडोनाल्ड्स भाइयों की नकल कर किसी और नाम से भी रेस्तराँ चलाने की सोच सकता था, लेकिन किसी की बौद्धिक संपदा की चोरी करना रे जैसे व्यक्तित्व का हिस्सा नहीं था। उसे अपने बिक्रीकर्म पर गर्व था और वह उसकी की बदौलत अपने हिस्से की कमाई करना चाहता था। रे की दूरदृष्टि मैकडोनाल्ड्स रेस्तराँ को समूचे अमेरिका में फैलाने पर टिकी हुई थी। आखिरकार रे बहुमिश्रक का विक्रेता ठहरा, इसीलिए वह रेस्तराँ के ऐसे प्रारूप की खोज कर रहा था, जो उसकी बहुमिश्रक की माँग को भी बढ़ाए। यह बात भी ठीक है कि रे का असल इरादा बर्गर से ज्यादा खुद का बहुमिश्रक बेचना था, लेकिन उसकी नजर मैकडोनाल्ड्स भाइयों द्वारा विकसित विशेष प्रकार के रसोई उपकरणों पर भी थी, जिनकी नकल कर पाना आसान नहीं था। उनके पास विशेष रूप से निर्मित एक एल्युमीनियम तवा तो था थी, इसके अलावा अन्य रसोई उपकरणों की पूरी शृंखला थी,

रे पहले रेस्तराँ को नमूना प्रारूप के रूप में विकसित करना चाहता था, ताकि बाकी फ्रेंचाइजी उसका अनुसरण कर सकें। वह इस नए काम को प्रिंस कैसल सेल्स से बचे समय में करना चाहता था। इसीलिए उसे एक ऐसी जगह की तलाश थी, जो या तो उसके कार्यालय के नजदीक हो या फिर घर के।

जो खाद्य उत्पादन की प्रक्रिया में समय की बचत करती थी, लेकिन रे की अंतर्दृष्टि में जो सबसे बहुमूल्य चीज थी, वह थी रेस्तराँ का नाम—मैकडोनाल्ड्स।

कुल मिलाकर रे इस सौदे से बहुत उत्साहित था और यह खबर किसी ऐसे नजदीकी से साझा करना चाहता था, जो इस तरह के रेस्तराँ कारोबार में निवेश के लिए भी इच्छुक हो। रे के दिमाग में मार्शल रीड का नाम आया था, जो लिली टुलिप में उसका सचिव रह चुका था। द्वितीय विश्व-युद्ध के दौरान मार्शल ने अमेरिकी सेना में काम किया था और उसके बाद फिर से पेपर कप बेचने लगा था, लेकिन जल्द ही एक धनी विधवा से शादी कर ली थी और अब अपना अधिकांश समय कैलिफोर्निया में आराम की जिंदगी गुजारने में बिताता था। रे उसी के पास जा धमका था। रे को देखकर मार्शल बहुत खुश हुआ था और पहले की तरफ गरमजोशी से पेश आया था। दोनों के बीच इस रेस्तराँ उद्यम से संबंधित काफी बातचीत हुई थी। चूँकि रे अपने नए काम के प्रति पूरी तरह से प्रतिबद्ध दिख रहा था, इसीलिए मार्शल ने उसे हतोत्साहित करने की कोशिश नहीं की थी। हालाँकि बाद में, मार्शल ने रे को बताया था कि वह इस बात को लेकर परेशान हुआ था कि प्रिंस कैसल सेल्स का अध्यक्ष 10 सेंट के बर्गर बेचने का कारोबार क्यों करना चाहता था।

लेकिन सभी मार्शल की तरह नहीं थे। विशेष रूप से रे की पत्नी एथल तो इन सारी बातों से बहुत नाराज थी, जबकि हकीकत यह थी कि अब रे व एथल के ऊपर ऐसी कोई जिम्मेवारी नहीं थी, जिसको इस कारोबार के जोखिम से खतरा पहुँच सकता हो। दोनों की एकमात्र बेटी मरिलीन की शादी हो चुकी थी और वह उनपर पर आश्रित नहीं थी, लेकिन एथल को इस बात से कोई फर्क नहीं पड़ता था। उसका रुख बिल्कुल वैसा ही था, जब रे ने प्रिंस कैसल सेल्स की स्थापना की थी या बाद में अपने घर की गिरवी की रकम बढ़ाकर जॉन क्लार्क का भुगतान किया था। एथल के इस रुख ने उसके प्रति रे के भावनात्मक दरवाजे को पूरी तरह से बंद कर दिया था। बाद में वह मैकडोनाल्ड्स के जमावड़े में कर्तव्य निभाने के लिए जरूर जाती थी और सभी उसे आदर भी देते थे, लेकिन रे से उसका किसी प्रकार भावनात्मक रिश्ता नहीं रह गया था।

जो भी हो, रे फैसला कर चुका था। उसे अपनी उम्र व सेहत की भी कोई परवाह नहीं थी और उसके पास एथल के भावनात्मक दबाव की चिंता करने के लिए भी कोई

वक्त नहीं था। वह जल्द-से-जल्द अपने पहले मैकडोनाल्ड्स रेस्तराँ के लिए सटीक जगह की तलाश कर रहा था, जहाँ तत्काल निर्माण शुरू हो। रे पहले रेस्तराँ को नमूना प्रारूप के रूप में विकसित करना चाहता था, ताकि बाकी फ्रेंचाइजी उसका अनुसरण कर सकें। वह इस नए काम को प्रिंस कैसल सेल्स से बचे समय में करना चाहता था। इसीलिए उसे एक ऐसी जगह की तलाश थी, जो या तो उसके कार्यालय के नजदीक हो या फिर घर के। वह शिकागो नगर केंद्र को कई कारणों से नजरंदाज कर रहा था। अंततः रे ने अपने एक दोस्त आर्ट जैकब की मदद से स्थान ढूँढ़ लिया था, जो उसे बिल्कुल ठीक लगा था। जैकब ने उस रेस्तराँ में रे के साथ 50:50 हिस्सेदारी भी निभाई थी। रे के नमूना रेस्तराँ का स्थान का नाम था—डेस प्लेंस, जहाँ रे अपने घर से कार चलाकर सात मिनट में पहुँच सकता था। नार्थवेस्टर्न रेलरोड स्टेशन बिल्कुल नजदीक था, जहाँ तक पैदल चलकर रे अपने कार्यालय के लिए रेल से सफर कर सकता था।

लेकिन रे की असल दिक्कत तब शुरू हुई थी, जब वह भवन ठेकेदार के साथ मैकडोनाल्ड्स के वास्तुकार द्वारा दी गई भवन-योजना पर विचार-विमर्श के लिए बैठा था। वह भवन योजना अर्द्ध-रेगिस्तानी क्षेत्रों के लिए बनाई गई थी, जिसमें तहखाना (बेसमेंट) का कोई प्रावधान नहीं था। ठेकेदार का सुझाव ठीक था कि खाद्य सामग्रियों के भंडारण के लिए तहखाना जरूरी था, क्योंकि मैकडोनाल्ड्स भाइयों की तरह रे अपने रेस्तराँ के आस-पास बाहर आलू का भंडारण नहीं कर सकता था, क्योंकि उसके लिए खाली जगह ही उपलब्ध नहीं थी। इस बाबत रे ने मैकडोनाल्ड भाइयों को फोन किया था और उन्होंने यह संशोधन कर लने की मौखिक अनुमति दे दी थी, लेकिन रे यह सबकुछ लिखित में चाहता था, लेकिन मैकडोनाल्ड भाइयों ने उसकी बात का यह कहकर मजाक उड़ा दिया था कि वे लोग न तो इस तरह की चिट्ठी लिख पाने में सक्षम हैं और न ही सचिव रखने की उनकी क्षमता है। उन्होंने रे को फोन पर ही आश्वस्त कर दिया था कि वह अपनी मरजी से भवन-निर्माण योजना में आवश्यक बदलाव कर सकता था, लेकिन अनुबंध में यह साफ तौर पर लिखा गया था कि पंजीकृत डाक से अनुमति मिले बिना रे ऐसा कुछ भी नहीं कर सकता था। रे ने इस संबंध में अपने वकीलों से भी राय ली थी और उनका भी कहना यही थी कि वह पंजीकृत डाक से अनुमति लिए बिना अपनी मरजी से भवन निर्माण कराने की गलती न करे। जब रे ने अपने वकील के सामने मैकडोनाल्ड्स भाइयों के वकील से पंजीकृत अनुमति-पत्र भेजने की बात कही तो उसने भी भाइयों द्वारा फोन पर दी गई अनुमति को काफी बता दिया था।

कुल मिलकर शुरुआत अव्यवस्थित थी, लेकिन रे के पास आगे बढ़ने के अलावा और कोई चारा नहीं था। वह अपने पहले नमूना मैकडोनाल्ड्स रेस्तराँ के निर्माण में

अपनी जान झोंक रहा था। रे के पास खुद जितना नकदी था और वह जहाँ से भी ऋण इकट्ठा कर सकता था, सबकुछ इसमें लगा रहा था, लेकिन मैकडोनाल्ड्स भाइयों को इस बात की कोई परवाह नहीं थी, वे सचमुच में मंदबुद्धि थे और उन्हें समझ नहीं आ रहा था कि कोई उनके नाम व कारोबार को आगे बढ़ाने के लिए कितना बड़ा जोखिम उठा रहा था।

शिकागो के मुख्य नगर-केंद्र से 40 कि.मी. दूर उत्तर-पश्चिम में स्थित उपनगर अर्लिंग्टन हाइट्स में रे क्रोक का निवास था। उसके बिल्कुल पास में ही रोलिंग ग्रीन कंट्री क्लब था। रे भी उस क्लब का सदस्य था और वहाँ कई व्यापारिक मित्रों के साथ गोल्फ खेलने के लिए जाता था। वहाँ जमघट लगानेवाले रे के अधिकांश दोस्त यही मजाक उड़ा रहे थे कि रे का दिमाग फिर गया था, इसीलिए उसने 10 सेंट का बर्गर बेचने का कौन सा धंधा चुन लिया था, लेकिन उन लोगों में एक ऐसा भी व्यक्ति था, जो रे के नए उद्यम में काफी रुचि दिखा रहा था। असल में, वह व्यक्ति अपने दामाद एड मैकलुकी के लिए खाद्य-सेवा उद्योग में ही नौकरी के अवसर ढूँढ़ रहा था। रे अपने पहले रेस्तराँ के लिए जिस प्रकार के प्रबंधक को ढूँढ़ रहा था, वे सारे गुण व अनुभव एड मैकलुकी के पास मिल गए। रे ने उसे तत्काल रेस्तराँ प्रबंधक के पद पर नियुक्त कर दिया था। मैकडोनाल्ड्स भाइयों का प्रबंधक आर्ट बेनडर भी डेस प्लेनिस आ गया गया था और रेस्तराँ को चालू करने में रे व मैकलुकी की मदद कर रहा था। रे ने अपनी मास्टर फ्रेंचाइजी कंपनी मैकडोनाल्ड्स सिस्टम इनकॉरपोरेशन का गठन कर लिया था। तमाम परेशानियों को झलते हुए, आखिरकार 15 अप्रैल, 1955 को रे अपने पहले मैकडोनाल्ड्स रेस्तराँ का शुभारंभ करने में सफल हो गया।

असल में इस नमूना रेस्तराँ को शुरू करने की स्थिति में लाने के लिए रे को तरह-तरह की परेशानियाँ उठानी पड़ी थी। हालाँकि रेस्तराँ ने पहले दिन से कमाई शुरू कर थी, फिर भी उसका संचालन को सुव्यवस्थित करने में रे को एक वर्ष का समय लग गया था। कुल मिलाकर, यह रेस्तराँ प्रायोगिक नमूना बना था और रे ने इससे बहुत कुछ सीखा था। रे ने रसोई को व्यवस्थित करने का काम लेंटर इक्विपमेंट कंपनी के जिम शिंडलर को सौंपा था। शिंडलर ने सैन बर्नार्डिनो की यात्रा की थी और वहाँ मैकडोनाल्ड्स भाइयों के मूल रेस्तराँ की रसोई व्यवस्था का जाएजा लिया था और फिर डेस प्लेनिस में रे की योजना के मुताबिक उसे अपनाया था। रे ने मिल्कशेक बनाने की व्यवस्था में एक महत्त्वपूर्ण परिवर्तन किया था। मैकडोनाल्ड्स के मूल रेस्तराँ में मिल्कशेक बनाने के लिए हाथ से आइसक्रीम को टपकाया जाता था, लेकिन रे ने इसके लिए एक टंकी लगवाई थी। इससे रसोई की मूल संरचना में बदलाव आया और उसमें अतिरिक्त जगह निकल आई।

कैलिफोर्निया शैली की भवन-संरचना शिकागो जैसे मध्य-पश्चिमी मौसम के मुताबिक बनाने में वायु-संचार (वेंटिलेशन) की व्यवस्था बनाना दूसरी बड़ी समस्या थी। इस काम के लिए रे ने कई वास्तुकारों को बुलाया था, लेकिन वे रसोई की बासी हवा को बाहर निकालने और उसकी जगह ताजी हवा का बहाव करने की व्यवस्था नहीं कर पा रहे थे। अप्रैल के महीने में शिकागो क्षेत्र में अच्छी-खासी ठंड थी, इसीलिए भट्ठी (फर्नेस) को चालू रखा गया था। समस्या यह थी कि विशेष तवा व तलने वाली टंकी में पंखे भट्ठी द्वारा छोड़े जानेवाली गरम हवा को बाहर निकाल दे रहे थे। इससे खतरनाक स्तर तक गैस जमा हो जा रही थी और रेस्तराँ के अंदर का तापमान 40 डिग्री के स्तर पर पहुँच जाता था। जब मौसम में थोड़ी गरमाहट आने लगी तो इसका उल्टा होने लगा, अब वे पंखे ठंडी हवा को बाहर निकालने लगे थे और रेस्तराँ के अंदर का तापमान 100 डिग्री के आस-पास पहुँच जाता था।

मैकडोनाल्ड्स फ्रेंच फ्राइज का रहस्योद्घाटन : लेकिन रे के लिए इससे भी ज्यादा बड़ी चिंता थी पोटेटो फ्रेंच फ्राइज (आलू के तले हुए टुकड़े)। रे को मैकडोनाल्ड्स भाइयों द्वारा फ्रेंच फ्राइज बनाने का रहस्य मालूम था और उसने ने बड़े गर्व से अपने रेस्तराँ प्रबंधक एड मैकलुकी को उसके बारे में विस्तार से बताया भी हुआ था, लेकिन फिर भी बात नहीं पा रही थी। सैन बर्नार्डिनो की यात्रा के दौरन रे ने मैकडोनाल्ड्स भाइयों के कामगारों की फ्रेंच फ्राइज की तैयारी को बारीकी से परखा था और उसके लिए अपनाई गई विधि पर सम्मोहित था। इसीलिए रे ने खुद उसी प्रक्रिया को करके बताया था। उस विधि का सबसे महत्त्वपूर्ण हिस्सा था आलू को छीलना। आलू को इस तरह छीला जाता था कि छिलके की हल्की-सी परत बनी रहे। यह फ्रेंच फ्राइज के स्वाद को बढ़ाता था। फिर छिले हुए आलू को जूते के फीते जैसी पट्टी के आकार में काटा जाता था। उसके बाद उन कटी हुई आलू पट्टियों को ठंडे पाने से भरी हौदी में डाला जाता था। रे ने अपनी कमीज की बाँह को समेटने के बाद उस हौदी में अपना हाथ डुबाकर उन आलू पट्टियों को तब तक धीरे-धीरे हिलाता रहा था, जब तक कि हौदी का पानी आलू के स्टार्च से बिल्कुल सफेद न हो गया। फिर रे ने उन आलू पट्टियों को अच्छी तरह से धोया था और उन्हें एक टोकरी में डाल दिया था। अब आलू की पट्टिकाएँ गहरी तलाई को जाने के लिए बिल्कुल तैयार थीं।

अच्छी प्रकार से गहरी तलाई के बाद बाहर आईं आलू की पट्टियाँ बिल्कुल मैकडोनाल्ड्स भाइयों की फ्रेंच फ्राइज की तरह दिख रही थीं—एकदम सुनहरी भूरी (गोल्डन ब्राउन)। रे ने उन्हें बड़ी शान से तश्तरी में रखा था—फ्रेंच फ्राइज बिल्कुल खिली-खिली सी दिखाई पड़ रही थीं, जिसे कोई भी चखने के लिए उतावला हो सकता था, लेकिन जब रे ने उसे मुँह में डाला था, तो उसे वह जादुई कुरकुरापन व स्वाद कतई

महसूस नहीं हुआ जैसा कि मैकडोनाल्ड्स भाइयों के फ्रेंच फ्राइज में आता था। यह फ्रेंच फ्राइज बस आलू का पिलपिला गूदा जैसा था। आखिर रे से क्या गलती हुई थी? रे ने बार-बार उस सारी प्रक्रिया को अपने दिमाग में दोहराया था और यह खोजने की कोशिश की थी आखिरकार कोई कदम छूट तो नहीं गया। रे ने एक बार फिर से सारी प्रक्रिया को दोहराया था। नतीजा बिल्कुल पहले जैसा—नरम, गूदेदार फ्रेंच फ्राइज।

हालाँकि वह फ्रेंच फ्राइज भी शिकागो में अन्य जगहों पर उपलब्ध फ्रेंच फ्राइज जैसा ही था और ज्यादा चिंता करनेवाली कोई बात नहीं थी, लेकिन रे को बिल्कुल वैसा ही फ्रेंच फ्राइज चाहिए था, जैसा कि उसने मैकडोनाल्ड्स भाइयों के यहाँ चखा था। लिहाजा रे ने मैकडोनाल्ड्स भाइयों को फोन किया था और सारी कहानी बताई थी, लेकिन उन्हें भी फ्रेंच फ्राइज बनाने के लिए अपनाई गई विधि में कोई खामी नहीं मिली थी। रे के लिए यह बहुत ही निराश करनेवाली स्थिति थी। वह तो मैकडोनाल्ड्स भाइयों के अनूठे स्वाद व कुरकुरे फ्रेंच फ्राइज को समूचे देश में शान से बेचने की योजना बनाए बैठा था, लेकिन शुरुआती नतीजा ही उल्टा निकला था।

रे हाथ-पर-हाथ डालकर बैठनेवालों में से नहीं था। वह जो कुछ भी ठानता था, करके ही दम लेता था। उसने आलू-प्याज संगठन के विशेषज्ञों को अपनी समस्या बताई थी। सभी ने फ्रेंच फ्राइज बनाने की विधि को बार-बार सुना था, लेकिन पहली नजर में किसी को कुछ भी समझ नहीं आ रहा था, लेकिन तभी एक प्रयोगशालाकर्मी ने रे को सैन बर्नार्डिनो स्थित मैकडोनाल्ड्स भाइयों द्वारा अपनाई गई विधि को बिल्कुल खरीदने के समय से दोहराने के लिए कहा था। आखिर वे लोग इडाहो आलू (उत्तर-पश्चिमी अमेरिका के इडाहो राज्य के किसानों द्वारा उपजाए जानेवाले आलू) को किस समय खरीद कर अपने यहाँ लाते थे और उसका भंडारण किस प्रकार से करते थे। रे ने सारी प्रक्रिया को पहले चरण से विस्तार से बताना शुरू था, लेकिन जब रे ने यह बताया था कि मैकडोनाल्ड्स भाइयों द्वारा आलू को एक टिन के छप्पर के नीचे पतले तारों से बनी टोकरियों में भंडारित किया जाता था तो प्रयोगशालाकर्मी को सारा रहस्य समझ आ गया था। फिर उसने विश्लेषण किया था कि जब आलू को जमीन के अंदर से बाहर निकाला जाता है, तो अधिकांशतः पानी ही होता था। आलू ज्यों-ज्यों सूखते हैं, उनके स्वाद में बदलाव आता है, क्योंकि उसके अंदर की चीनी स्टार्च में परिवर्तित होती जाती है। मैकडोनाल्ड्स भाइयों ने इतनी खोजबीन नहीं की थी, लेकिन उन्होंने उस क्षेत्र में उपयोग में लाई जानेवाली आलू शोधन प्रक्रिया को अपनाया था। छप्पर के नीचे रखी तार की जाली की टोकरियों ने रेगिस्तानी हवा को आलू के ऊपर से गुजरने का मौका दिया था।

रे के लिए यह एक तरह का रहस्योद्घाटन ही था। उसने उन आलू विशेषज्ञों

की मदद से स्वयं की आलू-शोधन प्रक्रिया विकसित की थी। रे नें रेस्तराँ के तहखाने में आलू को इस तरह से भंडारित किया था कि हमेशा सबसे पुराना आलू ही रसोई में जाए। आलू पर लागातार बड़े बिजली पंखे से हवा का झोंका छोड़ा जाता था, इतना ही नहीं, रे ने फ्रेंच फ्राइज बनाने की प्रक्रिया में एक और सुधार किया था। अब गहरी तलाई को जाने वाली आलू पट्टिकाओं की टोकरी को गरम तेल में डुबाया जाता था और फिर उसे ठंडा होने दिया जाता था। इस तरह, रेस्तराँ खुलने के करीब तीन महीनों बाद रसोई कर्मचारियों ने वैसे फ्रेंच फ्राइज का उत्पादन शुरू कर दिया था, जो रे की अपेक्षाओं पर पूरी तरह से खरा उतर रहा था। मैकडोनाल्ड्स भाइयों के फ्रेंच फ्राइज से भी बेहतर सुनहरा भूरा रंग, कुरकुरापन व स्वाद।

इस गुणवत्ता को सतत बनाए रखने के लिए रे ने रसोई उत्पादन श्रृंखला में एक नया क्रम जोड़ा था। एक साथ आलू-पट्टिकाओं से भरी दो तलाई टोकरियों को गरम तेल में तीन मिनट तक डुबाया जाता था। उस वक्त आलू पट्टिकाओं का धूसर रंग बिल्कुल भी चित्ताकर्षक नहीं था, लेकिन ठंडा होने की प्रक्रिया में चूते हुए तेल का कुछ हिस्सा आलू-पट्टिकाओं के अंदर घुस जाता था, जो अंतिम तलाई के दौरन आलू के स्टार्च के साथ रासायनिक प्रतिक्रिया कर न केवल स्वाद को बढ़ाता था, बल्कि उसके रंग को ज्यादा सुनहरा-भूरा बनाता था और उसके कुरकुरेपन को ज्यादा बेहतर। उसके बाद तेल को पूरी तरह बाहर निकालने व सुखाने के लिए फ्रेंच फ्राइज को स्टील की छन्ना तश्तरी में रखकर ऊष्मा दीपकों (हीट लैंप) को नीचे रख दिया जाता था। फिर तीन आलू टुकड़ों को चिमटे से उठाकर परोसे जानेवाले लिफाफे में डाला जाता है, लेकिन यह प्रक्रिया ज्यादा श्रमसाध्य थी और इसीलिए महँगी भी। लिहाजा, अभी इसमें और भी सुधार की गुंजाइश बची हुई थी, लेकिन उस वक्त यही फ्रेंच फ्राइज शिकागो में सबसे अच्छी साबित हुई थी, और रे के दोस्त उससे यही कहते थे कि वह बर्गर नहीं फ्रेंच फ्राइज का ही कारोबार कर रहा था।

खैर, रे रेस्तराँ शुरू कर पाने और जल्द ही लाभ कमाने की स्थिति में आ गया था, लेकिन वह अच्छी तरह से जानता था कि यह रेस्तराँ के लिहाज से बहुत अच्छी जगह नहीं थी। शिकागो में और भी कई बेहतर स्थान थे, जहाँ रेस्तराँ की कमाई को कई गुना ज्यादा किया जा सकता था। अब रे की नजर बेहतर स्थानों व उनके लिए योग्य फ्रेंचाइजी-निवेशकों को तैयार करने पर टिक गई थी।

मैकडोनाल्ड्स फ्रेंचाइजी रेस्तराओं का विस्तार

रे ने फ्रेंचाइजी रेस्तराँ के लिए पहला स्थान ढूँढ़ा था, वह था रोलिंग ग्रीन क्लब का 'लॉकर रूम', जहाँ क्लब सदस्यों के सामान रखने की अलमारियाँ बनी हुई थीं।

आनेवाले समय में इस क्लब से रे के साथ गोल्फ खेलनेवाले कई मित्र मैकडोनाल्ड्स रेस्तराँ के सफल संचालक बननेवाले थे, लेकिन उस समय सारा सौदा एक नाटकीय मोड़ पर खड़ा हो गया था। रे को पता नहीं था कि इसके पीछे मैकडोनाल्ड्स भाइयों का हाथ था या नहीं, लेकिन समस्या बड़ी थी। मैकडोनाल्ड्स भाइयों ने रे को यह तो बता रखा था कि उन्होंने पहले कैलिफोर्निया व एरिजोना में 10 स्थानों के लिए फ्रेंचाइजी रेस्तराओं के अनुबंध कर रखे हैं और इसीलिए उन्होंने रे के साथ बाकी समूचे अमेरिका के मास्टर फ्रेंचाइजी का अनुबंध किया था। अब रे को मालूम हुआ था कि मैकडोनाल्ड्स भाइयों ने कुछ और अनुबंध कर रखे हैं, जिनके बारे उन लोगों ने कुछ भी नहीं बताया था और वह अनुबंध था कुक काउंटी (इलेनॉइस) का, जिसके दायरे में न केवल रे का घर था, बल्कि कार्यालय भी और पहला नमूना रेस्तराँ भी। मैकडोनाल्ड्स भाइयों ने 5000 डॉलर में इस क्षेत्र का फ्रेंचाइजी अधिकार फ्रेजलैक आइसक्रीम कंपनी को बेच रखा था।

फ्रेजलैक से यह अधिकार-क्षेत्र वापस खरीदने में रे को फ्रेजलैक को 25,000 डॉलर का नकद भुगतान भी करना पड़ा था। इतनी बड़ी रकम का इंतजाम करना रे के लिए काफी मुश्किल था, लेकिन इसके बिना उसका कारोबार आगे बढ़ पाना संभव नहीं थे। रे पहले से ही कर्ज में था और अब इतना बड़ा बोझ उसके सिर के ऊपर लद गया था। यह तो वैसी ही घटना थी कि जैसे किसी को रक्तदान के लिए मजबूर कर दिया जाए और वह भी उस व्यक्ति के खुद के स्वास्थ्य का खयाल रखे बिना, लेकिन यही तो कारोबार है, जिसमें तर्कसंगत जोखिम उठानेवालों को भी कई अतार्किक जोखिमों का भी सामना करना पड़ता है। यह भी कारोबारी चुनौती का ही हिस्सा होता है। रे ने इस अर्तार्किक जोखिम का भुगतान न किया होता तो सबकुछ उसके हाथ से निकल जाता।

इस घटना में फ्रेजलैक का कोई हाथ नहीं था और न ही उसने इस सौदे के लिए रे को मजबूर किया था। फ्रेजलैक की माँग जाएज थी, क्योंकि उसने इस क्षेत्र के लिए निवेश किया हुआ था और उसकी कमाई की बारी था। वह चाहता तो रे से और भी बड़ी रकम माँग सकता था, क्योंकि रे का नमूना रेस्तराँ शुरू होते ही अच्छी कमाई कर रहा था और उसकी भविष्य की संभावनाएँ साफ दिखाई पड़ रही थी। हाँ, खुद को इस अनजान संकट में फँसा देने के लिए रे ने मैकडोनाल्ड्स भाइयों को ही जिम्मेवार माना था और उन्हें कभी भी माफ नहीं कर सकता था। दोनों भाइयों ने चाहे या अनचाहे रे की हालत बिल्कुल एक निर्दोष कैदी जैसी बना दी थी। यह तो बाजार में रे की मजबूत साख थी, जो उसने प्रिंस कैसल सेल्स के जरिए वर्षों में निर्मित की थी कि वह इस अनजान आर्थिक संकट से सकुशल बच निकला था, वरना यह जोखिम उसे डुबा देने के लिए काफी था।

अभी तक रे प्रिंस कैसल सेल्स की कमाई से ही नमूना रेस्तराँ का किराया व कर्मचारियों के वेतन का भुगतान कर रहा था, साथ ही रेस्तराँ के सुचारु संचालन में रोजाना अपना योगदान भी दे रहा था। वह हर दिन सुबह अपने घर से कार चलाकर डेस प्लेनिस जाता था और रेस्तराँ को खुलने के लिए तैयार करने में मदद करता था। रेस्तराँ के सफाई कर्मचारी भी उसी समय पहुँचते थे, जब रे वहाँ पहुँचता था। यदि कर्मचारियों को आने में देरी होती थी, तो रे को रेस्तराँ की सफाई करने में भी कोई हिचक नहीं होती थी, यहाँ तक कि सूट-बूट में होते हुए भी रे रेस्तराँ के प्रसाधन कक्षों की सफाई में जुट जाता था और इस काम में वह गर्व महसूस करता था। सिर्फ यही बात नहीं थी, रेस्तराँ के संचालन में कई बातों बड़े विस्तार से व गहराई समझना पड़ता है और उन बारीकियों पर बाकायदा नजर रखनी होती है। चाहे वह सामानों की आपूर्ति हो या फिर रसोई में खाद्य-उत्पादन व्यवस्था का सुचारु संचालन, रे हर रोज रेस्तराँ प्रबंधक एड मैकलुकी के लिए विस्तृत निर्देश लिखा करता था, ताकि वह उन बातों का ध्यान रख सके। 11 बजे रेस्तराँ खोलने के लिए मैकलुकी 10 बजे पहुँचता था, लेकिन रे बहुत पहले ही वहाँ पहुँच जाता था। वह अपनी कार रेस्तराँ की पार्किंग में खड़ी करता था, फिर, रेस्तराँ की साफ-सफाई में मदद करने के बाद, पैदल चलकर नार्थवेस्टर्न स्टेशन पहुँचता था और 7.57 बजे की शिकागो जानेवाली रेलगाड़ी में सवार होता था, ताकि वह 9 बजे तक प्रिंस कैसल सेल्स कार्यालय पहुँच सके।

रे प्रिंस कैसल सेल्स की कमाई से ही नमूना रेस्तराँ का किराया व कर्मचारियों के वेतन का भुगतान कर रहा था, साथ ही रेस्तराँ के सुचारु संचालन में रोजाना अपना योगदान भी दे रहा था। वह हर दिन सुबह अपने घर से कार चलाकर डेस प्लेनिस जाता था और रेस्तराँ को खुलने के लिए तैयार करने में मदद करता था।

रे के कार्यालय पहुँचने से पहले ही जून मारीटिनो वहाँ पहुँच चुकी होती थी और उसके रोजाना का कारोबार शुरू होता था। रे ने बहुमिश्रक की बिक्री के लिए समूचे अमेरिका में निर्माता-प्रतिनिधियों (मैन्युफैक्चरर्स रिप्रेजेंटेटिव) की नियुक्ति की थी। अब तक रे ने होवार्ड जॉनसंस, डेरी क्वीन व तास्ती फ्रीज जैसे बड़े ग्राहकों को अपने निजी खाते में ही रखा हुआ था, लेकिन ज्यों-ज्यों मैकडोनाल्ड्स रेस्तराँ उसका ज्यादा ध्यान अपनी तरफ खींचता जा रहा था, रे ने उसी जरूरत के हिसाब अपनी निजी जिम्मेवारियों को अन्य प्रतिनिधियों को सौंपने का सिलसिला शुरू कर दिया था। कार्यालय में बैठे रे का ध्यान अब केवल बहुमिश्रक बेचने पर ही नहीं रहता था, बल्कि उसकी नजर घड़ी पर भी होती थी कि वह कब कार्यालय से निकले और रेलगाड़ी से वापस डेस प्लेनिस में

अपने रेस्तराँ तक पहुँच जाए। कई बार शाम हो जाने के बावजूद जब रेस्तराँ के विज्ञापन-पट्ट (साइन बोर्ड) की बत्ती नहीं जलाई गई होती थी, तो रे अपने प्रबंधक मैकलुकी पर बिफर जाता था। ऐसा न हो पाने के लिए जब प्रबंधक अपनी व्यस्तता की बात बताता था, तो रे उसे यह समझाया करता था कि ऐसी छोटी-छोटी बातों का ध्यान रखना रेस्तराँ जैसे सेवा-कारोबार के लिए कितना महत्त्वपूर्ण होता है। हालाँकि हर काम को पूर्णता (परफेक्शन) के साथ कर पाना बहुत कठिन होता है, फिर भी रे की अपेक्षा यही थी कि मैकडोनाल्ड्स रेस्तराँ में सारा कम पूर्णता के साथ ही संपन्न हो। हरेक काम को पूर्णता के साथ करना ही रे की सबसे बड़ी प्राथमिकता थी, बाकी मामले बाद में आते थे। रे का यही नेतृत्व-दर्शन (लीडरशिप फिलोसोफी) मैकडोनाल्ड्स के भविष्य की सफलता को सुनिश्चित करनेवाला अचूक मंत्र साबित होनेवाला था।

हैरी सोंनेबोर्न की विकास-भागीदारी : अभी तक रे क्रोक अपनी बहुमिश्रक अभिकर्ता कंपनी प्रिंस कैसल सेल्स की कमाई से अपना वेतन व दो कर्मचारियों के वेतन सहित मैकडोनाल्ड्स रेस्तराँ के कर्मचारियों के वेतन व परिचालन का खर्च वहन कर रहा था। इसके अलावा, कूक काउंटी का अधिकार-क्षेत्र खरीदने के लिए खर्च हुआ 25000 ऋण का बोझ भी उसी के सिर पर था। रेस्तराँ की कमाई से जो लाभ निकल रहा था, उसका आधा हिस्सा दूसरे हिस्सेदार आर्ट जैकब्स को जाता था, इसलिए उस माध्यम से भी रे को बहुत कम मिल रहा था। मैकडोनाल्ड्स रेस्तराँ के लिए उपयुक्त जगह व फ्रेंचाइजी खोजने के काम में अच्छी-खासी रकम व समय खर्च होनेवाला था। इस तरह मैकडोनाल्ड्स फ्रेंचाइजी कारोबार के विस्तार के लिए रे के पास न तो पर्याप्त अतिरिक्त धन था और न ही समय।

ऐसे में, यदि रे अपने दम पर एक-दो फ्रेंचाइजी भी खोज ले, तो भी प्रति फ्रेंचाइजी 950 डॉलर शुल्क से उसकी आर्थिक स्थिति पर कोई फर्क नहीं पड़नेवाला था। जहाँ तक नए रेस्तराँ के कारोबार की 2.90 प्रतिशत हिस्सेदारी का प्रश्न था, तो वह रकम भी रेस्तराँ खुलने के बाद ही संभव हो पाती। नए रेस्तराँ के भवन तैयार होने व खुल पाने के लिए तैयार हो पाने में कम-से-कम एक वर्ष का समय लगना पक्का था। ऐसे में साल भर बाद नए रेस्तराँ से आनेवाली कुल 2.90 प्रतिशत आमदनी में से भी 0.50 प्रतिशत मैकडोनाल्ड्स भाइयों को जानी थी, और रे के पास सिर्फ 2.40 प्रतिशत ही बचनी थी। कुल मिलाकर रे को यह बात बखूबी समझ आ रही थी कि यदि फ्रेंचाइजी विस्तार का काम तेजी से आगे नहीं बढ़ा तो कारोबार बढ़ाना तो दूर, हल्का झटका भी बरदाश्त कर पाना मुश्किल हो जाएगा और फ्रेंचाइजी विस्तार की प्रक्रिया को तेज करने के लिए एक अनुभवी व्यक्ति को नियुक्त करना भी बहुत जरूरी था, क्योंकि रे इस तरफ ज्यादा ध्यान देता तो बहुमिश्रक कारोबार की आमदनी को भी चोट पहुँच सकती थी, लेकिन रे की

मजबूरी यह थी कि वह किसी वरिष्ठ अनुभवी अधिकारी के वेतन के खर्च को उठा पाने की स्थिति में नहीं था।

इसी स्थिति में दैवीय शक्ति या प्राकृतिक शक्ति जुझारू व्यक्ति की मदद के लिए सामने आती है। यही किसी व्यक्ति विशेष का भाग्य-कारक (लक फैक्टर) माना जाता है। इस अवधारणा पर यह कहा जा सकता था कि रे क्रोक का भाग्य-कारक धनात्मक था। उसकी लगन, मेहनत व जोखिम उठाने के साहस पर दैवीय शक्तियाँ भी प्रसन्न थीं।

तभी तो मई के अंत में एक दिन अचानक हैरी सोंनेबोर्न जैसे सफल पेशेवर ने रे क्रोक की विकास संभावना में उसके साथ होने की चाहत का प्रस्ताव रख दिया था। जी हाँ, सोंनेबोर्न ने अमेरिका में तेजी से बढ़ती दुग्ध उत्पाद शृंखला तास्ती फ्रीज के उपाध्यक्ष (वाइस प्रेसीडेंट) पद से अपना त्याग-पत्र दिया था और अपने लिए कोई बेहतर संभावना खोज रहा था। इसी क्रम में, उसने डेस प्लेनिस स्थित रे के नमूना मैकडोनाल्ड्स रेस्तराँ का भी मुआयना किया था। सोंनेबोर्न की पारखी नजर ने भाँप लिया था कि आनेवाले समय में यह रेस्तराँ शृंखला धूम मचानेवाली थी। उसे यह बात भी अच्छी तरह मालूम था कि यह अभी शुरुआती कंपनी थी और उसके जैसे पेशेवर को तास्ती फ्रीज जैसा वेतन नहीं दे सकती थी। फिर भी, सोंनेबोर्न को इस कंपनी का साथ देने में अपना सुनहरा भविष्य नजर आया था और सोंनेबोर्न ने बिना किसी प्रकार की झिझक के रे क्रोक के सामने अपनी इच्छा व्यक्त कर दी थी। रे ऐसे किसी प्रस्ताव की न तो अपेक्षा करता था और न ही सोंनेबोर्न जैसे तेजतर्रार पेशेवर को अपने साथ नियुक्त कर पाने में सामर्थ्य रखता था।

जब हैरी सोंनेबोर्न पहले दौर की बातचीत के लिए रे के समक्ष प्रस्तुत हुआ था, उसकी उम्र 39 वर्ष थी। वह करीब छह फीट का था, लेकिन उससे ज्यादा लंबा और कुछ हद तक भयानक भी दिखाई पड़ता था। उसने जर्मन सेना की तरह अपने बाल कटवा रखे थे, जो उसके अनुशासित व्यक्तित्व का प्रमाण जैसा प्रतीत होता था। रे के लिए सबसे बड़ी बात यह थी कि बातचीत के क्रम में सोंनेबोर्न ने फ्रेंचाइजी कारोबार को लेकर जो चिंताएँ व्यक्त की थी, वे सब रे की भी चिंता के विषय थे, अर्थात्, सोंनेबोर्न के साथ मानसिक समंजन (मेंटल ट्यूनिंग) बनाने में कोई परेशानी नहीं आनेवाली थी। चूँकि दोनों के सोच की दिशा एक ही थी, इसीलिए मैकडोनाल्ड्स के विस्तार के संभावित लक्ष्यों को साधने में रे को सोंनेबोर्न से काफी मदद मिलने की आशा भी पुख्ता हुई थी। सोंनेबोर्न जानता था कि फ्रेंचाइजी कारोबार बहुत जटिल है। फ्रेंचाइजी प्रणाली का विकास करना और हरेक रेस्तराँ में उच्च मानकों को सख्ती से लागू कर पाना सबसे मुश्किल काम था। ऊपर से सरकार के लगातार सख्त होते जा रहे नियम-कानूनों का

संकट। कुल मिलकर सोंनेबोर्न का भी यही मानना था कि ऊपर से भले ही फ्रेंचाइजी रेस्तराँ एक चमक-दमकवाला अति संभावनाशील कारोबार नजर आता हो, लेकिन इसे सही मायने में गुणवत्तापूर्ण ग्राहक-सेवा केंद्रित बनाकर लाभ हासिल कर पाना बहुत ही धैर्य व हिम्मत का काम है।

कुल मिलाकर रे को ऐसा लगा था कि ईश्वर ने बिल्कुल सही समय सोंनेबोर्न के रूप में उसका विकास-देवदूत बनाकर भेजा था। बातचीत के क्रम में रे को पूरा विश्वास हो चुका था कि सोंनेबोर्न मैकडोनाल्ड्स के लिए न केवल अपने कार्यालय समय का एक-एक मिनट लगा देगा, बल्कि जरूरत पर 24 घंटे भी, लेकिन रे ने साफ कह दिया था कि वह उसे नियुक्त करने की स्थिति में नहीं था। दोनों की बातचीत को रे की सचिव जून मारीटिनो भी सुन रही थी और उसने भी सोंनेबोर्न के बारे वही कुछ बताया था जैसा कि रे सोच रहा था। अब रे आसानी में मैकडोनाल्ड्स के भविष्य का रेखांकन कर सकता था। सोंनेबोर्न कंपनी की वित्त व्यवस्था को सँभालेगा, जून मारीटिनो कार्यालय के काम-काज देखेगी और वह खुद रेस्तराँ के परिचालन व विकास के कामों पर अपना ध्यान केंद्रित कर सकेगा। ऐसी व्यवस्था बनते ही मैकडोनाल्ड्स फ्रेंचाइजी का विस्तार तेजी से दौड़ने लगेगा, लेकिन रे ने बेझिझक अपनी आर्थिक स्थिति से सोंनेबोर्न को अवगत कराया था और साफ कह दिया था कि वह उसके वेतन का भार उठा पाने की स्थिति में नहीं था।

खैर, तब सोंनेबोर्न ने अपने अंतिम फैसले के लिए रे से एक सप्ताह का समय माँगा था। इस बीच रे बड़े उहापोह में था। उसे सोंनेबोर्न जैसे व्यक्ति की सख्त जरूरत थी, क्योंकि वह मैकडोनाल्ड्स को जिस स्तर पर ले जाने की सोच रहा था, उसके लिए सोंनेबोर्न बिल्कुल सटीक व्यक्ति था, लेकिन¨ ? ठीक सप्ताह भर बाद सोंनेबोर्न का फोन आया था और उसने कहा था कि प्रति सप्ताह 100 डॉलर में उसके घर का खर्च पूरा हो जाएगा। यह एक ऐसा प्रस्ताव था, जिसे रे मना नहीं कर सकता था और उसने बिना किसी प्रकार हिचकिचाहट के सोंनेबोर्न को 'हाँ' कह दिया था। रे क्रोक ने अपनी आत्मकथा में साफ तौर पर लिखा है कि मैकडोनाल्ड्स के लिए अच्छी बात यह थी कि उसकी नहीं, बल्कि हैरी सोंनेबोर्न की अद्वितीय दूरदृष्टि के बिना कंपनी उतनी बड़ी नहीं हो पाती, जितनी वह हुई।

हैरी सोंनेबोर्न का जन्म उत्तरी अमेरिका के मध्य-पश्चिमी राज्य इंडिआना के तीसरे सबसे बड़े नगर एवांस्विल्ल में हुआ था। यह दक्षिणी इंडिआना का न केवल सबसे बड़ा नगर है, बल्कि वाणिज्यिक, चिकित्सा व सांस्कृतिक केंद्र के रूप में जाना जाता है। सोंनेबोर्न अभी बहुत छोटा ही था कि उसके माता-पिता का देहांत हो गया। न्यूयॉर्क में कपड़ा भंडार चलानेवाले चाचा ने सोंनेबोर्न को पाल-पोष कर बड़ा किया

था। सोंनेबोर्न न्यूयॉर्क को बहुत पसंद करता था। वह वहाँ पर ऐसे विशिष्ट गुणोंवाले यहूदी परिवार के माहौल में बड़ा हुआ था, जो साहित्य व कला के प्रति अगाध श्रद्धा रखते थे। विस्कॉन्सिन विश्वविद्यालय (मैडिसन, विस्कॉन्सिन) में पढ़ाई पूरी करने के बाद संयोगवश वह शिकागो में रहने के लिए आ गया था, लेकिन उसने न्यूयॉर्कवासियों की उदासीनता के स्वाभाव को नहीं छोड़ा था। रे ने अपनी आत्मकथा में लिखा है कि वह सोंनेबोर्न के इस उदासीन स्वाभाव से कई बार खीझ भी जाता था, लेकिन सोंनेबोर्न जिस तरीके से कानूनी व वित्तीय समस्याओं का अध्ययन किया करता था, रे उसकी प्रशंसा किए बगैर नहीं रह सकता था। ये कोई मामूली समस्याएँ नहीं होती थीं, बल्कि ये रे जैसे लोगों के पसीने छुड़ा देनेवाली होती थीं। सोंनेबोर्न ने खुद को किताबों के ढेर में डुबाकर व्यापार अनुबंधों व वित्तीय तिकड़मों के बारे में अंदर-बाहर सभी कुछ सीख लिया था। इस तरह उसने खुद को दिग्गज वकीलों व वित्तीय विशेषज्ञों जैसा बना लिया था। रे क्रोक तो अभी एक बिल्कुल नए कारोबार की बस नींव ही स्थापित कर रहा था और उसे ऐसे कई मूलभूत फैसले करने थे, जिनके सहारे वह अगले कई वर्षों तक आगे बढ़ सकता था।

रे ने अपनी आत्मकथा में लिखा है कि यह सब उसके लिए सबसे अधिक खुशी देनेवाला कार्यकारी अनुभव था। उसके लिए अपनी रचना को बढ़ते हुए देखना बहुत ही रोमांचक था, लेकिन रे ने यह स्वीकार करने में कोई संकोच नहीं किया है कि खुशी व रोमांच का वह अनुभव खतरनाक भी हो सकता था, क्योंकि एक छोटी सी चूक सारे किए-कराए पर पानी फेर देने के लिए काफी थी। वैसे रे ऐसे व्यक्ति को सच्चा कार्यकारी मानता है, जो कभी-कभार ही गलती करे।

रे के क्रांतिकारी फैसले : इसी दौर में रे ने एक मूलभूत फैसला किया था, जिसने फ्रेंचाइजी प्रणाली व उसकी विकास प्रक्रिया को बहुत प्रभावित किया था। रे की कंपनी—मैकडोनाल्ड्स सिस्टम इनकॉरपोरेशन, अपने फ्रेंचाइजी-संचालकों को सामग्रियों की आपूर्ति के काम में खुद को शामिल नहीं करेगी। यह एक बहुत बड़ा व क्रांतिकारी फैसला था। उस समय लगभग सभी फ्रेंचाइजी प्रणालियों की कमाई का सबसे प्रमुख साधन फ्रेंचाइजो को लगातार सामग्रियों की आपूर्ति करते रहना ही था। ये प्रणालियाँ अपने फ्रेंचाइजी को भी जरूरी सामान बाजार से नहीं खरीदने देती थीं। लेकिन रे क्रोक ने इस क्षेत्र की स्थापित अर्थव्यवस्था को ही उलट दिया था। रे क्रोक यूँ ही त्वरित खाद्य उद्योग का महानायक नहीं बन गया था! इसके पीछे उसकी क्रांतिकारी सोच व अवधारणा का सबसे बड़ा योगदान है और रे का यह सोच व अवधारणा तत्कालीन समय की विरोधाभाषी व्यापार-व्यवहार के गहरे व बारीक अध्ययन से विकसित हुई थी।

रे का मानना था कि मास्टर फ्रेंचाइजी होने के नाते उसका सबसे बड़ा काम था—अपने फ्रेंचाइजी संचालकों को सफल बनाने की हर संभव कोशिशें करना। उसकी धारणा थी कि वह जितना भी कर सकता था, उसे अपने फ्रेंचाइजियों की हर प्रकार से मदद करनी चाहिए और ऐसा करने के पीछे रे का व्यावहारिक-दर्शन यह था कि फ्रेंचाइजी विशेष की सफलता ही उसकी भी सफलता को सुनिश्चित करेगी अर्थात् कोई फ्रेंचाइजी रे की मदद से सफल हो जाता है तो उसे भी संबंधित फ्रेंचाइजी के कारोबार में से 2.40 प्रतिशत की शुद्ध आमदनी होगी और वह वह फ्रेंचाइजी जितना ज्यादा सफल होगा, रे की शुद्ध आय में उतना ही अधिक योगदान करेगा। रे बिल्कुल दुरुस्त था अपने व्यावहारिक व्यापारिक दर्शन में जीतने में मदद करो और खुद भी जीतो। इससे आधुनिक व्यापार प्रबंधन की भाषा में जीत व जीत की स्थिति (विन-विन सिचुएशन) कहा जाता है। इस तरह रे ने इस दर्शन के माध्यम से अपनी कारोबारी प्रक्रिया को प्राकृतिक आधार (नेचुरल बेस) प्रदान करने की कोशिश की थी। चूँकि यह उस समय के फ्रेंचाइजी कारोबार के चलन के उलट था, इसीलिए रे का प्रयोग क्रांतिकारी माना जाता है। आखिर लीक से हटकर अलग सोच पाने की क्षमता ही तो किसी व्यक्ति विशेष को महानायक का दर्जा दिलाती है?

रे शुरू से ही मानता था कि तत्कालीन फ्रेंचाइजी कारोबार की प्रचलित धारणा विरोधाभाषी थी, जो मास्टर फ्रेंचाइजी व फ्रेंचाइजी के बीच मूलभूत टकराव की स्थिति पैदा करती है। रे के लिए यह काम आधारभूत रूप से मुश्किल था कि वह एक तरफ फ्रेंचाइजी विशेष को साझीदार मानकर सफल बनाने के लिए हर प्रकार की मदद करे और फिर दूसरी तरफ उसके साथ ग्राहक की तरह पेश आकर सामग्रीयाँ बेचकर लाभ कमाने की कोशिश भी करे। रे बहुत अच्छी तरह से समझ गया था कि ये दोनों विरोधाभाषी व्यवहार हैं, जो फ्रेंचाइजी कारोबार को सफल बनाने की गुंजाइश को ही खारिज करते हैं। चूँकि रे ने खुद के लिए सफल होने का निश्चय किया था, इसीलिए उसने चलन के उलट दूसरों को भी सफल बनाने के सोच पर आगे जाने का फैसला किया था।

इतना ही नहीं, रे ने एक क्रांतिकारी फैसला यह भी किया था कि मैकडोनाल्ड्स रेस्तराओं में किसी दूसरे प्रकार का कोई भी काम नहीं किया जाएगा, जो वास्तविक ग्राहकों को परेशानी पैदा करे या उनका ध्यान भटकाए और रेस्तराँ की मूल छवि को नुकसान पहुँचाए। विशेष रूप से उस जमाने में (जो अभी भी अकसर देखने को मिल जाता है) फ्रेंचाइजी रेस्तराओं में पे-टेलीफोन (भुगतान दूरभाष), ज्यूक बॉक्स (संगीत सुनानेवाली अर्द्ध स्वचालित उपकरण) व अन्य कई तरह की चीजें बेचनेवाले व्यापारिक-यत्रों (वेंडिंग मशीन) को भी स्थापित किया जाता था। इन सुविधाओं के जरिए रेस्तराँ संचालक अधिक ग्राहकों को आकर्षित करने की कोशिश करते थे और ये

सुविधाएँ अतिरिक्त कमाई का साधन समझी जाती थीं, लेकिन रे की धारणा पूरी तरह से स्पष्ट थी कि इन अतिरिक्त सुविधाओं से रेस्तराँ में अनुत्पादक ग्राहकों का जमावड़ा बढ़ता है, जो रेस्तराँ सेवा के लिए पधारनेवाले वास्तविक ग्राहकों के सुकून भरे अनुभव में खलल पैदा करते हैं। रे मैकडोनाल्ड्स रेस्तराँ को पारिवारिक रेस्तराँ की स्थायी छवि प्रदान करना चाहता था। इसीलिए वह चाहता था कि उसके रेस्तराँ में अन्य कोई परेशानी पैदा करनेवाला ऐसा कोई भी साधन नहीं लगाया जाएगा, जो उसकी मूल छवि को नुकसान पहुँचाए।

फ्रेंचाइजी विस्तार : मैकडोनाल्ड्स सिस्टम्स की शुरुआती तीन फ्रेंचाइजी भी दक्षिणी कैलिफोर्निया में ही बिकी थी फ्रेस्नो (सैन जोकिन घाटी में स्थित नगर), लॉस एंजिल्स (तीन तरफ ऊँची पर्वत शृंखलाओं के घिरी विशाल समुद्रतलीय घाटी में बसा अमेरिका का दूसरा व कैलिफोर्निया का सबसे बड़ा महानगर) व रेजिदा (सैन फर्नांडो वैली में बसा लॉस एंजिल्स महानगरीय क्षेत्र का उपनगर)। डेस प्लेनिस में नमूना रेस्तराँ खुलने के करीब एक वर्ष बाद इन तीनों स्थानों पर मैकडोनाल्ड्स रेस्तराओं की फ्रेंचाइजी शृंखलाओं का शुभारंभ हो गया था।

ध्यान रहे कि रे की कंपनी का मूल नगर शिकागो उत्तरी अमेरिका मध्य-पश्चिमी क्षेत्र में बसा हुआ है, जबकि कैलिफोर्निया पश्चिम समुद्रततीय क्षेत्र है। दोनों के बीच की दूरी 2000 मील से भी अधिक है, जो हवाई जहाज से लगभग चार घंटों में तय होती है।

अब सवाल उठता है कि रे ने शुरुआत में अपने शिकागो क्षेत्र में फ्रेंचाइजी बेचने की बजाए सुदूर दक्षिण कैलिफोर्निया में अपना ध्यान क्यों केंद्रित किया था। इसकी भी एक ठोस वजह थी—सैन बर्नार्डिनो स्थित मैकडोनाल्ड्स भाइयों द्वारा संचालित मूल रेस्तराँ इसी क्षेत्र का हिस्सा था और रेस्तराँ कारोबार में रुचि रखनेवाले अधिकांश लोग उसकी बेहद लोकप्रियता से बहुत हद तक परिचित थे।

लेकिन रे कैलिफोर्नियाँ जैसे क्षेत्र में भी पूरे साल भर में केवल फ्रेंचाइजी बेच पाने की अपनी कंपनी की सुस्त गति से बुरी तरह परेशान हो गया था। वह यह नहीं चाहता था कि मैकडोनाल्ड्स की छवि ऐसी बने कि यह दक्षिण कैलिफोर्निया क्षेत्र में ही सिमटा हुआ कारोबार है। इसीलिए 1956 के बाकी आठ महीनों में रे व सोंनेबोर्न ने पागलों की तरह काम किया था और आठ नए फ्रेंचाइजी बेच पाने में सफल रहे थे। दिलचस्प बात यह थी कि इनमें सिर्फ एक फ्रेंचाइजी ही कैलिफोर्निया का था।

मध्य पश्चिमी अमेरिका का पहला मैकडोनाल्ड्स रेस्तराँ वॉकेगन (इलिनोइस) में खुला था। यह लेक मिशिगन के पश्चिमी तट पर बसे शिकागो, मिल्वौकी, ग्रीन बे व केनोशा के बाद पाँचवाँ सबसे बड़ा नगर है, जो शिकागो के उत्तर में 40 मील दूर

है। रे के लिए वॉकेगन फ्रेंचाइजी बेच पाना एक उल्लेखनीय अनुभव साबित हुआ था। इस फ्रेंचाइजी का भूमिपति एक बैंक व्यवसायी था, जो 15 सेंट में बिकनेवाले हैम्बर्गर के कारोबार की संभावना को लेकर बुरी तरह आशंकित था। वह यह यह मानने को ही तैयार नहीं हो पा रहा था कि इस रेस्तराँ का फ्रेंचाइजी संचालक उसे किराए की रकम दे सकने लायक कारोबार कर सकेगा। खुद फ्रेंचाइजी संचालक भी इस कारोबार के भविष्य को लेकर चिंतित था। रे ने एड मैकलुकी (नमूना रेस्तराँ का प्रबंधक) को उस रेस्तराँ के शुभारंभ में मदद करने के लिए भेजा था। मैकलुकी ने वहाँ पहुँचते ही रसोई-सामग्रियों के सारे अग्रिम आदेश जारी कर दिए थे। सामग्री-आदेश से भारी मात्रा से फ्रेंचाइजी मालिक बुरी तरह घबरा गया था। उसने अपनी घबराहट की खीझ उतारने के लिए रे को फोन पर बहुत कुछ सुना दिया था। उसको शक था कि रे उसे बरबाद करने की कोशिशें कर रहा था। उसने कहा था कि मैकलुकी ने जितने बंद व मांस के आदेश दिए थे, उतना तो वह एक महीने में भी उपयोग नहीं कर सकेगा, लेकिन रे ने उस संचालक को तसल्ली दी थी कि वह घबराए नहीं, बस शुभारंभ की तैयारी करे।

लेकिन 24 मई, 1956 को जब उस रेस्तराँ का शुभारंभ हुआ तो बिक्री जंगली आग की तरह फैल उठी। ग्राहकों की भीड़ को देखते हुए मैकलुकी हड़बड़ी में डेस प्लेनिस रेस्तराँ आया था और वहाँ से सप्ताहांत तक के लिए आवश्यक मांस व बंद उधार लेकर वॉकेगन वापस लौट गया था। पहले दिन की बिक्री को देखकर संचालक गद्‌गद था और उसने अपनी गलतबयानी के लिए रे से बाकायदा माफी भी माँगी थी। इसके उलट अब भूमिपति को अब ऐसा लग रहा था कि मानो रे ने कम किराया देकर उसके साथ धोखा किया था। वॉकेगन रेस्तराँ की अचल संपत्ति का किरायानामा 20 वर्षों का था और उन 20 वर्षों में एक भी दिन ऐसा नहीं बीता हो, जब उस भूमिपति ने किराया बढ़ाने की बात न की हो।

रे ने अपनी आत्मकथा में लिखा है कि उसे अपनी त्वरित खाद्य अवधारणा में भरोसा था, जबकि वह भूमिपति यह बेहतर जानता था कि उसकी अचल संपत्ति की अवस्थिति किसे प्रकार का प्रदर्शन करेगी। रे ने सफाई दी है कि उसने हमेशा ही उचित तरीके से कारोबार कारोबार किया था, तब भी जब वह यह जानता था कि कोई उसका लाभ उठाने की कोशिश कर था। यही एक कारण था कि रे को हमेशा ही सफलता के लिए पसीना बहाना पड़ा था। रे को हमेशा ही ऐसा लगता था कि वह कुछ हद तक अनुभवहीन था। वह हमेशा व्यक्ति को उसकी जुबान पर लेता था, जब तक उस व्यक्ति ने ऐसा न करने का कारण न दिया हो और उसने कई संतोषजनक सौदे बस हाथ मिलाने की ताकत पर ही सुलझाए थे। दूसरी तरफ, रे को इतनी बार मध्यस्थों के पास जाकर सफाई भी देनी पड़ी, जो उसे कुटिल प्रमाणित करने के लिए काफी थी। रे ने अपनी

आत्मकथा में इस बात को खुले मन से स्वीकार किया है कि वह काफी लंबे समय तक कुटिल की भूमिका भी निभाने में आनंद महसूस करता रहा था, जब तक कि उसका सामना क्लेम बोहर जैसे धूर्त ठग से नहीं हुआ था।

वैसे तो मैकडोनाल्ड्स रेस्तराओं के निर्माण के दौरान रे की मुलाकात कई प्रकार के ठगों से हुई थी, लेकिन उन सबसे क्लेम बोहर सबसे आकर्षक ठग था। बोहर विस्कॉन्सिन का एक एक ठेकेदार था। उसने लुभानेवाले प्रस्ताव के साथ हैरी सोंनेबोर्न से संपर्क किया था। उसने कहा था कि वह पूरे देश की यात्रा कर मैकडोनाल्ड्स रेस्तराँ के लिए उचित स्थानों की तलाश करना चाहता था। बोहर का करना था कि उसका प्रतिष्ठान उन अचल संपत्तियों को खरीदेगा, उन पर रेस्तराँ भवनों के निर्माण करेगा और फिर मैकडोनाल्ड्स सिस्टम्स को किराए पर देगा। रे व सोंनेबोर्न दोनों को बोहर के प्रस्ताव ने ललचाया था और उन्होंने ऐसा करने के लिए सहमति दे दी। उसके बाद, बोहर दूर-दराज के उपनगरों में जमीन की तलाश करने के लिए निकल पड़ा था। चूँकि, रे व सोंनेबोर्न दोनों अपनी तत्कालीन परियोजनाओं में इतना जयादा व्यस्त थे कि उन्होंने क्लेम बोहर की बातों पर आगे कोई खास विचार नहीं किया था।

फ्रेंचाइजी रियलिटी कॉरपोरेशन का गठन : असल में उस वक्त रे व सोंनेबोर्न जिन परियोजनाओं में व्यस्त थे, उनमें सबसे बड़ी परियोजना थी—फ्रेंचाइजी रियलिटी कॉरपोरेशन का गठन। यह अचल संपत्ति कंपनी हैरी सोंनेबोर्न के अनुभवी दिमाग की उपज थी, जिस पर रे दीवाना हुआ जा रहा था। रे व सोंनेबोर्न की जोड़ी ने इस कंपनी के माध्यम से जो सबसे महत्त्वपूर्ण कदम बढ़ाया था, उसी से मैकडोनाल्ड्स रेस्तराँ श्रृंखला की विस्तार प्रक्रिया को मानो पंख लग गए थे और रेस्तराओं की संख्या में नाटकीय वृद्धि संभव हो सकी थी। यही वह कदम था, जिसने मैकडोनाल्ड सिस्टम्स को एक ऐसी कंपनी के रूप में क्रमागत उन्नति शुरू करने का मौका दिया था, जिसका कारोबार रेस्तराओं का विकास करना व उनके संचालन के लिए फ्रेंचाइजी लाइसेंस बेचना था।

असल में, रे व सोंनेबोर्न दोनों शुरू से ही इस बात पर सहमत हो गए थे कि मैकडोनाल्ड्स अलग-अलग लोगों द्वारा उपयोग में लाया जानेवाला बस एक रेस्तराँ ब्रांड नाम भर नहीं रहना चाहिए, बल्कि उससे भी कुछ ज्यादा होना चाहिए। वे मैकडोनाल्ड्स को एक ऐसी व्यापक प्रणाली के रूप में विकसित करना चाहते थे, जो लगातार एकसमान उच्च-गुणवत्तापूर्ण खाद्य व एक समान रसोई विधियों के लिए जानी जाए। इस जोड़ी ने यह लक्ष्य भी निर्धारित किया था कि मैकडोनाल्ड्स कारोबार की आवृत्ति उसकी व्यापक सेवा प्रणाली की प्रतिष्ठा के दम पर हो, न कि किसी रेस्तराँ या संचालक की गुणवत्ता के आधार पर अर्थात् कोई ग्राहक भले ही किसी भी रेस्तराँ में जाए तो वहाँ बार-बार आए और यदि वह किसी दूसरे क्षेत्र के रेस्तराँ में पहली बार भी

बीते वर्ष कैलिफोर्निया में खोले गए मैकडोनाल्ड्स से भी उन दोनों को काफी व्यावहारिक अनुभव मिला था। इसीलिए दोनों इस निष्कर्ष पर पहुँचे थे कि यदि उन्हें अपनी दूरदृष्टि के मुताबिक मैकडोनाल्ड्स को आगे बढ़ाना है तो रेस्तराओं का विकास भी स्वयं ही करना होगा।

जाए तो उसे यह भरोसा हो कि वहाँ भी वैसी ही खाद्य व सेवा की गुणवत्ता मिलेगी। जब रे व सोंनेबोर्न इस लक्ष्य को निर्धारित कर रहे थे तो उन्हें मालूम था कि सभी रेस्तराओं में एक समान खाद्य व सेवा सुनिश्चित करने के लिए संचालकों के प्रशिक्षण व उनकी हर संभव सहायता के साथ ही साथ नियमित समीक्षा के लिए व्यापक कार्यक्रम तैयार करना होगा और उसे मुस्तैदी से लागू भी करना होगा। इसीलिए उन्होंने एक पूर्णकालिक अनुसंधान व विकास केंद्र (आर 3 डी सेंटर) विकसित करने का फैसला किया था। रे को बखूबी मालूम था कि एक समानता की असल चाभी इस आर ऐंड डी सेंटर द्वारा ऐसी खाद्य-तैयारी व सेवा तकनीकों के विकास की क्षमता में होगी, जिन्हें सभी रेस्तराँ संचालक बेहिचक स्वीकार करें, क्योंकि वे तकनीकें उन संचालकों के खुद के सपनों से भी बहुत अधिक उन्नत होंगी, लेकिन ऐसे आर ऐंड डी सेंटर के विकास के लिए खाद्य-वैज्ञानिकों, सेवा विशेषज्ञों व पर्यवेक्षकों की ऐसी पूरी फौज नियुक्त करनी होगी, जो संचालकों को अपने नवाचारों के प्रति जागरूक करेंगे, उसे लागू करने में सहयोग करेंगे और फिर उस प्रक्रिया के प्रभावी कार्यान्वयन की निगरानी भी करेंगे, लेकिन ऐसी व्यवस्था बनाने के लिए बहुत बड़ी धनराशि की जरूरत होगी।

उस समय अमेरिका में तास्ती फ्रीज व डेरी क्वीन दो सबसे लोकप्रिय फ्रेंचाइजी श्रृंखलाएँ थीं। चूँकि हैरी सोंनेबोर्न तास्ती फ्रीज में उपाध्यक्ष रह चुका था, इसलिए उसे न केवल उस कंपनी की, बल्कि डेरी क्वीन की अंदरूनी समस्याओं के वाकिफ था। बहुमिश्रक बेचने के चक्कर में रे न केवल इन फ्रेंचाइजी कंपनियों के बारे में जानता था, बल्कि वह खुद को अमेरिकी खाद्य-सेवा उद्योग के विशेषज्ञ के रूप में विकसित कर चुका था। बीते वर्ष कैलिफोर्निया में खोले गए मैकडोनाल्ड्स से भी उन दोनों को काफी व्यावहारिक अनुभव मिला था। इसीलिए दोनों इस निष्कर्ष पर पहुँचे थे कि यदि उन्हें अपनी दूरदृष्टि के मुताबिक मैकडोनाल्ड्स को आगे बढ़ाना है तो रेस्तराओं का विकास भी स्वयं ही करना होगा। रेस्तराँ विकास के कारोबार में होने का मतलब यह हुआ कि वे लोग अपनी ऐसी मजबूत प्रणाली विकसित कर सकते थे, जिसमें रेस्तराओं के स्थानों को दीर्घकालीन राष्ट्रव्यापी विपणन कार्यक्रम के हिस्से के रूप विकसित किया जा सकता था।

सचमुच यह विचार उत्तेजक था। रे की बिक्रीकर्मी-अंतर्दृष्टि के लिए यह बहुत

ही आकर्षक विचार था। रे को तत्काल समझ में आ गया था कि मैकडोनाल्ड्स रेस्तराँ को उसके स्थान व भवन सहित पूर्ण विकसित करने के बाद बेचना न केवल आसान होगा, बल्कि उसकी कीमत भी सिर्फ ब्रांड बेचने की तुलना में काफी अच्छी मिलेगी, लेकिन इस तरह के हवाई किले बनाना तो आसान था, सचमुच में ऐसा कर पाना बहुत ही कठिन काम था। सबसे पहले तो उचित भूमि-स्थान की तलाश ही आसान काम न था और मेहनत से मिल भी गया तो उसे खरीदना व उस पर रेस्तराँ भवन निर्माण करने के लिए मोटी रकम की जरूरत पड़ेगी।

इस यक्ष प्रश्न का हल ढूँढ़ा था हैरी सोंनेबोर्न ने, फ्रेंचाइजी रियलिटी कॉरपोरेशन के गठन की रूप योजना प्रस्तुत कर। वैसे तो रे ने भी इस दिशा में काफी कुछ सोचा था, लेकिन सोंनेबोर्न की अत्यंत प्रतिभाशाली वित्तीय सूझ-बूझ से निकली यह एक ऐसी योजना थी, जो सभी प्रतिभागियों के लिए जीत की कारोबारी स्थिति को संभव बना रही थी और रे इस योजना से इतना अधिक प्रभावित हो गया था कि उसने खुद को, अपने घर को, कार को और बाकी सबकुछ को दाँव भर लगा देने का निश्चय कर लिया था। रे ने एक बार फिर से इस तर्कसंगत जोखिम को अपनी कारोबारी चुनौती के हिस्सा के रूप देखा था और खुद को पिसकर बाहर निकलने की मर्मांतक प्रक्रिया से गुजारने के लिए तैयार कर लिया था। किसी संभावना को हर पहलू से परखने की कला और फिर जोखिम उठाने के दुस्साहस ने ही तो रे को रेस्तराँ उद्योग के महानायक के रूप में उभारा था।

चौंकने की जरूरत नहीं है कि हैरी सोंनेबोर्न ने सिर्फ 1000 डॉलर की नकद पूँजी से फ्रेंचाइजी रियलिटी कॉरपोरेशन का गठन किया था और उतनी पूँजी से उलट-फेर 17 करोड़ डॉलर मूल्य की अचल संपत्ति का जुगाड़ बना लिया था। आखिर सोंनेबोर्न ने अपनी योजना में किस जादुई सूत्र (मैजिकल फार्मूला) का उपयोग किया था? सोंनेबोर्न ने मैकडोनाल्ड्स की संभावनाओं के आधार पर भूपतियों को अधीनस्थ आधार पर अपनी भूमि फ्रेंचाइजी रियलिटी कॉरपोरेशन को पट्टे पर देने के लिए तैयार किया था, और फिर उसके साथ दूसरी गिरवी का अनुबंध कर लिया था, ताकि पहली गिरवी के आधार पर बैंक से भवन निर्माण के लिए ऋण लिया जा सके। मतलब यह कि सोंनेबोर्न ने सिर्फ पट्टे की आमदनी सुनिश्चित कर भूमि पति को भवन निर्माण में भी अधीनस्थ बना लिया था। सोंनेबोर्न की इस योजना के कामयाब हो पाने के बारे में शुरू-शुरू रे को थोड़ा शक भी हुआ था कि ऐसा कोई भूमिपति क्यों तैयार होगा? लेकिन उसने सोंनेबोर्न को योजना पर आगे बढ़ने में रोका नहीं था।

इसके पीछे भी रे की अपनी विशेष अवधारणा थी। रे ने आत्मकथा में लिखा है कि यदि आप किसी काम के लिए एक विशेषज्ञ को नियुक्त करते हैं तो आपको

उसके रास्ते से दूर हो जाना चाहिए और उसे अपना काम स्वतंत्र रूप से करने दीजिए। यदि आपको उस व्यक्ति की क्षमता पर शक है तो आपको उसे नियुक्त ही नहीं करना चाहिए। हैरी सोंनेबोर्न ने पट्टा-अनुबंधों के मूल सिद्धांतों के बारे में गहरा अध्ययन किया था। इतना ही नहीं, उसने अपनी योजना को ठोस कानूनी आधार पर आगे बढ़ाने के लिए वाशिंगटन डीसी के एक अचल-संपत्ति सौदे के विशेषज्ञ को नियुक्त किया था। सोंनेबोर्न ने उस विशेषज्ञ को एक सप्ताह के लिए शिकागो बुलाया था और उस पर प्रतिदिन 300 डॉलर के हिसाब से खर्च भी किया था। रे ने आत्मकथा में लिखा है कि उसकी सचिव जून मारीटिनो इस भयावह खर्च को लेकर बहुत आशंकित थी। सोंनेबोर्न जिस मात्रा में उस विशेषज्ञ पर रे का धन लुटा था, मारीटिनो को डर लग रहा था कि जल्द ही खजाना खाली हो जाएगा और गुस्से में आकर रे उस विशेषज्ञ सहित सोंनेबोर्न को भी नीचे गली में फेंक देगा, लेकिन रे के दिमाग में ऐसी कोई बात नहीं आई थी। रे को बहुत अच्छी तरह से मालूम था कि धन कमाने के धन खर्च भी करना पड़ता है और जहाँ तक सोंनेबोर्न द्वारा खर्च किए जाने का मसला था तो वह उसी काम पर खर्च कर रहा था, जिसके लिए रे ने उसे नियुक्त किया था। इस तरह, रे ने अपने मातहत अधिकारी पर अटूट विश्वास भी जताया था और एक दूरदर्शी व धैर्यवान उद्यमी होने का परिचय भी दिया था।

असल में सोंनेबोर्न द्वारा सूत्रबद्ध 'पट्टे की अधीनता' (सबोर्डीनेशन ऑफ लीज) के विचार को आगे बढ़ाए जाने व सफल होने के दो प्रमुख कारण थे। पहला कारण यह था कि 1950 के दशक के अंतिम वर्षों में फ्रेंचाइजी कारोबार अपने शुरुआती चरण में था और हाशिए पर स्थित वाणिज्यिक अचल संपत्तियों को लेकर प्रतिस्पर्धा भी काफी कम थी। दूसरा बड़ा कारण यह था कि सोंनेबोर्न व रे दोनों बहुत अच्छे बिक्रीकर्मी थे और वे भूमिपतियों को इस आधार पर पटा सकने में सक्षम थे कि उनकी खाली बेकार पड़ी जमीनें मैकडोनाल्ड्स की पट्टेदारी से कुछ आमदनी तो सुनिश्चित करेंगी। जिन भूमिपतियों को उनकी बातों पर तनिक में शक होता था, वे उन्हें डेस प्लेनिस के अलावा वॉकेगन (इलिनोइस) रेस्तराँ का मुआयना करवाने का इंतजाम कर देते थे। इन रेस्तराओं का कारोबार देखने के बाद भूमिपति आश्वस्त हो जाते थे कि उनकी जमीनें भी मैकडोनाल्ड्स खुलने से सोना उगलना शुरू कर सकती थीं।

यह मैकडोनाल्ड्स की असल कमाई की शुरुआत थी। सोंनेबोर्न ने रेस्तराँ संचालकों के लिए मासिक भुगतान का सूत्र भी ईजाद किया था। मासिक भुगतान व्यवस्था के चलते कंपनी के पास नियमित नकदी बहाव (कैश फ्लो) शुरू हो गया था। यह रकम न केवल गिरवी की किश्तों व जमीनों के किराए के भुगतान के लिए काफी थी, बल्कि कंपनी के अन्य खर्चों के लिए पर्याप्त नकदी बचने लगी थी। सोंनेबोर्न के

वित्तीय सूत्रों ने रे की महत्त्वाकांक्षा को ऊँची उड़ान भरने के लिए मजबूत पंख दे दिए थे। अब रे के लिए यह सपना देखना आसान हो गया था कि मैकडोनाल्ड्स किस तरह तेजी से पूरे देश में फैल सकता था।

लेकिन इस सपने को मजबूत आधार प्रदान करने के लिए सोंनेबोर्न ने एक नायाब सूत्र निकाला था। उसका मानना था कि यदि मैकडोनाल्ड्स सचमुच में खुद को एक देशव्यापी कंपनी के रूप में विकसित करना चाहती है तो उसे वित्तीय समुदाय में अपनी बड़ी छवि प्रदर्शित करनी होगी। सिर्फ छोटे बैंकों के गिरवी ऋण से यह बात नहीं बनेगी। इसके लिए मैकडोनाल्ड्स की संभावनाओं को गिरवी ऋण (मॉर्गेज लेंडिंग) देनेवाले बड़े संस्थागत निवेशकों का समर्थन हासिल करना होगा। साफ था कि रे ने सोंनेबोर्न को इस दिशा में आगे बढ़ने के लिए तत्काल अपनी सहमति दे दी थी। अब सोंनेबोर्न ने बड़ी बीमा कंपनियों को पटाना शुरू कर दिया था। उसने शिकागो की आल-अमेरिकन लाइफ इंश्योरेंस कंपनी के साथ सबसे पहला सौदा किया था, जिसमें कंपनी मैकडोनाल्ड्स को अनेक गिरवी ऋण देने पर सहमत हो गई थी। सोंनेबोर्न यही रुकनेवालों में से नहीं था। वह नहीं चाहता था कि मैकडोनाल्ड्स सिर्फ एक बड़ी कंपनी के वादे के भरोसे आगे बढ़े। इसीलिए उसने शिकागो की दूसरी बड़ी जीवन बीमा कंपनी सेंट्रल स्टैंडर्ड लाइफ के साथ भी गिरवी ऋण देने का सौदा कर लिया था।

यह एक बड़ी खबर थी और अब यह स्पष्ट दिखाई देने लगा था कि मैकडोनाल्ड्स का भविष्य तेजी से गति पकड़ने लगा था और जल्द ही कंपनी शुद्ध लाभ की स्थिति में आनेवाली थी। कंपनी को इस सुनहरे भविष्य की दिशा में लाने के लिए निश्चित तौर पर हैरी सोंनेबोर्न की वित्तीय प्रतिभा की भूमिका अहम थी, लेकिन जून मारीटिनो का योगदान भी कम करके आँका नहीं जा सकता। रे ने आत्मकथा में लिखा है कि वह खुद को गहराई से दोनों का कर्जदार महसूस करने लगा था। वे बिना थके काम कर रहे थे, और रे को पता था कि दोनों अपनी पारिवारिक जिम्मेवारियों को पूरी तरह से नजरअंदाज कर रहे थे। वे अपनी लगन व मेहनत से यह सुनिश्चित करना चाहते थे कि वे तेजी से बढ़ती कंपनी में अपना शीर्ष स्थान सुनिश्चित कर सकें। कई बार ऐसा भी हुआ था कि जून को अपने बच्चों के जन्म दिन, उपाधिग्रहण व क्रिसमस के भोज के मौके पर भी दफ्तर में ही काम में व्यस्त रहना पड़ा था। हैरी सोंनेबोर्न व जून मारीटिनो के समर्पण का कारण यह भी था कि रे भी उन्हीं की नाव पर सवार था।

लेकिन रे के लिए यह काम थोड़ा-सा आसान इसलिए भी था कि उसकी पत्नी एथल, उसकी बेटी व उसके बीच शीत-युद्ध की सी स्थिति बनी हुई थी। जहाँ तक कारोबार के प्रति रे के संपूर्ण समर्पण की बात है तो वह तो सभी से है, जब उसने अपने घर से कारोबार शुरू किया था। यही कारण था कि सोंनेबोर्न व जून के समर्पण का दिल

की गहराइयों से कृतज्ञ था। अभी रे की आर्थिक स्थिति सुदृढ नहीं थी कि वह दोनों को उचित भुगतान कर पाए, लेकिन रे ने तभी यह तय कर लिया था कि ज्यों ही कंपनी अपने पाँवों पर खड़ी होगी, वह सोंनेबोर्न व जून दोनों को उनका उचित मुआवजा सुनिश्चित करेगा। जी हाँ, रे ने आनेवाले समय में जब मैकडोनाल्ड्स देश की प्रमुख कंपनी बन गई तो जून को 10 प्रतिशत व सोंनेबोर्न को 20 प्रतिशत की हिस्सेदारी देकर अपना कर्तव्य निभाया था और इन हिस्सेदारियों ने ही उन दोनों को अंततः अमीर बना दिया था।

खैर, 1956 बीतते-बीतते रे को इस बात का एहसास होने लगा था कि अब उसे एक ऐसे परिचालन अधिकार की जरूरत आन पड़ी थी, जो सभी फ्रेंचाइजी रेस्तराओं को एक सामान गुणवत्ता के स्तर प्राप्त करने में पूरा सहयोग सुनिश्चित करे। हर रेस्तराँ के शुभारंभ के लिए कैलिफोर्निया से आर्ट वेंडर को बुलाना रे को भारी लगने लगा था और वह डेस प्लेनिस नमूना रेस्तराँ से एड मैकलुकी को भी यहाँ-वहाँ भेज पाने की स्थिति में नहीं था। जून व सोंनेबोर्न भी रे को यही कह रहे थे कि आर्ट वेंडर व मैकलुकी से बेहतर अभी कोई और कोई नहीं हो सकता था, जो मुख्यालय में परिचालन का काम देख सके, लेकिन रे की पारखी नजरों ने देख लिया था कि इस काम के लिए सबसे उपयोगी कौन हो सकता था।

फ्रेड टर्नर को परिचालन की जिम्मवारी

जी हाँ, रे ने तय कर लिया था कि फ्रेड टर्नर ही वह युवा कर्मचारी था, जिसके कंधों पर परिचालन की मेहनतकश जिम्मेवारी डाली जा सकती थी। टर्नर फरवरी 1956 में पहली बार रे के सामने प्रस्तुत हुआ था। रे ने आत्मकथा में लिखा है कि उसने उसी वक्त यह अनुमान लगा लिया था कि एक दिन टर्नर मैकडोनाल्ड्स बोर्ड का अध्यक्ष (प्रेसीडेंट) बनेगा और सभापति (चेयरमैन) भी। उस समय वह मात्र 23 वर्ष का था। वह चेहरा बचकाना था, लेकिन ऐसी प्रभावी मुसकान रे ने वर्षों में कभी नहीं देखी थी। रे ने शिकागो ट्रिब्यून में विज्ञापन दिया था, जिसे देखने के बाद फ्रेड टर्नर के साथ दूसरा युवा जोए पोस्ट रे के कार्यालय में उपस्थित हुआ था। उन दोनों युवाओं ने दो अन्य रिश्तेदारों के साथ मिलकर पोस्ट-टर्नर कॉरपोरेशन का गठन किया था। वे दोनों मैकडोनाल्ड्स की फ्रेंचाइजी खरीदकर उसे खुद में संचालित करना चाहते थे। रे ने उन लोगों से फ्रेंचाइजी लाइसेंस शुल्क का भुगतान लिया था और उन्हें सुझाया था कि जब तक उनका रेस्तराँ चालू होने की स्थिति में आता है, तब तक वे यदि डेस प्लेनिस में काम कर रेस्तराँ के संचालन की बारीकियाँ सीखें तो अच्छा होगा।

फ्रेड टर्नर ने रे की बात को मान लिया था और तत्काल 1 डॉलर प्रति घंटे के

मेहनताने पर रेस्तराँ में काम करने चला गया था। पोस्ट-टर्नर कॉरपोरेशन के पारिवारिक समूह की ओर से टर्नर को कारबोर लागत के रूप में 85 डॉलर प्रति सप्ताह की निर्धारित राशि मिल रही थी। फ्रेड बहुत मेहनती कामगार था। जल्द ही एड मैकलुकी ने रे को उसकी मेहनत व लगन की जानकारी दी थी। डेस प्लेनिस रेस्तराँ में 50 प्रतिशत हिस्सेदारी लगानेवाला आर्ट जैकब भी, जो खुद बहुत कम समय के लिए रेस्तराँ में आता था, टर्नर से प्रभावित हुआ था। रे ने भाँप लिया था कि टर्नर एक जन्मजात कारोबारी नेता था और वह खुश था कि टर्नर जैसा मेहनती शख्स उसका फ्रेंचाइजी बनने जा रहा था, लेकिन जल्द ही रे को यह सूचना भी मिलने लगी थी कि पोस्ट-टर्नर कॉरपोरेशन में उसके सामने दिक्कतें आने लगी थीं। उस कंपनी ने यह नियम बनाया हुआ था कि हर फैसला बहुमत से होगा। इसीलिए चाहे वह रेस्तराँ के स्थान-चयन का मामला हो या फिर अन्य फैसले, मतभेद की स्थिति बनने लगी थी। जल्द ही टर्नर उस पारिवारिक समूह से निराश हो गया था और वह डर गया था कि वे कभी भी स्थान का चुनाव नहीं कर सकेंगे। उसने उस समूह से साप्ताहिक धनराशि लेना भी बंद कर दिया था, क्योंकि वह नहीं चाहता था कि बाकी तीनों के चक्कर में उसके ऊपर कर्ज की रकम आ जाए। कुछ ही दिनों बाद टर्नर ने अपना खर्च पूरा करने के लिए ब्रश बेचने की एक दूसरी नौकरी भी ढूँढ़ ली थी।

1956 की शरद ऋतु के अंतिम दिनों में शिकागो के सिसरो एवेन्यू में हाल में खुले मैकडोनाल्ड्स रेस्तराँ के संचालक बिल बरर ने रे से सलाह माँगी थी कि क्या वह फ्रेड को अपने यहाँ प्रबंधक नियुक्त कर सकता था। रे ने उसे तत्काल हाँ कह दिया था, लेकिन उसमें एक शर्त को भी जोड़ दिया था। रे ने बरर को सावधान किया था कि वह खुद टर्नर को अपने मुख्यालय में भरती करने का इच्छुक था और ज्यों ही ऐसी स्थिति बनेगी, वह टर्नर को वापस ले लेगा।

लेकिन वह समय भी इतनी जल्द ही आ जाएगा, रे ने भी तब अंदाजा नहीं लगाया था। शिकागो से लगभग 60 मील दूर कनकाकी (इलिनोइस) में नए रेस्तराँ के विकास के लिए फ्रेंचाइजी रियलिटी एक अचल संपत्ति का अधिग्रहण कर रही थी, जिसमें कई प्रकार की समस्याएँ पेश आ रही थीं। वहाँ तत्काल एक संचालक की जरूरत थी। इसीलिए रे ने फ्रेड टर्नर का मन टटोलने के लिए हैरी सोंनेबोर्न को उसके पास भेजा था। वह उस रेस्तराँ के विकास व संचालन की जिम्मेदारी सँभालने को तैयार हो गया था, लेकिन कुछ ही दिनों बाद उस अचल संपत्ति का सौदा रद हो गया था। इसलिए रे ने फ्रेड टर्नर को अपने मुख्यालय बुला लिया था।

रे ने फ्रेड टर्नर को 425 डॉलर प्रतिमाह के वेतन का प्रस्ताव दिया था। उसने मन-ही-मन जल्दबाजी में हिसाब-किताब किया था, तो उसे पता चला था कि यह तो

उतनी ही रकम थी, जो उसे सिसरो एवेन्यू रेस्तराँ प्रबंधक के काम के लिए मिल रही थी। उसने रे से यह कहने में कोई हिचकिचाहट नहीं दिखाई थी, वह उतनी राशि में यहाँ काम नहीं कर सकेगा, क्योंकि उसे घाटा होगा। उसने कहा था कि यहाँ आने-जाने में उसे ज्यादा किराया लगेगा, दिन का भोजन खरीदना होगा, जो कि रेस्तराँ में मुफ्त मिल रहा था और उसे यहाँ पर हमेशा सफेद सूट पहने रहने के लिए कई कमीजें खरीदनी पड़ेंगी व उन्हें हमेश धुलवाकर तैयार रखना होगा। इन खर्चों को जोड़ने के बाद टर्नर ने कहा था कि 475 डॉलर प्रतिमाह से कम पर वह मैकडोनाल्ड्स मुख्यालय में काम नहीं कर सकेगा। रे ने उसकी माँग को तत्काल स्वीकार कर लिया था और टर्नर के साथ गरमजोशी से हाथ मिलाया था। रे ने आत्मकथा में लिखा है कि बिना किसी नानुकुर उसकी माँग मानने के लिए टर्नर काफी खुश दिख रहा था, लेकिन टर्नर के वेतन के मुद्दे पर यह रे की पहली व अंतिम बातचीत साबित हुई थी।

फ्रेड टर्नर ने जनवरी 1956 से मैकडोनाल्ड्स मुख्यालय में काम शुरू कर दिया था। उस वर्ष कंपनी ने 15 नए रेस्तराओं का शुभारंभ किया था और उन सभी को विकसित करने में टर्नर ने अहम भूमिका अदा की थी। इस विस्तार अभियान में दो अन्य लोगों—जिम शिंडलर व सिग चाव्को ने भी बहुत योगदान किया था। याद रहे कि रे ने डेस प्लेनिस में नमूना रेस्तराँ के विकास के समय ही लेंटर इक्विपमेंट कंपनी के जिम शिंडलर को मैकडोनाल्ड्स भाइयों के नवाचारों को शामिल करते हुए एक नई रसोई उत्पादन शृंखला विकसित करने की जिम्मेवारी दी थी और उसने काफी मेहनत व लगन से उस काम को पूरा किया था। स्टील उपकरणों की संरचना तैयार करने में शिंडलर को महारत हासिल थी। इसीलिए रे ने बाद के अन्य सभी रेस्तराओं में रसोई उपकरण शृंखला के लिए भी शिंडलर को जिम्मेवारी सौंपी थी और अब आगामी रेस्तराओं के लिए भी वही काम कर रहा था। दूसरा व्यक्ति था लेंटर इक्विपमेंट कंपनी के इलिनोइस परिक्षेत्र का बिक्रीकर्मी सिग चाव्को। रसोईघर विकसित करने में दोनों इस तरह जी-जान लगाकर जुटे हुए थे कि मानो वे मैकडोनाल्ड्स के वेतनभोगी हों। उन दोनों ने अपने नियत नौकरी समय से भी कई घंटे ज्यादा काम करके यह सुनिश्चित किया था कि सभी रसोई उपकरण ठीक प्रकार से स्थापित किए गए थे और ठीक प्रकार से काम भी कर रहे थे। इतना ही नहीं, उन दोनों ने समय पर रेस्तराँ के शुभारंभ को सुनिश्चित करने के लिए कई बार कूड़ा-करकट उठाने व मोटरवाहन अड्डे में झाड़ू लगाने में भी संचालकों का हाथ बँटाया था।

सारासोटा (फ्लोरिडा) में रेस्तराँ की रसोई संरचना में मिल्कशेक व हैम्बर्गर अगल-बगल बनाए जाने की व्यवस्था को स्वास्थ्य विभाग ने स्वास्थ्य को नुकसान पहुँचानेवाली करार दिया था। इसके चलते रेस्तराँ के खुल पाने में अड़चन पैदा हो

गई थी। शिंडलर व चाव्को ने मैकडोनाल्ड्स की अन्य इकाइयों की तरह ही यहाँ हैम्बर्गर तवे के बगल में मिल्कशेक के उपकरण लगाए थे, जो स्वास्थ्य मानकों के मुताबिक गलत थे, लेकिन अन्य स्थानों पर किसी ने उस पर ध्यान ही नहीं दिया था। पूरी रसोई की संरचना को बदलना संभव नहीं था। उन्होंने इस समस्या का एक नवाचारी तरीका अपनाया था और मिल्कशेक व हैम्बर्गर की उत्पादन प्रक्रियाओं के बीच अंदर खुलने वाली शीशे की दीवार खड़ी कर दी थी। इस तरह दोनों दोनों चीजें अलग-अलग कमरे में बनने लगीं, लेकिन दोनों वस्तुओं को एक ही सेवा-खिड़की से ग्राहकों को परोसना संभव हो गया था। इस तरह शिंडलर व चाव्को ने स्वास्थ्य विभाग को संतुष्ट कर दिया था और रेस्तराँ संचालक की साँस में साँस आ सकी थी।

सारासोटा में रेस्तराँ की रसोई संरचना में मिल्कशेक व हैम्बर्गर अगल-बगल बनाए जाने की व्यवस्था को स्वास्थ्य विभाग ने स्वास्थ्य को नुकसान पहुँचानेवाली करार दिया था। इसके चलते रेस्तराँ के खुल पाने में अड़चन पैदा हो गई थी।

रसोई-उपकरण विशेषज्ञ जिम शिंडलर की नियुक्ति : वर्ष 1957 के आखरी दिनों की बात है। देर रात मस्तिष्क को निचोड़नेवाली बैठक के बाद, रे अपने अर्लिंग्टन हाइट्स स्थित निवास के मनोरंजन कक्ष में हैरी सोंनेबोर्न व जून मारीटिनो के साथ सारासोटा (फ्लोरिडा) में आई अड़चन की कहानी को याद कर रहा था। पिछले ढाई वर्षों में अब तक मैकडोनाल्ड्स के 37 रेस्तराओं के शुभारंभ की उपलब्धि और अगले वर्ष की आशाजनक संभावनाओं को लेकर काफी उत्साहित थे, लेकिन अब तक हर रेस्तराँ के विकास से लेकर शुभारंभ तक में काफी परेशानियों आई थीं। उनका दिमाग भी चक्कर खा रहा था कि आगे रेस्तराँ विकास के काम कैसे पूरे होंगे। तभी जून ने रे को सुझाव दिया था कि कंपनी को जिम शिंडलर जैसे प्रतिभावान विशेषज्ञ की लगातार जरूरत होनेवाली थी, इसीलिए उसे पूर्णकालिक कर्मचारी के रूप में नियुक्त कर लेना बेहतर रहेगा।

रे को जून का सुझाव तर्कसंगत लगा था और उसने शिंडलर को 12000 डॉलर वार्षिक वेतनमान पर मुख्यालय में भरती कर लिया था। शिंडलर अब तक सबसे महँगा कर्मचारी था, जिसका वेतन जून व सोंनेबोर्न ही नहीं, रे से भी बहुत अधिक था, लेकिन कंपनी को शिंडलर जैसे विशेषज्ञ की बहुत सख्त जरूरत थी। रे ने आत्मकथा में लिखा है कि वेतन के लालच में शिंडलर यहाँ कतई नहीं आया होता, यदि उसे मैकडोनाल्ड्स का शीर्ष दल अपने जैसा न लगा होता। वह रे पर अटूट भरोसा करता था और यही कारण था कि उनका संबंध भविष्य में काफी मजबूत बना रहा।

रे व सोंनेबोर्न की विपरीत कार्यशैली : लेकिन शिंडलर की नियुक्ति का श्रेय जून ने खुद को ही दिया था। असल में जून एक ऐसी शख्सियत थी, जिसने पूरे मुख्यालय को आपस में बाँध कर रखा हुआ था। जून ने विशेष रूप से रे व सोंनेबोर्न जैसे दो विपरीत व्यक्तित्वों को सीधे आपस में ठकरा जाने से रोकने में अहम भूमिका निभाई थी। हालाँकि रे व सोंनेबोर्न दोनों पूँजीवादी व्यवस्था में भरोसा करता थे; रे की तरह सोंनेबोर्न को भी मैकडोनाल्ड्स की कारोबारी व्यवस्था व उसे सुनहरे भविष्य को लेकर किसी प्रकार का कोई शक नहीं था, लेकिन दोनों के व्यक्तिगत दृष्टिकोण काफी अलग थे।

हैरी सोंनेबोर्न का व्यक्तित्व शिक्षाविदों जैसा था। वह स्थितियों का आकलन प्रबंधन सिद्धांत व वित्तीय नियमों के आधार पर करता था। इसके उलट रे अपनी बिक्रीकर्मी के सहज-ज्ञान की ताकत के आधार पर आगे बढ़ता था और लोगों का व्यक्तिपरक मूल्यांकन करता था। चूँकि मैकडोनाल्ड्स की विश्वव्यापी अप्रत्याशित सफलता को रे द्वारा चुने गए शीर्ष अधिकारियों ने ही सुनिश्चित किया था, इसीलिए उससे अकसर व्यक्तियों के चयन करने की विधि को विश्लेषित करने के लिए कहा जाता था, लेकिन रे के जवाब बहुत संतोषजनक नहीं होते थे। रे द्वारा बताई गई विधियाँ व्यापार-प्रबंधन के छात्रों को उनकी पाठ्य-पुस्तकों में वर्णित नियमों से बहुत अलग नहीं दिखाई पड़ती थीं। असल में रे के लिए सही उत्तर दे पाना काफी कठिन था, क्योंकि उसके फैसलों का ज्यादा वजन नियमों में नहीं, बल्कि अनुप्रयोग में निहित होता था। इसीलिए रे पर कई बार मनमाने फैसले के आरोप भी मढ़े जाते रहे थे।

उदाहरण के लिए जून मारीटिनो भी यही विश्वास करती थी कि रे ने एक बार कर्मचारी दल के एक सदस्य को सिर्फ इसलिए बाहर निकाल दिया था कि उसने सही तरह की टोपी नहीं पहनी हुई थीं और उसके जूते भी चमक नहीं रहे थे। इस संबंध में रे ने अपनी आत्मकथा में सफाई दी है। रे ने लिखा है कि जहाँ अनुचित टोपी व जूते न चमकने का सवाल था तो यह सच था कि उसे ऐसी चीजें पसंद नहीं थीं, लेकिन सिर्फ इन्हीं कारणों ने उस कर्मचारी को नहीं निकाला गया था। रे ने जब उसे निकालने का फैसला किया था तो वह केवल इतना भर जानता था कि वह कर्मचारी मैकडोनाल्ड्स के लिए सही नहीं था उसमें अन्य प्रकार की गलतियाँ भी करने की आशंका थी और टोपी व जूते तो उसकी गंदी सोच के लक्षण भर थे।

ऐसा ही एक मामला पश्चिमी अमेरिका में आया था, जब एक रेस्तराँ का मुआयना करते हुए रे ने अपने क्षेत्रीय अधिकारी को वहाँ के प्रबंधक को निकालने के लिए कहा था, लेकिन उस अधिकारी ने रे से विनती की थी, उस प्रबंधक को सुधरने का एक और मौका मिलना चाहिए थे। उसके बाद उक्त प्रबंधक को कई बार स्थानांतरित भी किया

गया, लेकिन अंत में उसे निकलना पड़ा था। बाद में क्षेत्रीय अधिकारी ने अपनी गलती स्वीकार की थी, उसने समय पर रे के मूल्यांकन को सही नहीं माना था। रे का कहना यह था कि उसकी चिंता सिर्फ इस बात को लेकर नहीं थी कि उस व्यक्ति-विशेष पर कितना धन खर्च हुआ था, बल्कि एक नाकाबिल व्यक्ति के लिए इतना समय व कोशिशें निरर्थक हुई थीं और उससे भी गंभीर बात यह थी, उस व्यक्ति ने अपने जीवन के इतने वर्ष वहाँ बिता दिए थे, जो उसके भविष्य के लिए अंधी गली साबित होनेवाली थी। रे का मानना था कि उस व्यक्ति को निकाला जाना उसके भविष्य के लिए ज्यादा बेहतर होता, क्योंकि तब उसे अपनी कमजोरियों का एहसास हुआ होता और उसने अपनी क्षमताओं के मुताबिक दूसरे विकल्प खोजे होते। यह दोनों पक्षों के लिए एक दुर्भाग्यपूर्ण घटना थी।

लेकिन इससे यह भी तथ्य साबित होता है कि एक सख्त फैसला भले ही हर किसी को मनमाना लगे, लेकिन फैसले करनेवाले को ऐसा नहीं लगता। रे ने आत्मकथा में स्वीकार किया है कि हैरी सोंनेबोर्न की तुलना में उसकी कार्यकारी शैली ऐसी थी, जिसमें अप्रत्याशित फैसलों की आशंका बहुत ज्यादा थी, लेकिन दूसरी तरफ सोंनेबोर्न की ठंडी व उदासीन कार्यशैली कार्यदल की भावना व उत्साह को ज्यादा प्रेरित नहीं कर पाती थी, लेकिन रे लोगों को ऊपर उठाना, उनमें मैकडोनाल्ड्स के प्रति उत्साह भरना और फिर उनके काम में परिणाम को देखना पसंद करता था। साफ था कि सोंनेबोर्न व रे दोनों अलग प्रकार के व्यक्तित्व थे, लेकिन बहुत लंबे समय तक दोनों ने ऐसी कोशिशें जारी रखी थीं कि उनके अंतर उन्हें ज्यादा ताकतवर बनाएँ।

टर्नर के परिचालन प्रयोग : फ्रेड टर्नर ने मैकडोनाल्ड्स की इस विपरीत स्वभावों वाली शीर्ष प्रबंधन-जोड़ी में एक तीसरा आयाम जोड़ा था। परिचालन अधिकारी के रूप में फ्रेड टर्नर का मुख्य कार्यभार नए संचालकों को रेस्तराँ खुलवाने में हर प्रकार से मदद करना था। चाहे वह उच्च गुणवत्ता वाले मांस, बंद, मसाला आदि की स्थानीय आपूर्ति व्यवस्था हो या फिर रसोई में मानक उत्पादन प्रक्रियाओं का अनुसरण टर्नर सभी मामलों में संचालकों की मदद के लिए तत्पर रहता था। टर्नर के अनुभव का ही नतीजा था कि कंपनी ने रेस्तराओं की सामग्रियों की आपूर्ति व रख-रखाव की प्रक्रिया में कई महत्त्वपूर्ण बदलाव किए थे।

अब हैम्बर्गर की ही बात करें तो टर्नर ने यह सुनिश्चित किया था कि रेस्तराओं को एक सामान आकार, रंग-रूप व गुणवत्ता वाले बंद की आपूर्ति हो। शुरू-शुरू में छह आपस में जुड़े व आधे कटे बंद की आपूर्ति होती थी, जिसे अलग-अलग करने में सावधानी बरतनी पड़ती थी कि कहीं कोई ज्यादा बड़ा न टूट जाए। इसमें ज्यादा समय भी खर्च होता था, लेकिन टर्नर ने बेकरी निर्माताओं को समझाकर पूरे आकार

में कटे अलग-अलग बंद की आपूर्ति सुनिश्चित की थी, जो न केवल तेजी से तवे पर रखे जा सकते थे, बल्कि उनकी शक्ल बदलने या टूट जाने का खतरा भी नहीं रहता था। बेकरी निर्माताओं को ऐसे बंद बनाने में ज्यादा लागत व मेहनत होती थी, लेकिन मैकडोनाल्ड्स का आपूर्ति आदेश ही इतना बड़ा होता था कि वे ऐसा करने में किसी प्रकार की हिचकिचाहट नहीं दिखा सकते थे। इतना ही नहीं, टर्नर ने बंद के लिए ज्यादा मजबूत व दुबारा उपयोग में लाए जाने योग्य कार्डबोर्ड बक्से तैयार कराए थे। इससे आपूर्ति की आवाजाही के दौरान बंद के खराब होने का खतरा ही नहीं खत्म हुआ था, बल्कि उन बक्सों में कई बार आपूर्ति होने से बेकरी निर्माताओं की लागत में बचत भी हुई थी। इस तरह टर्नर ने बेकरी निर्माताओं को लागत में कटौती के हिसाब से बंद की दर भी घटाने को सहमत कर लिया था।

इतना ही नहीं, टर्नर हर बार किसी-न-किसी समस्या के हल के लिए कुछ-न-कुछ नई परिष्कृति लेकर सामने आ जाता था। जैसे कार्डबोर्ड बक्से में कुछ ज्यादा समय तक पड़े-पड़े बंद में नमी की मात्रा घट जाती थी और कई बंद इतने ज्यादा सूख जाते थे कि उनका उपयोग संभव नहीं होता था। इसके चलते हर रेस्तराँ में उसकी जरूरत के मुताबिक पर्याप्त संख्या में बंद को जमा कर रख पाना संभव नहीं हो पा रहा था। टर्नर ने इस समस्या से निजात पाने के लिए कार्डबोर्ड बक्से के ढक्कन को इतना बड़ा करवा दिया था कि वह बक्से को पेंदी तक चारों तरफ से ढककर रखे। पहले ढक्कन कार्डबोर्ड बक्से के आधे हिस्से को ही ढकता था। टर्नर को पता चला था कि बंद रखे जानेवाले कार्डबोर्ड बक्से में मोम की ज्यादा मोटी परत चढ़ा दी जाए तो उसे पहले के मुकाबले अधिक बार उपयोग करना संभव हो सकता था और उसने बक्सा निर्माता को ऐसा ही करने का आदेश दे दिया था।

असल में, जहाँ कहीं भी मैकडोनाल्ड्स का नया रेस्तराँ शुरू होनेवाला होता था, फ्रेड टर्नर वहाँ पहुँचकर सबसे पहले स्थानीय बेकरी निर्माताओं को आमंत्रित करता था और बताता था कि मैकडोनाल्ड्स को किस प्रकार के व कितनी मात्रा में बंद की जरूरत पड़नेवाली थी। टर्नर के पास बंद बनाने में इस्तेमाल होनेवाली सामग्रियों से लेकर उसे बनाने, काटने, कार्ड बोर्ड बक्से में रखने की विधियों व सुचारु आपूर्ति व्यवस्था का पूरा खाका तैयार होता था, जिसमें हर स्तर पर आनेवाली लागत का भी सटीक विवरण होता था। इसके चलते बेकरी निर्माता टर्नर से ज्यादा बहस नहीं करते थे; उन्हें यह मान लेने में कोई परेशानी नहीं होती थी कि टर्नर का तरीका व लागत संरचना उन लोगों से बेहतर थी। इसीलिए बेकरी निर्माता न केवल टर्नर की सारी शर्तों को पूरा करने को तैयार भी हो जाते थे, बल्कि उसके द्वारा निर्धारित दर को लेकर भी ज्यादा खींचतान नहीं कर पाते थे। टर्नर जिस तरह के कार्डबोर्ड बक्से में बंद का प्रस्ताव रखता था, अधिकांश बेकरी

निर्माता उससे अनजान ही होते थे। इसलिए टर्नर को कार्डबोर्ड बक्सा निर्माताओं को भी बुलाकर समझाना पड़ता था।

मैकडोनाल्ड्स रेस्तराओं को बंद की आपूर्ति करना कई बेकरी निर्माताओं के लिए जीवन भर का सुनहरा अवसर साबित हुआ था। कैलिफोर्निया की राजधानी सैक्रामेंटो की मैरी एनस बेकिंग कंपनी ने जब मैकडोनाल्ड्स को आपूर्ति करना शुरू किया था, तब वह बहुत छोटी सी बेकरी हुआ करती थी, लेकिन धीरे-धीरे उसके संयंत्र का आकार बढ़ता गया। करीब 10 वर्षों बाद, 1970 के दशक की शुरुआत में कंपनी ने एक विशाल संयंत्र की स्थापना की थी, जिसमें बंद को ठंडा करने के लिए 400 मीटर से भी अधिक लंबे वाहक-पट्टे (कन्वेयर बेल्ट) की व्यवस्था की गई थी। तब वह मैकडोनाल्ड का बंद बनाने के लिए प्रति माह 10 लाख पौंड से अधिक मात्रा में आटे का उपयोग करने लगी थी। मैरी एन की एक ट्रकिंग कंपनी भी थी, जो मैकडोनाल्ड्स की सेवा में थी।

> **फ्रेड टर्नर ने बंद की ही तरह अन्य सामग्रियों की खरीदारी व आपूर्ति के लिए भी अपने उसकी प्रकार के सोच को लागू किया था। याद रहे कि टर्नर इन सामग्रियों की खरीदारी मैकडोनाल्ड्स सिस्टम्स के लिए नहीं करता था, क्योंकि रे ने शुरुआत में ही यह सैद्धांतिक फैसला कर लिया था कि उसकी कंपनी सामग्रियों का कारोबार नहीं करेगी।**

इसी तरह, सैन फ्रांसिस्को खाड़ी क्षेत्र के पूर्वी क्षेत्र में स्थित हेवर्ड (अल्मिडा काउंटी, कैलिफोर्निया) में फ्रयूंद बेकिंग नामक एक दूसरी कंपनी थी, जिसका कारोबार मैकडोनाल्ड्स के साथ-साथ लगातार ऊपर की तरफ बढ़ता चला गया था। बाद में, शिकागो की थोक खाद्य वितरक कंपनी सी.एफ.एस. कॉन्टिनेंटल ने उसका अधिग्रहण कर लिया था। रे ने आत्मकथा में लिखा है कि शुरू में रे फ्रयूंद बेकिंग के मालिक हेरोल्ड फ्रयूंद की बाँह मरोड़ा करता था कि वह कैलिफोर्निया में मैकडोनाल्ड्स रेस्तराओं को आपूर्ति के लिए एक अलग बंद उत्पादन संयंत्र स्थापित करे। 1970 के दशक में, फ्रयूंद बेकिंग ने विश्व का सबसे विशाल व सबसे ज्यादा स्वचालित बंद उत्पादन संयंत्र स्थापित कर लिया था, जो मैकडोनाल्ड के लिए प्रति घंटे 8000 बंद तैयार करता था। कंपनी ने समूचे फ्लोरिडा क्षेत्र में आपूर्ति के लिए सैंट पीटर्सबर्ग में और समूचे हवाई क्षेत्र की आपूर्ति के लिए हवाई में भी सयंत्र स्थापित किए थे।

फ्रेड टर्नर ने बंद की ही तरह अन्य सामग्रियों की खरीदारी व आपूर्ति के लिए भी उसी प्रकार के सोच को लागू किया था। याद रहे कि टर्नर इन सामग्रियों की खरीदारी मैकडोनाल्ड्स सिस्टम्स के लिए नहीं करता था, क्योंकि रे ने शुरुआत में ही यह

सैद्धांतिक फैसला कर लिया था कि उसकी कंपनी सामग्रियों का कारोबार नहीं करेगी, तो टर्नर की सारी कोशिशें मैकडोनाल्ड्स फ्रेंचाइजी रेस्तराओं को कम-से-कम लागत पर उच्च गुणवत्तापूर्ण सामग्रियों की आपूर्ति सुनिश्चित करना भर ही थीं। टर्नर रेस्तराँ संचालकों के लिए सर्वोत्तम विकल्प सुझाता था और खरीदारी करने में उनकी मदद करता था। बाकी खरीदारी का आदेश व हिसाब-किताब रेस्तराँ विशेष के संचालक को खुद ही करना पड़ता था।

मैकडोनाल्ड्स रेस्तराओं में कुल 9 खाद्य वस्तुएँ परोसी जाती थीं, जिन्हें तैयार करने के लिए 35 से 40 सामग्रियों की आपूर्ति सुनिश्चित की जाती थी। इस तरह, किसी क्षेत्र विशेष में अन्य रेस्तराओं के मुकाबले मैकडोनाल्ड्स रेस्तराओं की कुल खरीद-शक्ति बहुत ज्यादा नहीं थी, लेकिन उनके सामग्री-आपूर्ति आदेश सघन होते थे अर्थात् मैकडोनाल्ड्स के एक रेस्तराँ में तुलनात्मक रूप से ज्यादा बंद, ज्यादा टमाटर चटनी, ज्यादा सरसों चटनी आदि की नियमित आपूर्ति माँगें निकलती थीं। इससे उन सामग्रियों के आपूर्तिकर्ताओं को एक ही स्थान पर ज्यादा कारोबार मिलता था। यहाँ पर एक दिलचस्प तथ्य यह भी है कि टर्नर सिर्फ अपने रेस्तराँ संचालकों की लागत का ही खयाल नहीं रखता था, बल्कि वह आपूर्तिकर्ताओं के लाभ को भी सुनिश्चित करता था। इन दोनों विपरीत बातों को एक साथ पूरा करने के लिए टर्नर लगातार ऐसा नायाब तरीका खोज लाता था, जिससे आपूर्तिकर्ता की लागत कम हो जाए और वह बेहतर कीमत पर रेस्तराओं को भी सामग्री की आपूर्ति कर सके। थोक खरीदारी के जरिए हर रेस्तराँ में एक ही बार में अधिक-से-अधिक आपूर्ति भी आपूर्तिकर्ताओं की लागत बचाने का टर्नर का एक तरीका था, जिससे रेस्तराओं की खरीद लागत भी घटती थी।

रे क्रोक कितना दूरदर्शी उद्यमी था, इसका उदाहरण भी मिलता है। आपके मन में यह सवाल उठ सकता था कि संचालकों व आपूर्तिकर्ताओं, दोनों का लाभ सुनिश्चित करने में मैकडोनाल्ड्स सिस्टम्स को क्या फायदा मिल रहा था? हम पहले ही पढ़ चुके हैं कि रे जीत की स्थिति पैदा कर उसमें से अपने हिस्से का लाभ व बाजार प्रतिष्ठा सुनिश्चित करने के कारोबारी सिद्धांत में भरोसा करता था। इसीलिए वह फ्रेड टर्नर के जरिए एक ऐसी खरीद प्रणाली विकसित करता जा रहा था, जो एक तरफ संचालकों व आपूर्तिकर्ताओं को बेहतर लागत पर उच्च कारोबार करने व ज्यादा लाभ के अवसर प्रदान करता था तो दूसरी तरफ रेस्तराओं में परोसी जानेवाली खाद्य वस्तुओं की उच्च गुणवत्ता भी सुनिश्चित करता था। साफ है कि रेस्तराओं के लगातार बढ़ते लाभ में मैकडोनाल्ड्स सिस्टम्स की आय भी बढ़ रही थी और ब्रांड प्रतिष्ठा

भी, लेकिन रे का असल उद्देश्य इससे भी आगे था। वह इस प्रणाली के माध्यम से रेस्तराओं की संपूर्ण गतिविधियों की निगरानी कर पाने में सक्षम था, इसीलिए लालच में आकर संचालकों द्वारा की जानेवाली जानेवाली हेराफेरी को भी रोक सकता था।

कैसे? चूँकि यह प्रणाली स्वचालित तरीके के वस्तु-सूची (इन्वेंटरी) व उसकी आपूर्ति मात्रा की जाँच करती थी, इसलिए संचालकों के लिए चोरी-छुपे सस्ती व घटिया सामग्रियों का इस्तेमाल कर पाना संभव नहीं था। जैसे, एक दिन में खपत होने वाले बंद के साथ मांस-पट्टियों की संख्या का मिलान किया जा सकता था। इसी तरह, अन्य खाद्य-सामग्री की बिक्री मात्रा से उनमें इस्तेमाल होनेवाली सामग्री की मात्रा का भी मिलान किया जा सकता था। ऐसे में जहाँ भी बिक्री मात्रा व आपूर्ति मात्रा के मिलान का समीकरण गड़बड़ाता था तो वहाँ हेराफेरी के संकेत मिल जाते थे और उसकी लगभग तत्काल ही जाँच की जाती थी, साथ ही इस प्रणाली से सामग्री की बरबादी को भी रोका जा सकता था। उदाहरण के लिए, यदि एक पौंड मांस से 10 मांस-पट्टियाँ बनती थी तो बंद की खपत व हैम्बर्गर की बिक्री से उसकी मांस की कुल उचित मात्रा निकाली जा सकती है। यदि 1000 हैम्बर्गर की बिक्री हुई तो 100 पौंड मांस के ही इस्तेमाल की उचित मात्रा बनती थी। ऐसे में यदि मांस की खपत 110 पौंड हुई तो टर्नर को संकेत मिलता था कि आपूर्तिकर्ता 10 पौंड कम मांस दे रहा था या फिर कोई 10 पौंड चुरा रहा था, या फिर मांस-पट्टी बनाने में उचित मात्रा से अधिक मांस का इस्तेमाल हो रहा था।

जब कभी भी फ्रेड टर्नर नए विचारों के साथ रे के पास पहुँचता था तो रे यह भी सुनिश्चित करता था कि वह समूची शृंखला में हर किसी के द्वारा लागू किया जाए। यहाँ पर रे को उसके बहुमिश्रक बेचने का अनुभव काम आ रहा था। वह जानता था कि कौन-कौन इस प्रक्रिया में अवरोध पैदा कर सकता था और वह उन्हीं डोर को खींचकर अपेक्षित काम करावा पाने में सक्षम था। रे के आलोचक यह भी कहते हैं कि 52 वर्षों तक वह कुछ भी नहीं कर सका था और रेस्तराँ कारोबार में आने के बाद उसे सौभाग्यवश रातोरात सफलता मिल गई थी, लेकिन रे उन महान् कलाकारों की तरह था, जो अपने पेशेवर जीवन में अधिकांश समय अपनी क्षमताओं को विकसित करने में लगाते रहे थे और बाद में उनकी प्रतिभा अचानक सबको चकाचौंध कर देने वाली साबित होती थीं अर्थात् जो सफलता दुनिया भर को अचानक घटित हुई या सौभाग्यश हुई नजर आती है, वह उस व्यक्ति के लगातार अथक परिश्रम व अटूट लगन का प्रतिफल ही होती है।

रे हमेशा फ्रेड टर्नर के साथ काम करने में आराम मसहूस करता था, क्योंकि

वह रे की तरह ही विवरणी-व्यक्ति (डिटेलमैन) था। असल में कुछ विशेष प्रकार के मस्तिष्कवाले लोग होते हैं, जो नए विचार की परिकल्पना ऐसे संपूर्ण प्रणाली के रूप में करते हैं, जिसका हर अंग काम कर रहा हो। रे कभी भी कोई महान् रूपरेखा तैयार नहीं करता था, लेकिन वह भाँप सकता था कि किस विचार को कितने बड़े पैमाने पर फलीभूत किया जा सकता था। ऐसे बड़े विचारों पर वह तब तक आगे नहीं बढ़ता था, जब तक कि उनसे जुड़ी हर छोटी बात को पूरी तरह से सिद्ध न कर ले। रे मानता था कि उसका यह दृष्टिकोण बहुत ही लचीला था। उदाहरण के लिए, जब रे मैकडोनाल्ड्स के मास्टर फ्रेंचाइजी के रूप में काम शुरू कर रहा था तो उसका मूल उद्देश्य ज्यादा बहुमिश्रक बेचना था। इस तरह, यदि रे का दृष्टिकोण लचीला न होता तो मैकडोनाल्ड्स फ्रेंचाइजी कारोबार का पैमाना बहुत छोटे स्तर पर रह जाता। ऐसा नहीं है कि उसके दिमाग में महान् योजनाओं का विचार नहीं आता था। उसके दिमाग में भी कई बार रात को बड़े पैमाने की सफल होनेवाली योजनाएँ आया करती थीं, लेकिन वह अपनी आदत के अनुसार अगली ही सुबह संबंधित योजना से जुड़ी छोटी-छोटी बातों के विवरण जुटाना शुरू कर देता और जल्द ही उसे यह एहसास हो जाता कि योजना कितनी ज्यादा काल्पनिक व कितना कम कार्यात्मक थी। यही कारण था कि रे साधारण दिखाई देनेवाले जोखिम की भी बारीकी से जाँच करने में विश्वास रखता है, हर छोटी बात की तह में घुसता था और फिर आगे बढ़ने की योजना बनाता था। फ्रेड टर्नर की भी यही आदत थी, इसीलिए रे उसे स्वाभाविक रूप से पसंद करने लगा था।

अब यदि हम हैम्बर्गर में डाले जानी मांस-पट्टी की ही बात करें तो आप यही कहेंगे कि यह एक मांस का टुकड़ा भर है, इसमें ऐसी कौन सी खास बात है, जो ध्यान देनेवाली हो सकती है, लेकिन रे क्रोक मैकडोनाल्ड्स के हैम्बर्गर की मांस-पट्टी को कोई साधारण सामग्री नहीं मानता था और उसका भी अपना एक विशेष चरित्र विकसित किया था। इस मांस-पट्टी की तुलना बाजार में बेचे जाने वाले अन्य किसी भी हैम्बर्गर की मांस-पट्टी से नहीं हो सकती थी। क्यों? इसलिए कि टर्नर ने अपनी खाद्य-आपूर्ति प्रणाली से यह सुनिश्चित किया था कि मांस-पट्टी बनाने के लिए केवल गौमांस का ही उपयोग हो, वह भी पूरी तरह से शुद्ध गौमांस, जिसमें गुर्दे या उसके जैसे अन्य अंगों के मांस की मिलावट न हो, साथ ही उस शुद्ध गौमांस में भी वसा की मात्रा 19 प्रतिशत से ज्यादा न हो। इतना ही नहीं, मैकडोनाल्ड ने उस मांस की पिसाई की विधियों, उसे ठंडा रखने की तकनीकों, मांस-पट्टी को ज्यादा रसीला बनाए रखने के लिए सतह की बनावट जैसे तमाम बिंदुओं पर लगातार प्रयोग जारी रखा था।

रे ने बचपन में हैम्बर्गर का पहला स्वाद तब चखा था, जब वह डांस सीखने के लिए जाता था। शिकागो में ओगडेन व हार्लेम एवेन्यू के कोने पर एक हैम्बर्गर की दुकान थी। वह विक्रेता अपने हैम्बर्गर की एक वर्ग इंच मोटी मांस-पट्टी तैयार करने के लिए एक छोटी करछी आइसक्रीम का उपयोग करता था। वह बहुत ही स्वादिष्ट हैम्बर्गर होता था, जिसकी अच्छी-खासी बिक्री हुआ करती थी। फिर भी 1933 के शिकागो विश्व मेले में स्विफ्ट ऐंड कंपनी (ग्रीले, कोलोराडो) ने पिसे हुए गौमांस के ठंडे-खंडों (फ्रोजेन ब्लॉक) को बाजार में उतारा था, जिनमें पाँच छुपे हुए छेद होते थे। (स्विफ्ट ऐंड कंपनी विश्व की सबसे बड़ी गौ व सूअर मांस प्रसंस्करण कंपनी है, जिसका वार्षिक कारोबार 2012 में 17.7 अरब डॉलर था। 2007 में ब्राजील के जे.बी.एस. एस.ए. समूह ने इसका अधिग्रहण कर लिया था।) ये छेद संचालकों को एक गौमांस खंड से 16 की जगह 18 मांस-पट्टियाँ बनाने का अवसर देते थे। इस तरह की सामग्री फैलाव विधियों के माध्यम से ज्यादा पैसा कमाना संभव था।

रे ने आत्मकथा में लिखा है कि एक बार मैकडोनाल्ड्स रेस्तराँ का एक संचालक मांस-पट्टी की लागत को कम करने लिए उसके पास डोनट केक आकारवाली मांस-पट्टी के उपयोग का विचार लेकर पहुँचा था। उसका कहना था कि उस मांस-पट्टी के छेद के मसालों से भरकर उसे आचार के टुकड़े से छुपाया जा सकता था। इससे ग्राहकों को यह पता नहीं चल सकता था कि उसे परोसे जा रहे हैंम्बर्गर की मांस-पट्टी में छेद भी है, लेकिन रे ने उक्त संचालक को साफ बता दिया था कि मैकडोनाल्ड्स अपने ग्राहकों को खिलाने में विश्वास रखता है, न कि इस प्रकार की विधियों से ठगने में, लेकिन इस घटना ने रे को सावधान कर दिया था कि कई संचालक इस तरीके से भी ग्राहकों को धोखा दे सकते थे। इसीलिए रे ने तय किया था कि एक पौंड गौमांस से सिर्फ 10 मांस-पट्टियाँ ही बनाई जाएँगी। जल्द ही यह मात्रा उद्योग-मानक बन गई थी, और सभी रेस्तराओं में इसी मात्रावाली मांस-पट्टियों का इस्तेमाल किया जाने लगा था।

फ्रेड टर्नर ने इन मांस-पट्टियों को डिब्बा-बंद करने के तरीकों पर भी कई प्रयोग किए थे। उसने मांस-पट्टियों पर मोम की अच्छी-खासी परत चढ़ाना शुरू किया था कि तवे पर पटके जाने पर वे चिपके नहीं, लेकिन मोम की परत उतनी भी मोटी न थी, जिससे मांस-पट्टी सख्त हो जाए या ढेर लगाते समय फिसलने लगे। मांस-पट्टी का ढेर बनाने में विज्ञान का इस्तेमाल हुआ था। एक के ऊपर दूसरी रखकर बनाई गई मांस-पट्टियों के ढेर की अधिकतम ऊँचाई उतनी ही रखी गई थी कि ज्यादा भार दबाव पड़ने से निचले हिस्से की पट्टियों की शक्ल न बिगड़े या उनकी नमी खत्म न हो। इन प्रारंभिक प्रयोगों के बाद टर्नर ने मांस-आपूर्तिकर्ताओं के लिए मांस-डिब्बे की

मानक ऊँचाई को निर्धारित कर दिया था। इन छोटे-छोटे सुधारों का सबसे बड़ा उद्‌देश्य समय की बचत करना था यानी कम-से-कम समय में तवे पर काम कर रहा कारीगर ज्यादा तेजी से मांस-पट्टियों को सेंक सके और रेस्तराँ में ग्राहकों को ज्यादा तेजी के साथ हैम्बर्गर परोसे जा सकें।

1957 के अंत में जब नए रेस्तराओं के शुभारंभ में देरी थी तो फ्रेड टर्नर ने पहले से चल रहे कुछ रेस्तराओं का मुआयना किया था। रेस्तराओं की पूरी संचालन प्रक्रिया को बारीकी से परखने के लिए वह खुलने से लेकर बंद होने तक मौजूद रहा था और संचालकों से बातचीत की थी। वहाँ से लौटने के बाद टर्नर ने रे को पड़ताल-सूची (चेक-लिस्ट) दी थी, जिससे संबंधित रेस्तराओं की संचालन-स्थिति की संपूर्ण जानकारी मिल रही थी। यह पड़ताल-सूची बाद में और ज्यादा उन्नत हो कर मैकडोनाल्ड के क्षेत्र-परामर्श के लिए गुणवत्ता आश्वासन प्रारूप बन गई।

रे का मानना था कि यदि फ्रेड टर्नर मैकडोनाल्ड्स में शामिल न हुआ तो भी अपने लिए सफल साम्राज्य बना चुका होता। रे को यह भरोसा इसलिए भी था कि वह सिर्फ टर्नर को ही नहीं, उसकी पत्नी पैटी टर्नर को जानता था। पैटी ने अपने पति को सफल होने की आजादी दे दी थी।

कुल मिलाकर, फ्रेड टर्नर ने परिचालन अधिकारी के रूप में रे के गुणवत्ता मानकों के सपनों को हकीकत में बदलना शुरू कर दिया था। उसे काम करते देखकर रे अकसर यह सोचा करता था कि यदि पोस्ट-टर्नर कॉरपोरेशन के सभी साझीदार रेस्तराँ का स्थान चुनने में सफल हो जाते तो टर्नर किस भूमिका में होता? रे ने आत्मकथा में लिखा है कि उसे पूरा भरोसा था कि वह जहाँ कहीं भी होता, बहुत कुछ अच्छा ही कर रहा होता। पोस्ट-टर्नर कॉरपोरेशन में टर्नर का दूसरा साझीदार जोए पोस्ट भी अच्छा कर रहा था, जो स्प्रिंगफील्ड (मिसौरी, मध्य-पश्चिम अमेरिका) में मैकडोनाल्ड्स फ्रेंचाइजी का संचालन कर रहा था। बाद में जोए पोस्ट व उसकी पत्नी ने तीन मैकडोनाल्ड्स रेस्तराँ खोल लिये थे। उनमें से एक रेस्तराँ बैटलफील्ड मॉल में था, जहाँ पाँच मंजिलों पर पाँच भोजनकक्ष बने थे और उन कक्षों को शानदार अलाव (फायरप्लेस) व आधुनिक चित्रकलाओं से सजाए गया था। रे उस रेस्तराँ की सुंदरता पर इतना मोहित था कि उसे मैकडोनाल्ड्स का ताजमहल कहा करता था।

रे का मानना था कि यदि फ्रेड टर्नर मैकडोनाल्ड्स में शामिल न हुआ तो भी अपने लिए सफल साम्राज्य बना चुका होता। रे को यह भरोसा इसलिए भी था कि वह सिर्फ टर्नर को ही नहीं, उसकी पत्नी पैटी टर्नर को जानता था। पैटी ने अपने पति को सफल होने की आजादी दे दी थी। यदि वह किसी रेस्तराँ का संचालन भी

कर रहा होता तो वह उसके साथ कदम-से-कदम मिलाकर चल रही होती। चूँकि मैकडोनाल्ड्स रेस्तराँ लघु अमेरिकी कारोबार का जीता-जागता उदहारण बन गया था, इसीलिए उसकी सफलता में पति-पत्नी कार्यदल की बहुत बड़ी भूमिका हो सकती थी। ऐसे बहुत सफल मैकडोनाल्ड्स रेस्तराँ बने, जहाँ पति परिचालन व रख-रखाव का काम देखता था तो उसकी पत्नी लेखा-खातों व कर्मचारियों की देख-रेख करती थी। रे पति-पत्नी की जोड़ी को बहुत बढ़ावा दिया करता था और अपनी कंपनी में भी हर स्तर पर पत्नियों को अपने पति के काम में शामिल होने का मौका देता था। रे का मानना था एक की जगह दो दिमाग किसी काम को बेहतर तरीके से कर सकते थे।

□

4

हरा व लगातार बढ़ता हुआ मैकडोनाल्ड्स कारोबार

शुरुआती दौर में, जब आप तेजी से बढ़ने की कोशिश कर रहे होते हैं तो एक ऐसा झटका जरूर लगता है, जो आपको चेतावनी देता है—असावधानी हुई, दुर्घटना घटी। रे क्रोक के साथ भी ऐसा ही हुआ था। उसका क्लेम बोहर नामक एक महाठग से पाला पड़ गया था। जैसा कि हम पिछले अध्याय में पढ़ चुके हैं, रे व हैरी सोंनेबोर्न ने व्यस्तता के कारण बिना किसी ठोस अनुबंध के क्लेम बोहर को मैकडोनाल्ड्स के लिए उपनगरों में बढ़िया स्थान ढूँढ़ने व उस पर भवन निर्माण करने की अनुमति दे दी थी। कुछ महीने पहले तक वह लगातार सोंनेबोर्न को फोन कर अपने काम की सूचना दे रहा था, लेकिन एक डेढ़-महीने से वह गायब था। कुछ समय पहले जब रे पूर्वी समुद्रतटीय क्षेत्र (ईस्ट कोस्ट) में यात्रा की तैयारी कर रहा था, तो उसने क्लेम बोहर के मामले में सोंनेबोर्न से चर्चा की थी और उसे तभी आशंका हो गई थी कि कोई बड़ी अनहोनी होनेवाली थी।

ऐसा ही हुआ भी था। रे अपने कार्यालय कक्ष में बैठा था तो उसके सचिव जून मारीटिनो ने घबराहट भरे स्वर में हैरी सोंनेबोर्न के फोन कॉल को उसके पास स्थानांतरित किया था। रे की अंतर्दृष्टि ने उसे तभी संकेत दे दिया था कि हो न हो, सोंनेबोर्न उसे क्लेम बोहर के बारे में कोई बुरी खबर सुनाए। बात वही निकली। सोंनेबोर्न ने रे को बताया था कि जिन आठ स्थानों के लिए क्लेम बोहर ने फ्रेंचाइजी रियलिटी कॉरपोरेशन के साथ पट्टे का अनुबंध किया था, उन स्थानों से 'मैकेनिकस लियन' (मिस्त्री धारणा-अधिकार) कानून के तहत क्षतिपूर्ति-दावा (डैमेज क्लेम) के समन भेजे गए थे। ध्यान रहे कि यह कानून भवन निर्माण कारीगरों व सामग्री आपूर्तिकर्ताओं को उनकी क्षतिपूर्ति का धारणा-अधिकार प्रदान करता है। यह खबर सुनकर रे इतने गुस्से में आ

गया था कि फोन पर ही चीखने लगा था, लेकिन जब आफत गले आ पड़ी थी तो उसका निदान ढूँढ़ना भी जरूरी था। इसीलिए रे ने खुद को शांत किया था, सोंनेबोर्न की पूरी बात सुनने की कोशिश की थी। सोंनेबोर्न ने उसे बताया था कि क्लेम बोहर ने उन भू-संपत्तियों पर स्पष्ट अधिकार हासिल नहीं किया था और बिना किसी बैंक से ऋण लिये ही बाजार के उधार से भवनों का निर्माण करने लगा था। सभी स्थानों पर भवन निर्माण की प्रक्रिया अलग-अलग स्तरों पर थी, लेकिन बाजार की देनदारियाँ बढ़ने के चलते क्लेम बोहर अचानक गायब हो गया था। यही कारण था कि निराश भूमिपतियों व भवन निर्माण सामग्रियों के आपूर्तिकर्ताओं ने क्षतिपूर्ति-दावे के समन भेजे थे।

जब रे ने देनदारियों की कुल रकम के बारे में पूछा था तो सोंनेबोर्न ने बताया था कि वह 4 लाख डॉलर के आस-पास बैठेगी। सोंनेबोर्न अपने वकील के पास से ही रे को फोन कर रहा था। वह पहले ही इससे संबंधित सभी कानूनी पहलुओं की जाँच कर चुका था, जिससे उसे पता चल गया था, सारे दावे निपटने में कम-से-कम 4 लाख डॉलर की जरूरत होगी। इतनी बड़ी रकम सुनकर रे का दिमाग चकराने लगा था। 1959 में रे की कुल परिसंपत्तियों का निवल मूल्य (नेटवर्थ) लगभग 90 हजार डॉलर था। वह सोच नहीं पा रहा था कि आखिर इतनी बड़ी रकम कहाँ से आएगी, लेकिन सोंनेबोर्न वित्तीय विशेषज्ञ था और उसने इसके विकल्प भी सोच लिए थे। उसने रे को सुझाया था कि मैकडोनाल्ड्स के आपूर्तिकर्ताओं से कुल 3 लाख डॉलर का इंतजाम संभव था और बाकी 1 लाख डॉलर का उधार वह अपने किसी धनाढ्य मित्र से जुटा लेगा।

अब रे को थोड़ी सी साँस लेने का मौका मिला था। सोंनेबोर्न की वित्तीय सूझ-बूझ व संकट से निपटने की तत्परता ने रे को आश्वस्त किया कि वह संकट की घड़ी में अकेला नहीं था। अब मैकडोनाल्ड्स के विकास के भार को उठाने के लिए उसके पास सोंनेबोर्न व फ्रेड टर्नर जैसे दो मजबूत कंधे थे। रे को तसल्ली थी कि इतनी रकम जुटाने में चाहे जो परेशानी आए, लेकिन उसके बदले में मैकडोनाल्ड्स के पास आठ भू-संपत्तियाँ आएँगी। चूँकि इन संपत्तियों पर भवन निर्माण के कार्य चल रहे थे, इसीलिए रे की उम्मीद बँधी कि वह जल्द ही इनके लिए फ्रेंचाइजी संचालक ढूँढ़ लेगा और घाटे की भरपाई का सिलसिला जल्द ही शुरू हो सकेगा।

मैकऑपको से वित्तीय-क्षमता का विस्तार

क्लेम बोहर प्रकरण ने रे व सोंनेबोर्न को यह आत्मविश्वास भी प्रदान किया था कि जब वे मैकडोनाल्ड्स की साख की बदौलत अपने आपूर्तिकर्ताओं से भी इतनी बड़ी रकम भी जुटा सकते हैं, तो मैकडोनाल्ड्स की विस्तार संभावनाओं के

शिकागो ही जीवन बीमा कंपनी हानकॉक लाइफ इंश्योरेंस कंपनी के मिल्टन गोल्डस्टैंड नामक बिक्रीकर्मी ने सोंनेबोर्न से संपर्क किया था और मैकडोनाल्ड्स के वित्त-पोषण की व्यवस्था करने का दावा किया था।

वित्त-पोषण के लिए देश के बड़े वित्त बाजारों से बड़ी मात्रा में दीर्घकालीन ऋण की व्यवस्था भी की जा सकती थी। इस आत्मविश्वास का एक और भी कारण था। जब यह प्रकरण चल रहा था तो शिकागो की ही जीवन बीमा कंपनी हानकॉक लाइफ इंश्योरेंस कंपनी के मिल्टन गोल्डस्टैंड नामक बिक्रीकर्मी ने सोंनेबोर्न से संपर्क किया था और मैकडोनाल्ड्स के वित्त-पोषण की व्यवस्था करने का दावा किया था। इसके एवज में वह अपने लिए मोटी दलाली के साथ-साथ कंपनी के लिए हिस्सेदारी की भी माँग कर रहा था। रे ने हिस्सेदारी की बात को तत्काल खारिज कर दिया था, लेकिन सोंनेबोर्न इस संभावना को अंतिम सिरे तक टटोलना चाहता था।

खैर, मिल्टन गोल्डस्टैंड ने इसी सौदे के सिलसिले ने जॉन हानकॉक लाइफ इंश्योरेंस कंपनी में वित्तीय उपाध्यक्ष रहे ली स्टैक नामक महानुभव को सोंनेबोर्न से मिलवाया था। सेवानिवृत्ति के बाद ली स्टैक शिकागो की ही एक शेयर दलाली कंपनी में साझीदार के रूप में काम करने लगा था। सोंनेबोर्न को स्टैक के लंबे वित्तीय अनुभव में काफी उम्मीद नजर आई थी। यही कारण था कि मैकडोनाल्ड्स के लिए वित्तीय सौदे पकाने के लिए वह स्टैक को साथ लेकर पूरे देश में उड़ाने भरने लगा था। चूँकि जॉन हानकॉक लाइफ इंश्योरेंस कंपनी के साथ बड़ा ऋण-सौदा नामंजूर हो चुका था, इसीलिए अब रे को यह परवाह नहीं थी कि स्टैक को कोई शेयर हिस्सेदारी देनी पड़ेगी, लेकिन स्टैक की मदद से सोंनेबोर्न ने जॉन हानकॉक से एक दर्जन से भी अधिक गिरवी ऋण का इंतजाम जरूर कर लिया था।

इसी प्रकरण के दौरान रे को एक और अंतर्ज्ञान भी प्राप्त हुआ था कि अपने वित्तीय आधार को मजबूत करने के लिए उसे खुद भी कुछ रेस्तराओं को संचालित करना चाहिए। रे को शक था कि 10 वर्षों की अवधि खत्म होने तक मैकडोनाल्ड्स का कारोबार उस स्तर तक पहुँच जाएगा, जब उसकी मास्टर फ्रेंचाइजी की अवधि बढ़ाने में मैकडोनाल्ड्स भाइयों की तरफ से जरूर ही कोई बड़ी रुकावट पैदा की जाएगी। रे ऐसा इसलिए भी सोच रहा था कि भाइयों ने अभी तक उसे भवन निर्माण संबंधी बदलाव की अनुमति से संबंधित पंजीकृत पत्र नहीं भेजा था। ऐसे में यदि रे की कंपनी मैकडोनाल्ड्स सिस्टम्स का अपना वित्तीय आधार मजबूत नहीं रहेगा तो उसे आगे बढ़ पाने में काफी मुश्किलें आएँगी।

रे की इस सोच की एक दूसरी ठोस वजह यह भी थी कि क्लेम बोहर प्रकरण

के दौरान वह ऋण की चाहत के साथ कॉन्टिनेंटल इलिनोइस नेशनल बैंक ऑफ शिकागो के चेयरमैन डेविड एम. कैनेडी के समक्ष प्रस्तुत हुआ था। बाद में अमेरिकी राष्ट्रपति रिचर्ड निक्सन के कार्यकाल के दौरान डेविड एम. कैनेडी को राजकोष सचिव (सेक्रेटरी ऑफ ट्रेजरी) भी नियुक्त किया गया था। जब रे मैकडोनाल्ड्स की संभावनाओं का बखान कर था, कैनेडी बड़े धैर्य के साथ उसकी बातें सुनता रहा था। फिर कैनेडी ने मैकडोनाल्ड्स सिस्टम्स का वित्तीय स्थिति विवरण (बैलेंस शीट) माँगा था, जिसे रे ने उसके सामने रख दिया था। वित्तीय स्थिति विवरण के पहले पृष्ठ को कुछ देर तक देखने के बाद बिना कुछ कहे डेविड एम. कैनेडी अपनी कुरसी से खड़ा हो गया था। रे समझ गया था कि कैनेडी के साथ उसके साक्षात्कार का समय खत्म हो चुका था और अब उस बैंक से ऋण की उम्मीद नहीं बची थी।

रे को कैनेडी के मौन फैसले का कोई मलाल नहीं था, वह तो इस मामले में कैनेडी की सदाशयतापूर्ण बातचीत के लिए ही खुद को कृतज्ञ मान रहा था, लेकिन इस घटना से उसे तत्काल यह बात समझ आ गई थी कि उसे तत्काल मैकडोनाल्ड्स के वित्तीय स्थिति विवरण को व्यापक आधार प्रदान करने की कोशिशें शुरू करनी चाहिए और इस समस्या का एकमात्र निदान यही था कि वह खुद भी कम-से-कम 10 रेस्तराओं का संचालन करे। इस तरह रे ने मैकडोनाल्ड्स भाइयों की ओर की जा सकनेवाली दुष्टतम कार्यवाही से निपटने का इंतजाम तत्काल शुरू देने का मन बना लिया था। वह सोच रहा था कि यदि पैकडोनाल्ड्स भाइयों की ओर से उसके मास्टर फ्रेंचाइजी लाइसेंस को आगे नहीं बढ़ाया गया तो वह कम-से-कम अपने रेस्तराओं को किसी और नाम से चला पाने की स्थिति में होगा। तब तक उन 10 रेस्तराओं का संयुक्त कारोबार उतने बड़े स्तर पर जरूर पहुँच चुका होगा कि आगे के विस्तार के लिए पर्याप्त ऋण-पूँजी का जुगाड़ मुश्किल नहीं रहेगा।

मैकऑपको (मैकडोनाल्ड्स ऑपरेटिंग कंपनी) की स्थापना : रे के खुद के 10 रेस्तराओं के सपने को साकार करने के लिए भी बहुत बड़ी पूँजी की जरूरत थी और इसके लिए भी हैरी सोंनेबोर्न ने एक नायाब तरीका ढूँढ़ा था। सोंनेबोर्न ने इससे संबंधित विचार-विमर्श के दौरान रे को आश्वस्त किया था कि हैरी स्टैक, जो अब तक उसका नजदीकी मित्र बन चुका था, के साथ मिलकर मौजूदा रेस्तराओं के अधिग्रहण या बिल्कुल नए रेस्तराँ निर्माण के लिए पर्याप्त पूँजी का जुगाड़ कर लेगा। उसके बाद वह इस पूँजी के लिए बीमा कंपनियों से सौदे में जुट गया था और उसके बाद रे के सामने एक ठोस सौदा-प्रस्ताव प्रस्तुत किया था। उस सौदे में 22.5 प्रतिशत शेयर के एवज में तीन बीमा कंपनियों द्वारा कुल 15 लाख डॉलर का ऋण पूँजी निवेश प्रस्ताव किया गया था। इस प्रस्ताव को प्रस्तुत करते समय सोंनेबोर्न ने रे का स्टेट

म्यूच्यूअल लाइफ एश्योरेंस के प्रतिनिधि फ्रेड फिडेली व पॉल रिवेरे लाइफ इंश्योरेंस कंपनी के प्रतिनिधि जॉन गोस्नेल्ल से परिचय कराया था। इन प्रतिनिधियों ने रे को बताया था कि उन्होंने अपनी कंपनियों के अलावा मैसाचुसेट्स प्रोटेक्शन एसोसिएशन के साथ मिलकर किस तरह से इस ऋण-पूँजी निवेश की व्यवस्था की थी।

पहली नजर में रे को इस निवेश प्रस्ताव में वित्तीय साजिश की गुंजाइश नजर आई थी, लेकिन वह फ्रेड फिडेली व जॉन गोस्नेल्ल से प्रभावित हुए बिना नहीं रह सका था। रे की मुश्किल यह थी कि उसे 22.5 प्रतिशत हिस्सेदारी का प्रस्ताव हजम नहीं हो पा रहा था। उसकी सोच यह थी, जिस कंपनी को उसने जान पर खेलकर इस मुकाम तक पहुँचाया था, उसका इतना बड़ा हिस्सा वह किसी और को कैसे दे सकता था, लेकिन इसके बदले में 15 लाख डॉलर की रकम भी ललचानेवाली थी और सबसे बड़ी बात यह कि यह उस समय में मिल रही थी, जब रे अपनी वित्तीय-क्षमता को उच्च स्तर पर ले जाने के लिए कृतसंकल्प था। काफी विचार-विमर्श के बाद, इस बात पर सहमति हो गई थी कि मैकडोनाल्ड्स सिस्टम्स के तीनों हिस्सेदारों रे क्रोक, हैरी सोंनेबोर्न व जून मारीटिनो अपनी हिस्सेदारियों में से 22.5 प्रतिशत इस सौदे के हवाले करेंगे। रे की मौजूदा हिस्सेदारी 70 प्रतिशत थी, जिसका 22.5 प्रतिशत 15.7 प्रतिशत बनता था, यानी उसके पास अब सिर्फ 54.25 प्रतिशत हिस्सदारी बचेगी। इसी तरह हैरी सोंनेबोर्न की 20 प्रतिशत हिस्सेदारी में 22.5 प्रतिशत बाहर जाने का मतलब यह था, उसकी हिस्सेदारी 4.5 घटकर 16.25 प्रतिशत रह जाएगी और जून मारीटिनो की 10 प्रतिशत हिस्सेदारी में 22.5 प्रतिशत बाहर जाने का मतलब था कि उसकी हिस्सेदारी 2.25 प्रतिशत घटकर 7.75 प्रतिशत रह जाएगी।

इन तीनों बीमा कंपनियों के लिए 22.5 प्रतिशत शेयर हिस्सेदारी का सौदा काफी फायदेमंद साबित हुआ था। अगले कुछ वर्षों बाद, 1965 में मैकडोनाल्ड्स कॉरपोरेशन का प्रारंभिक सार्वजिक प्रस्ताव (आई.पी.ओ.) के आने से पहले ही उन बीमा कंपनियों ने 7 से 10 लाख डॉलर में अपनी हिस्सेदारियाँ बेच दी थी, जो उनके निवेश के हिसाब कई गुना अधिक थी। यदि उन कंपनियों ने लघुकालीन लाभ का लालच न किया होता कुछ साल बाद 1973 में उन्हें अपनी हिस्सेदारी के बदले 50 करोड़ डॉलर की कमाई हुई होती।

खैर, इस 15 लाख डॉलर की ऋण-पूँजी से मैकऑपको (मैकडोनाल्ड्स ऑपरेटिंग कंपनी) का गठन हुआ था, जिसकी बदौलत 1960 के दशक में मैकडोनाल्ड्स का कारोबार राकेट तीव्र गति से ऊपर की ओर चढ़ता हुआ अति उच्च वित्तीय कक्षा (फाइनेंशियल ऑर्बिट) में था। आत्मकथा में रे ने स्वीकार किया है कि यदि वह ऋण-पूँजी नहीं मिली होती तो मैकडोनाल्ड्स शायद उस वित्तीय स्थिति में

ही नहीं आ पाता कि वह राकेट जैसी तेज गति से उड़ान भर सके और फिर सफलता की बड़ी कक्षा में प्रविष्ट हो सके। उसी पूँजी से मैकऑपको ने सबसे पहले टोरेंस (लॉस एंजिल्स काउंटी के दक्षिण-पश्चिम क्षेत्र साउथ बे का प्रमुख नगर, जो प्रशांत महासागर के 1.5 मील लंबे समुद्र तट को छूता है) स्थित मैकडोनाल्ड्स फ्रेंचाइजी रेस्तराँ का अधिग्रहण किया था। उसके कुछ ही समय बाद 1960 की गरमियों में, मैकऑपको ने मध्य-पश्चिमी अमेरिका के राज्य ओहायो की राजधानी व सबसे बड़े नगर कोलंबस में कंपनी द्वारा स्वयं निर्मित रेस्तराँ का शुभारंभ किया था।

रे व सोंनेबोर्न में दार्शनिक टकराव के बीज : हैरी सोंनेबोर्न की गंभीर वित्तीय समझदारी को रे क्रोक शुरू से ही झुककर सलाम करता आ रहा था, लेकिन 15 लाख डॉलर की ऋण-पूँजी की उगाही के बाद उसकी श्रद्धा और भी बढ़ गई थी। उस पूँजी की बदौलत लगातार पुख्ता हो रही उच्च वित्तीय क्षमता रे द्वारा स्थापित कंपनी को मूल दार्शनिक आधार से भटकाने के बीज भी बो रही थी। रे के लिए मैकडोनाल्ड्स हैम्बर्गर परोसनेवाली रेस्तराँ सेवा प्रदाता कंपनी थी, जबकि सोंनेबोर्न मैकडोनाल्ड्स को मजबूत वित्तीय क्षमता प्रदान करने लिए जाने-अनजाने अचल-संपत्ति (रियल एस्टेट) कंपनी में बदलने की दिशा में आगे कदम बढ़ाता जा रहा था। जी हाँ, यही होती है रे क्रोक जैसे उद्यमियों की दार्शनिक दूरदृष्टि, जो उन्हें मूल कारोबारी उद्देश्यों से भटकने से रोकती है और उन्हें मूलक्षेत्र में ही महानायक बन जाने की दिशा में आगे बढ़ने के लिए प्रेरित करती है।

आखिर सोंनेबोर्न ने ऐसा क्या किया था कि रे की मूल दार्शनिक भावना को ठेस पहुँचने लगी थी? असल में, रे के साथ-साथ सोंनेबोर्न को यह शक हो गया था कि 10 वर्ष पूरे होने के बाद मैकडोनाल्ड्स भाइयों द्वारा मास्टर फ्रेंचाइजी की अवधि बढ़ाने में संकट आएगा। इसीलिए उसने जबरदस्त वित्तीय योजना बनाई थी। उसने पट्टे की अधीनता के बावजूद भूमिपतियों से 20 वर्षों की बजाए केवल 10 वर्षों का ही पट्टा-अनुबंध करना चाहता था। इसके पीछे सोंनेबोर्न की वित्तीय योजना यह थी कि 10 वर्षों में जब भवन निर्माण गिरवी की रकम का भुगतान पूरा हो जाएगा, तो रेस्तराँ की पूरी आमदनी कॉरपोरेशन के खाते में आएगी। यहाँ तक तब सबकुछ ठीक था, लेकिन सोंनेबोर्न ने इस योजना में एक परिशिष्ट यह जोड़ा था कि जब 10 वर्षों में अनुबंध पूरा हो जाएगा और कंपनी पर लाइसेंस के पुनर्नवीकरण का आभार नहीं रहेगा तो सभी रेस्तराओं का परिचालन समेटा भी जा सकेगा।

लेकिन रे क्रोक किसी भी सूरत में सोंनेबोर्न के इस सोच को आगे बढ़ने नहीं देना चाहता था। रे ने आत्मकथा में दावा किया है कि उसने न तो कभी ऐसा सोचा था और न ही सोचनेवाला था। फ्रेड टर्नर की तरह उसका भी यही सोच था कि

मैकडोनाल्ड्स एक हैम्बर्गर कंपनी थी और उसकी असल ताकत फ्रेंचाइजी रेस्तराओं के स्वामी-संचालकों की सामूहिक ताकत में ही निहित थी। यही कारण था कि रे कंपनी स्वामित्ववाले रेस्तराओं की संख्या को सीमित रखना चाहता था। बाद में यह सीमा सभी रेस्तराओं का 30 प्रतिशत तय कर दी गई थी। यही कारण था कि रे मैकडोनाल्ड्स संचालकों के लिए यह नारा दिया था—कारोबार में खुद के लिए, लेकिन खुद से नहीं। रे का मानना था कि फ्रेंचाइजी संचालकों के साथ सहभागिता मैकडोनाल्ड्स की सफलता के रहस्यों में से एक थी।

चाहे रे व सोंनेबोर्न के कारोबारी दृष्टिकोण में दार्शनिक टकराव की स्थिति बन रही हो, लेकिन सोंनेबोर्न की प्रतिभा से तीन बीमा कंपनियों द्वारा जारी की गई 15 लाख डॉलर की ऋण-पूँजी ने अपना कमाल दिखाना शुरू कर दिया था। इस पूँजी की बदौलत कंपनी कह सकती थी कि अब वह लाभ अर्जित करने लगी थी, लेकिन दिलचस्प तथ्य यह था कि तब कंपनी में कोई नकदी-प्रवाह नहीं था। ऐसा कर पाना इसलिए संभव था कि उस समय आस्थगित/विलंबित खर्चों (डेफर्ड एक्स्पेंसेस) से संबंधित लेखा-विनियमन (फाइनेंशियल रेगुलेशन) कमजोर था। लेखा खाते में खर्चों को 18 महीने बाद भी दिखाया जा सकता था अर्थात् इस अवधि में खर्च दिखाए बिना लाभ अर्जन की तात्कालिक स्थिति बन सकती थी। सोंनेबोर्न ने इसी का फायदा उठाया था और अचल संपत्तियों के विकास व भवन निर्माण से संबधित खर्चों को 18 महीनों तक खाते में नहीं दिखाया था और कंपनी अचानक लाभ अर्जित करती हुई दिखाई देने लगी थी। सोंनेबोर्न इस लेखा-विधि को 'विकासात्मक खाता' (डेवलपमेंटल एकाउंटिंग) कहा करता था, लेकिन यह तरीका कंपनी की असल लाभ-हानि के विवरण को बिगाड़ रहा था और इस खाता-विधि को रे मन से स्वीकार नहीं कर पा रहा था।

सपने बेच रे ने बढ़ाया कार्यदल व कारोबार

1950 के दशक अंतिम वर्ष में मैकडोनाल्ड्स के मुख्यालय में नियुक्तियों का सिलसिला जारी रहा था। रे ने आत्मकथा में दिल खोलकर लिखा है कि उसने मैकडोनाल्ड्स में काम करने की ख्वाहिश रखनेवाले लोगों को सपने तो ढेर सारे बेचे थे, लेकिन तनख्वाह कम-से-कम देने की कोशिश की थी। अपनी इस चालाकी के लिए रे को कोई अफसोस भी नहीं था, बल्कि उसने इसके लिए भी एक खूबसूरत बहाना ढूँढ़ लिया था। वह खुद यह कहकर तसल्ली देता था कि मैं खुद भी तो पैसा नहीं कमा रहा? लेकिन खुद को ऐसा समझाते हुए रे को पक्की उम्मीद थी, जो लोग उसके सफर में साथ निभाएँगे, वे भी उसी मंजिल को हासिल करेंगे, जहाँ तक वह

खुद पहुँचेगा। यहाँ पर एक बार फिर से एक महानायक उद्यमी की दूरदर्शिता सामने आती है। मैकडोनाल्ड्स की संभावनाएँ बहुत तेज गति से साकार होने लगी थीं, लेकिन खर्चों के बढ़ने के चलते उतनी ज्यादा रकम नहीं बच रही थी कि लोगों को मुँहमाँगी तनख्वाह दी जा सके, लेकिन रे के पास सपने तो थे ही और जिसके पूरे हो जाने की भी उसे पक्की उम्मीद थी, इसीलिए उसने सपनों के सहारे मैकडोनाल्ड्स के कार्यदल में कई प्रतिभाओं को शामिल किया था।

इसी दौर में रसोई उपकरण विशेषज्ञ जिम शिंडलर के सहयोग के लिए बॉब पप्प को प्रारूपकार (ड्राफ्ट्समैन) के रूप में भरती किया गया था, जो बाद में मैकडोनाल्ड्स के निर्माण कार्यों का प्रभारी उपाध्यक्ष बन गया था। अचल संपत्तियों के हैरी सोंनेबोर्न का साथ निभाने के लिए जॉन हरन की बहाली हुई थी। सोंनेबोर्न को वित्तीय मामलों में एक सहायक की तलाश थी और उसने इस काम के लिए डिक बोयलीन को नियुक्त कर लिया था, जो बाद में उपाध्यक्ष व मुख्य वित्तीय अधिकारी (चीफ फिनांशियल ऑफिसर/सी.एफ.ओ.) बना। डिक बोयलीन वकील व लेखापाल था और अपने बॉब रयान के साथ बीमा बेचता था। बोयलीन के काम शुरू करने के बाद रे को उसकी काबिलीयत पर भरोसा हो गया था और उसने दूसरे साझीदार को बॉब रयान को उपाध्यक्ष व कोषाध्यक्ष नियुक्त कर लिया था। उस समय विभिन्न स्तरों पर भरतियाँ हो रही थीं और रे लगातार उन लोगों से बातचीत कर रहा होता था। उनमें से कि कई लोग बाद में मैकडोनाल्ड्स के बड़े अधिकारी बने तो कई रेस्तराँ के धनी संचालक। 1976 में हवाई में आयोजित संचालकों के वार्षिक सम्मेलन में लॉस एंजिल्स के रेस्तराँ संचालक मोर्री गोल्डफार्ब ने ठोस शोध-प्रमाण के आधार पर यहाँ तक दावा कर दिया था कि उद्यमशीलता के इतिहास में रे क्रोक सबसे ज्यादा करोड़पति पैदा करनेवाला उद्यमी था।

हालाँकि रे ने आत्मकथा में इस बात को बड़े ही विनम्र भाव से प्रस्तुत किया है। रे ने कहा कि वह मॉरिस गोल्डफार्ब के विचार को इस तरह से कहना पसंद करेगा कि उसने बहुत से लोगों को करोड़पति बनने का मौका दिया था, उसने तो उन्हें सिर्फ साधन प्रदान किया था, लेकिन उन्होंने खुद से ऐसा किया था। रे ने सफाई दी है कि मैकडोनाल्ड्स ने कभी किसी पर सफलता न्योछावर नहीं की थी, बल्कि किसी मैकडोनाल्ड्स रेस्तराँ के साथ सफल होना व्यक्ति विशेष की हिम्मत व बने रहने की ताकत पर निर्भर है। इसके साथ ही रे ने यह भी कहा है कि इस सफलता के लिए किसी असामान्य योग्यता या बुद्धिमत्ता की आवश्यकता भी नहीं होती; बल्कि व्यावहारिक बुद्धि, सिद्धांतों के प्रति समर्पण व कठोर परिश्रम से प्यार करनेवाला कोई भी व्यक्ति इस काम को कर सकता है। अपने इसी विश्वास के कारण रे क्रोक

मैकडोनाल्ड्स संचालकों की भीड़ में नंगे पाँव खड़ा होकर यह भविष्यवाणी करने की हिम्मत रखता था कि यदि किसी को आज रेस्तराँ का लाइसेंस मिले और वह वहाँ पर लगातार कठोर मेहनत करता रहे तो वह सफल हो जाएगा और बेशक ऐसे लोग करोड़पति भी बन जाएँगे।

हर लघु उद्यम की तरह रेस्तराँ कारोबार के भी कुछ अनजान जोखिम व फँसने के गुप्त जाल होते हैं, जिनसे सभी अनुभवहीन व कभी-कभी अनुभवी व्यवसायियों को भी निपटना-गुजरना पड़ता है जैसे कुछ अवस्थितियाँ ऐसी होती हैं, जहाँ रेस्तराँ को जमने व लाभ की स्थिति में आने में कुछ ज्यादा समय लग जाता है। इस दौरान उसके कारोबार की स्थिति मामूली बनी रहती है। साफ है कि ऐसी स्थिति में संचालक पर कारोबार को सुचारु ढंग से चलाने का दबाव बना रहता है, लेकिन जो धैर्य व लगन के साथ रेस्तराँ सेवाओं की गुणवत्ता बनाए रखते हैं, एक समय ऐसा जरूर आता है, जब कारोबार ऊपर की तरफ चढ़ने लगता है।

मोरी गोल्डफार्ब के साथ भी कुछ ऐसा ही हुआ था। डेस प्लेनिस में रे के नमूना रेस्तराँ खुलने के एक साल बाद लॉस एंजिल्स में ला टिजेरा बुलेवार्ड स्थित मोरी का रेस्तराँ खुला था। रेस्तराँ की अवस्थिति के मुआयने के लिए स्वयं रे वहाँ गया था, उसे भी वह स्थान श्रेष्ठ नजर आया था और उसने इस बाबत मोरी को बधाई भी दी थी, लेकिन कुछ कारणों से वह रेस्तराँ कछुआ साबित हुआ। मोरी ने अपने बेटे के साथ इस मैकडोनाल्ड्स रेस्तराँ को खोलने के लिए अपना पुराना छोटा रेस्तराँ बेच दिया था, जहाँ वह वर्षों से संघर्ष करता चला आया था। उसने सोचा था कि अब वह संकट से बाहर निकल आया था, लेकिन मैकडोनाल्ड्स रेस्तराँ पहले के रेस्तराँ के मुकाबले ज्यादा सुस्त व कठिन साबित हो रहा था। रेस्तराँ के कारोबार की मात्रा इतनी नहीं थी कि वह संपूर्ण रेस्तराँ कर्मीदल को नियुक्त कर सके, इसीलिए पिता व पुत्र दोनों को हमेशा रेस्तराँ के काम में जुटा रहना पड़ रहा था, लेकिन फिर भी रेस्तराँ की औसत मासिक आमदनी 5000 डॉलर से ऊपर नहीं जा पा रही थी। बहुत अच्छा कारोबार हुआ तो वह 7000 के स्तर तक पहुँचता था और शहर की शिखर कारोबारी अवधि में भी मोरी के रेस्तराँ का कारोबार 12,000 डॉलर तक ही पहुँच पा रहा था।

ऐसे में रे ने मोरी गोल्डफार्ब को मैकडोनाल्ड्स भाइयों से सुझाव माँगने के लिए कहा था। मोरी को आशा बँधी थी। एक दिन सैन बर्नार्डिनो से दोनों भाई मौरिस व रिचर्ड मैकडोनाल्ड्स उस रेस्तराँ में पधारे थे। दोनों लगभग पूरे दिन वहाँ पर रहे थे और मोरी गोल्डफार्ब को तरह-तरह के सवाल पूछकर परेशान कर डाला था। बाद में जब वे जाने लगे थे उन्होंने मोरी से इतना भर कहा था, ''तुम सबकुछ बिल्कुल ठीक कर रहे हो। तुम जो सबकुछ करना है, वह इस रास्ते को जारी रखना है और कारोबार

आएगा।" यह कहानी सुनने के बाद रे ने मोर्री को कहा था, वह खुद फिर से वहाँ आएगा और यदि कर सका तो वहाँ की कमियों को ढूँढ़ निकालेगा, लेकिन रे भी वहाँ आकर कोई कमी नहीं निकाल सका था।

जी हाँ, मोर्री के उस रेस्तराँ के कारोबार की मात्रा की सुस्त चाल पाँच वर्षों तक यूँ ही बनी रही थी। जब मोर्री ने अपने रसोई उपकरणों की कीमतें अदा कर दी थीं तो उसे साँस लेने का थोड़ा सा मौका मिला था। उसके बाद मैकडोनाल्ड्स सिस्टम्स ने कैलिफोर्निया में अपना क्षेत्रीय कार्यालय खोला था। कंपनी के कई नए रेस्तराँ खोले थे और स्थानीय विज्ञापन अभियान शुरू किया था। यह अभियान मोर्री के लिए वरदान साबित हुआ था और 1975 में ला टिजेरा बुलेवार्ड रेस्तराँ ने लगभग 10 लाख डॉलर का कारोबार किया। फिर मोर्री ने उस पुराना हो चुके रेस्तराँ भवन को पूरी तरह से ध्वस्त कर सुंदर भवन में बदल दिया था।

असल में शुरुआती पाँच वर्षों में विशेष रूप से कैलिफोर्निया में मैकडोनाल्ड्स सिस्टम्स के कारोबार में सुस्ती की स्थिति बनी रही थी। अब भी जब कभी रे उस स्थिति को याद करता था तो गुस्से में काँपने लगता था। वह रे के लिए कारोबार व व्यक्तिगत जीवन दोनों स्तरों पर काफी निराश करनेवाला असीमित उत्तेजनाओं का दौर था। एक तरफ कैलिफोर्निया क्षेत्र में कारोबारी स्थिति जटिल बनी हुई थी तो घर में पत्नी से अनबन जारी रहने के चलते व्यक्तिगत जिंदगी तबाही के कगार पर पहुँच रही थी। मैकडोनाल्ड्स भाइयों के साथ रे का बौद्धिक तरंग-दैर्घ्य (मेंटल वेवलेंथ) बिल्कुल ही मेल नहीं खा रहा था। रे पर मैकडोनाल्ड्स को सबसे बड़ा व सबसे अच्छा बनाने के विचार का जुनून सवार था, लेकिन मैकडोनाल्ड्स भाइयों का नजरिया नहीं बदल रहा था। वे दोनों अपने सीमित कारोबार से ही संतुष्ट थे; उन्हें ज्यादा जोखिम उठाकर ज्यादा माँग बढ़ाने की कोई परवाह नहीं थी, लेकिन रे उनके सोच को बदल नहीं सकता था। रे की मुश्किल यह थी कि वह शिकागो में बैठकर सुदूर कैलिफोर्निया के कारोबार को सुचारु रूप से संचालित नहीं कर पा रहा था।

इसी ऊहापोह की स्थिति में रे ने कैलिफोर्निया में मैकडोनाल्ड्स भाइयों व उनके द्वारा दिए गए फ्रेंचाइजी लाइसेंस पर चल रहे 10 रेस्तराओं के परिचालन का मुआयना करने के लिए फ्रेड टर्नर को भेजा था। उन रेस्तराओं की बेतरतीब परिचालन स्थितियों को देखकर टर्नर आश्चर्यचकित था। हाँ, मैकडोनाल्ड्स भाइयों के सैन बर्नार्डिनो स्थित मूल रेस्तराँ का परिचालन अभी बिल्कुल दुरुस्त था, वह सचमुच में आदर्श मैकडोनाल्ड्स ही था और दोनों भाई उसकी खाद्य व सेवा गुणवत्ताओं के उच्च स्तर को बनाए रखने के लिए अभी भी किसी प्रकार का समझौता करने को राजी नहीं थे। लेकिन उन भाइयों ने खुद के बाँटे लाइसेंस से चलनेवाले रेस्तराओं की

उन्होंने स्थानीय विज्ञापन अभियान में अपने कारोबार का एक प्रतिशत हिस्से के योगदान से भी साफ मना कर दिया था, जबकि इस अभियान से मैकडोनाल्ड्स सिस्टम के रेस्तराओं के साथ उनका भी फायदा हो रहा था।

तरफ कोई ध्यान नहीं दिया था। नतीजा सामने था, उन सभी रेस्तराओं ने मैकडोनाल्ड्स की मूल अवधारणा को ही उलट-पलट कर दिया था। उदाहरण के लिए, उन रेस्तराओं की भोजन-सूचियों में पिज्जा सहित मक्सिकन खाद्यों—बुर्रितो व इंचिलाड्स आदि के विभिन्न प्रकारों को जोड़ा जा चुका था। उनमें से कई रेस्तराओं में हैम्बर्गर के गुणवत्ता-मानकों के साथ भी घटिया समझौते किए जा चुके थे। उन रेस्तराओं के संचालक लागत कम करने के चक्कर में हैम्बर्गर की मांस-पट्टियाँ तैयार करने के लिए ज्यादा वसायुक्त गौमांस में दिल, गुर्दा व अन्य अंगों के मांसों की भी मिलावट कर रहे थे। इसके चलते, मांसपट्टी ज्यादा चर्बीदार हो गई थी और मैकडोनाल्ड्स हैम्बर्गर का आदर्श स्वाद गायब हो गया था। मैकडोनाल्ड्स भाइयों को इन रेस्तरा संचालकों की घटिया हरकतों की पूरी जानकारी थी, लेकिन उन्होंने उनकी तरफ पीठ कर रखी थी।

चूँकि वे संचालक रे क्रोक के मैकडोनाल्ड्स सिस्टम के हिस्सा नहीं थे और मैकडोनाल्ड्स भाइयों की तरफ से उन्हें मौन छूट मिली हुई थी, इसीलिए वे फ्रेड टर्नर की कोई भी बात सुनने व उसके साथ सहयोग करने को तैयार ही नहीं हो रहे थे। चूँकि वे लागत कम करने के लिए घटिया सामग्री की खरीद जारी रखना चाहते थे, इसीलिए मैकडोनाल्ड्स सिस्टम द्वारा विकसित थोक-खरीद संजाल में शामिल होने को तैयार नहीं हुए थे। इतना ही नहीं, उन्होंने स्थानीय विज्ञापन अभियान में अपने कारोबार का एक प्रतिशत हिस्से के योगदान से भी साफ मना कर दिया था, जबकि इस अभियान से मैकडोनाल्ड्स सिस्टम के रेस्तराओं के साथ उनका भी फायदा हो रहा था। खैर, फिलहाल रे के पास उस स्थिति से समझौता करने के अलावा और कोई विकल्प नहीं था। इसीलिए रे ने अपना ध्यान मोर्री गोल्डफ्राब जैसे अच्छे रेस्तराँ संचालकों की कारोबारी स्थिति को सुधारने पर केंद्रित करना ही बेहतर समझा था।

रेस्तराँ उद्योग में विज्ञापन व सार्वजनिक संबंध/ जन-संपर्क (पब्लिक रिलेशन) को लेकर दो तरह के दृष्टिकोण थे। ऐसे रेस्तराँ संचालकों की संख्या अधिक थी, जो अपनी गाढ़ी कमाई में से इन मदों में बहुत ही मजबूरी में धन खर्च करते थे। उनके लिए ये फालतू खर्च थे और उन्हें लगता था कि इस तरह की गतिविधियों से उनके कारोबार पर कोई खास प्रभाव नहीं पड़ता, लेकिन प्रवर्तक (प्रोमोटर) होने के नाते रे ने इन मदों में होनेवाले खर्चों के प्रति कभी भी कोई हिचकिचाहट नहीं दिखाई थी, क्योंकि उसमें इन खर्चों को ब्याज सहित वापस लौटते हुए देख सकने की दूरदृष्टि थी।

रे उन कंजूस व्यापारियों की मानसिक मजबूरी को समझता था। वह जानता था कि चूँकि विज्ञापन व सार्वजनिक संबंध पर खर्च की गई रकम कई रूपों से वापस आती है, इसीलिए अपनी रोजाना की मजबूरियों में फँसे व्यापारियों के लिए इसका आकलन कर पाना स्वाभाविक रूप से मुश्किल था। ऐसे व्यापारियों को सिर्फ नकद की भाषा ही समझ आती थी, और वे उसी को आमदनी मानते थे, जो उनके लेखा-खाते में आता था, लेकिन रे को ग्राहकों की संतुष्ट मुसकान में भी यह निवेश लौटता हुआ दिखाई देता था। उनकी संतुष्ट मुसकान यह संकेत देने के लिए काफी थी कि वे फिर से रेस्तराँ में आएँगे और हो सकता था कि वे अगली बार अपने नजदीकी दोस्त को भी साथ में लाएँ। इसी तरह जिन बच्चों को दूरदर्शन पर मैकडोनाल्ड्स का विज्ञापन अच्छा लगता था, वे अपने दादा-दादी के साथ रेस्तराँ में आते थे। यह विज्ञापन पर खर्च किए गए डॉलर का सीधा लाभ था, लेकिन कंजूस रेस्तराँ संचालकों को यह बात समझा पाना रे के लिए आसान काम न था।

रे ने आत्मकथा में लिखा है कि हैरी सोंनेबोर्न मजबूरी में खर्च करनेवालों में से नहीं था। वह हमेशा पैसा कमाने के लिए पैसा खर्च करने को इच्छुक भी रहता था, लेकिन वह तभी खर्च करता था, जब बातें स्पष्ट हों और सैद्धांतिक रूप से कार्यात्मक हों। यही कारण था कि 1957 में जब रे ने 500 डॉलर प्रतिमाह अनुचरी (रिटेनरशिप) पर शिकागो के छोटे जन-संपर्क अभिकरण (पब्लिक रिलेशन एजेंसी) को नियुक्त किया था तो सोंनेबोर्न पागल सा हो गया था। सोंनेबोर्न को ऐसा लगा था कि रे ने उसकी व जून मारीटिनो के आर्थिक-बलिदानों का अपमान किया था। असल में तब रे ठीक-ठीक यह बता पाने की स्थिति में नहीं था कि वह एजेंसी मैकडोनाल्ड्स सिस्टम्स को किस तरह के फायदे पहुँचाने जा रही थी। इसलिए सोंनेबोर्न का गुस्सा न्यायसंगत ही था। खैर, रे ने सोंनेबोर्न को किसी तरह से समझा-बुझा लिया था, लेकिन वह जानता था कि उसने सोंनेबोर्न व जून का किसी भी प्रकार से कोई अपमान नहीं किया था और जल्द ही यह बात साबित भी होने जा रही थी। उस जन-संपर्क अभिकरण का नाम था—कूपर ऐंड गोलिन, जो बाद में बदलकर गोलिन कम्युनिकेशंस हो गया था। उस एजेंसी ने मैकडोनाल्ड्स की ब्रांड-छवि निर्माण के जबरदस्त भूमिका अदा की थी।

रे को अपने कारोबारी जीवन में समय-समय पर कंजूसों की एक और विशेषता का अनुभव करने का मौका मिला था। उसने कई ऐसे मजबूरी में खर्च करनेवाले कंजूसों को देखा था, जो प्रतिस्पर्धा के प्रति ईर्ष्या का भाव रखते थे। वे अपने प्रतिस्पर्धियों के रहस्यों को सीखने की कोशिश करते थे और यदि संभव हो तो उन्हें नीचा दिखाने में भी पीछे नहीं हटते थे। वे अकसर अपने तरीके से प्रतिस्पर्धी की छवि बिगाड़ने के प्रयास करते थे। उन्हें इस तरह की गतिविधियों में धन खर्च

करना नाजाएज या फालतू नहीं लगता था, लेकिन रे ने आत्मकथा में लिखा है, यह प्रतिस्पर्धियों के प्रति नकारात्मक दृष्टिकोण है। वह खुद को सौभाग्यशाली मानता रहा था कि मैकडोनाल्ड्स समूह में ऐसे लोगों की संख्या बहुत अधिक नहीं थी। इसका कारण यह था कि उनकी कार्यशैली मैकडोनाल्ड्स से मेल नहीं खाती थी और वे ज्यादा लंबे समय तक कंपनी में नहीं रह पाते थे।

इसका मतलब यह कतई नहीं था कि मैकडोनाल्ड्स अपने प्रतिस्पर्धियों की गतिविधियों पर नजर नहीं रखता था। रे के पास ऐसे लोग भी मौजूद थे, जिन्होंने जासूस नियुक्त करने का सुझाव भी दिया था, लेकिन रे ने ऐसा करना उचित नहीं समझा। अकसर रेस्तराँ उद्योग में एक-दूसरे के कूड़े के ढेर से पता लगाया जाता था कि संबंधित रेस्तराँ कितना कारोबार कर रहा था। रे भी ऐसे लोगों से अलग नहीं था। रे ने आत्मकथा में स्वीकार किया है, वह भी कई बार दो बजे रात में प्रतिस्पर्धी रेस्तराओं के कूड़े के ढेर की जाँच के लिए जाए करता था, ताकि यह पता लगे कि उस रेस्तराँ ने एक दिन पहले कितने मांस के डिब्बों का इस्तेमाल किया था या फिर कितने बक्से बंद की खपत हुई थी, लेकिन रे ने यह सब बहुत ही शुरुआती समय में किया था और उसे जल्द ही पता चल गया था कि ऐसा करना दूरगामी दृष्टि से फायदेमंद नहीं है।

रे को रेस्तराँ उद्योग का महानायक यूँ ही नहीं माना जाता था। उसने अपनी हरेक गलती से सीखा था और अपने लिए बड़ा दार्शनिक लक्ष्य निर्धारित किया था। प्रतिस्पर्धियों की गतिविधियों पर नजर रखने की बजाए रे ने सकारत्मक दृष्टिकोण अपनाया था और अपनी ताकत को बढ़ाने के लिए गुणवत्ता, सेवा, स्वच्छता व मूल्य पर ध्यान केंद्रित किया था। उसका मानना था कि यदि मैकडोनाल्ड्स इन चार बातों का ध्यान रखेगा और उस पर लगन व धैर्य के साथ मेहनत करेगा तो प्रतिस्पर्धी उसका अनुसरण करने की कोशिश करेंगे और जब यह स्थति आएगी तो मैकडोनाल्ड्स को नेता माना जाना शुरू हो जाएगा। मतलब, यदि किसी को अपने क्षेत्र में नेतृत्वकर्ता की भूमिका में आना है तो उसे लागातार अपनी गलतियों से सीखना व सुधार करना होगा। ऐसा करते हुए जो आगे बढ़ेगा, उसके काम में पूर्णता आती जाएगी और प्रतिस्पर्धी उसे नेता मानने लगेंगे।

इस मामले में रे क्रोक स्प्रिंगफील्ड (मिसौरी) में जोए पोस्ट (फ्रेड टर्नर का पूर्व साझीदार) द्वारा संचालित सुंदर रेस्तराँ का उदाहरण दिया करता था। जैसा कि हम पढ़ चुके हैं कि रे उस रेस्तराँ को मैकडोनाल्ड्स का ताजमहल कहता था। उस रेस्तराँ की सफलता के बाद उस क्षेत्र में कई और नकलची रेस्तराँ खुले थे। उन रेस्तराँ के संचालकों ने बाकायदा जासूसी कर जोए पोस्ट के कारोबार को ध्वस्त करने की हर

संभव कोशिश की थी। उनके लिए जोए पोस्ट हमेशा प्रचंड प्रतिस्पर्धी बना रहा था, लेकिन उसने प्रतिस्पर्धी रेस्तराओं के प्रति कोई भी नकारात्मक रवैया नहीं अख्तियार किया। जोए ने लगन व धैर्य के साथ मैकडोनाल्ड्स के आदर्श दार्शनिक लक्ष्यों—गुणवत्ता, सेवा, स्वच्छता व मूल्य पर अपना ध्यान केंद्रित रखा था। नतीजा सामने था, वह लगातार आगे बढ़ता चला गया था और सभी दुष्ट प्रतिस्पर्धी काफी पीछे छूट गए थे। इसलिए रे कहा कहता था, ''प्रतिस्पर्धी मेरी योजना को चुराने की कोशिश और मेरी शैली की नकल कर सकते हैं, लेकिन वे मेरे दिमाग को नहीं पढ़ सकते, इसीलिए मैं उन्हें डेढ़ मील दूर पीछे छोड़ दूँगा।''

ऐसी ही एक और स्थिति तब आई थी, जब मैकडोनाल्ड्स ने दक्षिण-पूर्वी अमेरिका के टेनेसी राज्य के प्रमुख नगर नोक्सविले में रेस्तराँ का शुभारंभ किया था। यह रे की कंपनी का 200वाँ रेस्तराँ था, जो 30 अगस्त, 1960 को ग्राहकों के लिए खुला था। यूनाइटेड स्टेट मरीन क्रॉप्स (यू.एस.एम.सी.) के पूर्व अधिकारी लित्तों कोचरण उस रेस्तराँ के संचालक थे। कोचरण के रेस्तराँ से कुछ ही दरवाजे की दूरी पर दक्षिणी अमेरिका में लोकप्रिय बड़ी कंपनी का फ्रेंचाइजी हैम्बर्गर रेस्तराँ भी चल था। जाहिर था कि पहले से चालू उक्त रेस्तराँ के संचालक ने अपनी बगल में खुल रहे मैकडोनाल्ड्स रेस्तराँ को अपना गंभीर प्रतिस्पर्धी माना था। यही कारण था कि जिस दिन मैकडोनाल्ड्स रेस्तराँ खुला था, उसी दिन प्रतिस्पर्धी रेस्तराँ संचालक ने 30 सेंट में पाँच हैम्बर्गर का विशेष बिक्री प्रस्ताव पेश कर दिया था। उन्होंने इस बिक्री योजना को पूरे महीने भर चलाए रखा था। नतीजा स्वाभाविक ही था कि इस दौरान लित्तों कोचरण के मैकडोनाल्ड्स रेस्तराँ में एक भी हैम्बर्गर की बिक्री नहीं हो सकी थी, लेकिन उसका कुल कारोबार लाभ की स्थिति में चल रहा था। क्यों? इसलिए कि लोगों की जो भीड़ सस्ते हैम्बर्गर की लूट में शामिल होने के लिए प्रतिस्पर्धी रेस्तराँ में आ रही थी, वही फ्रेंच फ्राइज व शीतल पेयों के लिए मैकडोनाल्ड्स में भी आ रही थी। लित्तों कोचरण ने प्रतिस्पर्धी की लूट-योजना के बदले में कुछ भी नहीं किया था; वह बस धैर्य के साथ अपनी सेवाओं को चुस्त-दुरुस्त बनाए रखने की कोशिशों में जुटा रहा और उसने यही अनुमान लगाया था कि जल्द ही प्रतिस्पर्धी रेस्तराँ अपनी लूट-योजना को जारी रख पाने असमर्थ हो जाएगा तो मैकडोनाल्ड्स का कारोबार अपने आप तेजी पकड़ लेगा, लेकिन एक महीने के बाद प्रतिस्पर्धी रेस्तराँ ने पहले से भी ज्यादा आकर्षक बिक्री योजना को विज्ञापित करना शुरू कर दिया—हैम्बर्गर, फ्रेंच फ्राइज व मिल्क शेक हरेक 10-10-10 सेंट में।

अब लित्तों कोचरण का घबरा जाना स्वाभाविक था। प्रतिस्पर्धी मैकडोनाल्ड्स को तबाह करनेवाली युद्ध रणनीति के साथ मैदान में ताल ठोंकने लगा था। इस बार

कहीं से भी ऐसा नहीं लग रहा था कि वह जल्द मैदान छोड़कर भाग जाएगा। लित्तों कोचरण 'नोक्सविले मार्केटिंग ऐंड सेल्स एग्जीक्यूटिवस क्लब' का अध्यक्ष भी था। जाहिर था कि वहाँ के कुछ सदस्यों को प्रतिस्पर्धी रेस्तराँ की आक्रमणकारी-योजना अनैतिक व गैर-कानूनी लगी थी। क्लब के एक वकील सदस्य ने कोचरण को बताया था कि प्रतिस्पर्धी का व्यापार-व्यवहार अमेरिका के संघीय व्यापार आयोग (फेडरल ट्रेड कमीशन/एफ.टी.सी.) के नियमों का सरासर उल्लंघन था। इसीलिए वकील ने कोचरण को उस प्रतिस्पर्धी के खिलाफ आयोग का दरवाजा खटखटाने को सुझाव दिया था।

जाहिर था कि अब लित्तों कोचरण अपने प्रतिस्पर्धी के खिलाफ कानूनी कार्यवाही की योजना के साथ मैकडोनाल्ड्स मुख्यालय में रे क्रोक के पास पहुँचा था। उसे पूरी उम्मीद थी मैकडोनाल्ड्स अपनी फ्रेंचाइजी रेस्तराँ की सफलता सुनिश्चित करने के लिए उसकी कानूनी पहल का समर्थन करेगा, लेकिन वह गलत था। रे ने उसकी समस्या व उसके निदान की तैयारी की सारी बातों को ध्यान से सुना था, लेकिन अंत में रे ने जो कुछ भी कहा था, उससे कोचरण भौच्चक रह गया था। इसमें कोई शक नहीं था कि नौसेना में अपनी सेवा के दौरान कोचरण को कई बार अपने वरिष्ठों के सख्त शब्द सुनने पड़े होंगे, लेकिन उसे यह उम्मीद नहीं रही होगी कि रे के शब्द ज्यादा कड़क होंगे। रे ने कहा था कि वह उसे अपने प्रतिस्पर्धी के खिलाफ कानूनी कार्यवाही की अनुमति दे सकता था, लेकिन वह ऐसे नहीं करेगा। क्यों? क्योंकि जिस बात ने अमेरिका को एक महान् देश बनाया, वह है मुक्त 'उद्यम प्रणाली' (फ्री एंटरप्राइज सिस्टम)। ऐसे यदि प्रतिस्पर्धा को मारने के लिए मैकडोनाल्ड्स को सरकार के सहारे की जरूरत पड़ेगी तो बेहतर है कि वह खुद ही बरबाद हो जाए। इस तरह रे ने कोचरण को चेतावनी दी थी कि यदि वह बेहतर विक्रेता के रूप में तेज सेवा व ज्यादा स्वच्छ स्थान के साथ 15 सेंट में बेहतर हैम्बर्गर का ग्राहक प्रस्ताव रखने की स्थिति में नहीं था तो उसे रेस्तराँ-सेवा तत्काल भंग कर देनी चाहिए, इस कारबोर से बाहर चला जाना चाहिए और बिल्कुल नए सिरे से कोई दूसरा काम शुरू करना चाहिए।

लेकिन कोचरण आखिरकार एक सैनिक था, वह मैदान छोड़कर भागनेवाला नहीं था। उसने रे की चेतावनी को सकारात्मक रूप में लिया था। उसके बाद वह मानो सिर पर पैर लेकर वापस नोक्स्विल्ले लौटा था और रे के सुझावों पर अमल शुरू कर दिया था। उसके बाद उसने कभी भी रे को प्रतिस्पर्धा संबंधी को कोई शिकायत नहीं की थी। अगले करीब एक दशक में नोक्स्विल्ले में कोचरण द्वारा संचालित 10 मेकडोनाल्ड्स रेस्तराँ खुल गए थे; वह नगर का प्रतिष्ठित नागरिक के रूप में गिना

जाने लगा था, टेनेसी विश्वविद्यालय के पूर्व छात्रों के संगठन का अध्यक्ष भी बन गया था और अकसर मुक्त उद्यम प्रणाली के सदाचार विषय पर ओजस्वी भाषण भी दिया करता था।

मैकडोनाल्ड्स भाइयों से खरीदा संपूर्ण अधिकार

वर्ष 1960 के अंत तक रे का मैकडोनाल्ड्स सिस्टम्स के अंतर्गत कुल 228 रेस्तराओं का शुभारंभ हो चुका था। मुख्य रूप से हैम्बर्गर, फ्रेंच फ्राइज व मिल्कशेक बेचनेवाले इन रेस्तराओं का कुल कारोबार 7.50 करोड़ डॉलर के स्तर पर पहुँच गया था। याद रहे कि 15 अप्रैल, 1955 को रे क्रोक ने अपना पहला नमूना रेस्तराँ डेस प्लेनिस में शुरू किया था। अगले ढाई वर्षों बाद 1958 के अंत तक रेस्तराओं की संख्या 34 हो गई थी। अगले वर्ष 68 नए रेस्तराओं का शुभारंभ हुआ और रेस्तराओं की कुल संख्या 102 के स्तर पर पहुँच गई थी, लेकिन हैरी सोंनेबोर्न की नवाचारी अचल-संपत्ति रणनीति के कारण एक ही वर्ष में 126 नए रेस्तराओं का विकास संभव हुआ था और 1960 के अंत में कुल संख्या 228 हो गई थी।

पिछले करीब छह वर्षों में रे मैकडोनाल्ड्स सिस्टम्स इनकॉरपोरेशन कुल 1.59 लाख डॉलर का लाभ ही अर्जित कर सकने कामयाब हुआ था। उस संयुक्त लाभ में से 77,000 डॉलर सिर्फ एक वर्ष 1960 में अर्जित हुआ था।

जी हाँ, अब मैकडोनाल्ड्स त्वरित खाद्य रेस्तराँ शृंखला अमेरिका की अन्य सभी हैम्बर्गर शृंखलाओं से काफी आगे निकल चुकी थी, लेकिन पिछले करीब छह वर्षों में रे मैकडोनाल्ड्स सिस्टम्स इनकॉरपोरेशन कुल 1.59 लाख डॉलर का लाभ ही अर्जित कर सकने कामयाब हुआ था। उस संयुक्त लाभ में से 77,000 डॉलर सिर्फ एक वर्ष 1960 में अर्जित हुआ था, लेकिन उसी वर्ष मैकडोनाल्ड्स भाइयों ने अपने एकमात्र रेस्तराँ (सैन बर्नार्डिनो) में 1 लाख डॉलर का लाभ हासिल किया था। अब तक कंपनी की कुल परिसंपत्तियों का निवल मूल्य (नेटवर्थ) सिर्फ 95,000 डॉलर के स्तर पर ही पहुँच सका था और यह भी हैरी सोंनेबोर्न के विकासात्मक लेखाविधि का कमाल था, वर्ना जिस हिसाब से कंपनी के खर्चे बढ़ रहे थे, उसका 'वित्तीय स्थिति विवरण' (बैलेंस शीट) अभी भी ऋणात्मक वृद्धि दर ही दिखा रहा होता, क्यों? क्योंकि कंपनी कुल 57 लाख डॉलर के दीर्घकालीन ऋण के नीचे दबी हुई थी। उस समय कंपनी के पास बचे शेयर का आकलित मूल्य सिर्फ 2.62 लाख डॉलर ही था, यानी मैकडोनाल्ड्स सिस्टम के सिर पर अपने शेयर मूल्य से लगभग 22 गुना अधिक का ऋण भार था।

यही कारण था कि कंपनी के शीर्ष नेतृत्व के वेतन भी काफी कम थे। रे क्रोक अपनी पुरानी कंपनी प्रिंस कैसल सेल्स से 1000 डॉलर व डेस प्लेनिस 500 डॉलर प्रति माह का वेतन ले रहा था। 40 कर्मचारियोंवाली कंपनी का अध्यक्ष हैरी सोंनेबोर्न कुल 27,500 डॉलर का वार्षिक मुआवजा ले रहा था। उपाध्यक्ष-परिचालन के पद पर काम कर रहे फ्रेड टर्नर का वार्षिक वेतन 10,500 डॉलर था और बाकी कर्मचारियों के वेतन उससे भी काफी कम थे। कंपनी का नकदी प्रवाह तो कम था, लेकिन सोंनेबोर्न की जबरदस्त अचल संपत्ति योजना के कारण फ्रेंचाइजी रियलिटी कॉरपोरेशन का राजस्व लगातार बढ़ रहा था और कर्मचारियों के साप्ताहिक वेतन के भुगतान में कोई समस्या नहीं आ रही थी। जाहिर है कि रे क्रोक जैसे दुस्साहसी उद्यमी की नजर अपने रेस्तराओं के विकास व विस्तार पर टिकी हुई थी; उसे पता था कि वह समय अब दूर नहीं था, जब दुनिया उस पर धन लुटाएगी, फिर भला ऋण की परवाह उसे क्यों होती? यह जोखिम भी बिल्कुल नपा-तुला व तर्कसंगत था और उसकी कारोबारी चुनौती का हिस्सा था। [सभी आँकड़े जॉन एफ. लोवे की पुस्तक 'मैकडोनाल्ड्स : बिहाइंड द आर्चेज'/ बैंटम बुक्स/ 1986 से जुटाए गए हैं।]

भारी कीमत पर रे ने लिया पत्नी से तलाक : अब रे 60 की उम्र में पहुँच रहा था, लेकिन उसके सपने भी जवान थे और दिल भी। याद कीजिए एथल के पीछे रे इतना दीवाना हो गया था कि उसने बालिग होने से पहले ही उससे शादी कर ली थी। एथल कुशल गृहणी व माँ थी, उसने रे के साथ संघर्षपूर्ण जीवन बिताया था। रे ने जब अर्लिंगटन हाइट्स में अपना बड़ा घर खरीदा था तो एथल को लगा था कि उसका पूरा जीवन सुखमय बीतने वाला था, लेकिन लिली टुलिप में महत्त्वपूर्ण हैसियत पर पहुँचने के बाद जब रे ने अचानक प्रिंस कैसल सेल्स के माध्यम से अपना स्वयं का बहुमिश्रक कारोबार शुरू करने का फैसला किया था तो भविष्य की आशंका के चलते, वह बिल्कुल ही टूट गई थी और जब प्रिंस कैसल का कारोबार जम गया था, रे पर मैकडोनाल्ड्स का भूत सवार हो गया था। उसके बाद तो दोनों के बीच थोड़ा-बहुत रिश्ता भी रस्म अदायगी भर ही रह गया था।

तो क्या दांपत्य-जीवन के इस स्थिति तक पहुँच जाने के लिए सिर्फ एथल जिम्मेवार थी? यदि एथल के नजरिये से देखें तो असल जिम्मेवार तो रे ही था, जिसने अपनी कारोबारी सनक के आगे कभी उसकी परवाह नहीं की थी, लेकिन रे के नजरिए से देखें तो वह तो अपने कारोबारी सपने में अपनी जीवन-साथी का साथ भर चाह रहा था, लेकिन उसे अपनी सुख-सुविधा व भविष्य की चिंता ज्यादा थी। जो भी कहें रे सनकी था तो एथल भी जिद्दी थी। ध्यान दें, पिछले छह वर्षों में रेस्तराँ के विकास क्रम में रे ने पति-पत्नी की जोड़ी को ज्यादा तरजीह दी थी। क्यों? क्योंकि रे

से बेहतर कौन जान सकता था कि कारोबार में पत्नी के साथ होने की अहमियत क्या हो सकती है ? 1922 में रे की एथल से शादी हुई; 16 वर्ष रिश्ते में गरमजोशी रही; 1938 में बहुमिश्रक कारोबार शुरू करने के बाद रिश्ते में खटास आई, जो लगातार बढ़ती ही चली गई। मैकडोनाल्ड्स शुरू करने से पहले तक रे ने रिश्ते को पटरी लाने की काफी कोशिशें की थीं, लेकिन एथल के दिल की सुई अटक गई तो फिर से नहीं धड़की। पता नहीं एथल ने अपना अकेलापन कैसे दूर किया था, लेकिन देर रात तक काम करनेवाले रे को अपनी जिंदगी अधूरी सी लग रही थी। उसके कारोबारी सपने में साथ देनेवाले बहुत थे, लेकिन उसकी चाहत को कोई ठिकाना नहीं मिल पा रहा था। जी हाँ, रे का दिल फुरसत के पल सुकून से बिताना चाहता था, उसकी नजरें बेकरारी के साथ अपनी भावी महबूबा को ढूँढ़ रही थीं।

संयोग देखिए कि इसी बेकरारी के दौर में रे को अपनी महबूबा का दीदार हो गया था। हुआ यूँ था कि रे मध्य-पश्चिमी अमेरिकी राज्य मिनेसोटा की राजधानी सैंट पॉल में क्रिटेरिअन रेस्तराँ में उसके संचालक जिम जिएं से रात के खाने पर मुलाकात के लिए गया हुआ था, जो मैकडोनाल्ड्स का फ्रेंचाइजी बनने को इच्छुक था, लेकिन रे न तो खाने पर और न ही बातचीत पर अपना ध्यान केंद्रित कर पा रहा था। इसकी वजह थी रेस्तराँ की पृष्ठभूमि में इलेक्ट्रॉनिक ऑर्गन पर बजाई जा रही शास्त्रीय धुन। धुन इतनी मनमोहक थी कि रे के अंदर का पेशेवर पियानोवादक मन उसकी तरफ आकर्षित हुए बिना नहीं रह पा रहा था। रे ने उस धुन की इतनी तारीफ की थी कि जिम जिएं उसे ऑर्गन वादिका से परिचय कराने ले गया था और जब रे ने उस ऑर्गन वादिका को देखा तो मानो उसकी नजरें वहीं अटक गई थीं। रे ने आत्मकथा में लिखा है, ''मैं उसके सुनहरे बालों की सुंदरता देखकर दंग रह गया था।''

खैर, रे को पता चला था कि उस ऑर्गन वादिका का नाम जोआन स्मिथ था, जो अमेरिकी नौसेना के वरिष्ठ अधिकारी रॉलैंड एफ. स्मिथ की पत्नी और एक बेटी की माँ थी। 27 अगस्त, 1928 को वेस्ट सैंट पॉल में पैदा हुई जोआन बेवर्ली मैंसफील्ड की माँ एक निपुण वायलिन वादिका थी। जोआन ने प्रसिद्ध गैर-लाभकारी संगीत शिक्षा केंद्र—मैकफैल सेंटर फॉर स्कूल ऑफ म्यूजिक (मिनियापोलिस) से अनौपचारिक संगीत शिक्षा ग्रहण की थी और 15 वर्ष की उम्र से ही संगीत की शिक्षिका बन गई थी। 1945 में रॉलैंड एफ. स्मिथ से शादी के साल भर बाद उसने बेटी लिंडा को जन्म दिया था। अब वह शौकिया तौर पर क्रिटेरिअन रेस्तराँ में ऑर्गन वादन करती थी।

अब बेचारा रे क्या करे ? जोआन उससे 26 साल छोटी थी, शादीशुदा थी, जवान होती बेटी की माँ, लेकिन यह दिल ही तो है, जो मानता नहीं…रे कोई दूसरी दुनिया का आदमी नहीं था, वह भी एक मामूली इनसान ही तो था…तो जोआन पर दिल आ

गया तो बस आ गया। रे को अपनी स्थिति का पता था कि उसे समाज में भी मुँह दिखाना था। आखिरकार दुनिया तो यही समझती थी कि वह एथल का पति था और शादीशुदा बेटी का बाप भी। जब से उसकी नजरें जोआन की नजरों से मिली थीं, वह उसे भूल ही नहीं पा रहा था। उसकी हालत पागल प्रेमियों जैसी हुई जा रही थी। अब वह क्या करे? अपने दिल की बात जोआन को कैसे बताए।

हाँ, अब रे के पास सैंट पॉल जाने का बहाना था, क्योंकि जिम जिएं मैकडोनाल्ड्स रेस्तराँ खोलने की तैयारी में जुट गया था। सड़क मार्ग से सैंट पॉल व शिकागो के बीच की दूरी 642 कि.मी. थी और कार से वहाँ पहुँचने में कम-से-कम 6 घंटे लगते थे। वैसे प्यार में दूरी कोई मजबूरी नहीं होती, तो लगभग हर महीने जिम जिएं के पास पहुँचने लगा था। पहले थोड़ी बातचीत हुई; फिर दोनों ने जुगलबंदी की—रे पियानो पर व जोआन ने ऑर्गन पर; फिर लंबी बातचीत भी हुई और रे ने मैकडोनाल्ड्स की सारी कहानी जोआन को बता दी···जोआन जबरदस्त श्रोता थी, उसने रे को जी भर बात करने का मौका दिया था, लेकिन रे था कि हर मौका गँवाता जा रहा था; हर बार यही सोचता था कि अगली बार हिम्मत कर जोआन से अपने दिल की बात कह देगा···लेकिन ऐसा नहीं हुआ, आखिर कहे कैसे? हर बार उसकी हिम्मत जवाब दे जाती थी, आखिर वह अभी भी कानूनी तौर पर एथल का पति था और जोआन भी तो किसी की कानूनी पत्नी थी?

जिम जिएं के मैकडोनाल्ड्स रेस्तराँ का निर्माण पूरा हो चुका था। अब किस बहाने से उसके पास आएगा रे? भगवान् भला करे! जिम जिएं ने जोआन के पति रॉलैंड एफ. स्मिथ को उस रेस्तराँ में प्रबंधक नियुक्त कर लिया था। व्यापारिक बातचीत के क्रम में रौलेंड की भी रे से नजदीकी बढ़ने लगी थी और अपने पति को सहयोग करने के बहाने जोआन भी रे के साथ दूरभाष पर बातचीत करने लगी थी। आत्मकथा में रे ने लिखा है कि यह बातचीत पूरी तरह से व्यापारिक मसलों पर केंद्रित होती थी; पता नहीं जोआन के मन में क्या था, लेकिन जब वह फोन रखती थी तो रे बहुत देर तक फोन के चोगे को उठाए रखता था, क्योंकि ऐसा करते हुए उसके समूचे बदन में सिर से पाँव तक खुशी की लहर सी दौड़ जाती थी।

अब रे को इस बात का पक्का एहसास हो गया था कि जोआन ही थी, जो उसके भावनात्मक खालीपन को दूर कर सकती थी और ऐसा सोचते ही उसने तय कर लिया था कि अब वह एथल के साथ एक ही घर में और ज्यादा नहीं रहेगा। जल्द ही रे ने अपने अर्लिंगटन हाइट्स स्थित निवास को छोड़ दिया और शिकागो नगर केंद्र में स्थित व्हाइटहॉल होटल के एक खूबसूरत अपार्टमेंट में रहने लगा। अब रे का अगला कदम था जोआन को शादी का प्रस्ताव करना, ताकि वह एथल से व जोआन अपने पति से तलाक की प्रक्रिया शुरू कर सकें, और उसके बाद दोनों शादी कर लें। रे को पता था

कि जोआन के लिए तलाक लेने का फैसला कर पाना काफी मुश्किल होगा··· और रे बिना शादी के जोआन के साथ रहने के बार में तो सोच भी नहीं सकता था। एक तो जोआन ही तैयार नहीं होगी और दूसरा वह ऐसा कतई नहीं करेगा।

रे ने आत्मकथा में लिखा है कि जोआन व वह दोनों धर्म व मर्यादा के गहरे सम्मान के साथ बड़े हुए थे और शादी की पवित्रता में विश्वास रखते थे। यही कारण था कि जब रे ने जोआन के सामने शादी का प्रस्ताव रखा था तो वह घबरा सी गई थी। उसने रे को 'न' तो नहीं कहा था, लेकिन उसे 'हाँ' कहने की भी हिम्मत नहीं हुई थी। असल में जोआन अपने पति से तलाक लेने व फिर रे से शादी करने का मन ही नहीं बना सकी थी, लेकिन रे तो फैसला कर चुका था, जब तक जोआन मानसिक रूप से तैयार होगी, वह क्यों बैठा रहे? आखिरकार, रे ने अपनी तरफ से कदम बढ़ा दिया। उसने एथल से तलाक लेने की कानूनी प्रक्रिया शुरू कर दी, बिना यह सुनिश्चित किए कि जोआन तैयार होगी या नहीं।

लेकिन एथल से मुक्ति पाना रे के लिए भी आसान नहीं था। उसे मैकडोनाल्ड्स की हिस्सेदारी के अलावा अपना सबकुछ—अर्लिंगटन हाइट्स का अपना घर, अपनी कार, सारी जीवन बीमा पॉलीसियाँ और निर्वाह-व्यय या गुजरा-भत्ता (अलिमोनी) के रूप में जीवन भर के लिए प्रतिवर्ष 30,000 डॉलर का भुगतान। जी हाँ, रे ने आत्मकथा में लिखा है कि उसने एथल से अपनी आजादी खरीदी थी। उसे निर्वाह-व्यय की इतनी बड़ी राशि का कोई मलाल नहीं था। वह एथल का सम्मान करता था; उसकी नजर में एथल एक प्यारी महिला व अद्‌भुत गृहणी थी और वह निश्चित भी होना चाहता था कि एथल का भविष्य हर प्रकार से सुरक्षित हो।

लेकिन रे की खुद की माली हालत भी खस्ता ही थी। हम ऊपर पढ़ चुके हैं कि उस समय मैकडोनाल्ड्स सिस्टम्स की आर्थिक स्थिति कैसी थी। इस तलाक के लिए रे को अपने वकील को 25,000 डॉलर व एथल के वकील को 40,000 के वकालत-शुल्कों का तत्काल भुगतान करना था। इतनी बड़ी राशि जुटाने के लिए रे के पास एकमात्र विकल्प बचा था—प्रिंस कैसल सेल्स की बिक्री। जी हाँ, जिस कंपनी ने रे क्रोक को कारोबारी बनाया था, अब उसी को बेचने की नौबत आ गई थी। इसमें कोई शक नहीं कि इस कंपनी पर रे का जन्मसिद्ध अधिकार था, लेकिन यही तो एथल व उसके बीच की दरार का असल कारण भी थी, तो क्या रे ने भी यही सोचा था कि जिस कारोबारी सपने के चलते एथल उसके जीवन से जा रही थी, उसे वह अपने गले में क्यों टाँगे रखे? आखिरकार, रे को नई जिंदगी की शुरुआत के लिए पुरानी से तौबा करनी ही थी।

जो भी हो, लेकिन प्रिंस कैसल सेल्स को खरीदेगा कौन? अब तक बहुमिश्रक

रे किसी भी सूरत में जोआन पर अपनी जिद नहीं थोपना चाहता था। वह पहले से मन बनाया हुआ था कि वह जोआन को फैसला करने का पूरा वक्त देगा, लेकिन अपने प्यार के इजहार से भी बाज नहीं आएगा, क्योंकि प्रेमी के रूप में यह उसका कर्म भी था व अधिकार भी।

कारोबार में काफी प्रतिस्पर्धा आ चुकी थी और उसका कारोबारी भविष्य बहुत अच्छा नहीं बचा था, लेकिन रे के पास हैरी सोंनेबोर्न जैसा प्रतिभाशाली वित्तीय मस्तिष्क जो था, उसने तत्काल उस कंपनी का ग्राहक ढूँढ़ लिया था। सोंनेबोर्न को कहीं और जाने की जरूरत नहीं पड़ी, मैकडोनाल्ड्स कार्यदल में से ही एक अधिकारी को उसने 1.50 लाख डॉलर में प्रिंस कैसल सेल्स को खरीद लेने के लिए तैयार कर लिया था। रे की नजर में यह कीमत बहुत कम थी, फिर भी वह यह सोचकर तैयार हो गया था कि आखिर घी दाल में ही गिर रहा था, अपना माल किसी अपने के पास ही तो जा रहा था और सबसे बड़ी बात कि नाजुक समय पर नकदी मिल रही थी।

जो भी हो, चाहे जो भी कीमत चुकानी पड़ी हो, अपने जन्मजात कारोबारी अधिकार से हाथ ही क्यों न धोना पड़ा हो, रे ने राहत की साँस ली थी। अब उसे इस बात की तसल्ली थी कि वह जोआन से अपनी शादी की अरजी पर जल्द-से-जल्द फैसला करने के लिए कहने का नैतिक अधिकार रखता था। वह सोच सकता था कि ज्यों ही जोआन तलाक लेगी, वह उससे शादी कर सकेगा। यह एहसास भर ही रे के दिलोदिमाग को तरोताजा रखने के लिए काफी था। हालाँकि रे को अच्छी तरह से पता था कि उसके दिल में जो शादी के लड्डू फूट रहे थे, वे बहुत जल्द हकीकत में नहीं बदलनेवाले थे। वह जानता था कि भले ही जोआन को शादी के लिए तैयार करने के लिए प्रोत्साहन की जरूरत थी; लेकिन उसे इस बात का भी पक्का विश्वास था कि देर से ही सही, वह जोआन को अपनी महबूबा बन जाने के लिए जरूर तैयार कर लेगा।

अब रे अपने भरोसे को जोआन के सामने परखना चाहता था, वह आँखों में आँखें डालकर जोआन के दिल की धड़कने गिनना चाहता था, ताकि यह अनुमान लगाया जा सके, उसे अंतिम फैसला करने में कितना वक्त लगेगा। रे ने ऐसा ही किया था और जोआन उसके अनुमान से भी ज्यादा सकारात्मक थी। हाँ, उसे बस थोड़ा वक्त तो चाहिए ही था। रे देख सकता था कि उसके सामने बैठी जोआन किस तरह लाल-लाल हुई जा रही थी, लेकिन उसकी जुबान पर बड़ा सा ताला लटका हुआ था, जिसे खोलने के लिए उसे अभी काफी वक्त चाहिए था। रे किसी भी सूरत में जोआन पर अपनी जिद नहीं थोपना चाहता था। वह पहले से मन बनाया हुआ था कि वह जोआन

को फैसला करने का पूरा वक्त देगा, लेकिन अपने प्यार के इजहार से भी बाज नहीं आएगा, क्योंकि प्रेमी के रूप में यह उसका कर्म भी था व अधिकार भी।

तो अब रे ने अपने जीवन की सबसे बड़ी समस्या को सुलझा हुआ मान लिया था। आखिर जिंदगी में और भी तो गम हैं, दिल के सिवा...तो रे ने अपना ध्यान मैकडोनाल्ड्स भाइयों की गतिविधियों पर केंद्रित किया था, जो पिछले कुछ समय से उसे चेतावनी दे रही थीं। उसे पता नहीं था कि लगातार संकट बनते जा रहे दोनों भाइयों से वह कैसे निपटेगा, लेकिन उसने ठान लिया था कि अब वह मैकडोनाल्ड्स को उनके चंगुल से मुक्त करके ही दम लेगा।

रे ने मैकडोनाल्ड्स भाइयों का संपूर्ण अधिकार खरीदा : असल में, मैकडोनाल्ड्स रेस्तराँ शृंखला को पूरे अमेरिका में फैलाने के रे क्रोक के सपने में यदि कोई सबसे बड़ी रुकावट सामने आ गई थी, वह कोई और नहीं, उस रेस्तराँ के संस्थापक बंधु—मौरिस जेम्स 'मैक' मैकडोनाल्ड्स (26 नवंबर, 1902 से 11 दिसंबर, 1971) व रिचर्ड जेम्स 'डिक' मैकडोनाल्ड्स (26 फरवरी, 1906 से 14 जुलाई, 1998) ही थे। यही कारण था रे ने मैकडोनाल्ड्स भाइयों को इस कारोबार से मुक्त करने का फैसला कर लिया था। रे ने यूँ ही यह फैसला नहीं किया था। जैसा कि हम पढ़ चुके हैं कि मैकडोनाल्ड्स सिस्टम के पहले रेस्तराँ के निमार्ण के समय से रे व मैकडोनाल्ड्स भाइयों के बीच अविश्वास का बीजारोपण हो गया था, क्योंकि भाइयों ने रे के लिए कानूनी रूप से जरूरी भवन-निर्माण प्रारूप में बदलाव की अनुमति का पंजीकृत पत्र नहीं भेजा था। रे के मन में इस बात की टीस थी, लेकिन वह लकीर का फकीर नहीं था, इसीलिए उस बात को टाल गया था।

लेकिन इस बार दोनों भाइयों जो हरकत की थी, उसे टालने का सीधा सा मतलब था कि वे दोनों रे के सामने ज्यादा बड़ा संकट भी पैदा कर सकते थे। हुआ यूँ था कि रे ने अपने एक घनिष्ठ व्यापारिक मित्र व कागज के आपूर्तिकर्ता लोउ पर्लमैन का परिचय मैकडोनाल्ड्स भाइयों से कराया था। उसके बाद भाइयों ने भी पर्लमैन से अपनी जरूरत के सारे कागज-उत्पादों की आपूर्ति लेना शुरू किया था। बात यहीं तक सीमित नहीं रही थी। वे दोनों गुप-चुप तरीके से शिकागो आने लगे थे, लोउ पर्लमैन के पास जाते थे और उसे अपने क्षेत्र के सभी मैकडोनाल्ड्स रेस्तराओं को दिखाने के लिए कहते थे। पर्लमैन उनकी गुजारिश का आदर किया करता था और उन्हें रेस्तराँ दिखाने भी ले जाता था, साथ ही एक मित्र के नाते पर्लमैन यह खबर रे को भी दिया करता था, बिना किसी प्रकार की काट-छाँट के।

लेकिन दिलचस्प बात यह थी कि उन दोनों भाइयों के पास पूरा शिकागो महानगर घूम-घूमकर रे क्रोक के बनाए रेस्तराओं के अपने चमकते साइनबोर्ड पर

मैकडोनाल्ड्स को देखकर खुश होने में बहुत मजा आता था, लेकिन उन रेस्तराओं की भीड़ देखकर उनकी आँखें फटने लगती थीं। यदि ऐसा न होता तो वे इसके रचनाकार व उनकी जेब में 0.5 प्रतिशत की हिस्सेदारी के रूप में मोटी रकम डालनेवाले रे क्रोक को देखने के, उसके हाल-चाल जानने के लिए मैकडोनाल्ड्स सिस्टम के मुख्यालय में क्यों नहीं जा रहे थे, क्या उनके पास रे को फोन करने की भी फुर्सत नहीं थी, वे क्यों चुपके-चुपके आते थे और फिर अचानक गायब हो जाते थे? फिर आते थे और रे को कुछ बताए बिना ही वापस चले जाते थे। क्या पक रहा था उनके दिमाग में? आखिरकार रे क्रोक उन्हीं के दिए अधिकार की बदौलत वह काम कर रहा था? जो वे खुद से नहीं कर सके; करने की बात तो छोड़िए, उन्होंने जो कुछ सोचने भर की जरूरत नहीं समझी थी, यदि आज वह सबकुछ साकार हो रहा था, तो उन्हें खुश नहीं होना चाहिए था? यदि वे खुश होते तो जरूर रे से मिलते; पहली बार नहीं मिले तो बाद में ही मिल आते या फिर फोन पर ही अपनी खुशी व्यक्त कर लेते, आखिर वे चोरी-छिपे कर क्या रहे थे?

खैर, मैकडोनाल्ड्स भाइयों ने तो खुद नहीं बताया, लेकिन इन सवालों का जवाब जानना जरूरी था रे के लिए। वैसे तो मास्टर फ्रेंचाइजी अनुबंध को पूरा होने में काफी समय बचा हुआ था, लेकिन रे की चिंता बढ़ गई थी और उसने समय रहते ही उनसे निपटने का मन बना लिया था। यह इसलिए भी जरूरी था कि उनकी तरफ से निश्चिंत हुए बिना आगे कदम बढ़ाना मूर्खता ही होती। सारे अधिकार तो उन्हीं दोनों भाइयों के पास थे और सबसे मूल्यवान चीज थी रेस्तराँ शृंखला का व्यापार-चिह्न (ट्रेडमार्क) 'मैकडोनाल्ड्स'। रे जो कुछ भी कर रहा था, वह इसी नाम की बदौलत ही तो कर रहा था? यदि वह नाम उसके पास न होता तो···और भविष्य में नहीं रहेगा तो क्या होगा? यह सोचकर ही रे की रूह काँप जाती थी···रे की ही क्यों, उसकी जगह कोई भी होता तो उसकी क्या हालत होती? अब रे के पास सोचने के लिए ज्यादा वक्त नहीं रह गया था, अब तो बस करने की बारी थी।

रे को पर्लमैन ने जो जानकारी दी थी, उससे यह अनुमान तो लग गया था कि मैकडोनाल्ड्स भाइयों को अपना संपूर्ण अधिकार व व्यापार-चिह्न बेचने के लिए उकसाया जा सकता था। छोटे भाई मौरिस जेम्स मैक मैकडोनाल्ड्स का स्वास्थ्य पहले की तरह नहीं बचा रह गया था और बड़े भाई रिचर्ड जेम्स डिक मैकडोनाल्ड्स को इस बात की चिंता सता रही थी। जाहिर था कि रे के पास उन दोनों भाइयों को सेवानिवृत्ति का तोहफा देने का मौका आ गया था और वह चाहता भी तो यही था कि वे दोनों उसके रास्ते से हट जाएँ, लेकिन रे के लिए यह अनुमान लगा पाना भी कठिन नहीं था, यह तोहफा उस पर भारी पड़ेगा। अब जो होगा देखा जाएगा, ऐसा मौका रे

अपने हाथ से निकलने नहीं देना चाहता था, चाहे जिस भी कीमत पर खरीदनी पड़े, उसने दोनों भाइयों को, उनके भले के लिए भी व अपने भले के लिए भी, 'सेवानिवृत्ति का तोहफा' देने का फैसला कर लिया था।

इस मसले पर रे अपने वित्तीय जादूगर हैरी सोंनेबोर्न के साथ माथा-पच्ची के कई सत्र लगा चुका था। उन्होंने सौदे की सभी संभावनाओं व सभी चुनौतियों का बारीकी से विश्लेषण करने बाद तय किया था कि सीधे उन भाइयों के सिर के बीचोबीच गोली दागी जाए। उन्हें लगा था कि भाइयों के वकीलों से बातचीत करना महज फालतू काम ही साबित होगा, खामख्वाह वक्त गँवाने जैसी मूर्खता होगी। तो सीधे दोनों भाइयों को निशाने पर लेने का मन बना लिया था रे व सोंनेबोर्न की जोड़ी ने। तो बिना वक्त जाए के रे ने सीधे छोटे भाई रिचर्ड जेम्स डिक मैकडोनाल्ड्स को फोन मिलाया था और बिना किसी भूमिका के पूछा था कि उनकी कीमत क्या थी? यानी वे कारोबार से पूर्णतया संन्यास लेने व सेवा-निवृत्त होकर सुखमय जीवन की क्या कीमत आँकते थे? बेचारा डिक मैकडोनाल्ड्स! रे को लगा था कि उसके आक्रामक तेवर से डिक बुरी तरह घबरा गया था।

लेकिन रे की सोच गलत थी—मैकडोनाल्ड्स-बंधु डरपोक भले हों, अदूरदर्शी जरूर हों, लेकिन वे कर्मठ थे; उन्होंने खाक से लाख-करोड़ बनाया था; हाँ, वे आरामतलब जरूर हो गए थे; होते भी क्यों नहीं, उनके आगे-पीछे कौन था, जिनके लिए वे धन का ढेर लगाते? और अपनी गाढ़ी कमाई में से मजबूरन सरकार को कर (टैक्स) देना तो बिल्कुल ही नहीं सुहाता था। दोनों भाइयों को पक्का पता था कि उनकी कीमत क्या थी और जब दो दिनों बाद उन्होंने फोन किया था तो रे के होश उड़ गए थे; रे ने फोन पटक दिया था, मेज में लात मारी थी और उसका मन हो रहा था कि 41 मंजिले लासेल-वेकर बिल्डिंग (221 उत्तर लासेल स्ट्रीट, लूप समुदाय क्षेत्र, शिकागो) की 20वीं मंजिल पर स्थित अपने मुख्यालय से सीधे छलाँग मार दे। जी हाँ, रिचर्ड जेम्स डिक मैकडोनाल्ड्स ने रे के तोहफे की कीमत आँकी थी 27 लाख डॉलर।

अब रे के सुनने की बारी थी। यदि रे अपने को महारथी समझाता था, तो डिक भी कम शातिर नहीं था। वह जानता था कि रे को चाहे, जो भी करना पड़े; लेकिन वह मुँहमाँगी रकम का इंतजाम जरूर कर लेगा, लेकिन अब विदाई की बारी थी तो वह खुद को रे की नजर से उतरने का भी जोखिम नहीं लेना चाहता था। इसीलिए उसने रे को सफाई दी थी कि कर अदा करने के बाद दोनों भाई को कम-से-कम 10-10 लाख तो चाहिए ही न? उसने कहा था कि इसके बदले में वे दोनों भाई अपना सबकुछ—सभी अधिकार, नाम, सैन बर्नार्डिनो का रेस्तराँ दे रहे थे। डिक ने कहा था कि उन दोनों भाइयों को लगता

था उन्होंने इतनी कीमत तो कमाई ही थी; वे 30 वर्षों से अधिक समय से कारोबार में थे, उन्होंने अपने सातों दिन, सप्ताह-दर-सप्ताह उस कारोबार में झोंके थे।

डिक की बातें दिल को छूनेवाली थीं, लेकिन रे किसी भी तरह से उनके लिए आँसू बहाने को तैयार नहीं था। अब वह 27 लाख डॉलर के जुगाड़ में अपना ध्यान केंद्रित कर चुका था। उसने सोंनेबोर्न को उन तीन बीमा कंपनियों को टटोलने के लिए कहा था, जिन्होंने 22.5 प्रतिशत शेयर हिस्सेदारी के बदले में मैकडोनाल्ड्स को 15 लाख डॉलर का ऋण जारी किया था, क्योंकि उस सौदे के तहत तीनों कंपनियों के पास ही पहला इनकार का अधिकार था, लेकिन जल्द ही यह साफ हो गया था कि वे कंपनियाँ अब और अधिक ऋण देने के पक्ष में नहीं थीं। एक बार फिर से रे ने आशा भारी नजरों से सोंनेबोर्न की ही ओर देखा था कि वह किसी देवदूत निवेशक को ढूँढ़ने की कोशिश करे।

रे के लिए यह बहुत ही नाजुक समय था। सारी आशा सोंनेबोर्न की जादुई वित्तीय प्रतिभा पर टिकी हुई थी। ऐसे समय में रे को जोआन की याद आ रही थी—काश! वह साथ होती तो इस संकट से उबरने की कोशिश ज्यादा आसान होती। जाहिर है रे ने जोआन को फोन पर सबकुछ बताया था, लेकिन फिलहाल रे को अकेले ही सबकुछ से निपटना था...जोआन ने कुछ और समय माँग लिया था अंतिम फैसले के लिए। रे ने अपना माथा पीट लिया था...उसके पास जोआन के फैसले का इंतजार करने के अलावा और कोई विकल्प न था।

जैसे कि हर बार सोंनेबोर्न ने रे को वित्तीय संकट से बाहर निकालने का जुगाड़ किया था, इस बार भी उसने मैकडोनाल्ड्स में निवेश के लिए निवेश देवदूत को ढूँढ़ लिया था। उस शख्स का नाम था—जॉन ब्रिस्टल, जो न्यूयॉर्क में रहता था और अमेरिका के बड़ी शैक्षणिक व धर्मार्थ संस्थाओं के समूह का वित्तीय सलाहकार था। इस समूह में प्रिंसटन विश्वविद्यालय (प्रिंसटन, न्यू जर्सी), होवार्ड विश्वविद्यालय (वाशिंगटन डीसी), कार्नेगी प्रौद्योगिकी संस्थान (कार्नेगी इंस्टीट्यूट ऑफ टेक्नोलॉजी; अब कार्नेगी मेलॉन विश्वविद्यालय, पिट्सबर्ग, पेंसिलवेनिया), फोर्ड फाउंडेशन (न्यूयॉर्क) सहित कुल 12 संस्थाएँ शामिल थीं। इस समूह का नाम था 'द ट्वेल्व अपोस्टल' यानी 'बारह देवदूत'। इस सौदे ने एक बार फिर से साबित किया था कि सोंनेबोर्न कितना बड़ा वित्तीय जुगाड़बाज था। रे ने आत्मकथा में इस सौदे को अमेरिकी वित्तीय व्यवस्था परंपराओं के बीच अनूठा बताया है। सोंनेबोर्न इस सौदे की जटिल बनावट को लेकर काफी खुश था, तो यह कैसा सौदा था, जो सोंनेबोर्न ने ब्रिस्टल के साथ मिलकर पकाया था?

उस सौदे के तहत 'द ट्वेल्व अपोस्टल' के कुल 27 लाख डॉलर निवेश के बदले

मैकडोनाल्ड्स सिस्टम्स द्वारा संचालित सभी रेस्तराओं के कुल कारोबार में से 0.5 प्रतिशत हिस्सेदारी का भुगतान तीन समयावधियों में किया जाना तय किया गया था। पहली समयावधि में सिर्फ 0.4 प्रतिशत का भुगतान होना था और शेष 0.1 प्रतिशत को तीसरी समयावधि तक अलग रखा जाना था। इस 0.4 प्रतिशत हिस्से में से 27 लाख डॉलर का 6 प्रतिशत यानी 1.62 लाख डॉलर ब्याज के रूप में अदा किया जाना था और शेष राशि मूलधन के भुगतान खाते में जमा होनी थी। पहली समयावधि तब समाप्त हुई मानी गई थी, जब मूलधन की राशि पूरी हो जाएगी। दूसरी समयावधि की लंबाई पहली के बराबर होगी। दूसरी समयावधि में सीधा 0.5 प्रतिशत भुगतान की व्यवस्था की गई थी। तीसरी समयावधि में पहली समयावधि के बकाया 0.1 प्रतिशत राशि का भुगतान किया जाएगा।

1972 में मैकडोनाल्ड्स के रेस्तराओं का कुल कारोबार 1 अरब डॉलर को पार कर गया था, यानी उस वर्ष कंपनी ने मैकडोनाल्ड्स भाइयों के स्वत्वाधिकार के मद में 50 लाख डॉलर की बचत की थी।

इस तरह 1961 के कुल कारोबार के आधार पर अनुमान लगाया गया था कि मैकडोनाल्ड्स सिस्टम्स 1991 तक यानी 30 वर्षों में 'द ट्वेल्व अपोस्टल' की सारी देनदारियाँ चुका सकेगा, लेकिन उसके बाद कारोबार में काफी तेजी आ गई थी और मैकडोनाल्ड्स सिस्टम्स 1972 में यानी अनुमान से 19 वर्ष पहले ही उस ऋण से खुद को मुक्त कर पाने में सफल हो गया था। साफ है कि सोंनेबोर्न ने जॉन ब्रिस्टल के साथ अत्यंत सफल सौदा किया था। दोनों पक्ष इस सौदे से बहुत खुश थे। 'द ट्वेल्व अपोस्टल' को 27 लाख डॉलर के निवेश पर 444 प्रतिशत अधिक कुल 1.20 करोड़ डॉलर की प्राप्ति की आशा सुनिश्चित की गई थी। शैक्षणिक व धर्मार्थ संस्थाओं के लिए यह एक जबरदस्त निवेश था। सरसरी तौर पर तो यही लगता था कि मैकडोनाल्ड्स सिस्टम्स ने बहुत महँगा सौदा किया था, लेकिन हकीकत यह थी कि मैकडोनाल्ड्स सिस्टम्स को इस ऋण-पूँजी के बदले में अलग से एक पैसा भी ज्यादा खर्च करने की जरूरत नहीं पड़ी थी, बल्कि उसने भविष्य की कमाई में से लाखों-करोड़ों डॉलर के आवश्यक बहाव को हमेशा के लिए रोक देने का पक्का इंतजाम भी कर लिया था।

कैसे? याद रखें कि इस ऋण पूँजी से रे ने मैकडोनाल्ड्स भाइयों से संपूर्ण अधिकार खरीदा था। अब जो 0.5 प्रतिशत की स्वत्वाधिकार राशि दोनों भाइयों को अदा की जा रही थी, वह 'द ट्वेल्व अपोस्टल' के खाते में जानी थी। उसमें से भी 0.1 प्रतिशत अंत में अदा की जानी थी। असल में इस सौदे के भुगतान के रूप में

मैकडोनाल्ड्स सिस्टम्स को कुल 1.40 करोड़ डॉलर अदा करना पड़ा था, लेकिन यदि इस राशि की तुलना मैकडोनाल्ड्स की बचत से करें तो यह उसके लिए नगण्य थी।

1972 में मैकडोनाल्ड्स के रेस्तराओं का कुल कारोबार 1 अरब डॉलर को पार कर गया था, यानी उस वर्ष कंपनी ने मैकडोनाल्ड्स भाइयों के स्वत्वाधिकार के मद में 50 लाख डॉलर की बचत की थी। आनेवाले वर्षों में ज्यों-ज्यों कंपनी का कारोबार बढ़ा था तो इस मद में बचत की राशि बढ़ती गई थी। चार साल बाद, 1976 में मैकडोनाल्ड्स ने कुल 20 अरब हैम्बर्गर बेचे थे और उसका कुल कारोबार 3 अरब डॉलर को पार कर गया था, यानी उस वर्ष कंपनी ने स्वत्वाधिकार मद में 1.50 करोड़ डॉलर की बचत की थी। जरा सोचिए 2013 में मैकडोनाल्ड्स ने 28 अरब डॉलर से अधिक का कारोबार किया था; यदि मैकडोनाल्ड्स भाइयों ने अपना स्वत्वाधिकार नहीं बेचा होता तो उस मद में कंपनी को 14 करोड़ डॉलर का भुगतान करना पड़ता। यदि 1961 के बाद से इस मद में बचत की गणना करें तो आसानी से समझा जा सकता है कि मैकडोनाल्ड्स ने उस सौदे की बदौलत स्वत्वाधिकार मद में अरबों डॉलर की बचत सुनिश्चित कर ली थी।

तो, रे ने सोंनेबोर्न की वित्तीय प्रतिभा की बदौलत वह दूरदर्शी फैसला किया था, जिसने उसे त्वरित खाद्य उद्योग का महानायक बनाने में अहम भूमिका निभाई। और मैकडोनाल्ड्स भाइयों को क्या मिला? वे भले ही शातिर थे, लेकिन उन्हें असल में मूँगफली भी नहीं मिली। फिर भी वे खुश थे और 20 लाख डॉलर से सेवानिवृत्त जीवन बिताने लगे थे। शुरू-शुरू में उन्होंने जगह-जगह की यात्राएँ की थीं और फिर पाम स्प्रिंग्स में अचल संपत्तियों में निवेश की कोशिशें की थीं। सैन बर्नार्डिनो से 89 किलोमीटर पूर्व में कोआचेला वैली में बसा पाम स्प्रिंग्स छुट्टियाँ बितानेवाला विशाल रेगिस्तान शहर, क्षेत्रफल के हिसाब से अमेरिका का सबसे बड़ा शहर है। 11 दिसंबर, 1971 को बड़े भाई मौरिस जेम्स मैक मैकडोनाल्ड्स की मृत्यु हो गई थी। उसके बाद छोटा भाई डिक अपने गृहनगर मैनचेस्टर (पूर्वोत्तर अमेरिका के न्यू इंग्लैंड क्षेत्र का एक राज्य न्यू हैम्पशायर का सबसे बड़ा औद्योगिक शहर) लौट गया था, जहाँ उसने अपने बचपन की प्रेमिका डोरोथी फ्रेंच (मैनचेस्टर के एक साहूकार की बेटी) से शादी कर ली थी। डोरोथी के पति का देहांत हो चुका था और डिक का भी अपनी पत्नी के साथ तलाक हो चुका था। इस तरह दोनों बिछड़े प्रेमियों का पुनर्मिलन एक सुखद संयोग था। उसके बाद डिक ने रे क्रोक के साथ अपने पुराने संबंध को जिंदा करने की कोशिश भी की थी।

लेकिन सर्वाधिकार सौदे के अंतिम क्षणों में दोनों भाइयों ने जो हरकत की थी, वह आजीवन रे के गले में मछली के काँटे के तरह फँसी रही थी। वैसे तो इस

सौदे से रे बहुत खुश था, लेकिन अंतिम समय में दोनों भाई सैन बर्नार्डिनो के रेस्तराँ को अपने ही पास रखने की जिद करने लगे थे। दोनों चाहते थे कि मूल रेस्तराँ के कर्मचारी उनके लिए उसका संचालन करेंगे, लेकिन वह रेस्तराँ सबसे ज्यादा आमदनी वाला रेस्तराँ था और रे को उस आमदनी की सख्त जरूरत थी। वह हर हाल में इसे उस सौदे का हिस्सा बनाना चाहता था, लेकिन दोनों भाई अड़ गए थे और उन्होंने पूरे सौदे को रद कर देने तक की धमकी दे डाली थी। अंत में, रे को ही झुकना पड़ा था। मैकडोनाल्ड्स भाइयों ने रेस्तराँ का नाम बदलकर 'द बिग एम' रख लिया था और कारोबार को पहले की तरह ही जारी रखने की हर संभव कोशिश की थी, लेकिन इस वादा-खिलाफी से रे बहुत दु:खी हुआ था कि उसने मैकडोनाल्ड्स भाइयों को सबक सिखाने की ठान ली थी। जल्द ही, रे ने पास में ही नया मैकडोनाल्ड्स रेस्तराँ शुरू किया था। इससे 'द बिग एम' का काम बुरी तरह प्रभावित हुआ और अंततः भाइयों को अपना कारोबार बंद करना पड़ा।

रे का कैलिफोर्निया स्थानांतरित होने का फैसला

वैसे तो, रे कैलिफोर्निया राज्य में हो रहे तूफानी विकास से पहले से ही काफी प्रभावित था, लेकिन वह मैकडोनाल्ड्स भाइयों के चलते वहाँ अपना पूरा ध्यान केंद्रित नहीं का पा रहा था। अब जब सर्वाधिकार रे के पास आ गया था तो उसने इस राज्य की संभावनाओं को भुनाने की योजना को ठोस रूप देना शुरू कर दिया था। उसने तय किया था कि अब वह खुद ही कैलिफोर्निया में कार्यालय खोलेगा और मैकडोनाल्ड्स के विस्तार को नए मुकाम पर ले जाएगा।

इस दौर में रे अकसर उन लोगों को ध्यान में लाने की कोशिश कर रहा था, जिन्होंने उसकी मदद की थी। उसे अपने पुराने विचार भी याद आ रहे थे। यह सब पुरानी खट्टी-मीठी यादों को झोंका भर नहीं था, इसके जरिए रे मैकडोनाल्ड्स को इस मुकाम पर ले आने में योगदान देनेवाले सभी लोगों के प्रति अपनी निष्ठा व भरोसे की दुबारा पुष्टि कर रहा था। रे के लिए तो मैकडोनाल्ड्स ही उसकी श्रद्धा थी, भरोसा था, संप्रदाय या धार्मिक पंथ था। रे अकसर सार्वजनिक तौर पर गर्व से कहा करता था—'मैकडोनाल्ड्स इज माइ रिलिजन।' और जब रे यह घोषित करता था तो उसका मतलब यह नहीं होता था कि वह ईसाइयों के त्रिमूर्ति देवत्व—पिता, पुत्र व पवित्र आत्मा तीनों में एक ही ईश्वर है के प्रति आस्था नहीं रखता था। वह तो अन्य धर्म-सिद्धांतों का समान रूप से आदर करता था। रे कहा करता था कि ईश्वर, परिवार व मैकडोनाल्ड्स में विश्वास करता था, लेकिन अपने कार्यालय में वह इस क्रम को उलट दिया करता था—मैकडोनाल्ड्स, परिवार व ईश्वर। ऐसा करने के पीछे उसका

तर्क था कि जब आप 100 मीटर की दौड़ में भाग ले रहे होते हैं तो दौड़ते हुए आपका ईश्वर के बारे में नहीं सोचते, कम-से-कम तब, जब आप उस दौड़ को जीतना चाहते हैं और आपका संपूर्ण ध्यान 'दौड़' पर केंद्रित होता है। रे के लिए मैकडोनाल्ड्स ही उसकी 'दौड़' था।

हैम्बर्गर विश्वविद्यालय का बीजारोपण : यादों के इस झरोखे में एक व्यक्ति की तसवीर बार-बार रे के सामने आ रही थी। रे को याद आ रहा था कि उसकी मेज के सामने एक दुबला-पतला, सत्यनिष्ठ युवा बैठा हुआ था। वह साफ तौर पर व्याकुल दिख रहा था। उसका नाम था—लुइगी सल्वानेस्ची। उसे अमेरिका आए बहुत दिन नहीं हुए थे। रे के निजी सचिव जून मारीटिनो ने इटली से उसके आव्रजन (इमीग्रेशन) का इंतजाम किया था और उसे ग्लेन एलिन (डूपेज काउंटी, इलिनोइस में एक समृद्ध गाँव) स्थित मैकडोनाल्ड्स रेस्तराँ के कर्मीदल में नौकरी दिलवाई थी। रे सोच रहा था कि उस व्यक्ति की संभावनाओं के मुताबिक मैकडोनाल्ड्स मुख्यालय में क्या काम निकाला जा सकता था। उसकी सबसे बड़ी कमजोरी यह नहीं थी कि उसे अंग्रेजी भाषा में कठिनाई आ रही थी, बल्कि उसकी समस्या यह थी, वह बहुत अधिक पढ़ा-लिखा था।

लुइगी सल्वानेस्ची ने रोम विश्वविद्यालय (रोम, इटली) व लैटिन विश्वविद्यालय (वैटिकन सिटी, रोम महानगर में दीवारों से घिरा परिक्षेत्र) से रोमन कैथोलिक गिरिजाघर कानून में पी-एच.डी. की उपाधि हासिल की थी। वह खुद के विश्राम के लिए प्राचीन यूनानी साहित्य पढ़ा करता था। जब वह अमेरिका आया था तो उसे विश्वविद्यालय में प्राध्यापक का पद मिल जाने की आशा थी। उसकी पत्नी ने भी पी-एच.डी. की थी, जिसे वैलपराइसो विश्वविद्यालय (वैलपराइसो, इंडियाना) में नियुक्ति मिल गई थी, लेकिन लुइगी को तब बहुत आश्चर्य हुआ था कि अमेरिकी महाविद्यालयों में अब लैटिन नहीं पढ़ाई जा रही थी और अब किसी को उसकी विशेषज्ञता की जरूरत नहीं थी। ऐसे में उसके पास मैकडोनाल्ड्स रेस्तराँ में काम जारी रखने के अलावा और कोई विकल्प नहीं था। हाँ, अपनी-अपनी लगन व मेहनत से एक सामान्य कर्मी से प्रोन्नत होता हुआ प्रबंधक के स्तर तक पहुँच चुका था।

ऐसे में जब लुइगी सल्वानेस्ची के लिए अमेरिका में आकर रेस्तराँ में काम करने के लिए मजबूर होना जबरदस्त सांस्कृतिक सदमा ही था। कहाँ रोम की शास्त्रीय रूप से परिष्कृत जीवनशैली और कहाँ अमेरिका की भागती-दौड़ती जिंदगी के प्रतीक मैकडोनाल्ड्स रेस्तराँ का जीवन, जहाँ लोग अपने हाथों में भोजन लेकर भागते रहते थे। लुइगी ने रे से मुलाकात में अपने इस अनुभव को साझा किया था और कहा था कि मैकडोनाल्ड्स रेस्तराँ की लाल व सफेद टाइल्स में की गई वास्तु-संरचना को बदला जाना चाहिए।

यह सुनकर रे को यही लगा था कि उस आदमी का दिमाग फिर गया था, लेकिन उसने अंतिम फैसला यही किया था कि लुइगी को अपनी कंपनी में ले आया जाए, क्योंकि उसकी अत्यधिक पढ़ाई-लिखाई ने उसे सामान्य कारोबारी समस्या से अलग बिल्कुल दूसरी चीजों के बारे में चिंता करने लायक बनाया था। निश्चित तौर पर उसके अब तक के काम ने उसे मैकऑपको के रेस्तराँ के संचालक के लिए प्रमुख उम्मीदवार बनाया था। असल में, लुइगी ने ग्लेन एलीन मैकडोनाल्ड्स में काम करते हुए महसूस किया था कि सभी रेस्तराँकर्मी ग्राहकों का ठीक प्रकार से स्वागत नहीं कर पा रहे थे। इसीलिए उसने खिड़की पर खड़े होनेवाले कर्मियों के लिए 'विंडोमैन लेसन' नाम से एक पाठ्यक्रम तैयार किया और तहखाने में रेस्तराँकर्मियों के लिए नियमित तौर पर प्रशिक्षण कार्यक्रम शुरू किया था। वह कर्मियों को गृहकार्य भी देता था। जो कर्मी पाठ्यक्रम को ठीक प्रकार से पूरा कर लेता था और ग्राहकों के साथ उसके व्यवहार में सुधार नजर आता था तो लुइगी उसे धन-पुरस्कार देकर प्रोत्साहित भी करता था। लुइगी का विंडोमैन लेसन समूची मैकडोनाल्ड्स रेस्तराँ प्रणाली में पहला 'औपचारिक परिचालन पाठ' (फॉर्मल ऑपरेशन लेसन) था और जब इसकी जानकरी रे को मिली थी तो उसे लगा था, यह पाठ नए रेस्तराँ संचालकों को प्रशिक्षित करने के लिए बहुत उपयोगी हो सकता था।

जैसा कि हम पिछले अध्याय में पढ़ चुके हैं कि जब रे ने फ्रेड टर्नर को मैकडोनाल्ड्स मुख्यालय में परिचालन प्रमुख के रूप में नियुक्त किया था, तभी उसके दिमाग में नए प्रबंधकों व संचालकों के लिए विधिवत् प्रशिक्षण-कार्यक्रम आयोजित करने का विचार आया था। फ्रेड भी उस विचार को लेकर बहुत उत्साहित था। हालाँकि वह नए रेस्तराओं के विकास व शुभारंभ में वह इतना उलझ गया था कि इस मसले पर गहराई से विचार करने और उस काम को आगे बढ़ाने के लिए उसे पर्याप्त समय नहीं मिला था, लेकिन जब भी रे के सामने होता था तो इस मुद्दे को एक बार जरूर उठा देता था। आपाधापी में रे भी इस मामले को टालता रहा था, लेकिन फ्रेड टर्नर ने इस विषय को अपनी नजर से ओझल नहीं होने दिया था। आर्ट वेंडर (मैकडोनाल्ड्स भाइयों के साथ शुरू से काम करनेवाला परिचालन अधिकारी) व मैकडोनाल्ड्स के एक अन्य विस्तार सलाहकार (फील्ड कंसलटेंट) निक कोरोस की साझेदारी में टर्नर ने संचालकों के लिए एक संपूर्ण प्रशिक्षण पुस्तिका (ट्रेनिंग मैन्युअल) के संकलन का काम शुरू कर दिया था।

उसी दौर में, शिकागो महानगर के उत्तर-पश्चिम में ओहारे अंतरराष्ट्रीय हवाई अड्डे से सटे क्षेत्र 'इल्क ग्रोव विलेज' में तेजी से विकास हो रहा था। रे ने वहाँ मैकडोनाल्ड्स रेस्तराँ खोलने की योजना बनाई थी। जब इसके निर्माण पर विचार-

विमर्श शुरू हुआ था तो रे ने वहाँ पर अन्य रेस्तराओं की तरफ आधा तहखाना बनाने की बजाए एक बड़ा तहखाना बनाने के लिए कहा था। तभी रे ने उस बड़े तहखाने में आलू की बोरियों के भंडारण के बाद खाली बचे स्थान को प्रशिक्षण पाठ्यक्रमों को संचालित करने के लिए कक्षा के रूप में इस्तेमाल करने का फैसला किया था। यही प्रशिक्षण वर्ग अंत में हैम्बर्गर विश्वविद्यालय के रूप में विकसित हो गया था।

असल में इल्क ग्रोव स्थित मैकडोनाल्ड्स रेस्तराँ के बगल में एक विश्रामालय (मोटेल) था। शिकागो के बाहर के रेस्तराँ-संचालक व प्रबंधक वहाँ आराम से रहकर प्रशिक्षण वर्ग में हिस्सा ले सकते थे। तहखाने में आलू की बोरियों के बीच बनी इस कक्षा में प्रशिक्षार्थियों के बैठने के लिए हाथ-कुरसीवाली मेजें लगाईं गई थीं, जिन पर बैठकर वे निक कोरोस, फ्रेड टर्नर व टोनी फेलकर के भाषण सुनते थे। सुबह में पढ़ाए गए पाठ्यक्रम को प्रायोगिक रूप से सीखने के लिए दोपहर में सभी प्रशिक्षार्थियों ऊपर रेस्तराँ में काम करने जाते थे। पहले प्रशिक्षण कार्यक्रम में 18 प्रशिक्षार्थियों ने हिस्सा लिया था और उन्हें हैम्बर्गर विज्ञान में स्नातक (बैचलर ऑफ हैम्बर्गरोलॉजी) व फ्रेंच फ्राइज में अंतर-स्नातक (अंडर ग्रेजुएट) की उपाधियाँ दी गई थीं।

हरा व बढ़ता हुआ मैकडोनाल्ड्स : रे क्रोक हमेशा इस जीवन व व्यापार दर्शन में विश्वास रखता था कि व्यक्ति व व्यापर दोनों के लिए हमेशा 'हरा व बढ़ता हुआ होना' चाहिए। व्यक्तिगत तौर पर वह भी आजीवन इस दर्शन का अनुसरण करता रहा था और मैकडोनाल्ड्स त्वरित रेस्तराँ शृंखला के लगातार विस्तार में भी यह दर्शन अभी भी लागू होता दिखता है।

उस समय मैकडोनाल्ड्स लगातार बढ़ रहा था और अमेरिका के त्वरित खाद्य-सेवा उद्योग में इसका प्रभाव भी बढ़ रहा था। स्वाभाविक था कि बिल्कुल नई सोच व व्यवस्थित प्रणाली के साथ आगे बढ़ रहे मैकडोनाल्ड्स को अमेरिकी अखबार व पत्रिकाएँ भी मान्यता देने लगी थीं। रे ने आत्मकथा में लिखा है कि देश भर के अखबारों व पत्रिकाओं में व्यापार पर मैकडोनाल्ड्स के प्रभाव व सामुदायिक मामलों में मैकडोनाल्ड्स संचालकों की भागीदारी के बारे में प्रशंसा की जा रही थी और उसे आत्मिक खुशी का अनुभव हो रहा था। उसने लिखा है कि मैकडोनाल्ड्स की कहानी ही कुछ इस प्रकार की थी, जिसे अमेरिकी लोग पढ़ने-सुनने के लिए लालायित थे।

असल में अमेरिकी जनता पहले ही विश्वव्यापी महामंदी के दुर्भाग्य व निराशा को झेल चुकी थी और अब शीत-युद्ध (कोल्ड वार) की स्थिति से उकता रही थी। सोवियत संघ द्वारा नई बैलिस्टिक मिसाइलों की डरावनी घोषणाओं व पृथ्वी की कक्षा परिधि में पहले उपग्रह स्पूतनिक के छोड़े जाने के बाद अमेरिका में रक्षात्मक दृष्टिकोण को बढ़ावा मिल रहा था। लोगों ने अपने घरों के पिछवाड़े में बम-

आश्रय बना लिए थे और परमाणु हमले की स्थिति में बचने के उपायों के बारे में पढ़ रहे थे। 1959 के शरदकालीन सत्र में सोवियत संघ की कम्युनिस्ट पार्टी के प्रथम सचिव निकिता ख्रुश्चेव ने बाकायदा मेज पर जूते रखकर संयुक्त राष्ट्र महासभा व पूरी दुनिया से कहा था कि उसकी राष्ट्र-प्रणाली पूँजीवाद को दफना देगी।

मैकडोनाल्ड्स के जन-संपर्क अभिकरण के अल गोलिन ने रे क्रोक के लिए हैल बॉयल के साथ एसोसिएटेड प्रेस के न्यूयॉर्क मुख्यालय में मुलाकात व साक्षात्कार का समय निश्चित किया था। रे को पहले से ही हैल बॉयल के काम के बारे में सारी जानकारी थी, लेकिन रे को यह पता नहीं था कि बॉयल न्यूयॉर्क के सबसे अव्यवस्थित पत्रकारों में से एक था।

इस घटना के कुछ ही समय बाद, इर्व कुप्सिनेट ने 'शिकागो सन ट्रिब्यून' के अपने लोकप्रिय दैनिक स्तंभकूपस कॉलम (60 वर्षों तक लगातार प्रकाशित होनेवाला स्तंभ) में मैकडोनाल्ड्स के बारे यह लिखा था—

"जल्द ही ग्रेट लेक्स से छुट्टी पानेवाले नौ नाविकों ने किसी दिन मैकडोनाल्ड्स रेस्तराओं के प्रमुख रे क्रोक को उसके लासाल्ले स्ट्रीट स्थित कार्यालय में फोन किया था। उन्होंने कहा था कि वे एक साथ सैन्य सेवा में भरती हुए थे, एक साथ छूट रहे थे, व एक साथ कारोबार में जाना चाहते थे। क्रोक ने उन्हें उपकृत किया। नौ नाविक पोर्टलैंड, ओरेगन में मैकडोनाल्ड्स फ्रेंचाइजी में साझीदार होंगे। यह वही है, जो रे क्रोक अमेरिकी पूँजीवादी सपने की पूर्ति का मतलब समझता है। देखो ख्रुश्चेव?"

[ग्रेट लेक्स आपस में जुड़ी मीठे पानी झीलों की एक श्रृंखला है। यह उत्तरी अमेरिका के उत्तर-पूर्व में कनाडा व संयुक्त राज्य अमेरिका की सीमा पर स्थित है और सेंट लॉरेंस नदी के माध्यम से अटलांटिक महासागर से जुड़ती है।]

मैकडोनाल्ड्स के तेज विकास के दौर में रे क्रोक ने समूचे अमेरिका में बहुत से संवाददाता सम्मेलनों को संबोधित किया था और अखबारों-पत्रिकाओं के संवाददाताओं को साक्षत्कार दिए थे। रे ने आत्मकथा में लिखा है कि उन सभी में से सबसे यादगार साक्षात्कार एसोसिएटेड प्रेस (एपी) के स्तंभकार हेरोल्ड विन्सेंट 'हैल' बॉयल (24 जुलाई, 1911 से 1 अप्रैल, 1974) का था। एसोसिएटेड प्रेस एक अमेरिकी बहुराष्ट्रीय गैर-लाभकारी समाचार एजेंसी है, जिसका मुख्यालय न्यूयॉर्क नगर में है। हैल बॉयल पुलित्जर पुरस्कार विजेता पत्रकार थे, जिसे विशेष रूप से द्वितीय विश्व युद्ध के दौरान युद्ध संवाददाता के रूप में किए गए उसके काम के लिए

जाना जाता है। एपी के साथ अपने 30 वर्षों के दौरान बॉयल ने 7,680 स्तंभ लिखे थे, जिन्हें 700 से अधिक समाचार-पत्रों में प्रमुखता से साथ छापा जाता रहा था।

मैकडोनाल्ड्स के जन-संपर्क अभिकरण के अल गोलिन ने रे क्रोक के लिए हैल बॉयल के साथ एसोसिएटेड प्रेस के न्यूयॉर्क मुख्यालय में मुलाकात व साक्षात्कार का समय निश्चित किया था। रे को पहले से ही हैल बॉयल के काम के बारे में सारी जानकारी थी, लेकिन रे को यह पता नहीं था कि बॉयल न्यूयॉर्क के सबसे अव्यवस्थित पत्रकारों में से एक था। वैसे तो रे अधिकांश वरिष्ठ पत्रकारों के साथ किसी होटल या रेस्तराँ में दोपहर के भोजन करते हुए साक्षात्कार देता था, लेकिन गोलिन ने उसे बॉयल के साथ कार्यालय में ही मुलाकात पर जोर दिया था। रे निश्चित समय पर बॉयल से मिलने पहुँच गया था, लेकिन वहाँ पहुँचकर उसे पता चला था कि बॉयल यह भूल गया था कि उससे मुलाकात का समय निश्चित था। बॉयल किसी और काम में व्यस्त था और उसने रे को किसी और समय में मिलने की इच्छा जताई थी, लेकिन बाद में रे की बातें सुनने को तैयार हो गया था।

रे ने आत्मकथा में लिखा है कि बॉयल जैसे वरिष्ठ पत्रकार से उसके दफ्तर में मिलने जाने में उसे कोई परेशानी नहीं थी, लेकिन एसोसिएटेड प्रेस पहुँचने के बाद उसने देखा था कि बॉयल एक बड़े कक्ष में बैठा था, जहाँ कई अन्य पत्रकार भी अपने-अपने टाइपराइटर पर काम कर रहे थे। कक्ष में टाइपराइटरों की आवाज से शोर का माहौल बना हुआ था। यह देखकर रे हैरान हुआ था कि यहाँ बैठकर वह साक्षत्कार कैसे दे सकेगा। इतना ही नहीं, जिस मेज पर बॉयल खुद बैठा हुआ था, उस पर और उसके चारों तरफ अखबारों-कागजों के ढेर लगे हुए थे। बाद में रे को पता चला था बॉयल की मेज को उसके साथी पत्रकारों ने मलबे के पवित्र ढेर का नाम दिया हुआ था। बॉयल ने अपनी मेज के सामने रखी एक कुरसी से अखबारों को ढेर हटाया था और रे को उसी पर बैठने के लिए कहा था, लेकिन वह कुरसी गंदी थी और रे ने खुद के लिए बॉयल की मेज के एक कोने को ही चुन लिया था। रे के साथ वहाँ गया हुआ जनसंपर्क कार्यकारी उसकी हरकत से परेशान भी दिख रहा था, लेकिन उसने इस बात की परवाह नहीं की थी। रे ने इसी माहौल में बॉयल को मैकडोनाल्ड्स की कहानी सुनानी शुरू कर दी थी। शोर-गुल के बीच बॉयल को सबकुछ ठीक प्रकार से सुनाई दे, इसलिए रे ने ऊँचे स्वरों में बोलना शुरू किया था। धीरे-धीरे कक्ष के सभी पत्रकार अपना-अपना काम छोड़कर बॉयल की मेज के आस-पास इकट्ठा होने लगे थे। जबतक रे व बॉयल की बातचीत पूरी हुई थी, तब तक उस बड़े कक्ष में शांति छा गई थी। जमा पत्रकारों में अधिकांश ने रे से यह पूछना शुरू कर दिया था कि किस तरह वे लोग अखबारों का कारोबार छोड़कर मैकडोनाल्ड्स के फ्रेंचाइजी बन सकते थे।

मैकडोनाल्ड्स के विकास की कहानी से हैल बॉयल जैसा खुर्राट पत्रकार भी प्रभावित हुए बिना नहीं रह सकता था और उसने लिखा था—

''अमेरिका पिज्जा का दीवाना हो चुका है, लेकिन पाँच वर्षों से भी कम समय में रे क्रोक ने अमेरिका के थोड़े पुराने खाद्य—हैम्बर्गर में 2.50 करोड़ डॉलर का कारोबार निर्मित किया है। अब प्रति वर्ष 15 सेंट के 10 करोड़ हैम्बर्गर बेचनेवाली शृंखला के 56 वर्ष के अध्यक्ष क्रोक ने कहा, ''मैं हैम्बर्गर को संयोजन-शृंखला में रखता हूँ।''

उसके बाद, बॉयल ने अपने स्तंभ में रे क्रोक द्वारा विकसित प्रणाली के बारे लिखा था और कहानी को इस टिप्पणी के साथ खत्म किया था—

''क्रोक कहता है कि उसके शानदार सफल रेस्तारॉं 2 लाख डॉलर के वार्षिक कारोबार पर 40 हजार डॉलर का मुनाफा अर्जित करते हैं। ग्राहकों का औसत खर्च 66 सेंट है। उसने करारेपन के साथ कहा, ''कोई एक फ्रेंचाइजी असफल नहीं हुआ ''हम नहीं जानते कोई कैसे (असफल) हो सकता है। किसी भी सूरत में हम ऐसा नहीं होने देंगे। हम आएँगे और उसका अधिग्रहण कर लेंगे।''

लेकिन रे बहुत शातिर था। उसने किसी भी पत्रकार को यह नहीं बताया था कि उसके रेस्तराओं में जबरदस्त कारोबार और यहाँ तक कि विकासात्मक खाताविधि (डेवलपमेंटल एकाउंटिंग) में लाभ दर्शाए जाने के बावजूद उसकी कंपनी में कोई नकद-प्रवाह नहीं हो रहा था। असल में उस समय मैकडोनाल्ड्स सिस्टम्स जमीन व रेस्तराँ निर्माण पर भारी रकम खर्च कर रहा था, जबकि उन अचल-संपत्तियों का किराया बहुत कम था। कुल 160 रेस्तराओं में से सिर्फ 60 इकाइयाँ ही ऐसी थीं, जिन्हें मैकऑपको ने विकसित किया था। इसीलिए सिर्फ 60 रेस्तराओं से ही सेवा शुल्क (सर्विस फी) के अलावा आमदनी भी आ रही थी। बाकी रेस्तराँ व्यक्ति विशेष संचालकों के स्वामित्व में थे और वे अपने कारोबार में से मैकडोनाल्ड्स सिस्टम को सेवा शुल्क के रूप में सिर्फ 1.9 प्रतिशत का भुगतान कर रहे थे।

कुल मिलाकर मैकडोनाल्ड्स सिस्टम विरोधाभासी स्थिति में था। एक तरफ उसके रेस्तराओं का कुल कारोबार लगातार ऊँचाई चढ़ रहा था और कई रेस्तराँ समृद्ध भी हो रहे थे, लेकिन उसकी तुलना में कंपनी का नकद-प्रवाह काफी कम था। उस समय मिनियापोलिस के रेस्तराँ ने एक माह में 37,262 डॉलर का कारोबार किया था, लेकिन दूसरी तरफ मैकडोनाल्ड्स सिस्टम्स किसी तरह अपने कर्मचारियों के वेतन व खर्चे ही निकाल पा रहा था। यही कारण था कि उस समय हैरी सोंनेबोर्न ने एक आदेश जारी किया था कि 1000 डॉलर से अधिक के व्यय-विपत्रों (एक्सपेंस बिल) के भुगतान एक बार में नहीं किए जाएँगे। उसने ऐसे व्यय-विपत्रों के लिए मासिक किश्तों में भुगतान की व्यवस्था बनाई थी।

अब तक सोंनेबोर्न ने डिक को पूरी तरह से अपने संयुक्त अधिकारी के रूप प्रशिक्षित कर लिया था। सोंनेबोर्न उसे हर छोटे-बड़े खर्च की जानकारी देता था और बताता था कि कोई फैसला क्यों किया गया था। असल में, सोंनेबोर्न यह सुनिश्चित करना चाहता था कि यदि वह किसी सड़क दुर्घटना के शिकार हो जाए, तब उसके द्वारा संचालित योजना सुचारु रूप से लागू हो। अब कंपनी को निर्माण-संबंधी लेखा के बारे में अनुभव रखनेवाले एक व्यक्ति की जरूरत थी, जो उसकी निर्माण गतिविधियों में लागत का विश्लेषण कर सके। यही वह स्थिति थी, जब डिक बॉयलन ने एक युवा लेखापाल गेर्री न्यूमैन को अंशकालिक तौर पर भरती किया था। न्यूमैन के पास इतना काम आने लगा था कि उसके पास अपने अन्य ग्राहकों के लिए समय नहीं बचता था। इसका एक रास्ता यह था कि कंपनी न्यूमैन को पूर्णकालिक तौर पर रख ले या फिर उसके पूरे समय का भुगतान करे, लेकिन तब कंपनी की स्थिति ऐसी नहीं थी कि वह न्यूमैन को पूरा मुआवजा दे सके, फिर भी उसने अपना काम जारी रखा था।

उस वक्त मैकडोनाल्ड्स मुख्यालय में कुल 45 कर्मचारी काम कर रहे थे। राजस्व की स्थिति इतनी नाजुक हो गई थी कि वेतन का साप्ताहिक भुगतान कर पाना संभव नहीं हो पा रहा था। बैंक से उधार की सीमा खत्म हो चुकी थी। इस समस्या से निपटने के लिए न्यूमैन ने साप्ताहिक की जगह पाक्षिक भुगतान करने का हल खोजा था। उसने सूचना-पट्ट पर इससे संबंधित जानकारी चिपका दी थी और यह भी कहा था कि जो लोग साप्ताहिक वेतन का चेक न प्राप्त कर पाने के चलते परेशान हों, वे नकद खाता से 15 डॉलर हासिल कर सकते थे।

इसी क्रम में एक दिन रे व हैरी सोंनेबोर्न खाता-संबंधी चर्चा के लिए बॉयलन के दफ्तर में बैठे हुए थे, जहाँ गैर्री न्यूमैन भी था। यह देर शाम का वक्त था। बैठक अभी चल ही रही थी कि उसी बीच में आर्ट ट्रयाग (रे का कार चालक, जो उसके लिए दोस्त जैसा था) भी आ गया था, जो सिंगापुर से लौटा था व अपने साथ खाने-पीने की ढेर सारी चीजें लेकर आया था। बैठक बीच में ही रुक गई थी। सभी खाते-पीते, हँसी-मजाक करते कंपनी की तत्कालीन स्थितियों पर भी चर्चा करने लगे थे। इसी बीच रे ने कहा था कि अब प्रतिमाह 1 लाख डॉलर का कारोबार होने लगा था और जल्द ही कंपनी 1 अरब डॉलर की होनेवाली थी। रे के मुँह से इस प्रकार की घोषणा सुनकर न्यूमैन खाते-खाते रुक गया था और उसकी तरफ अजीबोगरीब नजरों से देखने लगा था। वह सोच रहा था कि एक तरफ कंपनी साप्ताहिक वेतन नहीं दे पा रही थी और दूसरी तरफ रे अरब डॉलर के कारोबार की बातें कर रहा था।

खैर, वह समय भी बीत गया था और रे की भविष्यवाणी सच होने की दिशा में आगे बढ़ रही थी। करीब साल भर बाद, एक प्रतिस्पर्धी रेस्तराँ कंपनी की तरफ

से गैरी न्यूमैन को दोगुना वेतन का प्रस्ताव किया था, लेकिन उसने उसे ठुकरा दिया था। हैरान नियुक्ति सलाहकार ने न्यूमैन के फैसले का कारण पूछा था तो उसने जवाब दिया था कि संबंधित कंपनी में रे क्रोक जैसा कोई व्यक्ति नहीं था, लेकिन गैरी के मैकडोनाल्ड्स में रुके रहने का सिर्फ यही कारण नहीं था कि वह रे की दूरदृष्टि से प्रभावित था। असल में, बहुत मामलों में न्यूमैन का दिमाग भी रे की तरह ही काम करता था। उसकी याददाश्त जबरदस्त थी और वह किसी भी बीती घटना या स्थिति को तत्काल पूरी तरह याद कर पाने में सक्षम था, लेकिन रे के विपरीत उसे प्रतिवेदनों या अन्य छोटे-बड़े कागजों को ध्यान से पढ़ने व सँभालकर रखने की आदत भी थी। यही कारण था कि वह मैकडोनाल्ड्स के बारे में कभी भी कोई जानकारी दे सकता था। वह ऐसी बातें भी याद रख पाता था, जिसे रे छोटी-मोटी समझकर अकसर भूल जाए करता था।

तो स्वार्थी मानसिकतावाले लोग ही ऐसा मानते हैं कि हर चीज की एक कीमत होती है, यानी पैसे से हर चीज खरीदी जा सकती थी, लेकिन रे ऐसी बातें करनेवाले को सिरफिरा कहा करता था। रे का मानना था कि ऐसी बहुत सी चीजें हैं, जिन्हें पैसे से खरीदा नहीं जा सकता और सिर्फ कठिन परिश्रम से भी जीत हासिल नहीं हो सकती। ऐसी ही अनमोल बातों में एक है खुशी। गैरी न्यूमैन भी रे की तरह खुशमिजाज था और मैकडोनाल्ड्स में काम करने में उसे खुशी मिल रही थी। अब रे को ही देख लीजिए, यदि वह जोआन से नहीं मिला होता तो खुश होता? शायद रे के पास भी इस सवाल का कोई जवाब नहीं था। वह तो मैकडोनाल्ड्स के काम में खुद को संतुष्ट महसूस कर रहा था, काम ही उसकी जिंदगी बन गया था, लेकिन जब वह जोआन से मिला था, तब उसे एहसास हुआ था कि उसके अंदर कुछ खालीपन था। इसलिए वह जोआन के पीछे पड़ गया और ऐसे पीछे पड़ा कि यदि कोई उससे जोआन के बदले मैकडोनाल्ड्स भी माँग लेता तो वह दे देने में तनिक भी हिचकिचाहट नहीं दिखता। क्यों? क्योंकि उसने जोआन में अपनी खुशी को देख लिया था, लेकिन प्रेम की खोज में धन का कोई मूल्य नहीं था। रे के पास एक ही विकल्प था कि वह जोआन के फैसले की प्रतीक्षा करे और आशा रखे कि वह एक दिन उसके पास जरूर आएगी।

खैर, रे जोआन के फैसले के इंतजार में एक-एक दिन महीनों की तरह काट रहा था। अंततः एक दिन जोआन का फोन आ ही गया था। जोआन ने रे को बताया था कि उसने मन बना लिया था, या कहें कि उसकी माँ व बेटी ने उसे अपना मन बनाने में मदद की थी। वे दोनों जोआन के तलाक लेने के बिल्कुल खिलाफ थे और वह उन दोनों के साथ अपना नाता तोड़ पाने की स्थिति में नहीं थी। इसीलिए जोआन के पास अब रे को सिर्फ यही बताना था कि उसका जवाब 'न' था। उस वक्त रे ला-साल्ले

स्ट्रीट स्थित बहुमंजिला भवन की 20वीं मंजिल स्थित अपने मुख्यालय में बैठा हुआ था। उसे लगा था कि अचानक कोई भूकंप सा आया था और पूरा भवन भरभरा गया था। जी हाँ, रे अकेला ही था, जिसे ऐसा लगा था। बाकी सभी लोग अन्य दिनों की तरह अपने काम में व्यस्त थे और उन्हें पता नहीं था कि रे किसे असह्य दर्द से गुजर रहा था। वह अपने कक्ष में घंटों तक यूँ ही चुपचाप बैठा रहा था। फोन की घंटियाँ यूँ ही बजती रही थीं···रे ने किसी का जवाब नहीं दिया था। तभी बाहर से रे के कार चालक आर्ट ट्याग की आवाज आई थी, वह दरवाजे पर खड़ा रे की तरफ जिज्ञासा से देख रहा था। रे ने बस इतना कहा था कि वह अपना सामान बाँध ले, क्योंकि उसे भी रे के साथ कैलिफोर्निया के लिए रवाना होना था।

□

5

सोंनेबोर्न बाहर व टर्नर को मैकडोनाल्ड्स की कमान

तीन बीमा कंपनियों से 15 लाख डॉलर की ऋण पूँजी हासिल करने के बाद ही रे क्रोक ने हैरी सोंनेबोर्न को मैकडोनाल्ड्स सिस्टम्स का अध्यक्ष व मुख्य कार्यकारी अधिकारी (प्रेसीडेंट ऐंड चीफ एग्जीक्यूटिव ऑफिसर) नियुक्त कर दिया था। रे खुद सभापति (चेयरमैन) बना रहा था। वास्तव में रे शुरू से ही सोंनेबोर्न की वित्तीय प्रतिभा को सलाम करता रहा था और उसे कंपनी में बराबरी का दर्जा दिया हुआ था। पदोन्नति के बाद सिर्फ पदनाम का फर्क आया था, बाकी सोंनेबोर्न अपनी विशेषज्ञता के मुताबिक पहले की ही तरह वित्तीय व प्रशासनिक कामकाज सँभाल रहा था। रे शुरू से ही बिक्रीकर्मी रहा था, इसलिए वह भी पहले की तरह रेस्तराँ परिचालन, आपूर्तिकर्ताओं के सौदे आदि खुदरा कार्यों की जिम्मेवारी को जारी रखे हुआ था। हाँ, जब रेस्तराँ के लिए स्थानों की खोज व उन्हें विकसित करने संबंधी मसले आते थे, दोनों आपस में विचार-विमर्श कर एकसाथ फैसले करते थे। विशेष रूप से नए स्थान के लेन-देन का अधिकार सिर्फ इन्हीं दोनों के पास ही था।

रे का मानना था कि जब वह कैलिफोर्निया स्थानांतरित हो जाएगा, तब भी यही व्यवस्था कायम रहेगी। दोनों अपनी-अपनी विभागीय जिम्मेवारी सँभालते रहेंगे और जहाँ एक साथ मिलकर फैसले की जरूरत होगी, दोनों एक-दूसरे को पहले की तरह विश्वास में लेते रहेंगे। रे ने आत्मकथा में लिखा है कि वैसे तो उसे ठीक-ठीक पता नहीं था कि सोंनेबोर्न क्या सोचता था, लेकिन उसे लग रहा था कि सोंनेबोर्न की राय में उसके कैलिफोर्निया जाने का फैसला एक मूर्खतापूर्ण कार्य था, क्योंकि उसका यह फैसला मैकडोनाल्ड्स के नियंत्रण-केंद्र से खुद को बाहर ले जाने जैसा ही दिख रहा था।

रे व सोंनेबोर्न के मतभेदों के बीच बढ़ता कारोबार

रे का अनुमान सही निकला था। सोंनेबोर्न को लगा था कि रे ने अपना सारा नियंत्रण अधिकार उसे ही सौंप दिया था। यही कारण था कि सोंनेबोर्न के व्यवहार में धीरे-धीरे परिवर्तन भी दिखाई देने लगा था। ज्यों-ज्यों समय बीत रहा था, वह तेजी से हठीला होता जा रहा था और जान-बूझकर ऐसे काम करने लगा था, जो रे को बुरे लग सकते थे। नतीजा यह हुआ कि अब गंभीर मुद्दों के साथ-साथ छोटी-छोटी बातों पर भी रे व सोंनेबोर्न के बीच मतभेद गहराने लगे थे। हाँ, दोनों के बीच अभी भी संबंध बना हुआ था तो उसका एकमात्र कारण थी—जून मारीटिनो।

जब रे के किसी निर्देश को सोंनेबोर्न लागू करने से मना कर देता था, तब निचले अधिकारियों के लिए मुश्किल स्थिति आ जाती थी—वे रे की सुनें या फिर सोंनेबोर्न की? ऐसी स्थिति में जून मारीटिनो दोनों के साथ व्यक्तिगत तौर पर बातचीत कर मामले को सुलझाती थी। कार्यालय की कानाफूसी में जून को संतुलन उपाध्यक्ष कहा जाने लगा था। साफ है कि जल्द ही कर्मचारियों के बीच संस्था का मनोबल गिरना शुरू हो गया था। अब कर्मचारीगण अधिकारियों को 'रे का आदमी' व 'सोंनेबोर्न का आदमी' की तरह फर्क करके देखने की कोशिशें करने लगे थे। इस बीच, सोंनेबोर्न ने पेटे करो नामक एक सख्त अचल-संपत्ति संचालक को भरती कर लिया था और उसे सोंनेबोर्न खेमे के नेता के रूप में देखा जाने लगा था।

जल्द ही कर्मचारियों के बीच संस्था का मनोबल गिरना शुरू हो गया था। अब कर्मचारीगण अधिकारियों को 'रे का आदमी' व 'सोंनेबोर्न का आदमी' की तरह फर्क करके देखने की कोशिशें करने लगे थे। इस बीच, सोंनेबोर्न ने पेटे करो नामक एक सख्त अचल-संपत्ति संचालक को भरती कर लिया था और उसे सोंनेबोर्न खेमे को नेता के रूप में देखा जाने लगा था।

कैलिफोर्निया में बैठे रे को साफ दिख रहा था कि शिकागो स्थित मुख्यालय में अंदर-ही-अंदर एक ऐसी हिमशिला का निर्माण शुरू हो चुका था, जिससे कभी भी मैकडोनाल्ड्स का लगातार बड़ा होता जा रहा जहाज टकरा सकता था। जाहिर है इस टकराव से तेजी से विकास कर ही संस्था को भारी नुकसान पहुँच सकता था, लेकिन रे खुद कैलिफोर्निया आकर इतनी समस्याओं व चुनौतियों से घिरा गया था कि अब उसे शिकागो के बारे में सोचने-समझने के लिए कोई समय ही नहीं बच पा रहा था। कुल मिलाकर रे सबकुछ जानते-समझते हुए भी कुछ कर पाने की स्थिति में नहीं था।

रे की सुधार-विस्तार परियोजना : असल में जिस परियोजना के साथ रे ने खुद को कैलिफोर्निया में स्थानांतरित किया था, वह बहुत महत्त्वपूर्ण थी और उसमें जी-जान

लगाने का फायदा भी था। 1961 से 1967 के बीच के छह वर्षों में कैलिफोर्निया क्षेत्र में मैकडोनाल्ड्स के लिए स्थिति में काफी बदलाव आ चुका था। तब यहाँ पर त्वरित खाद्य रेस्तराँ की संख्या काफी कम थी, लेकिन अब कैलिफोर्निया गतिशील बाजार बन गया था। अब चाहे रेस्तराओं के विकास का मामला हो या फिर कारोबार की मात्रा दोनों में कैलिफोर्निया बाकी समूचे देश के बराबर हो गया था। जैसा कि हम पहले पढ़ चुके हैं कि कैलिफोर्निया क्षेत्र में मैकडोनाल्ड्स भाइयों ने 10 फ्रेंचाइजी पहले से बना रखे थे और वे शिकागो मुख्यालय से आए किसी भी अधिकारी के साथ सहयोग करने के लिए तैयार नहीं हो रहे थे। कुल मिलाकर जब रे यहाँ पहुँचा था तो मैकडोनाल्ड्स की स्थिति असंगठित थी। रे को इसे पटरी पर लाने में पूरे तीन वर्ष लगे थे।

दक्षिण कैलिफोर्निया का लॉस एंजिल्स क्षेत्र ड्राइव-इन रेस्तराओं की जन्मस्थली रहा था और उस पूरे क्षेत्र में त्वरित खाद्य उद्योग का विस्तार बिल्कुल जंगल की तरह ही हुआ था। यहाँ के रेस्तराँ संचालकों ने अपनी लागत को घटाने के लिए लगातार भ्रष्ट आदतों को बढ़ावा दिया था और अब यह आदत इतनी पक्की हो चुकी थी कि त्वरित खाद्य उद्योग के स्वाभाविक विकास को ही रोकने लगी थी। आपूर्तिकर्ताओं के गुटों की एक लंबी शृंखला खड़ी हो गई थी, जो मनमानी कीमतों को स्वीकार करने के लिए रेस्ताराँओं को मजबूर कर रही थी। उदाहरण के लिए, मैकडोनाल्ड्स को जैसे बंद शिकागो में 20 सेंट में आसानी उपलब्ध हो रहे थे, उन्हीं के लिए लॉस एंजिल्स में 40 सेंट चुकाने पड़ रहे थे।

आपूर्ति में नाटकीय उतार-चढ़ाव के चलते गौमांस की स्थिति तो और भी नाजुक थी। जब गौमांस की किल्लत बढ़ी तो रेस्तराँ संचालकों ने हेरा-फेरी का सदियों पुराना तरीका अपनाना शुरू कर दिया था। इतना ही नहीं, फ्रेंचाइजी लाइसेंस प्रदाताओं ने विशेष आपूर्ति-अनुबंधों के लिए मांस-वितरकों के सामने रिश्वत के लिए हाथ फैलाना शुरू कर दिया था। कैलिफोर्निया के वितरकों ने उद्योग की इस स्थिति का गलत फायदा उठाया था और रिश्वत की भरपाई व ऊपरी फायदे के लिए रेस्तराओं से मांस की ज्यादा कीमत वसूलना शुरू कर दिया था।

ऐसी स्थिति में इन वितरकों को यह विश्वास दिला पाना कि मैकडोनाल्ड्स एक ईमानदार फ्रेंचाइजी प्रदाता था, वह अपने फ्रेंचाइजी रेस्तराओं को सुरक्षित रखना चाहता था और बिना किसी रिश्वत के बेहतर मूल्य उच्च गुणवत्तावाले गौमांस की आपूर्ति सुनिश्चित चाहता था, बहुत मुश्किल काम था। उन्हें यह समझा पाना तो और भी मुश्किल था, यदि वह मैकडोनाल्ड्स के मानकों पर मांस को डिब्बाबंद करेंगे, पूर्व निर्धारित कीमत पर आपूर्ति करेंगे तो शृंखला-रेस्तराओं में 15 सेंट में हैम्बर्गर बेचना संभव हो सकेगा और फिर वे आसानी से ज्यादा बड़ी मात्रा में वहाँ मांस की आपूर्ति कर

ज्यादा कमाई कर सकेंगे, लेकिन तब वहाँ पर मैकडोनाल्ड्स रेस्तराओं के बीच मानक एकीकृत आपूति प्रणाली भी लागू नहीं हो सकी थी। इसीलिए आपूर्ति की मात्रा इतनी भी बड़ी नहीं थी कि वितरकों को बड़े सौदे के लिए राजी किया जा सके।

इस तरह, लॉस एंजिल्स (दक्षिण कैलिफोर्निया) आने के बाद रे के लिए शिकागो की ही तरह बंद व गौमांस की गुणवत्तापूर्ण आपूर्ति सुनिश्चित करना सबसे पहली प्राथमिकता थी। इस काम में मकडोनाल्ड्स के विस्तार-सलाहकार निक करोस ने रे की काफी मदद की थी। वह रे द्वारा कैलिफोर्निया लाए गए अधिकारियों में से एक था। करोस ने जोलिएट (विल काउंटी, इलिनोइस; शिकागो से 64 कि.मी. दक्षिण-पश्चिम) में अपने पिता द्वारा संचालित व्हिम्पी रेस्तराँ में तवाकर्मी (ग्रिडलमैन) के रूप में पेशेवर जीवन शुरू किया था। मैकडोनाल्ड्स में आने से पहले करोस शिकागो के हेनरी हैम्बर्गर स्टैंड में काम कर रहा था। उसने सेंट लुइस (पूर्वी मिसौरी) क्षेत्र में मैकडोनाल्ड्स के लिए काफी विस्तार-कार्य किया था, जहाँ उसने फ्रेउंड बेकरी के लोगों के साथ कई सौदे किए थे। यह संयोग ही था कि फ्रेउंड बेकरी का मालिक हेरोल्ड फ्रेउंड कैलिफोर्निया में ही सेवानिवृत्त जीवन व्यतीत कर रहा था, तो करोस ने उसे ढूँढ़ निकाला था और रे से उसकी मुलाकात कराई थी। फ्रेउंड को एक बार फिर से कारोबार में वापस लाने व मैकडोनाल्ड्स रेस्तराओं के लिए बेकरी स्थापित करने के लिए तैयार करने में रे को काफी मेहनत करनी पड़ी थी, लेकिन उसने अंततः ऐसा किया था, और मैकडोनाल्ड्स की वित्तीय संभावनाओं में तत्काल चमक आ गई थी।

अब रे को तत्काल के विश्वसनीय मांस-आपूर्तिकर्ता की तलाश थी। रे का पसंदीदा एक शख्स था, जिसे वह मैकडोनाल्ड्स सिस्टम्स शुरू करने से पहले वर्षो के भ्रमण के चलते जानता था। उसका नाम था बिल (विलियम) मूर, जिसने 1947 में लॉस एंजिल्स क्षेत्र में गोल्डन स्टेट फूड्स/जी.एस.एफ. नामक मांस प्रसंस्करण कंपनी की स्थापना की थी। रे के लॉस एंजिल्स पहुँचने से ठीक एक वर्ष पहले उसने अपने एक साझीदार की हिस्सेदारी खरीदी थी और पिछले 13 महीनों में उसकी पूरी पूँजी समाप्त हो गई थी। उसका संयंत्र काफी पुराना हो चुका था, जिसे आधुनिक बनाने के लिए उसे काफी पूँजी की जरूरत थी। जब रे से मूर की मुलाकात हुई थी तो उसने सीधे जी.एस.एफ. को खरीद लेने का प्रस्ताव रखा था, लेकिन रे ने उसे साफ किया था कि मैकडोनाल्ड्स कभी भी सीधे तौर किसी सामग्री-आपूर्ति के कारोबार में नहीं आएगा।

फिर बिल ने बताया था कि डूबने से बचने के लिए उसे कंपनी 10 लाख डॉलर पूँजी निवेश की जरूरत थी। चूँकि रे को पूँजी निवेश हासिल करने का अच्छा-खासा अनुभव था, इसीलिए उसने रे से पूछा था कि उसे पूँजी के लिए क्या करना चाहिए। तब रे ने बिल मूर से कहा था कि वह जिस भी स्थिति में है, उसी से मैकडोनाल्ड्स के

कैलिफोर्निया क्षेत्र के 15 मौजूद रेस्तराओं को गौमांस की आपूर्ति शुरू करे। रे ने उसे आश्वस्त किया था कि जल्द ही उस क्षेत्र में मैकडोनाल्ड्स रेस्तराओं की संख्या बढ़कर 100 होनेवाली थी और ऐसा होते ही उसे पूँजी के बारे में सोचने की जरूरत नहीं पड़ेगी। बिल रे की बातों पर सहमत हो गया था और आगे बिल्कुल वैसा ही हुआ था।

1965 में बिल मूर ने सैन डिएगो (दक्षिणी कैलिफोर्निया में प्रशांत महासागर के तट पर बसा प्रमुख शहर है, जो लॉस एंजिल्स के दक्षिण में लगभग 190 कि.मी. की दूरी पर बिल्कुल मैक्सिको की सीमा के साथ सटा हुआ है) में एक साझीदार के साथ मैकडोनाल्ड्स रेस्तराँ खोला था। सैन डिएगो को लेकर रे सशंकित था, क्योंकि वह 'जैक-इन-द-बॉक्स' शृंखला का गृह नगर था और वहाँ उसके 30 रेस्तराँ चल रहे थे। 'बर्गर शेफ' शृंखला ने जैक-इन-द-बॉक्स के साथ प्रतिस्पर्धा करने की हिम्मत की थी, लेकिन जल्द ही उसकी कमर टूट गई थी। बिल व उसके साझीदार ने बहुत कम बिक्री के साथ मैकडोनाल्ड्स रेस्तराँ शुरू किया था, लेकिन उन्होंने उसे सफल बना लिया था। फिर दो वर्षों के भीतर उन्होंने वहाँ पर चार और नए मैकडोनाल्ड्स रेस्तराँ खोल लिए थे और उनका कारोबार तेजी से आगे बढ़ रहा था कि अचानक हृदय गति रुकने से उसके साझीदार की मौत हो गई थी। बिल अकेले अपने मांस प्रसंस्करण संयंत्र के साथ-साथ रेस्तराओं का संचालन नहीं कर सकता था। इसलिए मैकडोनाल्ड्स ने उन पाँचों रेस्तराओं का अधिग्रहण कर लिया था, जिसके बदले में उसे मैकडोनाल्ड्स के शेयर दिए गए थे। कुछ वर्षों बाद बिल ने वे शेयर बेच दिए थे, जिससे उसके पास इतनी बड़ी पूँजी आ गई थी, उसने 'सिटी ऑफ इंडस्ट्री' (सैन गैब्रियल घाटी क्षेत्र में लॉस एंजिल्स का औद्योगिक उपनगर) के विशाल परिसर में आधुनिक मांस प्रसंस्करण संयंत्र और शीतल पेय सिरप व मिल्कशेक मिक्स उत्पादन संयंत्रों सहित गोदामों की भी स्थापना की थी। उसके बाद उसने मैकडोनाल्ड्स रेस्तराओं के लिए वितरण का कारोबार भी शुरू कर दिया था। उसने 'एक अड्डा सेवा' (वन स्टॉप सर्विस) के विचार को सिद्ध कर लिया था, जिसमें एक ही ट्रक में रेस्तराँ की जरूरत की सारी सामग्री भरी पड़ी थी। बाद में बिल ने अटलांटा में दूसरा मांस प्रसंस्करण व गोदाम और सैन जोसे सहित उत्तरी कैलिफोर्निया के अन्य स्थानों पर व हवाई में वितरण केंद्र स्थापित किए थे। 2013 में जी.एस.एफ. का सालाना कारोबार 5 अरब डॉलर था और वह अमेरिका में मैकडोनाल्ड्स का अन्य सामग्री सहित तीसरा सबसे बड़ा मांस आपूर्तिकर्ता था।

मैकडोनाल्ड्स के साथ शुरुआती दौर में जुड़नेवाले अधिकांश आपूर्तिकर्ताओं ने कंपनी की बढ़त के साथ-साथ जबरदस्त तरक्की हासिल की थी। कागज उत्पाद आपूर्तिकर्ता लोउ पेर्लमैन (शिकागो) को ही लें तो रे उसे अपने बहुमिश्रक बेचने के समय से ही जानता था; दोनों एक ही सम्मेलन ने अपने उत्पाद का विपणन करते थे,

रे बहुमिश्रक का और पर्लमैन कागज उत्पादों का और इस तरह दोनों मित्र बन गए थे। ऐसे में जब रे ने मैकडोनाल्ड्स की शुरुआत की तो उसने रेस्तराओं को मैकडोनाल्ड्स व्यापार चिह्न छपे कागज उत्पादों की आपूर्ति के लिए पर्लमैन को ही कहा था। बाद में उसकी पर्लमैन पेपर कंपनी संभार-तंत्र सेवा प्रदाता (लोजिस्टिक्स सर्विस प्रोवाइडर) मार्टिन-ब्रोवेर कंपनी की सहायक कंपनी बन गई थी और लोउ पेर्लमैन उसका सभापति। बाद में मार्टिन-ब्रोवेर खाद्य-सेवा थोक-विक्रेता व वितरक रेयेस होल्डिंग्स (रोजमोंट, इलिनोइस) का हिस्सा बन गई। फिलहाल मार्टिन-ब्रोवेर विश्व भर में मैकडोनाल्ड्स के करीब आधे रेस्तराओं को खाद्य-सेवा प्रदान कर रही है और यह मैकडोनाल्ड्स को वितरण सेवाएँ प्रदान करनेवाली सबसे बड़ी कंपनी है।

रे ने आत्मकथा में अब हाइड्रोजनीकृत वनस्पति तेल (हाइड्रोजनेटेड वेजिटेबल आयल) के आपूर्तिकर्ता हैरी समार्गों की भी चर्चा की है। असल में तलाई (फ्राइंग) मशीन निर्माता कंपनी-केअटिंग ऑफ शिकागो के डिक केअटिंग ने मैकडोनाल्ड्स रेस्तराओं में अपनी मशीन लगवाने के लिए रे से मुलाकात की थी। उसके मशीन से रे काफी प्रभावित हुआ था। अभी भी बहुत से मैकडोनाल्ड्स रेस्तराओं में केअटिंग फ्राइंग मशीन लगाई जाती हैं। असल में मशीन के साथ-साथ रे डिक केअटिंग द्वारा प्रदर्शन के दौरान उपयोग में लाए गए हाइड्रोजनीकृत वनस्पति तेल की गुणवत्ता से भी प्रभावित हुआ था। तब केअटिंग ने रे को हैरी समार्गों व उसकी तीन वर्ष पहले शुरू हुई वनस्पति तेल उत्पादक कंपनी इंटरस्टेट फूड्स (शिकागो) के बारे में बताया था। रे ने हैरी समार्गों को फोन कर 30 पौंड वनस्पति तेल का नमूना मँगाया था। फिर जल्द ही मैकडोनाल्ड्स रेस्तराओं ने इंटरस्टेट फूड्स से हजारों पौंड वनस्पति तेल मँगाना शुरू कर दिया था। समार्गों पहले से थोक कारोबारी था और उसे पता था कि बड़े माँग आदेश के बदले में फ्रेंचाइजी प्रदाता कंपनी कुछ ऊपरी अपेक्षा भी रखती थी। इसीलिए एक दिन जब वह फोन करके रे के पास पहुँचा था तो छोटा सा दफ्तर देखकर हैरान हुआ था। खैर, थोड़ी देर बातचीत के बाद समार्गों असल मुद्दे पर आ गया था और उसने मैकडोनाल्ड्स रेस्तराँ के लिए साइन बोर्ड व दीवार घड़ियाँ देने का प्रस्ताव रखा था, लेकिन रे ने उसे इस तरह की ऊपरी सेवा से साफ मना कर दिया था और उसे सिर्फ गुणवत्तापूर्ण वनस्पति तेल की आपूर्ति रखने का सख्त आदेश दिया था। बाद में, इंटरस्टेट फूड्स एक बड़ी खाद्य वितरक कंपनी बन गई थी, जिसका नाम सी.एफ.एस. कॉन्टिनेंटल हो गया था। अब यह अमेरिकी बहुराष्ट्रीय खाद्य सेवा कंपनी सिस्को कॉरपोरेशन (ह्यूस्टन, टेक्सास) का हिस्सा है, जिसका सालाना कारोबार 44.41 अरब डॉलर (2013) था।

रे को उसके सचिव जून मारीटिनो ने बीमा अभिकर्ता जीन वीटो से मिलवाया था। उस समय मैकडोनाल्ड्स के 16 रेस्तराओं के लिए लगभग 50-60 क्षतिपूर्ती बीमा

कराए गए थे, लेकिन सबकुछ गड्ड-मड्ड सा था। रे को तब पता नहीं था कि इस संबंध में क्या किया जाए, इसलिए उसने जीन वीटो को सारे बीमाओं का अध्ययन करने बाद उपयुक्त सुझाव देने को कहा था। एक सप्ताह बाद वीटो ने रे के समक्ष, जो प्रतिवेदन प्रस्तुत किया था, उससे साफ पता चलता था कि रेस्तराओं के लिए मौजूदा बीमा अपर्याप्त थे। लेकिन वीटो ने इस काम के लिए कोई सलाह-शुल्क का विपत्र (बिल) नहीं प्रस्तुत किया था। तब रे ने वीटो से विपत्र भेजने को कहा था, जिस पर वीटो ने जवाब दिया था कि उसकी नजर में अभी मैकडोनाल्ड्स की स्थिति ऐसी नहीं थी, जो उसका शुल्क अदा कर सके। वीटो का कहना था कि अब चूँकि रे को बीमा की अवधारणा के बारे में पता चल चुका था, इसीलिए वह भविष्य में मैकडोनाल्ड्स से ज्यादा बड़े कारोबार की उम्मीद कर सकता था। वह रे के साथ लगातार संपर्क में बना रहा था और जल्द ही मैकडोनाल्ड्स रेस्तराओं के लिए सामूहिक बीमा (ग्रुप इंश्योरेंस) का काम शुरू कर दिया था। मैकडोनाल्ड्स की बढ़त के साथ-साथ वीटो की कीलर इंश्योरेंस कंपनी का कारोबार भी बढ़ता चला गया था। 1974 में कीलर इंश्योरेंस कंपनी, अमेरिका की तत्कालीन सबसे बड़े बीमा दलाली कंपनियों में से एक फ्रैंक बी. हॉल कंपनी का प्रभाग बन गई थी और जीन वीटो को उसके निदेशक मंडल का सभापति घोषित किया गया था। 1992 में ब्रिटिश बहुराष्ट्रीय जोखिम प्रबंधन व बीमा कंपनी एओन पी.एल.सी. (पब्लिक लिमिटेड कंपनी) ने फ्रैंक बी. हॉल कंपनी को अधिग्रहीत कर लिया था।

मैकडोनाल्ड्स की बढ़त के साथ आगे बढ़नेवालों में ओट्टो ऐंड संस का नाम भी उल्लेखनीय है। जर्मन आप्रवासी ओट्टो कोलोस्चोवस्की ने 1909 में शिकागो के उपनगर ओक पार्क (इलिनोइस) में एक छोटा कसाईखाना खोला था। इसी उपनगर में रे क्रोक का परिवार भी बसा हुआ था, जहाँ 1902 में उसका जन्म हुआ था, तो बचपन से ही ओट्टो कोलोस्चोवस्की व उसके बेटों—आर्थर व लेन्नी कोलोस्चोवस्की को मांस बेचता हुआ देखता आ रहा था। 1917 में कोलोस्चोवस्की परिवार ने अपने कारोबार को मेवुड (कुक काउंटी, इलिनोइस के प्रोविसो टाउनशिप का एक गाँव; शिकागो नगरकेंद्र से 16 कि.मी. पश्चिम) में स्थानांतरित कर लिया था और वहाँ से मांस का थोक कारोबार शुरू किया था, 1928 में इसका नाम ओट्टो ऐंड संस नाम हो गया था। फिर आगे आनेवाले दशकों में कंपनी को शिकागो क्षेत्र में गुणवत्तापूर्ण मांसों के आपूर्तिकर्ता के रूप में जाना जाने लगा था। 1955 में जब रे क्रोक ने डेस प्लेनिस (इलिनोइस) में अपना नमूना रेस्तराँ शुरू किया था तो ताजे पिसे गौमांस की पट्टियों (बीफ पेटिस) की आपूर्ति के लिए ओट्टो ऐंड संस को चुना था। रे ने यह सौदा आर्थर व लेन्नी कोलोस्चोवस्की के साथ महज हाथ मिलाकर मौखिक रूप से किया था, लेकिन

1960 के दशक में निम्नतापीय खाद्य प्रसंस्करण का चलन बढ़ा था, जिससे त्वरित खाद्य उद्योग में क्रांति आई थी। इस प्रसंस्करण विधि के जरिए तरल नाइट्रोजन के माध्यम से ताजे खाद्य पदार्थों, विशेष रूप से मांस व प्रसंस्कृत मांस-उत्पादों को अत्यंत कम तापमान—150 डिग्री सेंटीग्रेट तक पर संरक्षित किया जाने लगा था।

आनेवाले वर्षों में रे व कोलोस्चोवस्की बंधुओं के बीच व्यक्तिगत संबंध घनिष्ठ होते चले गए थे। ज्यों-ज्यों मैकडोनाल्ड्स रेस्तराओं का विस्तार होता गया था और गौमांस पट्टियों की खपत बढ़ी थी, ओट्टो ऐंड संस के लिए मैकडोनाल्ड्स सबसे बड़ा ग्राहक बन गया था।

1960 के दशक में निम्नतापीय खाद्य प्रसंस्करण (क्रायोजेनिक फूड प्रोसेसिंग) का चलन बढ़ा था, जिससे त्वरित खाद्य उद्योग में क्रांति आई थी। इस प्रसंस्करण विधि के जरिए तरल नाइट्रोजन के माध्यम से ताजे खाद्य पदार्थों, विशेष रूप से मांस व प्रसंस्कृत मांस-उत्पादों (प्रोसेस्ड मीट प्रोडक्ट) को अत्यंत कम तापमान—लगभग-300 डिग्री फारेनहाइट से लेकर 150 डिग्री सेंटीग्रेट पर संरक्षित किया जाने लगा था। इस दौरान मैकडोनाल्ड्स के कारोबार में जबरदस्त वृद्धि हुई थी और उसके लिए लगातार एक जैसी गुणवत्ता की गौमांस पट्टियों की आपूर्ति को सुनिश्चित कर पाना लगातार कठिन होता जा रहा था। 1968 में मैकडोनाल्ड्स रेस्तराओं की संख्या 1000 हो चुकी थी; उसी वर्ष बिग मैक नामक कंपनी का ऐतिहासिक हैम्बर्गर बाजार में उतरा था; 1969 में 5 अरब हैम्बर्गर की बिक्री हुई थी; 1971 में अमेरिका के सभी 50 राज्यों में मैकडोनाल्ड्स रेस्तराओं का संजाल स्थापित हो चुका था और 1972 में मैकडोनाल्ड्स का कारोबार 1 अरब डॉलर से ऊपर चला गया था। उस समय तक मैकडोनाल्ड्स को अपने रेस्तराओं को गुणवत्तापूर्ण गौमांस पट्टियों की नियमित आपूर्ति सुनिश्चित करने के लिए स्थानीय स्तर के 150-200 आपूर्तिकर्ताओं के संजाल पर निर्भर होना पड़ रहा था। चूँकि अब तक अमेरिका के विभिन्न क्षेत्रों में निम्नतापीय खाद्य प्रसंस्करण विधि पर आधारित विशाल मांस प्रसंस्करण संयंत्रों (मीट प्रोसेसिंग प्लांट) की स्थापना होने लगी थी, इसीलिए अब मैकडोनाल्ड्स को छोटे व मझले स्तर के स्थानीय मांस आपूर्तिकर्ताओं पर निर्भर बने रहने की मजबूरी खत्म होने लगी थी।

यह वही समय था, जब रे ने समूचे अमेरिका में गौमांस पट्टियों की आपूर्ति के लिए चार बड़े संयंत्रों के चुनाव का काम शुरू किया था और ओट्टो ऐंड संस को उनमें से एक बनने का प्रस्ताव दिया था। कोलोस्चोवस्की बंधुओं ने रे की चुनौती को स्वीकार किया था और पश्चिमी शिकागो में विशाल मांस-प्रसंस्करण संयंत्र स्थापित किया था। इस संयंत्र में मांस-पट्टियाँ बनाने के लिए विशेष रूप से विकसित मशीनें स्थापित की

गई थीं और संपूर्ण प्रसंस्करण प्रक्रिया को ठंडा रखने के लिए नाइट्रोजन सुरंगों का (लिक्विड नाइट्रोजन टनल) विशाल जाल बिछाया गया था। 1975 में ओट्टो ऐंड संस ने अपना नाम बदलकर ओ.एस.आई. इंडस्ट्रीज रख लिया था। जल्द ही कंपनी ने अन्य सभी ग्राहकों को मांस की आपूर्ति को बंद कर दिया था और मैकडोनाल्ड्स के विशेष आपूतिकर्ता के रूप में उसकी जरूरतों के मुताबिक अन्य भौगोलिक क्षेत्रों में संयंत्रों का विस्तार शुरू कर दिया था। अगले दो दशकों में एकमात्र ग्राहक—मैकडोनाल्ड्स के विस्तार का समर्थन करते हुए ओ.एस.आई. इंडस्ट्रीज ने विश्वव्यापी संजाल स्थापित कर लिया और उसका नाम विश्व के सबसे बड़े निजी स्वामित्ववाले बहुराष्ट्रीय खाद्य प्रसंस्करण निगमों में शामिल हो गया था।

1990 के दशक में ओसीआई इंडस्ट्रीज ने मैकडोनाल्ड्स के विशेष आपूर्तिकर्ता का अनुबंध खत्म कर दिया और विभिन्न कंपनियों व खुदरा शृंखलाओं को सभी प्रकार के मांस-मछली उत्पादों सहित सब्जियों, पिज्जा व अन्य आटा उत्पादों की आपूर्ति करना शुरू कर दिया। फिलहाल यह उत्तरी अमेरिका, पूर्वी-पश्चिमी यूरोप व एशिया-प्रशांत भौगोलिक क्षेत्रों के 16 देशों में 60 से अधिक प्रसंस्करण संयंत्रों का संचालन कर रहा है। 2011 में फोर्ब्स पत्रिका ने 3 अरब डॉलर के कारोबार के आधार ओ.सी.आई. इंडस्ट्रीज को अमेरिका की सबसे बड़ी निजी कंपनियों की सूची में 136वें स्थान पर रखा था, लेकिन 2013 में 5.9 अरब डॉलर के आधार पर कंपनी इस सूची में 62वें स्थान पर पहुँच चुकी थी।

खैर, जब रे क्रोक लॉस एंजिल्स में निवास करते हुए समूचे कैलिफोर्निया में मैकडोनाल्ड्स रेस्तराओं का विस्तार कर रहा था और उनके लिए उचित कीमत पर जरूरी गुणवत्तापूर्ण सामग्रियों की आपूर्ति व्यवस्था को सुदृढ़ करने की कोशिश कर रहा था, तब की हालत बहुत ही संघर्षपूर्ण थी, लेकिन पूरे तीन वर्षों के बाद रे ने उसे बहुत हद तक ठीक कर लिया था, कई नए रेस्तराओं का शुभारंभ भी किया था, लेकिन रे जिस उम्मीद के साथ यहाँ आया था, वैसा कारोबार नहीं हो पा रहा था। इसके लिए निक कोरोस ने रे के समक्ष एक दूरदर्शन विज्ञापन अभियान का प्रस्ताव रखा था। करोस ने इस अभियान प्रारूप को तैयार करने में काफी मेहनत की थी। निक करोस ने इस विज्ञापन अभियान में 1.80 लाख डॉलर खर्च होने का अनुमान लगाया था और इस खर्च को पूरा करने के लिए मैकडोनाल्ड्स रेस्तराओं में बेचे जा रहे हैम्बर्गर की कीमत को 15 सेंट से बढ़ाकर 16 सेंट करने का सुझाव दिया था।

रे को करोस की धुआँधार योजना पसंद आई थी, लेकिन वह अच्छी तरह से जानता था कि हैम्बर्गर की कीमत बढ़ाना उचित नहीं था। इसीलिए रे ने निक करोस को शिकागो मुख्यालय में हैरी सोंनेबोर्न के सामने इस योजना को प्रस्तुत करने और उसे

इस धनराशि को अनुमोदित कराने का सुझाव दिया था। याद रहे कि यह वही समय था, जब मैकडोनाल्ड्स सिस्टम्स के अध्यक्ष व मुख्य कार्यकारी अधिकारी होने के नाते हैरी सोंनेबोर्न रे के बहुत से प्रस्तावों को खारिज करने की हिम्मत करने लगा था। यही कारण था कि रे ने अपनी तरफ से इस योजना को हरी झंडी नहीं दिखाई थी। रे को पता था कि निक करोस ने जिस सूक्ष्मता के साथ यह योजना बनाई थी, वह साफ करती थी, इस खर्च से सीधा-सीधा क्या फायदा होनेवाला था। रे का अनुमान सही था। थोड़े सी ना-नुकुर के बाद सोंनेबोर्न ने इस दूरदर्शन विज्ञापन अभियान के लिए अपेक्षित 1.80 लाख के व्यय को अनुमोदित कर दिया था।

यह अभियान बहुत ही सफल साबित हुआ था और अब अचानक कैलिफोर्निया के मैकडोनाल्ड्स रेस्तराओं के सुनहरे मेहराब (गोल्डन आर्चेज) ग्राहकों को अपनी ओर खींचने लग पड़े थे; रेस्तराओं के मोटरवाहन अड्डों में कारों की भीड़ बढ़ने लगी थी। इस घटना ने पहली बार रे को एहसास कराया था कि अब अमेरिका में दूरदर्शन कितना प्रभावी हो चुका था।

इधर रे काफी मेहनत के बाद कैलिफोर्निया में मैकडोनाल्ड्स को अच्छी स्थिति में लाने की कोशिशों में सफल हुआ था तो दूसरी तरह शिकागो मुख्यालय से संचालित हो रहे समूचे देश में भी उसका जबरदस्त विकास का क्रम जारी रहा था। 1963 में मैकडोनाल्ड्स टोलेडो (ओहायो) में अपने 500वें रेस्तराँ का शुभारंभ कर चुका था। धीरे-धीरे कंपनी पर किराए पर ली गई व खरीदी गई अचल संपत्तियों की देनदारियों का दबाव भी कम होने लगा था, क्योंकि उन जगहों से कंपनी को अच्छी-खासी आमदनी शुरू हो चुकी थी। अब मैकडोनाल्ड्स सिस्टम्स का विकास रथ तीव्रता के साथ आगे दौड़ता जा रहा था और सही मायने में कंपनी के लाभ खाते में भी अच्छी-खासी रकम जमा होने लगी थी।

अब तक हैम्बर्गर विश्वविद्यालय भी पूरी तरह से मैकडोनाल्ड्स रेस्तराँ प्रणाली का एक अभिन्न हिस्सा बन चुका था। 1963 तक 500 से अधिक प्रशिक्षार्थी इस विश्वविद्यालय से रेस्तराँ-संचालन के गुर सीख चुके थे और वे अपने रेस्तराओं में गुणवत्ता, सेवा, स्वच्छता व मूल्य के मूलभूत दर्शन को लागू कर पाने में सफल रहे थे। इस विश्वविद्यालय के पहले प्रशिक्षण कार्यक्रम में सिर्फ 18 छात्र ही आए थे, लेकिन अब उनकी औसत संख्या बढ़कर 25-30 हो गई थी और अब एक वर्ष में 15 दिनों के ऐसे प्रशिक्षण कार्यक्रमों की संख्या 8-10 होने लगी थी। अब एडिसन (इलिनोइस) स्थित अनुसंधान व विकास प्रयोगशाला द्वारा विकसित रसोई उपकरणों के परीक्षण व प्रशिक्षण प्रक्रियाओं को लागू करने में भी हैम्बर्गर विश्वविद्यालय मदद करने लगा था।

इस बीच, 1961 में रे की सचिव जून मारीटिनो के पति लुइस मारीटिनों ने भी

एक अनुसंधान व विकास प्रयोगशाला शुरू कर ली थी। ग्लेन एलिन (इलिनोइस) स्थित मैकडोनाल्ड्स रेस्तराँ के संचालक के रूप में लुइस ने अच्छा-खासा अनुभव प्राप्त कर लिया था और उसे लगा था कि फ्रेंच फ्राइज की गुणवत्ता व रंग-रूप को एक समानता देने व संपूर्ण प्रक्रिया को तेज करने के लिए एक परिष्कृत यांत्रिक उपकरण व इलेक्ट्रॉनिक युक्ति की जरूरत थी। उसने इसी आवश्यकता को ध्यान में रखकर एक कंप्यूटर विकसित किया था, जिसके जरिए आलू-पट्टियों की धुलाई व तलाई की प्रक्रियाओं को एक निश्चित समय-सीमा में नियंत्रित किया जा सकता था। इतना ही नहीं, लुइस मारीटिनो ने हैम्बर्गर बनाने की प्रक्रिया में मांस-पट्टियों पर एक निश्चित मात्रा में टमाटर चटनी व सरसों चटनी डालने का भी इलेक्ट्रॉनिक जुगाड़ तैयार कर लिया था। इसके अलावा लुइस ने इलेक्ट्रोनिक वसा-विश्लेषक फैटीलाइजर के विकास में अहम भूमिका अदा की थी, जिसके जरिए मांस-पट्टियों में वसा की मात्रा को नापा जा सकता था। रे का शुरू से ही इस बात पर जोर रहा था कि गौमांस-पट्टियों में वसा की मात्रा 19 प्रतिशत से अधिक नहीं होनी चाहिए थी, लेकिन रेस्तराँ संचालकों के लिए यह काफी मुश्किल काम था। मांस में वसा के विश्लेषण के लिए अब तक आपूर्तिकर्ताओं द्वारा भेजे गए नमूना भर का ही परीक्षण किया जाता था। अब फैटीलाइजर से हर रेस्तराँ संचालक अपने यहाँ पहुँची मांस-पट्टियों की खेप में से किसी भी एक पट्टी का वसा परीक्षण कर सकता था और यदि वसा सीमा से ऊपर निकली तो पूरी खेप को वापस भेज सकता था।

ये सभी तरक्कियाँ मैकडोनाल्ड्स को हर दिन एक मुकाम पर ले जा रही थीं। जाहिर था कि शिकागो मुख्यालय से 2811 कि.मी. दूर लॉस एंजिल्स स्थित क्षेत्रीय कार्यालय में बैठे रे क्रोक के लिए खुश होनेवाली खबरें थीं। रे ने इस दफ्तर को शिकागो के मुकाबले ज्यादा खुशनुमा बनाने की कोशिश की थी। उसने यहाँ पर जबरदस्त कार्यदल जुटा लिया था। शीर्ष पदाधिकारियों में बॉब व्हिटनी अचल संपत्तियों के विकास की प्रक्रिया की देख-रेख कर रहा था; जीन बोल्टन कानूनी मामलों से निपट रहा था; बॉब पप्प विभिन्न स्थलों पर निर्माण कार्यों की गति को बनाए रखने में जुटा हुआ था, तो निक करोस समूचे कैलिफोर्निया क्षेत्र के परिचालन को चुस्त-दुरुस्त बनाए रखने के लिए दिन-रात एक कर रहा था...और रे इन रेस के घोड़ों पर हर दिन नए दाँव लगा रहा था। शिकागो में रे की निजी सचिव जून मारीटिनो उसकी अनुपस्थिति में उसके व हैरी सोंनेबोर्न के बीच संतुलन उपाध्यक्ष की भूमिका अदा कर रही थी तो लॉस एंजिल्स में रे की निजी सचित मैरी टोरिगियन व्यस्त कार्यालय के माहौल को हल्का-फुल्का बनाए रखने की हर संभव कोशिशें करती रहती थीं। वह कभी केंटकी फ्राइड चिकन (के.एफ.सी.) का मुखौटा पहन लेती थी तो कभी कुछ और कारनामे करती रहती थी। कुल मिलाकर उसकी कोशिश यह थी कि रे हमेशा खुश रहे।

लेकिन रे था कि जोआन को अभी भी दिल में बिठाए रखकर अकसर गमगीन हो जाए करता था। तमाम व्यस्तताओं व कारोबारी चुनौतियों के बीच जब वह अपने दफ्तर में अकेले सुस्ताने की कोशिश करता था तो जोआन उसके जेहन पर छा जाती थी और वह बेचैन हो उठता था...उसके अंदर का खालीपन, अकेलापन बाहर छलक जाता था। वह जोआन को अपने दिमाग से निकाल बाहर करने की जितनी भी कोशिश करता था, उसका नतीजा उल्टा ही होता था, वह उसके दिल पर बस जमकर बैठ ही जाती थी।

जी हाँ, जोआन व उसका पति रॉलैंड स्मिथ दोनों कुछ वर्ष पहले ही सैंट पॉल (मिनेसोटा) से 934 कि.मी. दूर मध्य अमेरिका के ही एक अन्य राज्य साउथ डकोटा में ब्लैक हिल्स पर्वत श्रृंखला की ढलान पर विकसित रैपिड सिटी में जा बसे थे, जिसके बीचोबीच चेयेन नदी की सहायक नदी रैपिड क्रीक बहती है। रॉलैंड स्मिथ ने वहाँ पर मैकडोनाल्ड्स रेस्तराँ खोल लिया था और जोआन उसकी मदद कर रही थी। रे को शिकागो मुख्यालय से दैनिक वित्तीय प्रतिवेदन (डेली फाइनेंशियल रिपोर्ट) मिलता रहता था और उससे बाकायदा पता चलता रहता था कि रैपिड सिटी रेस्तराँ का कारोबार लगातार आगे बढ़ रहा था। इस प्रतिवेदन को पढ़कर रे के मन में अब यह सवाल भी उठने लगा था कि वह जोआन के लिए जिस कदर बेकरार था, क्या जोआन भी उसके लिए वैसी ही कमी महसूस करती थी?

रे अब बिल्कुल अकेला था, क्योंकि उसके अकेलेपन को दूर करनेवाला कार चालक दोस्त आर्ट ट्याग भी वापस शिकागो जा चुका था। बात ही कुछ ऐसी थी कि रे उसे वहाँ जाने से मना नहीं कर सकता था। ट्याग एक उम्रदार कुँआरी कन्या से प्रेम करने लगा था, जो मैकडोनाल्ड्स मुख्यालय के अचल-संपत्ति विभाग में काम कर रही थी। अब बेचार रे क्या करे? रे ने अपने दिल को बहलाने लिए एक खूबसूरत बहाना ढूँढ़ लिया था।

अब तक वह एक अपार्टमेंट में रहता था, जो काफी छोटा था। चूँकि अब कैलिफोर्निया में कारोबार का जबरदस्त विस्तार हो रहा था और बड़े कारोबारियों के साथ उसका मिलना-जुलना बढ़ गया था, तो उसे एक बड़ी कोठी की जरूरत महसूस होने लगी थी। जल्द ही उसने लॉस एंजिल्स महानगर के सैन फर्नांडो वैली के पश्चिमी क्षेत्र में सांता मोनिका पर्वत की सीमा पर स्थित समृद्ध उपनगर वुडलैंड हिल्स में अपने लिए आलीशान निवास ढूँढ़ लिया था। उस निवास को हर तरह के आराम के साधनों से लैस करने के लिए वह खुद ही फर्नीचर व अन्य सामान खरीद रहा था। चाहे जितनी भी आर्थिक परेशानियाँ रही हों, लेकिन रे ने कभी भी उन्हें अपनी घरेलू जिंदगी पर हावी नहीं होने दिया था। सादगी पसंद रहते हुए रे खुद को राजाओं की तरह रखा था। दशकों लंबी भाग-दौड़ व अनथक मेहनत के बाद बुढ़ापे के कगार पर खड़े रे को आराम की

जरूरत थी और मैकडोनाल्ड्स सुरक्षित भविष्य की ओर छलाँगें मार रहा था तो उसे किसी और बात की चिंता करने की जरूरत भी क्या थी?

लेकिन वह यह सब किसके लिए कर रहा था, सिर्फ अपने लिए? क्या वह इस शानदार निवास में अकेले रह पाएगा? जी हाँ, जब रे के जेहन में ऐसे सवाल उठते तो दिल की गहराइयों से एक उम्मीद भारी आवाज सुनाई पड़ती थी—तुम यह सब जोआन के लिए ही तो कर रहे थे! तो क्या अब भी रे को उम्मीद थी कि एक न एक दिन जोआन उसकी जिंदगी में जरूर आएगी? रे ने आत्मकथा में स्वीकार किया है कि उसके अवचेतन मन में अब भी उम्मीद की किरण चमक रही थी; उसे लगता था कि जोआन अपना मन बदलेगी और वे दोनों इस बड़े घर में एक साथ रह सकेंगे, लेकिन वह खूबसूरत दिन कब आएगा उसकी जिंदगी में? इसका कोई जवाब फिलहाल रे को नहीं मिल रहा था और उसका फिर से निराश हो जाना भी लाजमी था।

खैर, अब रे को अपने आप में खुश रहने का बहाना चाहिए था और सबसे बड़ा बहाना यह था कि पहाड़ी पर बने घर से रे को नीचे मुख्य सड़क पर बना मैकडोनाल्ड्स रेस्तराँ नजर आता था। वह दूरबीन उठता था और अपने बैठक-कक्ष की खिड़की से रेस्तराँ की गतिविधियों को अकसर देखा करता था। रे ने आत्मकथा में लिखा है, जब उसने रेस्तराँ के प्रबंधक को यह राज बताया था तो वह पागल सा हो उठा था, हालाँकि वह अथक मेहनत करनेवालों में से था।

भले ही दुनिया में बहुत सारे लोग अकेले रहने में आनंद उठाते हों, लेकिन रे उनमें से एक नहीं था। वह स्वभाव से एक पारिवारिक जीवन जीनेवाला इनसान था; उसे अधूरी जिंदगी पहाड़ सी लगती थी और वह अपने अधूरेपन को दूर करने के लिए कोई कसर बाकी नहीं रख सकता था। यही कारण था कि उसे शादी की जरूरत महसूस हुई थी और उसने एथल से मुक्ति पाकर जोआन के समक्ष इसका प्रस्ताव रख दिया था, लेकिन जब इतने समय बाद भी जोआन की तरफ हरी झंडी मिलने की आशा ओझल सी होने लगी तो रे का दिल यूँ ही कब तक इंतजार करता रहता? तो उसने दिल बहलाने के लिए एक नया मुकाम ढूँढ़ लिया था। जी हाँ, रे का दिल एक बार फिर से किसी और के लिए मचल उठा था, जिसका नाम था—जेन डोबिंस ग्रीन।

जेन उस जमाने में हॉलीवुड के मशहूर अभिनेता जॉन वायने की निजी सचिव थी। ध्यान रहे कि लॉस एंजिल्स के मध्य क्षेत्र में ही एक उपनगर है हॉलीवुड। जॉन वायने व रे के एक साझे दोस्त ने जेन से उसका परिचय कराया था। रे ने आत्मकथा में लिखा है, वह जेन के मधुर स्वभाव पर मोहित हो गया था। वह उस जमाने की मशहूर अमेरिकी गायिका-अभिनेत्री डोरिस डे जैसी दिखती थी, लेकिन वह व्यवहार व चाल-चलन के मामले में बिल्कुल जोआन की उलट थी। जोआन एक मजबूत व्यक्तित्व थी, जो अपने

1963 में जिस प्रकार से मैकडोनाल्ड्स का विकास व विस्तार हो रहा था, रे के लिए लॉस एंजिल्स में ज्यादा समय बिता पाना मुश्किल था। उसने शादी कर अपना परिवार तो बसा लिया था, लेकिन व्यक्तिगत जीवन की खुशियाँ उसकी पहली प्राथमिकता नहीं थी; उसके लिए सबसे ऊपर था—मैकडोनाल्ड्स।

मन को भलीभाँति जानती थी, लेकिन जेन किसी भी बात पर अड़नेवाली नहीं थी। रे ने लिखा है कि यदि वह साफ आसमान को बादलों से घिरा हुआ बता दे तो वह उसे भी वैसा ही मान लेने में देर नहीं लगाती थी।

तो रे बहुत जल्दी में था, एक दिन भी अकेले रह पाना अब उसके लिए मुश्किल था। लिहाजा वह सामने आए मौके को किसी भी सूरत में निकलने नहीं देना चाहता था। तो पहली मुलाकात के तुरंत बाद रे ने जेन के सामने रात के भोजन पर मुलाकात का समय निश्चित कर लिया था। जेन ने भी अपना उत्साह दिखाया था और वे दोनों बिना नागा किए लगातार पाँच रातों में खाने पर मिलते रहे थे। जेन पर मंत्रमुग्ध सा हो गया था रे और एक पखवाड़े के भीतर ही दोनों ने शादी कर ली थी।

जाहिर है कि जेन के साथ खालीपन खत्म होते ही रे के दिमाग से फिलहाल जोआन का खयाल गायब हो गया था, लेकिन तभी एक दिन जोआन ने रे को फोन किया था; उसे रे की शादी का पता चल चुका था; आखिरकार वह भी अपने पति के साथ मैकडोनाल्ड्स का ही एक हिस्सा थी, जिसके सभापति की शादी की खबरें उसे क्यों नहीं मिलती? लेकिन उस फोन को सुनते हुए रे के चहरे पर हवाइयाँ सी उड़ने लगी थी—मानो वह चोरी करते रँगे हाथ पकड़ा गया हो। खैर, जोआन ने उससे बस इतना भर कहा था, "रे, क्या तुम खुश हो?" रे की हालत 'काटो तो खून नहीं' जैसी थी, उसने किसी तरह अपने हलक से आवाज निकालने की कोशिश की थी और इतना भर बुद्बुदाया था, "हाँ," और फोन चोगे को धड़ाम से पटक दिया था।

मैकडोनाल्ड्स का प्रारंभिक सार्वजनिक प्रस्ताव

जेन से शादी करने के कुछ ही समय बाद रे ने वुडलैंड हिल्स का घर बेच दिया था और लॉस एंजिल्स मुख्य नगर व वेस्ट हॉलीवुड नगर के मध्य में बसे ज्यादा संभ्रांत उपनगर बेवर्ली हिल्स में बड़ा घर खरीद लिया था, लेकिन 1963 में जिस प्रकार से मैकडोनाल्ड्स का विकास व विस्तार हो रहा था, रे के लिए लॉस एंजिल्स में ज्यादा समय बिता पाना मुश्किल था। उसने शादी कर अपना परिवार तो बसा लिया था, लेकिन व्यक्तिगत जीवन की खुशियाँ उसकी पहली प्राथमिकता नहीं थी; उसके लिए सबसे ऊपर था—मैकडोनाल्ड्स। 1963 में समूचे अमेरिका में 110 नए रेस्तराओं का

निर्माण कर मैकडोनाल्ड्स ने अपने पुराने कीर्तिमान को ध्वस्त कर दिया था। 1964 में मैकडोनाल्ड्स का कारोबार 1 अरब डॉलर की सीमा पार कर 1.29 अरब डॉलर के स्तर पर पहुँच गया था, जिसमें उसे 21 लाख डॉलर की शुद्ध आमदनी हुई थी। अब रे के शिकागो मुख्यालय में ज्यादा बड़ी भूमिका निभाने की जरूरत आन पड़ी थी। इसका एक कारण यह भी था कि अध्यक्ष व मुख्य कार्यकारी अधिकारी हैरी सोंनेबोर्न अपना अधिकांश समय मैकडोनाल्ड्स के प्रारंभिक सार्वजनिक प्रस्ताव (इनिशियल पब्लिक ऑफर/आई. कि पी.ओ.) की तैयारियों में लगाने लगा था। इसीलिए रे ने लॉस एंजिल्स व शिकागो के बीच 15-15 दिनों का समय बाँट लिया था।

शुरू-शुरू में हैरी सोंनेबोर्न व डिक बॉयलन ने कंसोलिडेटेड फूड्स, हॉलिडे इन्स व यूनाइटेड फ्रूट्स जैसे कुछ विशाल निगमों आदि के साथ मैकडोनाल्ड्स के विलय की संभावनाएँ तलाशने की कोशिशें की थीं। उस दौर में विलय का चलन था। आगे बढ़ती हुई कंपनियों के लिए स्वयं सार्वजनिक होने की बजाए पहले से सार्वजनिक हो चुकी बड़ी कंपनियों में शामिल होना ज्यादा फायदेमंद भी था, लेकिन ये सभी वार्त्ताएँ ज्यादा आगे तक नहीं बढ़ पा रही थीं, क्योंकि सोंनेबोर्न व रे दोनों की एक शर्त थी कि विलय के बाद भी मैकडोनाल्ड्स की अपनी पहचान कायम रहनी चाहिए।

असल में मैकडोनाल्ड्स को सार्वजनिक करने के पीछे दो प्रमुख कारण थे। पहला यह कि कंपनी को अपने आगे के तेज विकास के लिए बहुत बड़ी पूँजी की जरूरत थी, लेकिन दूसरा महत्त्वपूर्ण कारण यह भी था कि अब तक रे, सोंनेबोर्न व समूचे कार्यदल ने जी-जान लगाकर जिस मैकडोनाल्ड्स कॉरपोरेशन को धन पैदा करने की मशीन बना लिया था, उसमें से उनके योगदान का कोई फल नहीं मिल पा रहा था। इसीलिए एक तरफ सोंनेबोर्न निवेश साहूकारों (इनवेस्टमेंट बैंकर), दलालों व वकीलों के साथ बंद-दरवाजा बैठकों में व्यस्त था, तो दूसरी तरफ रे प्रबंधन ढाँचे को विकेंद्रित करने में जुटा हुआ था। अब तक मैकडोनाल्ड्स के 637 रेस्तराँ हो चुके थे, और शिकागो मुख्यालय को उनकी देख-रेख करने में काफी मुश्किलें आ रही थीं। रे का हमेशा से मानना रहा था कि कार्यकारी सत्ता को हर संभव निचले स्तर तक विकेंद्रित किया जाना चाहिए और वह चाहता था कि रेस्तराँ के सबसे नजदीक बैठा कर्मचारी/ अधिकारी मुख्यालय के निर्देश के बिना ही अपने फैसले करे।

लेकिन रे के सत्ता-विकेंद्रीकरण के विचार से हैरी सोंनेबोर्न बहुत हद तक सहमत नहीं था और वह केंद्रीय नियंत्रण को ज्यादा सख्त बनाना चाहता था। फिर भी, रे ने उसके सामने साफ कर दिया था कि अधिकार तो काम करनेवाले के पास ही होने चाहिए। रे का मानना था ऐसा करने से निचले स्तर पर कुछ ज्यादा गलतियाँ जरूर होंगी, लेकिन सिर्फ इसी रास्ते से मजबूत व्यक्तियों को संगठन में आगे बढ़ने का मौका

दिया जा सकेगा। रे का कहना था कि यदि मजबूत व्यक्तियों अपनी प्रतिभा के प्रदर्शन का मौका नहीं मिलेगा तो वे कुंठित हो जाएँगे। सबसे प्रतिभाशाली व योग्य लोग दूसरी जगह चले जाएँगे और जो औसत दर्जे के लोग कंपनी के साथ मजबूरी में चिपके रहेंगे, वे अपने पेशेवर जीवन के साथ-साथ कंपनी के भविष्य को नुकसान पहुँचाएँगे। लिली कप में एकाधिकारवादी जॉन क्लार्क के साथ काम कर वह स्वयं इस बात का अनुभव कर चुका था और अब अपनी कंपनी में उस स्थिति को दोहराने नहीं देना चाहता था। हालाँकि अभी तक मैकडोनाल्ड्स का प्रबंधन ढाँचा ठीक प्रकार से निर्मित नहीं हो सका था, फिर भी उससे ज्यादा खुश, ज्यादा सुरक्षित व कर्मठ पदाधिकारियों को अन्य किसी और जगह ढूँढ़ना मुश्किल था।

रे की नजर में मैकडोनाल्ड्स के प्रबंधन ढाँचे की एक ही समस्या थी—शिकागो मुख्यालय की केंद्रीकृत प्रशासनिक व्यवस्था, जिसका हल उसने समूचे देश को पाँच अलग-अगल क्षेत्रों में बाँटकर निकाला था, लेकिन इस कार्यक्रम को लागू करने की दिशा में सबसे पहले पश्चिमी समुद्रतटीय क्षेत्र (वेस्ट कोस्ट रीजन) को स्थापित करने का फैसला हुआ था, जिसमें 14 राज्यों को शामिल किया गया था। इसका कारण यह था कि यह क्षेत्र सबसे तेजी के साथ बढ़ रहा था और उसे शिकागो से नियंत्रित कर पाना मुश्किल था। रे ने स्टीव बार्नेस को मैकडोनाल्ड्स का पहला क्षेत्रीय प्रबंधक नियुक्त किया था।

स्टीव बार्नेस 1961 में मैकडोनाल्ड्स में शामिल हुआ था। उससे पहले वह लोउ पर्लमैन कंपनी में काम करता हुआ मैकडोनाल्ड्स को कागज उत्पादों की आपूर्ति किया करता था। वह 1962 में रे की नजर में तब आया था, जब उसने एक अन्य साथी केन स्ट्रांग की साझेदारी में जमे हुए फ्रेंच फ्राइज का अग्रणी कार्य किया था। आगे चलकर केन स्ट्रांग को मैकडोनाल्ड्स के कैलिफोर्निया विश्वविद्यालय-डेविस (सैक्रामेंटो-आर्डन आर्केड-रोजविल्ले महानगर सांख्यिकी क्षेत्र) स्थित खाद्य अनुसंधान प्रयोगशाला का प्रमुख नियुक्त किया गया था।

असल में रे को जमे हुए फ्रेंच फ्राइज का विचार बहुत पसंद आया था, क्योंकि इसके जरिए बेहतरीन गुणवत्तावाले आलू इडाहो रसेट बरबंक (उत्तर-पश्चिमी अमेरकी राज्य इडाहो में उपजाए जानेवाला विशेष प्रकार का आलू) की निरंतर आपूर्ति सुनिश्चित की जा सकती थी। अब खराब हो जाने के डर के बिना पूरी फसल को अपेक्षित मात्रा में खरीदा व प्रसंस्कृत किया जा सकता था। इतना ही नहीं, इससे मालभाड़ा में काफी बचत होनेवाली थी, क्योंकि इसके जरिए आलू को स्थानीय स्तर पर प्रसंस्कृत करने यानी सफाई-छिलाई-धुलाई-कटाई करने के बाद वर्गाकार कार्डबोर्ड बक्से में भर 100 पौंड की बड़ी थैलियाँ में भंडारित किया जा सकता था। मतलब, अब रेस्तराओं में सीधे वर्गाकार बक्से को खोलकर जरूरत के मुताबिक फ्रेंच फ्राइज के आकार में आलू-

टुकड़ों को तलाई के लिए प्रस्तुत किया जा सकता था, लेकिन इस विधि को फिलहाल आगे के परीक्षण के लिए छोड़ दिया गया था, क्योंकि मैकडोनाल्ड्स के अधिकांश रेस्तराओं में अभी भी फ्रेंच फ्राइज की गुणवत्ता को बनाए रखने के लिए ताजे कटे आलू को जरूरी माना जा रहा था। चूँकि मैकडोनाल्ड्स की सफलता में फ्रेंच फ्राइज का बहुत बड़ा योगदान था, इसीलिए जमे हुए आलू टुकड़ों का इस्तेमाल कर रे तत्काल कोई बड़ा जोखिम उठाने के लिए तैयार नहीं हो सका था, लेकिन इसकी गुणवत्ता को सुनिश्चित करने का काम जारी रहा और फिर से सभी रेस्तराओं में लागू भी किया गया।

यह वही समय था, जब एक-दूसरे उत्पाद फिलेट-ओ-फिश सैंडविच पर भी परीक्षण कार्य चल रहा था, जो मैकडोनाल्ड्स के कारोबार पर जबरदस्त प्रभाव डालने वाला साबित होनेवाला था। असल में इस मछली-पट्टी सैंडविच का विचार मध्य-पश्चिमी अमेरिकी राज्य ओहायो के तीसरे सबसे बड़े नगर सिनसिनाटी (हैमिल्टन काउंटी) के मैकडोनाल्ड्स रेस्तराँ संचालक लुइस ग्रोएन के जेहन में तब आया था, जब वह अपने कारोबारी भविष्य को लेकर काफी परेशान हो गया था। सिनसिनाटी नगर को विशेष क्षेत्र के रूप में हासिल करने के लिए ग्रोएन ने रे व सोंनेबोर्न के साथ जबरदस्त खरीद-फरोख्त की थी। यह वह वक्त था, जब रे व सोंनेबोर्न दीया लेकर रेस्तराँ संचालकों को ढूँढ़ते रहते थे और ग्रोएन ने उनकी इसी हालत का फायदा उठा लिया था। सिनसिनाटी में अपने पैर जमाने के लिए ग्रोएन को नगर के बाजार पर पहले से दबदबा कायम किए हुए 'बिग ब्वॉय' रेस्तराँ शृंखला (वॉरेन, मैकोम्ब काउंटी, मिशिगन) से गलाकाट प्रतिस्पर्धा का सामना करना पड़ रहा था। वैसे तो सप्ताह के हर दिन मैकडोनाल्ड्स में भी ग्राहकों की भीड़ ठीक-ठाक रहती थी, लेकिन शुक्रवार को रेस्तराँ बिल्कुल वीरान सा हो जाता था। इसकी वजह यह थी कि सिनसिनाटी में कैथोलिक ईसाइयों की बहुत बड़ी संख्या थी और वहाँ के गिरजाघर ने शुक्रवार को मांसरहित दिवस घोषित कर रखा था। चूँकि बिग ब्वॉय की भोजन-सूची में फिश-सैंडविच भी था, इसलिए शुक्रवार को मैकडोनाल्ड्स के नियमित ग्राहक भी उसी की तरफ चले जाते थे।

जाहिर है कि लुइस ग्रोएन ने अपनी समस्या रे के सामने रखी थी, लेकिन किसी भी प्रकार के मछली-उत्पाद को मैकडोनाल्ड्स रेस्तराँ की भोजन-सूची में शामिल करने के विचार को रे ने सिरे से खारिज कर दिया था। उसने ग्रोएन को टका सा जवाब यह दिया था कि यदि पोप भी सिनसिनाटी में आ जाएँ तो उन्हें भी मैकडोनाल्ड्स में अन्य ग्राहकों की तरह गौमांस-पट्टी से बना बर्गर-हैम्बर्गर ही खाने को पेश किया जाएगा। रे की इस तीखी प्रतिक्रिया की वजह यह थी कि वह मैकडोनाल्ड्स रेस्तराओं की रसोई में मछली को फटकने देने की इजाजत नहीं देना चाहता था, क्योंकि उससे समूचे रेस्तराँ में बदबू फैल जाने का बड़ा खतरा पैदा हो सकता था।

लेकिन लुइस ग्रोएन के लिए मछली-उत्पाद की बिक्री उसके कारोबारी जीवन-मरण का सवाल बन गया था। चूँकि वह रे से ज्यादा बहस नहीं कर सकता था, इसलिए उसने मैकडोनाल्ड्स के परिचालन प्रमुख फ्रेड टर्नर व कैलिफोर्निया में रे का खासमखास परिचालन अधिकारी निक करोस को पटाने की कोशिशें शुरू की थीं। उसने दोनों से इस मुद्दे पर बहुत खुशामद की थी और यह समझा पाने में सफल रहा था कि उसे अपने रेस्तराँ में मछली-उत्पाद बेचने की इजाजत दी जाए या फिर वह रेस्तराँ बंद कर देने के लिए मजबूर था। ग्रोएन की माँग जाएज थी और उसकी समस्या का हल निकलना भी जरूरी था। इसीलिए टर्नर व करोस ने रे को बिना बताए ही ग्रोएन के साथ मिलकर ऐसे फिश सैंडविच बनाने की दिशा में प्रयोग शुरू कर दिया था, जिससे रेस्तराँ में बदबू फैलने की कोई गुंजाइश ही न बचे और अंत में जब तीनों फिलेट-ओ-फिश सैंडविच बनाने की विधि को प्रदर्शित करने के लिए रे के सामने पहुँचे थे, तो उसके मुँह से भी वाह ही निकला था।

असल में फ्रेड टर्नर व निक करोस ने फिश सैंडविच पर अनुसंधान करने के लिए ग्रोएन के साथ अल बर्नारडिन को लगाया था, जो उस समय मैकडोनाल्ड्स का खाद्य प्रौद्योगिकी विशेषज्ञ (फूड टेक्नोलॉजिस्ट) था। उन्होंने सैंडविच के बीच में डाली जानेवाली मछली-पट्टी के लिए विशेष रूप से उत्तरी प्रशांत व उत्तरी अटलांटिक महासागरों में पाई जानेवाली सबसे बड़ी सपाट मछली 'हलिबेट' व लंबी मछली 'कॉड' पर प्रयोग करना शुरू किया था और अंत में 'कॉड' पर एकमत हो गए थे, लेकिन जब यह विचार रे के सामने पहली बार आया तो उसकी 'कॉड लीवर आयल' (कॉड मछली के जिगर का तेल) से जुड़ी बचपन की यादें ताजा हो गई थीं कि उसका इस्तेमाल गैर-कानूनी माना जाता था। इसलिए रे ने कॉड को 'उत्तरी अटलांटिक श्वेत मछली' के रूप में व्यापर करने संबंधी कानूनी पहलुओं से जाँच करने का सुझाव दिया था, जो पूर्णतया कानूनी निकला था, लेकिन फिश-सैंडविच विकसित करने के पीछे बहुत से पहलुओं को ध्यान में रखा गया था—मछली पट्टी को कितनी देर तक पकाया जाए; तलने से पहले मछली पट्टी पर कैसा व कितनी मात्रा में ब्रेड-चूरा चढ़ाया जाए; मछली-पट्टी कितनी मोटी हो, तलने के बाद उस पर कैसी व कितनी मात्रा में टार्टर चटनी डाली जाए आदि फिर बाद में जब रे ने उस पर चीज की आधी कतली भी डालने का सुझाव दिया था, तो उसने फिश सैंडविच के स्वाद को बढ़ाया था।

लेकिन हर तरह से सहमत होने के बाद भी रे ने शुरू-शुरू में फिलेट-ओ-फिश सैंडविच को एक सीमित क्षेत्र में और सिर्फ शुक्रवार को ही परोसे जाने की अनुमति दी थी, लेकिन जल्द ही अन्य स्थानों से भी इसकी माँग लाने लगी थी और 1965 में इसे सभी रेस्तराओं में सभी दिनों में परोसा जाने लगा था। इसे प्रचारित करने के लिए

विज्ञापन में जबरदस्त घोष-वाक्य का इस्तेमाल हुआ था फिश दैट कैचेज पीपल (मछली जो लोगों को पकड़ती है)। याद रहे कि मछली को सँभालने से लेकर मछली-पट्टी तलने तक के लिए रे ने विशेष प्रकार के रसोई उपकरण तैयार करवाए थे और इसमें बहुत बड़ा निवेश हुआ था। देखते-ही-देखते फिलेट-ओ-फिश सैंडविच मैकडोनाल्ड्स रेस्तराओं के कारोबार को बढ़ानेवाला प्रमुख खाद्य बन गया था।

बेबाक बोलने के चलते रे को कई बार परेशानियों का भी सामना करना पड़ा था, लेकिन वह कहा करता था कि मन की बात बोलने से उसे रात को अच्छी नींद आती थी, क्योंकि उसकी अंतर्चेतना उसे खुद को दोषी महसूस नहीं करने देती थी।

रे की स्वाद-तंत्रिकाएँ (टेस्ट बड) जबरदस्त थीं; वह किसी भी खाद्य को चखकर अनुमान लगा सकता था कि ग्राहक उसे कितना पसंद करेंगे। उसका यह स्वाद अनुमान अधिकांश अवसरों पर सफल रहा था, जैसा कि उसने फिलेट-ओ-फिश को संपूर्ण सैंडविच बनाने के लिए उसमें चीज कतली को भी शामिल करने का सुझाव दिया था, लेकिन 'पाइनएप्पल हैम्बर्गर' का उसका विचार बुरी तरह पिट गया था। रे ने हैम्बर्गर में इस्तेमाल होनेवाली दो चीज कतलियों में से एक की जगह भुने हुए अनन्नास (पाइनएप्पल) की कतली डाल कर एक विशेष प्रकार का हैम्बर्गर बाजार में उतारा था। हालाँकि वह आजीवन अपने घर में दोपहर के खाने में अकसर 'पाइनएप्पल हैम्बर्गर' खाता रहा था, लेकिन वह ग्राहकों को खींच पाने में पूरी तरह असफल साबित हुआ था।

मैकडोनाल्ड्स के लिए 1964 काफी अच्छा रहा था, लेकिन रे ने अपने कार चालक व हमदर्द आर्ट ट्याग को खो दिया था, जिसकी कैंसर से मृत्यु हो गई थी। अब रे को याद आ रहा था कि एक दिन रोलिंग ग्रीन क्लब में वह अकेले ही खाने की मेज पर बैठा हुआ था और ट्याग को अपना कार चालक बनने का प्रस्ताव दिया था। उस समय ट्याग ने बेहिचक बताया था कि वह इससे पहले अवैध शराब का ट्रक चलाने का काम करता था। रे ने आत्मकथा में लिखा है कि उसे आर्ट ट्याग की यही ईमानदारी सबसे अधिक पसंद आई थी और वह उसका दोस्त-जैसा हमदर्द बन गया था। रे अपनी ही तरह मन की बात को बोल देने वाले को पसंद करता था। हालाँकि बेबाक बोलने के चलते रे को कई बार परेशानियों का भी सामना करना पड़ा था, लेकिन वह कहा करता था कि मन की बात बोलने से उसे रात को अच्छी नींद आती थी, क्योंकि उसकी अंतर्चेतना उसे खुद को दोषी महसूस नहीं करने देती थी। जब मैकडोनाल्ड्स काफी सफल हो गया था और उसे त्वरित खाद्य उद्योग का महानायक कहा जाने लगा था, तब कई लोगों ने उसे अमेरिकी राष्ट्रपति का चुनाव भी लड़ने का सुझाव दिया था, लेकिन उसे मालूम था कि मैकडोनाल्ड्स को सफल बना पाना अलग बात थी और राजनेता बन पाना बिल्कुल

अलग मामला था। वह जानता था कि बेबाकी से मन की बात बोलकर राजनीति नहीं की जा सकती थी और वह अपने विचारों से कोई समझौता नहीं करना चाहता था।

अब रे को आर्ट ट्याग इसलिए भी ज्यादा सता रही थी, क्योंकि वही एक शख्स था, जिसके सामने वह जवान छात्रों की तरह अपनी प्रेमिका यानी जोआन के बारे में अपनी दिली हालत बयाँ किया करता था। वैसे तो रे अब जेन के साथ खुश था, लेकिन हकीकत यही थी कि वह सचमुच में जोआन को ही प्यार करता था और अभी भी वह उसे अपने दिल से बाहर नहीं निकाल सका था।

लेकिन न तो रे ज्यादा समय तक आर्ट की मृत्यु का शोक मना सकने की स्थिति में था और न ही जोआन को याद कर सकता था। अब मैकडोनाल्ड्स सिस्टम्स अपनी 10वीं वर्षगाँठ की तरफ बढ़ रहा था। इस दौरान कितनी मुसीबतें आईं, लेकिन सबकुछ झेलता हुआ वह तेजी से आगे बढ़ रहा था और रे को ऐसा लग रहा था कि मानो मैकडोनाल्ड्स बस अभी पैदा ही हो रहा था। इसकी भी जाएज वजह यह थी कि प्रारंभिक सार्वजनिक प्रस्ताव (आई.पी.ओ.) लाने की प्रक्रिया में मैकडोनाल्ड्स के शीर्ष अधिकारियों को हर दिन नई दिक्कतों का सामना करना पड़ रहा था।

हैरी सोंनेबोर्न व डिक बायलन ने निवेश साहूकार कंपनी 'पाइन वेबर जेक्सन ऐंड कर्टिस' को मैकडोनाल्ड्स का हामीदार (अंडरराइटर) नियुक्त किया था। इस सौदे में पिछले कई महीने लग चुके थे और अब उसकी तरफ से यह माँग की जा रही थी कि मैकडोनाल्ड्स को आठ बड़ी लेखांकन कंपनियों में से किसी से अपना खाता तैयार करना चाहिए। उस समय आठ बड़ी लेखांकन कंपनियों को बिग-8 कहा जाता था, जिनमें आर्थर एंडरसन (एनरॉन घोटाले से संबंधित सजा में 2002 में बंद), कूपर्स ऐंड लिब्रैंड (अब प्राइस वाटर हाउस ऐंड कूपर्स), अर्नेस्ट ऐंड व्हीनी (अब अर्नेस्ट ऐंड यंग), डेलॉइट हास्किंस ऐंड सेल्स (अब डेलॉइट), पीट मरविक मिशेल (अब के. पी.एम.जी.), प्राइस वाटरहाउस (अब प्राइस वाटर हाउस ऐंड कूपर्स), ट्च रॉस (अब डेलॉइट) व आर्थर यंग (अब अर्नेस्ट ऐंड यंग) शामिल थे, लेकिन पिछले 10 वर्षों से मैकडोनाल्ड्स का लेखांकन शिकागो की अल डोटीज कंपनी करती रही थी। सोंनेबोर्न व रे उससे ही लेखांकन करवाना जारी रखना चाहते थे, लेकिन साहूकारी कंपनी अपनी जिद पर अड़ी हुई थी। अंत में सोंनेबोर्न ने रास्ता निकाला था और आर्थर यंग ऐंड कंपनी को अपना लेखाधिकारी चुन लिया था। वैसे, अल डोटीज से रे, सोंनेबोर्न व जून मारीटिनो का संबंध बना रहा और वे अपना व्यक्तिगत लेखांकन उसी से करवाते रहे थे। मैकडोनाल्ड्स ने आई.पी.ओ. के लिए चैपमैन ऐंड कटलर के डे वाट्स व पेटी कोलाडारसी को अपना वकील नियुक्त किया था, जिन्होंने सोंनेबोर्न का कंधे-से-कंधा मिलाकर काम किया था।

अब आर्थर यंग ऐंड कंपनी के लिए सोंनेबोर्न की 'विकासात्मक लेखाविधि' सबसे बड़ी समस्या बनकर सामने खड़ी हो गई थी। लेखांकन की इस विधि को प्रमाण-पत्र नहीं जारी किया जा सकता था। इसीलिए मैकडोनाल्ड्स के सारे लेखांकन को दुबारा से तैयार करना पड़ा था। अब मैकडोनाल्ड्स की सारी असलियत खुलकर सामने आ गई थी कि किस तरह सोंनेबोर्न ने खर्चों को 18 महीने आगे तक टालकर कंपनी की आर्थिक स्थिति को सुदृढ बनाने की कोशिश की थी। खैर, अब इस बात की चिंता नहीं थी, क्योंकि मैकडोनाल्ड्स काफी लाभ कमा रहा था। चूँकि अब आई. पी.ओ. में एक पखवाड़ा ही बाकी था, इसीलिए गैरी न्यूमैन सहित लेखा विभाग के सभी कर्मचारियों को लगातार 10 दिनों तक दिन-रात एक करना पड़ा था और अंतिम समय-सीमा से केवल 4 घंटे पहले ही सारे प्रतिवेदन जमा किए जा सके थे।

अब हामीदार कंपनी के साथ मैकडोनाल्ड्स के शेयर के प्रारंभिक मूल्य को लेकर सोंनेबोर्न व रे की तीखी बहस चलने लगी थी। उन दोनों ने अब तक मैकडोनाल्ड्स के एक शेयर को 1000 हिस्सों में बाँट दिया था, लेकिन हामीदार कंपनी का कहना था कि एक शेयर को 17 गुना ही किया जा सकता था, लेकिन रे हामीदार कंपनी के तर्कों को मानने को तैयार नहीं थे; उसका मानना था कि मैकडोनाल्ड्स का असल मूल्य काफी ज्यादा था और यदि वह हामीदार की बात मान कर इतना नीचे तक उतार आता तो सबसे ज्यादा घटा उसी का होता। सोंनेबोर्न भी रे की बात से सहमत था और उसने हामीदार कंपनी को मनाने के लिए शिकागो व न्यूयॉर्क के बीच 20 से अधिक उड़ानें भरी थीं। अंत में रे 20 गुना पर अड़ गया था और हामीदार ने उसकी बात मान ली थी।

खैर, तमाम जद्दोजहद के बाद आखिरकार 21 अप्रैल, 1965 को मैकडोनाल्ड्स कॉरपोरेशन नाम से न्यूयॉर्क स्टॉक एक्सचेंज में प्रारंभिक सार्वजनिक प्रस्ताव (आई. पी.ओ.) का शुभारंभ हो गया था। शेयर का प्रारंभिक मूल्य 22.50 डॉलर था, जो बाजार बंद होने से पहले तक 30 डॉलर प्रति शेयर के स्तर पर चला गया था। जारी किए शेयरों की तुलना में काफी अधिक माँग आई थी और आई.पी.ओ. को बेहद सफल माना गया था। महीना बीतते-बीतते शेयर के भाव 50 डॉलर तक पहुँच गए थे। जाहिर है कि रे सहित अन्य दो साझीदार हैरी सोंनेबोर्न व जून मारीटिनो सभी अचानक उम्मीद से बहुत ज्यादा अमीर हो चुके थे।

वैसे तो इन सारी बातों से सभी खुश थे, सोंनेबोर्न भी खुश था; लेकिन वह मैकडोनाल्ड्स को न्यूयॉर्क स्टॉक एक्सचेंज की हजारों सूचीबद्ध कंपनियों में से एक के रूप में बनाए रखने को तैयार नहीं था और उसकी उम्मीद थी कि जल्द ही मैकडोनाल्ड्स को एक्सचेंज के चुनिंदा शेयरों की सूची में शामिल होना चाहिए, लेकिन इसके लिए एक्सचेंज ने कुछ खास शर्तें रखी हुई थी। उदाहरण के लिए, निश्चित

भौगोलिक क्षेत्र में कंपनी के एक निश्चित संख्या में शेयर बँटे होने चाहिए और एक निश्चित संख्या में थोक शेयरोंवाले शेयरधारक भी चाहिए। हालाँकि रे क्रोक इस मामले को ज्यादा गंभीरता से नहीं ले रहा था, फिर भी हैरी सोंनेबोर्न के साथ न्यूयॉर्क स्टॉक एक्सचेंज में गया था, लेकिन वह हैरान हुआ था कि इस मामले में सोंनेबोर्न जिन संबंधित अधिकारियों से बातचीत कर रहा था, वे मैकडोनाल्ड्स के बारे में बिल्कुल ठंडा रुख अपनाए हुए थे। शुरू-शुरू में वे लोग इस बारे में तय नहीं कर पा रहे थे कि 15 सेंट के हैम्बर्गर बेचनेवाली कंपनी को विशेष सूची में रखना चाहिए या नहीं। अंततः सोंनेबोर्न उन अधिकारियों को समझाने में सफल हो गया था और मैकडोनाल्ड्स के आवेदन को स्वीकार कर लिया गया था और इस खुशी को साझा करने के लिए रे व सोंनेंबोर्न के साथ गए सभी लोगों ने न्यूयॉर्क स्टॉक एक्सचेंज में शेयर खरीद-बिक्री की बोली लगाईं जानेवाली मंजिल (ट्रेडिंग फ्लोर) पर एक साथ हैम्बर्गर खाया था। यह अखबारों व दूरदर्शन पर एक बड़ी खबर बनी थी। इसका कारण यह था कि सोंनेबोर्न अपनी नई पत्नी अलोयिस व जून मारीटिनो दो पहली महिलाएँ थीं, जिन्हें न्यूयॉर्क स्टॉक एक्सचेंज में प्रवेश की अनुमति दी गई थी।

अब मैकडोनाल्ड्स का तेज विस्तार व कारोबार और भी तेजी से आगे बढ़ा था। जुलाई 1966 में मैकडोनाल्ड्स ने 20 करोड़ डॉलर के स्तर पर एक नया कीर्तिमान बनाया था और उसके बाद सभी रेस्ताराओं के सुनहरे मेहराबों के गणना-फलक (स्कोर बोर्ड) पर '2 बिलियन सोल्ड' (दो अरब बिके), यानी अब तक मैकडोनाल्ड्स ने 2 अरब हैम्बर्गर बेच दिए थे, की सूचना प्रदर्शित की गई थी। ग्राहकों को इस उपलब्धि से जोड़ने के लिए समूचे देश के रेस्तराओं में उत्सवों के आयोजन किए गए थे। इसी माह, मैकडोनाल्ड्स ने अंदर बैठने की व्यवस्थावाला अपना रेस्तराँ हंट्सविले (अलबामा) में खोला था। अब तक मैकडोनाल्ड्स के रेस्तराओं में इस तरह आराम से बैठने की सुविधा उपलब्ध नहीं थी और ग्राहकों को संकरी मेज के सामने लगी तिपाई पर बैठना पड़ता था।

सोंनेबोर्न का त्याग-पत्र, टर्नर ने सँभाली कमान

जैसा कि हम पीछे पढ़ चुके हैं कि 1962 में रे क्रोक के लॉस एंजिल्स स्थानांतरित होने के बाद से हैरी सोंनेबोर्न हठी होता जा रहा था और कई बार रे के दिशा-निर्देशों को भी दरकिनार कर देने से नहीं चूकता था। आई.पी.ओ. की तैयारियों के बीच रे अपना समय लॉस एंजिल्स व शिकागो के बीच बाँटने लगा था। आई.पी.ओ. की सफलता में भी सोंनेबोर्न की ही भूमिका रही थी और रे उसकी प्रतिभा के आगे उसके हठीले स्वभाव को नजरंदाज करता रहा था, लेकिन लगभग एक दशक की भाग-दौड़ व वित्तीय माथा-पच्ची ने सोंनेबोर्न के स्वास्थ्य को बुरी तरह प्रभावित किया था।

1966 के मध्य आते-आते उसकी पीठ में अत्यधिक दर्द रहने लगा था और मधुमेह (डाइबिटीज) भी खतरनाक स्तर पर आ गई थी। एक बार वह अपनी पत्नी के साथ कनाडा के दूर-दराज क्षेत्र में गया हुआ था और उसे अचानक इतना ज्यादा पीठ दर्द शुरू हो गया था कि वह एक सप्ताह बिस्तर से उठ नहीं पाया था। वह हवाई उड़ान भरने की स्थिति में नहीं था। रेलमार्ग ही एकमात्र साधन था, जिसके माध्यम से उसे शिकागो लाया जा सकता था। ऐसे में उसकी पत्नी को नकद में जनरल मोटर्स की आरामदेह कार कैडिलैक खरीदनी पड़ी थी और उसे खुद ही कार चलाकर सोंनेबोर्न को नजदीकी रेलवे स्टेशन तक लाना पड़ा था। आनेवाले महीनों में उसकी तबीयत कुछ ज्यादा ही खराब रहने लगी थी और वह अपना अधिकांश समय अपनी पत्नी अलोयिस के मोबाइल (दक्षिण-पूर्वी अमेरिकी राज्य अल्बामा का तीसरा सबसे बड़ा नगर) स्थित निवास में बिताने लगा था।

मैकडोनाल्ड्स के अध्यक्ष व मुख्य कार्यकारी अधिकारी होने के नाते सभी कार्यकारी अधिकार हैरी सोंनेबोर्न के पास ही था, लेकिन बीमारी के कारण अचानक उसकी दो-दो हफ्ते की अनुपस्थिति से शिकागो मुख्यालय की कार्यकारी गतिविधियाँ बुरी तरह प्रभावित रहने लगी थीं। वह जरूरी फैसलों के लिए अधिकारियों को दस्तावेजों के साथ मोबाइल ही बुला लेता था और फिर हस्ताक्षर कर उन्हें वापस भेजता था। वैसे तो बहुत पहले ही मुख्यालय में 'सोंनेबोर्न का आदमी' व 'रे का आदमी' के खेमे बन गए थे, लेकिन रे के महीने के 15 दिन शिकागो में बिताने व आई.पी.ओ. की आपाधापी के चलते माहौल शांत बना हुआ था, लेकिन बीमारी के चलते ही सही, मुख्यालय से सोंनेबोर्न की अनुपस्थिति रे को खटकने लगी थी। कंपनी के चेयरमैन होने के नाते रे को लगता था कि अब सोंनेबोर्न के कार्यकारी कामों को तत्काल निपटाने के लिए एक कार्यकारी अधिकारी की नियुक्ति जरूरी थी। रे ने इस पद के लिए फ्रेड टर्नर का नाम सुझाया था, लेकिन इसके बदले में सोंनेबोर्न ने अपने विश्वसनीय पीट क्रोव को भी उपाध्यक्ष बनाने की माँग रख दी थी। वैसे इसकी जरूरत नहीं थी, फिर भी रे को इसकी अनुमति देनी पड़ी थी।

इस तरह, मैकडोनाल्ड्स मुख्यालय में तीन उपाध्यक्ष बन गए थे। कार्यकारी उपाध्यक्ष के रूप में डिक बॉयलन पहले से ही आय-व्यय व लेखांकन का प्रभारी था। पीट क्रोव को उपाध्यक्ष के रूप में नएं रेस्तराओं के विकास का प्रमुख बनाया गया था, जिसमें अचल संपत्ति, निर्माण व अनुज्ञा-पत्र संबंधी कार्य शामिल थे। फ्रेड टर्नर पहले से ही उपाध्यक्ष के रूप में परिचालन का काम देख रहा था और अब कार्यकारी उपाध्यक्ष के रूप में उसे खुदरा मामलों का प्रमुख बनाया गया था, जिसमें परिचालन, विज्ञापन, विपणन व उपकरण शामिल थे। वैसे तो तीनों उपाध्यक्षों को घोषित तौर एक

समान अधिकार दिए गए थे, लेकिन सारे वित्तीय अधिकार सोंनेबोर्न ने अपने पास ही रखे थे। चूँकि डिक बॉयलन पहले से ही उसके काफी नजदीक था, इसलिए उसे किसी प्रकार की कोई दिक्कत नहीं आ रही थी, लेकिन बाकी दोनों बिना अधिकार के जिम्मेदार उपाध्यक्ष हो गए थे। इस तरह मुख्यालय की सुदृढ त्रिकोणीय प्रशासन-व्यवस्था, व्यावहारिक तौर पर सोंनेबोर्न की तरफ ही झुकी हुई नजर आ रही थी।

बात इतनी ही रहती तो गनीमत थी। सोंनेबोर्न रे की भलमनसाहत को उसकी कमजोरी समझने लगा था और उसके दिशा-निर्देशों को खुलेआम चुनौती देने लगा था। चाहे वह कर्मचारियों का वेतन बढ़ाने का मामला हो या फिर नए रेस्तराओं से सुनहरे मेहराब को हटाने का, रे के सभी निर्देशों को सोंनेबोर्न ने खारिज कर दिया था। जाहिर है कि रे को सोंनेबोर्न की एकाधिकारवादी व्यवस्था बिल्कुल भी पसंद नहीं आ रही थी, लेकिन अपने अहं की बजाए मैकडोनाल्ड्स के हित को ध्यान में रखते हुए सोंनेबोर्न के खिलाफ कोई भी कदम उठाने से हिचक रहा था, लेकिन रे के सिर से पानी तब गुजर गया था, जब बैंकों व अपने सलाहकारों द्वारा 1967 में अचल-संपत्ति बाजार में मंदी की भविष्यवाणी के आधार पर मैकडोनाल्ड्स रेस्तराओं के निर्माण को तत्काल रोक देने और कंपनी खाते में अधिक-से-अधिक नकदी जमा रखने का रणनीतिक फैसला कर लिया था। रे सोंनेबोर्न के इस फैसले से बिल्कुल सहमत नहीं था। कैलिफोर्निया क्षेत्र में 33 नए रेस्तराओं का निर्माण अलग-अगल चरणों में था, जो सोंनेबोर्न के फरमान के चलते अचानक रुक गए थे। संबंधित अधिकारी रे के सामने खड़ा होकर हाथ जोड़कर कर विनती करने लगा था कि उसकी देख-रेख में निर्मित हो रहे सभी रेस्तराओं के स्थान बेजोड़ थे, इसीलिए उनके निर्माण को जारी रखने की अनुमति दी जाए। रे भी इस बात को जानता था, लेकिन उसने उस अधिकारी अपने अगले निर्देश का इंतजार करने को कहा था, क्योंकि उसकी शिकागो की यात्रा तय थी। वह इस संबंध में पहले सोंनेबोर्न से बात करना चाहता था।

शिकागो पहुँचने के अगले दिन रे मुख्यालय में सोंनेबोर्न का इंतजार करने लगा था। जब वह आया था तो रे के साथ उसकी तीखी बहस छिड़ गई थी। जब रे ने सोंनेबोर्न को अपना फैसले वापस लेने का दबाव बनाया था तो उसने अपना त्याग-पत्र सामने रख दिया था। यह बड़ी विचित्र स्थिति थी। कैलिफोनिया लौटते हुए हवाई जहाज में बैठा वह यही सब सोचता जा रहा था। उसे लगा था कि कोई अगला कदम बढ़ाने से पहले उसे कानूनी सलाह लेनी चाहिए। आई.पी.ओ. के दौरान सोंनेबोर्न ने चैपमैन ऐंड कटलर को कंपनी का कानूनी सलाहकार नियुक्त किया था और वे इस स्थिति से निपटने में रे की अच्छी मदद कर सकते थे, लेकिन रे को महसूस हुआ था कि चैपमैन ऐंड कटलर की सलाह सोंनेबोर्न के हित में झुकी हुई हो सकती थी। इसलिए रे ने शिकागो में अपने

> **आई.पी.ओ. के दौरान सोंनेबोर्न ने चैपमैन ऐंड कटलर को कंपनी का कानूनी सलाहकार नियुक्त किया था और वे इस स्थिति से निपटने में रे की अच्छी मदद कर सकते थे।**

व्यक्तिगत कानूनी सलाहकर से मदद माँगी थी। जल्द ही रे को यह सलाह मिली थी कि उसे सोंनेबोर्न के साथ अपना मनमुटाव दूर करने की कोशिश करनी चाहिए। उसका वकील जानता था कि सोंनेबोर्न वित्तीय समुदाय के काफी नजदीक था और उसके अचानक इस्तीफे से शेयरबाजर में मैकडोनाल्ड्स को भारी नुकसान पहुँच सकता था। फिर रे ने डॉन लुबिन नामक उस वकील को इस मामले में सोंनेबोर्न से बातचीत करने व उसे त्याग-पत्र वापस लेने के लिए राजी करने का काम सौंपा था। वैसे रे जानता था कि सोंनेबोर्न भले ही फिलहाल मान जाए, लेकिन उसके साथ लंबे समय तक चल पाना मुश्किल था। इसीलिए रे ने इच्छा जाहिर की थी डॉन लुबिन मैकडोनाल्ड्स के निदेशक मंडल में आ जाए और उसकी कंपनी कानूनी मामलों में मैकडोनाल्ड्स का प्रतिनिधित्व करे।

खैर, सोंनेबोर्न मान गया था और अपना त्याग-पत्र वापस भी ले लिया था, लेकिन यह स्थिति उसके और रे के लिए भी बेहतर साबित नहीं हुई थी। अब सोंनेबोर्न पहले से भी ज्यादा समय मोबाइल (अल्बामा) में स्वास्थ्य लाभ में गुजारने लगा था और बस किसी तरह अपनी जिम्मेवारी को निपटाता रहा था। इस दौरान सोंनेबोर्न की शारीरिक हालत और भी कमजोर हो गई थी और वह अपनी जिम्मेवारी सँभाल पाने की स्थिति में नहीं था। ऐसे में सोंनेबोर्न ने अपनी मजबूरी बताई थी और रे ने उसके त्याग-पत्र को मंजूर करने का मन बना लिया था। रोजगार अनुबंध के मुताबिक उसे प्रति वर्ष 1 लाख डॉलर का भुगतान किया जाना था। इसके अलावा उसे पास मैकडोनाल्ड्स के अच्छे-खासे शेयर भी थे, लेकिन सोंनेबोर्न इतना सुनिश्चित था कि उसके जाने के बाद मैकडोनाल्ड्स के शेयर नीचे की तरफ जाएँगे कि उसने जल्द ही अपने सारे शेयर बेच दिए थे। हालाँकि उसे उसकी अच्छी कीमत मिली थी, लेकिन लाखों में ही थी। यदि उसे तनिक भी विश्वास होता कि रे कंपनी ज्यादा अच्छे तरीके से चला लेगा और उसने हड़बड़ी न की होती तो उसे अपने शेयर के बदले 10 करोड़ डॉलर से भी अधिक रकम मिल पाती।

अब रे ने मैकडोनाल्ड्स निदेशक मंडल के सभापति के साथ-साथ अध्यक्ष पद भी अपने पास रख लिया और सोंनेबोर्न द्वारा नए रेस्तराओं के निर्माण पर लगाई गई रोक को खारिज कर दिया था। जब रे ने कंपनी द्वारा खरीदी जा चुकी अचल संपत्तियों की समीक्षा की थी तो उसे पता चला था कि स्थानीय बाजारों की स्थिति सुधरने की आशा में अधिकांश स्थानों के विकास जहाँ-के-तहाँ रुके पड़े थे। रे ने सभी परियोजनाओं पर

एक साथ काम शुरू करने के आदेश दिए थे और कहा था कि बाजार सुधरने की आशा में विकास का काम रोकना ज्यादा नुकसानदेह था, क्योंकि तेजी आने पर विकास की लागत ज्यादा आनेवाली थी। रे का कहना था कि जब तक प्रतिस्पर्धियों की नींद खुले और बाजार में तेजी का माहौल बने, उससे पहले सभी परियोजनाओं में अपेक्षित पूँजी बहाव सुनिश्चित किया जाना चाहिए और सारे काम जल्द-से-जल्द पूरे कर लिए जाने चाहिए। रे का मानना था कि मंदी के दौर में विकास प्रक्रिया को तेज गति से चलाने से उन स्थानों पर अचल-संपत्ति व निर्माण उद्योग से जुड़े लोगों के बीच मैकडोनाल्ड्स की छवि ज्यादा मजबूत होगी, क्योंकि इसके चलते उन्हें भी मंदी से उबरने में मदद मिलेगी।

रे के लिए दूसरा सबसे जरूरी काम था—शिकागो मुख्यालय के पदाधिकारियों व कर्मचारियों के बीच मनोबल को फिर से बहाल करना। वैसे तो सोंनेबोर्न के जाते ही अधिकांश समस्याएँ दूर हो गई थीं और तीन गुटों के बीच तनावपूर्ण माहौल बहुत हद तक अपने आप खत्म हो गया था, लेकिन इस दिशा में कुछ और कदम उठाने जरूरी थे। सभी ने राहत की साँस ली थी कि एक बार फिर से मैकडोनाल्ड्स अपने मूल कार्यक्षेत्र हैम्बर्गर रेस्तराँ पर अपना ध्यान केंद्रित कर रहा था, वरना सोंनेबोर्न तो उसे अचल संपत्ति कंपनी बनाने पर तुला हुआ था। सोंनेबोर्न के एकाधिकारवादी रवैए का नतीजा यह हुआ था कि कंपनी ने बहुत से अच्छे कर्मचारियों को खो दिया था, लेकिन अब रे ऐसा नहीं होने देना चाहता था।

रे सबसे ज्यादा फ्रेड टर्नर को लेकर चिंतित था। वह कंपनी त्रिगुट प्रशासन व्यवस्था में सबसे ज्यादा परेशान हुआ था और रे द्वारा इस दिशा में कोई कारगर कदम न उठाए जाने के कारण सबसे ज्यादा दु:खी भी था। रे को यह भी पता था कि टर्नर की इस स्थिति के मद्देनजर दूसरी रेस्तराँ शृंखलाएँ उसे अपनी तरफ खींचने की कोशिशें भी कर रही थीं और उसके पास कई उच्च पदों के प्रस्ताव पड़े हुए थे। इसलिए सोंनेबोर्न द्वारा औचारिक रूप से त्याग-पत्र दिए जाने से पहले ही रे उसके साथ एक बड़े रेस्तराँ में खाने के लिए पहुँचा था। रे ने आत्मकथा में लिखा है, उसने टर्नर की दु:खद स्थिति पर अफसोस जाहिर किया था; सोंनेबोर्न के त्याग-पत्र के रहस्य का परदा उठाया था और फिर उसे साल भर के भीतर अध्यक्ष पद पर बिठा देने की अपनी मंशा जाहिर की थी।

लेकिन यह सुनकर खुश होने की बजाए टर्नर का चेहरा काला पड़ गया था और उसने गुस्से में मेज पर इतनी जोर से मुक्का मारा था कि मेज पर रखे सारे बरतन बिखर गए थे और समूचे रेस्तराँ में इसकी बड़े धमाके के शोर जैसी स्थिति बन गई थी। टर्नर ने चीखते हुए पूछा था कि जब उसे दफ्तर की स्थिति का पता था, उसने जल्द ही कोई कार्यवाही क्यों नहीं की थी, लेकिन रे ने कोई प्रतिक्रिया नहीं जाहिर की थी।

शायद रे के जीवन का यह पहला मौका था, जब उसने आग का जवाब आग से नहीं दिया था। चूँकि वह फ्रेड टर्नर की मानसिक प्रताड़ना को गहराई से समझ सकता था, इसीलिए उसने टर्नर के गुस्से को एक बेटे की खीझ के रूप में देखा था। रे ने पहली बार महसूस किया कि वह मैकडोनाल्ड्स में पिता की भूमिका में था और टर्नर सहित सभी अधिकारी व कर्मचारी उसके बच्चे जैसे ही थे, लेकिन रे के लिए टर्नर को यह बता पाना काफी मुश्किल था कि पिछले करीब पाँच वर्षों से वह सोंनेबोर्न के साथ अपने संबंध को किस तरह कायम रखे हुआ था।

खैर, किसी तरह टर्नर खुद को शांत कर पाया था। फिर रे ने उसे अच्छे भविष्य का आश्वासन दिया था। देर ही सही, यह सुनकर टर्नर को इस बात का संतोष आया था कि अब जल्द ही दफ्तर का माहौल सुधर जाएगा। असल में रे की ही तरह टर्नर भी सिर्फ काम में विश्वास रखता था और दफ्तर की राजनीति व गुटबाजी से उसे सख्त नफरत थी। अब वह रे के मुँह से अपनी पदोन्नति की बात सुनकर खुश हो सका था। रे ने भी राहत की साँस ली थी कि उसने समय रहते टर्नर जैसे अपने कर्मठ व समर्पित व सुयोग्य अधिकारी को निराश होकर बाहर चले जाने से रोक लिया था, जिसमें मैकडोनाल्ड्स को नेतृत्व देने की पूरी क्षमता थी। यह भी हकीकत ही थी कि यदि रे ने थोड़ी देर की होती तो फ्रेड टर्नर किसी प्रतिस्पर्धी की गोद में जा बैठा होता।

हाँ, हैरी सोंनेबोर्न के त्याग-पत्र के साथ ही उसके खासमखास रहे उपाध्यक्ष पीट क्रोव ने भी अपनी विदाई का ऐलान कर दिया था। वह वापस अपने गृहराज्य चला गया था। त्वरित मछली खाद्य रेस्तराँ शृंखला—कैटफिश हट्टी के लिए काम करने लगा था। खैर, उसके जाने से मैकडोनाल्ड्स की सेहत पर ज्यादा फर्क पड़ने की आशंका नहीं थी। सबसे बड़ा सवाल यह था कि हैरी सोंनेबोर्न जैसी वित्तीय विशेषज्ञ हस्ती के चले जाने के बाद मैकडोनाल्ड्स के आगे का भविष्य कैसे सुरक्षित रह सकेगा? जैसा कि हम पहले पढ़ चुके हैं कि डिक बॉयलन ही सोंनेबोर्न की शागिर्दी करता आ रहा था, इसीलिए उसे सबकुछ पता था। सोंनेबोर्न तो सिर्फ सौदे करता रहा था और बाकी दस्तावेजी काम बॉयलन पर छोड़ दिया करता था। चूँकि बॉयलन सभी वित्तीय लेन-देन व उससे जुड़े लोगों को पहले से जानता था, इसीलिए उसे सोंनेबोर्न की जगह भरने में कोई खास परेशानी नहीं हुई थी। वैसे चूँकि बॉयलन को सोंनेबोर्न का आदमी माना जाता था, इसीलिए दफ्तर में यही अनुमान लगाया जा रहा था कि यदि उसे अध्यक्ष नहीं बनाया गया तो वह भी त्याग-पत्र दे देगा, लेकिन बॉयलन समझदार था, वह बखूबी जानता था कि रे किसी भी हालत में कोई दूसरा अध्यक्ष नहीं बनाएगा और चूँकि अध्यक्ष की जिम्मेवारी के लिए परिचालन का अनुभव जरूरी था, इसीलिए उसने कभी उम्मीद नहीं की थी, उसे अध्यक्ष बनाया जाए, लेकिन रे ने बॉयलन की प्रतिभा के

मद्देनजर तरक्की दी थी और मुख्य वित्तीय अधिकारी (चीफ फाइनेंशियल ऑफिसर/ सी.एफ.ओ.) नियुक्त किया था।

मुख्यालय की प्रशासनिक व्यवस्था सुदृढ करने व कर्मचारियों का मनोबल वापस लाने का इंतजाम करने के बाद रे की सबसे बड़ी प्राथमिकता थी विशेषाधिकार प्राप्त क्षेत्रों में मैकडोनाल्ड्स के दखल व पैठ मजबूत करना। जैसा कि हम पहले पढ़ चुके हैं कि शुरुआती दौर में लोउ ग्रोएन के पास सिनसिनाटी नगर विशेषाधिकार प्राप्त क्षेत्र के रूप में था, लेकिन इससे भी बड़ा विशेषाधिकार प्राप्त क्षेत्र था—कोलंबिया जिले सहित उसके आस-पास के मेरीलैंड व वर्जिनिया राज्यों के प्रशासनिक प्रमंडल (काउंटी), जिसका परिचालन विशेषाधिकार जॉन गिब्सन व ऑस्कर गोल्डस्टीन की साझेदारी कंपनी गी-गी डिस्ट्रीब्यूटिंग कंपनी के पास था। ऐसे में मैकडोनाल्ड्स इन क्षेत्रों में अपनी तरफ से एक भी रेस्तराँ नहीं खोल सका था।

हैरी सोंनेबोर्न ने जॉन गिब्सन से यह विशेष क्षेत्र कंपनी में वापस लेने की चर्चा जरूर की थी, लेकिन वह अपेक्षित भुगतान के लिए राजी नहीं हुआ था और इस दिशा में बात आगे नहीं बढ़ सकी थी। फिलहाल गी-गी डिस्ट्रीब्यूटिंग कंपनी द्वारा इन क्षेत्रों में 40 से अधिक मैकडोनाल्ड्स रेस्तराँ चलाए जा रहे थे, जो इन क्षेत्रों की व्याप्ति के हिसाब से काफी कम थे। रे को पता था कि जितनी देर होगी, उन क्षेत्रों में अचल संपत्तियों की कीमतें भी ऊपर जाएँगी और फिर रेस्तराँ विकास की लागत भी बढ़ेगी। इसलिए उसने किसी भी कीमत पर इन क्षेत्रों को वापस लेने का मन बना लिया था। सोंनेबोर्न के जाने के लगभग पाँच महीने बाद रे को जॉन गिब्सन व ऑस्कर गोल्डस्टीन से इस मामले में बातचीत शुरू करने का मौका मिल गया था। मियामी समुद्र तट स्थित डोरल होटल में मैकडोनाल्ड्स के परिचालकों का सम्मेलन आयोजित हुआ था, जिसमें दोनों भाग लेने के लिए आए थे।

वे दोनों जबरदस्त सौदेबाज थे। गोल्डस्टीन वाशिंगटन में सुस्वादु खाद्य पदार्थों का भंडार चलता रहा था, जबकि गिब्सन अमेरिकी राष्ट्रपति हैरी एस ट्रूमैन के शासनकाल (1945-53) में श्रम मामलों का सहायक सचिव रह चुका था। वे जानते थे कि इस सौदे में किसका हाथ ऊपर था। रे भी इस स्थिति को जानता था और उसने सोंनेबोर्न की तुलना में कुछ ज्यादा बड़ा प्रस्ताव रखा था। अंत में 1.65 करोड़ डॉलर पर जॉन गिब्सन व ऑस्कर गोल्डस्टीन ने अपने विशेषाधिकार क्षेत्र मैकडोनाल्ड्स को वापस दे देने का सौदा कर लिया था। निश्चित रूप से यह बहुत बड़ी रकम थी, लेकिन रे को तर्कसंगत जोखिम उठाने का शौक रहा था, इसलिए उसने भी यह रकम देने में कोई हिचकिचाहट नहीं दिखाई थी, क्योंकि वह जानता था कि इस सौदे में जितनी ज्यादा देर होगी, मैकडोनाल्ड्स का नुकसान उतना ही बढ़ता चला जाएगा। जी हाँ, देखते-देखते

> **गोल्डस्टीन वाशिंगटन में सुस्वादु खाद्य पदार्थों का भंडार चलता रहा था, जबकि गिब्सन अमेरिकी राष्ट्रपति हैरी एस ट्रूमैन के शासनकाल (1945-53) में श्रम मामलों का सहायक रह चुका था।**

इन क्षेत्रों में मैकडोनाल्ड्स के रेस्तराओं की संख्या 43 से बढ़कर 90 हो गई थीं, जिसके संयुक्त कारोबार की तुलना में 1.65 करोड़ डॉलर की रकम नगण्य थी। यही तो रे क्रोक का कमाल था, वह योग्य सौदेबाजों से चिढ़ता नहीं था, बल्कि उन्हें उचित मुँहमाँगी कीमत अदा कर अपना बना लेता था। इस सौदे में सिर्फ क्षेत्र का कारोबार ही नहीं मिला था, बल्कि मैकडोनाल्ड्स के कार्यदल में कई योग्य मानव-संसाधन भी आए थे।

रे द्वारा मैकडोनाल्ड्स की समूची कमान अपने हाथों में लेने के पीछे कई अहम कारण थे। एक बड़ा कारण यह था कि सोंनेबोर्न द्वारा तमाम सामग्रियों की कीमतें बढ़ जाने के तर्क के सामने झुक कर रे ने भी जनवरी 1967 से खाद्यों के खुदरा मूल्यों को बढ़ाने पर अपनी सहमति दे दी थी। जब इससे संबंधित आदेश संचालकों के पास पहुँचे थे, तो समूचे देश के अखबारों ने उसे प्रमुख खबर के रूप में प्रकाशित किया था। उन खबरों में शीर्षक कुछ इस प्रकार थे—युग का अंत—मैकडोनाल्ड्स का 15 सेंट हैम्बर्गर अब 18 सेंट में। इस खुदरा मूल्य वृद्धि को लेकर ग्राहकों के बीच हलचल तो थी ही, कंपनी के भीतर भी इस मुद्दे पर काफी मतभेद व विवाद उभरकर सामने आने लगे थे। इससे पहले चीज बर्गर की कीमत 19 सेंट से बढ़ाकर 20 सेंट और फ्रेंच फ्राइज, मिल्क शेक व फिलेट-ओ-फिश की कीमतों में मामूली बढ़त की जा चुकी थी, लेकिन मैकडोनाल्ड्स के परिचालन के 12 वर्षों में यह पहली बार था, जब 15 सेंट बर्गर की कीमत में थोड़ी बढ़त का प्रस्ताव किया गया था।

असल में उस वक्त वियतनाम-युद्ध चल रहा था और लींडॉन जॉनसन के राष्ट्रपतित्व में अमेरिकी अर्थव्यवस्था महँगाई के दौर से गुजर रही थी। अपनी खरीद प्रणाली में व्यापक सुधार के बावजूद मैकडोनाल्ड्स के लिए मुद्रास्फीति से निपट पाना मुश्किल हो रहा था। ऐसे में मैकडोनाल्ड्स के कुछ शीर्ष अधिकारियों ने 15 सेंट हैम्बर्गर की कीमत को 20 सेंट किए जाने की दलीलें दी थीं, फिर भी रे उसे सिर्फ 3 सेंट बढ़ाकर 18 सेंट ही किए जाने पर राजी हुआ था। वैसे तो कीमतें बढ़ाने की जरूरत पर बल देनेवाले अधिकारियों का कहना यही था कि ग्राहकों पर चंद सेंट की बढ़त का कोई फर्क नहीं पड़ेगा, लेकिन मैकडोनाल्ड्स के बिक्री कर्मचारियों के लिए खुदरा की समस्या जरूर पड़ेगी, लेकिन अब सभी को समझ आ रहा था कि ग्राहक एक-एक सेंट की कितनी परवाह कर सकते थे। खैर, मैकडोनाल्ड्स के पास कीमतों में की गई बढ़त को वापस लेने का कोई तुक नहीं था और रे ने भी इसे लागू होने देने में कोई रुकावट नहीं डाली थी।

अनुमान तो लगाया गया था कि शुरू-शुरू में ग्राहक रेस्तराँ में 18 सेंट में बर्गर खरीदेंगे, तो बिक्री मात्रा तेजी से ऊपर की ओर जाती नजर आएगी, फिर वे प्रतिस्पर्धी के पास जाएँगे तो बिक्री मात्रा में तेज गिरावट दर्ज होने लगेगी और फिर जब ग्राहकों की वापसी होने लगेगी तो एक बार फिर से बिक्री की मात्रा में स्थायी बढ़त शुरू हो जाएगी, लेकिन बाद में बिल्कुल ऐसा नहीं हो सका था। जनवरी 1967 में मैकडोनाल्ड्स के ग्राहकों की कुल संख्या में 22 प्रतिशत की बढ़त जरूर हुई थी, लेकिन फरवरी में 9 प्रतिशत की ऐतिहासिक गिरावट दर्ज की गई। उम्मीद तो यही थी महीने-दो महीने में यह संख्या दुबारा सुधरने लगेगी, लेकिन ऐसा नहीं हुआ था। एक नहीं, दो नहीं, तीन नहीं···पूरे साल भर बाद जाकर ग्राहकों की संख्या में बढ़त का सिलसिला शुरू हुआ था। फिर भी 1967 का वर्ष सभी मैकडोनाल्ड्स के लिए अच्छी लाभदायकता का वर्ष साबित हुआ था, क्योंकि कंपनी को अपने द्वारा संचालित रेस्तराओं से बेहतर आमदनी हुई थी और बाकी फ्रेंचाइजी रेस्तराँ संचालकों की सेहत पर घटी बिक्री का कोई खास असर नहीं हुआ था।

वर्ष 1967 के दौरान रे के सामने अगला सबसे बड़ा मुद्दा था राष्ट्रीय विज्ञापन व विपणन योजना के सफल कार्यान्वयन की निगरानी का। इस योजना का नेतृत्व पॉल सरागे कर रहा था। इससे पहले वह शिकागो की विज्ञापन अभिकरण डीअर्की एडवरटाइजिंग के प्रतिनिधि के रूप में मैकडोनाल्ड्स के लिए काम करता आ रहा था और उसने मैकडोनाल्ड्स द्वारा 'संचालक राष्ट्रीय विज्ञापन निधि' (ऑपरेटर्स नेशनल एडवरटाइजिंग फंड्स/ ऑपनाड) के गठन में काफी मदद की थी। उसके बाद फ्रेड टर्नर ने उसे मैकडोनाल्ड्स के विज्ञापन एवं संवर्धन विभाग (एडवरटाइजिंग ऐंड प्रमोशन डिपार्टमेंट) का प्रमुख नियुक्त किया था। ऑपनाड की राशि के दम पर ही पॉल सरागे ने राष्ट्रीय विज्ञापन व विपणन योजना तैयार की थी और अब वह उसके शुभारंभ की तैयारियों में जुटा हुआ था। ऑपनाड के अंतर्गत आनेवाले सभी फ्रेंचाइजी व कंपनी द्वारा स्वयं संचालित रेस्तराओं द्वारा स्वेच्छा से अपनी बिक्री का 1 प्रतिशत का योगदान सुनिश्चित किया गया था।

वैसे तो रेस्तराँ संचालकों को राष्ट्रीय विज्ञापन अभियान का महत्त्व समझाने में ज्यादा दिक्कत नहीं आई थी, लेकिन उनके लिए दूरदर्शन संजाल पर आयोजित संगीत कार्यक्रमों में प्रायोजक के रूप में मैकडोनाल्ड्स के सहयोग के महत्त्व को समझ पाना जरा मुश्किल था। इसकी एक वजह यह भी थी कि वे अपनी बिक्री का 1 प्रतिशत क्षेत्रीय सहकारी विज्ञापन कार्यक्रम (रीजनल को-ऑपरेटिव एडवरटाइजिंग प्रोग्राम) में डाल रहे थे। क्षेत्रीय विज्ञापन कार्यक्रमों को कार्यान्वित करने के लिए क्षेत्रीय विज्ञापन अभिकरणों को नियुक्त किया जा रहा था और वे अपनी जरूरत के मुताबिक विज्ञापनों

की रचना करते थे। इन कार्यक्रमों में मैकडोनाल्ड्स मुख्यालय की तरफ से निर्धारित दिशा–निर्देशों का पालन जरूर किया जाता था, लेकिन उसके कार्यान्वयन को पूरी तरह से क्षेत्रीय कार्यालयों द्वारा ही संचालित किया जाता था।

पॉल सरागे के काम–काज के तरीके रे को बहुत पसंद आ रहे थे, क्योंकि वह भी हर काम की बारीकी से छानबीन करता था और रे के साथ उसका मानसिक तरंग–दैर्घ्य (मेंटल वेवलेंथ) मेल खाता था। रे की तरह वह भी मैकडोनाल्ड्स के छवि निर्माण को लेकर बहुत संवेदनशील था। उदाहरण के तौर पर पॉल सरागे ने मैकडोनाल्ड्स त्वरित खाद्य रेस्तराँ शृंखला के छवि–संवर्धन के लिए शुभंकर (मैस्कॉट) के रूप में एक विदूषक चरित्र (क्लाउन करैक्टर) 'रोनाल्ड मैकडोनाल्ड्स' को विकसित किया था। इस चरित्र ने मैकडोनाल्ड्स के शुरुआती छवि–निर्माण में अहम भूमिका अदा की थी। इसके लिए सरागे ने गहरा शोध किया था कि उसकी शक्ल–सूरत कैसी हो, उसके पहनावे कैसे व किन रगों के हों, उसके जूते कैसे व किस रंग के हों, उसके बालों की टोपी (विग) की बुनावट कैसी हो, आदि। रोनाल्ड मैकडोनाल्ड्स का चरित्र रे को भी काफी भाया था और यह मैकडोनाल्ड्स रेस्तराओं में लंबे समय तक विशेष रूप से बच्चों के आकर्षण का केंद्र बना रहा था। 1930 के दशक में महामंदी के दौर में लोकप्रिय हुई संभ्रांत अमेरिकी पुरुष पत्रिका 'एस्क्वायर' को यह विदूषक चरित्र इतना पसंद आया था कि उसके द्वारा आयोजित 'दशक के जलसे' में आमंत्रित 1960 के दशक के चर्चित लोगों में रोनाल्ड मैकडोनाल्ड्स को भी शामिल किया गया था।

हैरी सोंनेबोर्न के त्याग–पत्र के बाद रे ने अपनी सीधी कमान में मैकडोनाल्ड्स के शीर्ष प्रबंधन को चुस्त–दुरुस्त बना लिया था। अपने वायदे के मुताबिक, रे ने 1968 के शुरुआती महीनों में कंपनी प्रशासन की सीधी कमान फ्रेड टर्नर के हाथों में सौंपना शुरू कर दिया था। उसे पहले अध्यक्ष पद की जिम्मेवारी दी गई थी और फिर मुख्य कार्यकारी अधिकारी (सी.ई.ओ.) भी बना दिया गया था। असल में रे का अपना कोई बेटा नहीं था, लेकिन टर्नर ने इसकी कमी पूरी कर दी थी। यदि रे को कोई बेटा होता तो उसकी उम्र भी टर्नर के आस–पास ही होती। टर्नर ने रे द्वारा प्रतिपादित प्रबंधन–सिद्धातों व उसके द्वारा शुरू किए गए कार्यक्रमों के मूल प्रारूप में कोई छेड़छाड़ तो नहीं की थी, लेकिन आनेवाले समय में उन्हें नया विस्तार देकर मैकडोनाल्ड्स के विकास को ऐतिहासिक ऊँचाइयों तक पहुँचाकर रे के सभी सपनों को ठोस आकार देने में अहम भूमिका निभानेवाला साबित हुआ था।

रे के सपनों को पूरा करने की दिशा में फ्रेड टर्नर ने जो सबसे पहला कदम बढ़ाया था, वह था कनाडा क्षेत्र को फिर से मैकडोनाल्ड्स की झोली में डालना। असल में, हैरी सोंनेबोर्न ने अपनी विदाई से ठीक पहले ही जॉर्ज तिडबाल नामक

शख्स के साथ पश्चिमी कनाडा के अधिकांश क्षेत्र का अधिकार-सौदा किया था। इसके अलावा, पूर्वी-मध्य कनाडा में स्थित कनाडा के सबसे अधिक आबादीवाले प्रांत ओंटारियो (जिसके दायरे में देश की राजधानी ओटावा सहित देश की सबसे अधिक आबादीवाला नगर टोरंटो भी शामिल है) का अधिकार-सौदा जॉर्ज कोहोन के साथ किया गया था। कोहोन शिकागो में वकील रह चुका था और किसी अन्य ग्राहक के जरिए मैकडोनाल्ड्स के संपर्क में आया था। वह रे से मिलने के लिए लॉस एंजिल्स भी गया था। रे उससे बहुत प्रभावित हुआ था और उसे वकालत छोड़कर मैकडोनाल्ड्स में अपना सारा ध्यान केंद्रित करने का सुझाव भी दिया था। फ्रेड टर्नर भी जॉर्ज कोहोन का बहुत आदर करता था, लेकिन उसे ऐसा नहीं लगता था कि कोहोन को इतना बड़ा क्षेत्र दे दिया जाए। असल में टर्नर कनाडा के बाजारों को भी अमेरिकी बाजारों की तरह ही देख रहा था, जहाँ मैकडोनाल्ड्स के कारोबार-विस्तार की अजस्र संभावनाएँ थीं। इसके साथ कनाडा की एक और खूबी यह थी कि वहाँ के बाजारों में अमेरिकी बाजारों की तरह गलाकाट प्रतिस्पर्धा भी नहीं थी और मैकडोनाल्ड्स आसानी से अपना प्रभुत्व कायम कर सकता था। इसलिए टर्नर ने उन क्षेत्रों को वापस खरीदने का बड़ा फैसला कर लिया था।

मैकडोनाल्ड्स के तूफानी विस्तार की दिशा में फ्रेड टर्नर का यह बहुत ही साहसिक कदम था, क्योंकि इतने संभावनाशील बाजारों को खरीदारी में अच्छी-खासी रकम खर्च होनेवाली थी। अब मैकडोनाल्ड्स कोई निजी कंपनी नहीं थी कि वह मनमाना फैसले करे। चूँकि अब वह सार्वजनिक क्षेत्र की कंपनी हो चुकी थी, जिसमें लाखों शेयरधारकों का धन लगा हुआ था, इसीलिए यह सवाल भी उठ सकता था, जिस क्षेत्र को दो साल पहले बेचा गया था, उसे इतने कम समय बाद वापस क्यों खरीदा जा रहा था? लेकिन टर्नर आखिरकार रे का ही बेटा जैसा था, उसने सारा गुणा-भाग कर लिया था कि इन सौदों में कितना खर्च होगा व वहाँ के बाजारों से कितनी आमदनी सुनिश्चित हो सकेगी और उसने कोई परवाह किए बिना अपने फैसले पर अमल कर दिया था। जल्द ही यह साबित हो गया था कि टर्नर का फैसला न केवल उचित था, बल्कि कंपनी को नई ऊँचाइयों पर पहुँचानेवाला था। जॉर्ज कोहोन को मैकडोनाल्ड्स कनाडा का अध्यक्ष बनाया गया था; उसके नेतृत्व में वहाँ के रेस्तराओं के संचालकों ने जबरदस्त प्रदर्शन किया था और पाँच वर्षों के भीतर सभी रेस्तराओं ने 10 लाख डॉलर के औसत सालाना बिक्री स्तर को प्राप्त कर लिया था। जी हाँ, औसत बिक्री के मामले में कनाडा के रेस्तराओं ने अमेरिकी रेस्तराओं को काफी पीछे छोड़ दिया था और कनाडा मैकडोनाल्ड्स समूह के सबसे तेजी से बढ़ते व लाभप्रद बाजारों की सूची में अपना स्थान सुरक्षित कर लिया था।

शिकागो मुख्यालय को पूरी तरह फ्रेड टर्नर के हवाले करने की दिशा में रे के लिए एक और काम बचा हुआ था, अपने निजी सचिव व मैकडोनाल्ड्स के साझीदार जून मारीटिनो को सेवा-निवृत्ति के लिए राजी करना। रे के लिए यह आसान काम नहीं था। जून ने केवल एक अद्‌भुत व्यक्तित्व थी और मैकडोनाल्ड्स के विकास में उसका अहम योगदान रहा था, लेकिन वह पुरानी शासन-व्यवस्था का हिस्सा थी और अब उसका दृष्टिकोण संस्था के लिए उतना फायदेमंद व कारगर नहीं रह गया था, लेकिन रे को अपनी जिम्मेवारी निभानी थी और शिकागो मुख्यालय को पुराने क्षेत्रों से पूरी तरह से मुक्त करना था, इसीलिए उसने जून को सेवा-निवृत्ति को स्वीकार कर लेने का आग्रह किया था। जून ने बहुत लंबे अरसे तक काम किया था; इस दौरान उसने अपने पारिवारिक जीवन को भी दाँव पर लगाया था; लेकिन अब वह भी शांतिपूर्ण जीवन बिताने की इच्छुक थी। इसीलिए आशंका के विपरीत जून ने रे की राय को मानने में ही अपनी भलाई समझी थी। रे ने उसे भी हैरी सोंनेबोर्न की तरह ही 1 लाख डॉलर के सालाना मुआवजा देने का फैसला किया था, लेकिन सोंनेबोर्न की तुलना में जून ज्यादा समझदार साबित हुई; उसने अपने शेयर को लंबे समय तक सँभाले रखा था और अंत में बेहद अमीर हो गई थी! इतना ही नहीं, जून सेवानिवृत्ति के बाद भी अवैतनिक निदेशक के रूप मैकडोनाल्ड्स निदेशक मंडल में आजीवन बनी रही थी। बाद में वह पाम बीच क्षेत्र में रहने लगी थी और वहाँ मैकडोनाल्ड्स के सामुदायिक कार्यों में बढ़-चढ़कर हिस्सा लेती रही थी। जी हाँ, रे की तरह जून मारीटिनो भी मैकडोनाल्ड्स से मुहब्बत करती थी।

□

6

अंतरराष्ट्रीय बाजारों में मैकडोनाल्ड्स का प्रवेश

मैकडोनाल्ड्स के इतिहास में वर्ष 1968 कई मायनों में महत्त्वपूर्ण रहा था। इस दौरान मैकडोनाल्ड्स के रेस्तराओं की संख्या 1000 को पार कर चुकी थी। इसी वर्ष कंपनी ने 'बिग मैक'—दो गौमांस पट्टियों, एक अमेरिकन चीज कतली, विशेष प्रकार की चटनियों व आचार को तीन तिलवाले बंद टुकड़ों के बीच रखकर तैयार हैम्बर्गर को बाजार में उतारा था; इल्क ग्रोव में हैम्बर्गर विश्वविद्यालय अपने सुंदर भवन में संचालित होने लगा और संपूर्ण प्रशासनिक कमान फ्रेड टर्नर को सौंपने के बाद रे एक बार फिर से सभापति की दार्शनिक भूमिका में स्थायी तौर पर लॉस एंजिल्स में अपनी पत्नी जेन के साथ रहने लगा था। रे की उम्र 66 वर्ष की हो चुकी थी और अब वह मैकडोनाल्ड्स के रोजाना के कामकाज से मुक्त होकर आराम की मुद्रा में अपना ध्यान दूरगामी विकास संबंधी योजनाओं पर केंद्रित करने की कोशिश कर रहा था, लेकिन अचानक रोजाना की व्यस्तता छूट जाने के बाद रे खुद को असहज सा महसूस कर रहा था और उसे यह भी लग रहा था कि उसकी निजी जिंदगी में कोई बड़ी उथल-पुथल होनेवाली थी, लेकिन क्या? लाख कोशिशों के बाद भी रे को इसके जवाब का सिरा नहीं मिल पा रहा था।

आखिरकार रे ने तीसरी शादी जोआन से की

उस वर्ष मैकडोनाल्ड्स के पश्चिमी क्षेत्र के संचालकों का सम्मेलन सैन डिएगो में निश्चित किया जा चुका था, जिसमें मुख्य अथिति के रूप में संबोधन के लिए रे आमंत्रित था। उसके पास सम्मेलन में भाग लेने हेतु पंजीकरण करानेवालों की अग्रिम सूची आ गई थी, जिसमें से विशेष रूप से एक दंपती रेस्तराँ संचालकों के बारे में

उसकी दिलचस्पी कुछ ज्यादा ही बढ़ गई थी। वे दोनों दक्षिण डकोटा राज्य के विन्नेपेग व रैपिड सिटी के मैकडोनाल्ड्स रेस्तराँ संचालक थे, रोवलैंड एफ. स्मिथ व जोआन बेवर्ली स्मिथ।

सैन डिएगो सम्मेलन में रे की जोआन के साथ पाँच वर्षों बाद मुलाकात हो रही थी। सम्मेलन में जाते समय रे को लगा था कि अब वह शादीशुदा था और जोआन के प्रति उसका आकर्षण लगभग खत्म हो चुका होगा, लेकिन ऐसा नहीं हुआ था; जब रे व जोआन की नजरें मिली थीं तो रे को बड़ा झटका-सा महसूस हुआ था और वह जोआन की तरफ वैसे ही भौचक देखता रह गया था कि जैसा कि सैंट पॉल स्थित रेस्तराँ में पहली बार हुआ था। रे ने अपने दिल में जोआन के प्रति एक बार फिर से उसी तूफानी चाहत को छलकते हुए महसूस किया था, लेकिन अब वह मैकडोनाल्ड्स जैसी बड़ी सार्वजनिक कंपनी का सभापति था, इसीलिए उसने खुद को संयत बनाए रखने की हर संभव कोशिश की थी।

सम्मेलन में जाते समय रे को लगा था कि अब वह शादीशुदा था और जोआन के प्रति उसका आकर्षण लगभग खत्म हो चुका होगा, लेकिन ऐसा नहीं हुआ था; जब रे व जोआन की नजरें मिली थीं तो रे को बड़ा झटका-सा महसूस हुआ था और वह जोआन की तरफ वैसे ही भौच्चक देखता रह गया था कि जैसा कि सैंट पॉल स्थित रेस्तराँ में पहली बार हुआ था।

सम्मेलन की पहली शाम में आयोजित रात्रि-भोज का आयोजन किया गया था, जिसमें में रे को उद्घाटन भाषण देना था, लेकिन उससे पहले उसने यह सुनिश्चित किया था कि जोआन उसकी बगल में बैठे। असल में जोआन अपने पति रोवलैंड स्मिथ व अपनी माँ के साथ वहाँ पहुँची थी। रे की बगल में रोवलैंड बैठा था, उसके बाद जोआन और फिर उसकी माँ। जब उसने बिना किसी झिझक के रोवलैंड को सबसे दाहिनी ओर जाकर बैठने का आग्रह किया था तो आस-पास मौजूद सभी लोग मुँह दबाकर हँसने लगे थे, लेकिन उन्होंने यही सोचा था रे ने मजाक किया था। उन लोगों को कुछ पता नहीं था कि असल माजरा क्या था। रात्रि-भोज के बाद रे ने सम्मेलन में पधारे रेस्तराँ संचालकों को संबोधित करते हुए अपनी सफलता की संघर्षपूर्ण कहानी सुनाई थी। सभी उसकी तरफ सराहना भरी नजरों से देख रहे थे—वह अमेरिकी पूँजीवाद का जीता-जागता उदाहरण था उन सबके लिए, जिसकी बदौलत सभी ने अपने-अपने स्तर पर आर्थिक समृद्धि हासिल की थी। मैकडोनाल्ड्स की सफलताएँ गिनाते हुए रे ने कहा था कि अभी उसके जीवन में एक काम अधूरा बचा हुआ था। रे के बयान में किसी को भी यह नहीं महसूस हुआ था कि वह असल में जिस अधूरेपन की

बात कर रहा था, वह ठीक उसके बगल में ही बैठी हुई थी। सभी को यही तो लग रहा था कि रे मैकडोनाल्ड्स को किसी और बड़ी ऊँचाई पर ले जाने के सपने देख रहा था।

रे ने आत्मकथा में लिखा है कि भले ही उसके अधूरेपन की असल बात का किसी को तनिक भी अनुमान नहीं था, लेकिन वह जानता था कि जोआन उसके इशारे को बाकायदा समझ रही थी, लेकिन उसके चेहरे पर कोई व्यग्रता नहीं दिखाई पड़ रही थी, वह अपनी जगह पर भावविहीन मुद्रा में रे क्रोक का संबोधन सुनती रही थी। रे अपना भाषण समाप्त किया था, सभी प्रतिभागी अपनी-अपनी मेजों से उठने लगे थे और आज का समारोह संपन्न होने को था, लेकिन तभी अचानक रे सभी को उसी होटल में स्थित अपने विशाल शयनकक्ष में बनी मधुशाला में पधार कर सुरापान के साथ पियानोवादन का लुत्फ उठाने का आमंत्रण दे दिया था। सभी लोग भी वहाँ पहुँच गए थे, जिनमें जोआन व रोवलैंड भी थे। जल्द ही सभी पीने-पिलाने व हँसी-मजाक में मस्त हो गए थे, लेकिन रोवलैंड वहाँ ज्यादा देर तक नहीं रुका था। जोआन ने अपने पति से कहा था कि वह थोड़ी और देर तक वहाँ रुकना चाहती थी।

अगले दो घंटों में शराब व संगीत के बीच मदमस्त होकर बाकी सभी लोग एक-एक कर बाहर चले गए थे। अब उस कक्ष में रे व जोआन के अलावा सिर्फ एक शख्स बचा हुआ था—कार्ल एरिकसन, जिसने रे को उसकी शानदार रोल्स रॉयस कार में लॉस एंजिल्स से सैन डिएगो तक पहुँचाया था। अब कार्ल मधुशाला में बिखरे बरतनों को सँभाल रहा था और उसके चेहरे पर असहजता साफ झलक रही थी। रे ने उसके भाव को समझ लिया था, लेकिन उसने उसे वहीं पर रुकने के लिए कह दिया था। रे जानता था कि यदि कार्ल कक्ष से बाहर चला जाता तो वह अपने आपे में नहीं रह पाता। खैर, कार्ल एक कोने में चला गया था और रे व जोआन अपनी बातों में इतने मशगूल हो गए थे कि उन्हें पता ही नहीं चला कि कितना समय बीत चुका था। रे को पता था कि जोआन का पति अपने शयन कक्ष में उसका इंतजार करता हुआ बुरी तरह पागल हो रहा होगा; लेकिन उसने इस बात की परवाह नहीं की थी, क्योंकि जोआन ने उससे कह दिया था कि चाहे उसे परिवारवाले जो भी कहे, लेकिन अब वह अपने पति से तलाक ले लेने का मन बना चुकी थी। जोआन ने रे से शादी के लिए भी 'हाँ' कह दिया था; अब जोआन को किसी प्रकार की खुसर-फुसर की भी चिंता नहीं थी और वह बेखौफ रे से बातें करती रही थी।

आखिरकार जोआन 4 बजे सुबह में रे के कक्ष से बाहर गई थी; कार्ल एक कोने में पड़ा खर्राटे भर रहा था रे की नींद उड़ चुकी थी; जोआन की बातें याद कर उसका दिमाग चक्कर खा रहा था और वह उसकी मदहोशी में कक्ष में इधर-से-उधर टहल रहा था, लेकिन तभी उसे अचानक याद आया था कि अगली सुबह उसे एक बार फिर से सम्मेलन को संबोधित करना था। फिर वह गुसलखाने में गया था और बार-बार

आँखें धोकर बहुत देर से अपने चेहरे को निहारता रहा था। उसे बिल्कुल भी समझ नहीं आ रहा था कि वह सम्मेलन में क्या बोलेगा। उसका दिलो-दिमाग तो जोआन की इस बात पर लगा हुआ था कि दोनों जल्द ही लास-बेगास में मिलेंगे और फिर तलाक संबंधी कानूनी पहलुओं पर चर्चा करेंगे। खैर, सुबह में रे ने सम्मेलन में उसी बेसुधी में भाषण दिया था, रे को बाद में बताया गया था कि सभी सहभागियों ने उस भाषण को रे का अब तक सबसे बेहतरीन भाषण माना था।

यह कैसी विडंबना थी कि जोआन से मुलाकात से पहले वह अपनी तत्कालीन पत्नी जेन के साथ जहाजी विश्व-यात्रा पर निकलने की सारी तैयारियाँ कर चुका था। जोआन ने उसे सलाह दी थी कि वह जेन के साथ अगले तीन महीने विश्व-यात्रा में गुजारे और उसी क्रम में उचित मौका देखकर उसे तलाक के लिए भी तैयार करे। तब रे को भी यही लगा था कि वह ऐसा ही करेगा, लेकिन अब उसे यह लग रहा था कि वह जेन के जितना करीब रहेगा, जोआन से दूर होता जाएगा और वह किसी भी कीमत पर ऐसा जोखिम नहीं ले सकता था। खैर, जब वह विश्व-यात्रा पर जेन के साथ निकला था तो उसने तय किया था कि वह हांगकांग में जहाज से उतर जाएगा, लेकिन बाद में उसने अपना दिमाग बदला और अकापुल्को (मेक्सिको सिटी से 380 किलोमीटर दक्षिण-पश्चिम में प्रशांत तट पर ग्युरेरो राज्य का प्रमुख बंदरगाह) में ही उतर जाने का फैसला किया था, लेकिन वहाँ जहाज पहुँचा तो रे की उससे उतर जाने हिम्मत नहीं पड़ी। यात्रा आगे बढ़ी और पनामा (केंद्रीय अमेरिका) पहुँचे तो रे ने हिम्मत जुटाई और जहाज-यात्रा पर न जाने का फैसला कर लिया।

रे किसी भी रूप में जेन का दिल नहीं दुःखाना चाहता था, लेकिन उसे तलाक लेना जरूरी था और वह भी तुरंत। इसीलिए उसने जेन को समझाया था और उसके आर्थिक भविष्य को हर प्रकार से सुरक्षित रखने का इंतजाम किया था। उसने अन्य आर्थिक प्रावधानों के साथ जेन को बेवर्ली हिल्स स्थित बड़ा घर भी दे दिया था। हालाँकि रे कभी भी फिर से जेन के पास तो नहीं गया, लेकिन मैकडोनाल्ड्स के रेस्तराँ संचालक के तौर पर जुड़े उसके सगे-संबंधियों के नजदीक बना रहा था।

असल में रे ने वर्ष 1965 में सांता बारबरा (दक्षिण कैलिफोर्निया में लॉस एंजिल्स से 145 कि.मी. दूर प्रशांत महासागर के सबसे लंबे दक्षिण-मुखी तट व तेज ढलानवाली सांता यनेज पर्वत श्रृंखलाओं के बीच बसा नगर) में बड़ा सा खेत खरीदा था, जहाँ उसी वर्ष गठित धर्मार्थ संस्था का मुख्यालय बनाना चाहता था। उस अनोखे स्थान पर रे ने विशाल रैन-बसेरा बनवाया था, जहाँ से सांता यनेज पर्वत का खूबसूरत नजारा देखते ही बनता था। 8 मार्च, 1969 को रे व जोआन ने इसी प्रांगण में पत्थर से बने विशाल अग्नि-कुंड के सामने शादी रचाई थी।

सावधान! कुछ भी नहीं दूर जाती सफलता जैसी

अंतत: रे ने खुद को एक पूर्ण व्यक्ति मान लिया था। एक बारगी उसे लगा था कि जिंदगी थोड़ी आसान सी हो गई थी और उसका आनंद उठाना चाहिए। उसने फिर सोचा था कि क्या अब पिसकर बाहर निकलते रहने की जरूरत समाप्त हो गई थी? रे हमेशा हरा व बढ़ते रहने में विश्वास करनेवाला व्यक्ति था और उसे अपने अंतर्ज्ञान ने इस प्रकार की शिथिलता के प्रति सावधान किया था। जी हाँ, रे को बखूबी मालूम था कि कारोबार किसी चित्रकला की तरह नहीं होता है कि उसे अंतिम कूची घुमाने के बाद दीवार पर टाँग दें और फिर हमेशा उसकी तारीफ करते रहें। यही कारण था कि रे ने मैकडोनाल्ड्स मुख्यालय की दीवारों पर एक घोषवाक्य चिपकवाया गया था—कुछ भी नहीं दूर जाती सफलता जैसी। ऐसा न होने दें हमारे या अपने साथ।'' रे को पता था कि अब फ्रेड टर्नर मैकडोनाल्ड्स की प्रशासनिक कमान सँभाल रहा था और ऐसे बहुत से नए जरूरी काम कर रहा था, जो अब तक नहीं हो सके थे। फिर भी, ऐसे बहुत से जरूरी काम बचे रहे थे, जिन्हें आगे बढ़ाना जरूरी था।

यह ठीक था कि रे की उम्र 67 वर्ष हो गई थी, लेकिन वह कहीं से भी खुद को सेवा-निवृत्त मानने को तैयार नहीं था। वह मैकडोनाल्ड्स निदेशक मंडल का सभापति (चेयरमैन) जरूर बन गया था, लेकिन अधिकांश कंपनियों के सभापतियों की तरह नाममात्र का सरदार बनने को राजी नहीं था। हाँ, इसका मतलब यह भी कतई नहीं था कि वह फ्रेड टर्नर व उसके शीर्ष कार्यकारी दल के रोजाना के प्रशासनिक काम-काज व कार्यकारी फैसलों में दखलंदाजी करे, लेकिन वह किसी भी सूरत में खुद को मूक-दर्शक बनाने के लिए तैयार नहीं था। हाँ, वह खुद को मैकडोनाल्ड्स परिवार के दादा की भूमिका में लाना चाहता था, जो अपने बच्चों की गतिविधियों पर दूर से पूरी नजर रखे, जरूरत पड़ने पर उन्हें सही राह चुनने में मदद करे और स्थापित मूल्यों के प्रति उन्हें समय-समय पर सचेत भी करते रहे, लेकिन उत्पाद-विकास (प्रोडक्ट डेवलपमेंट) व अचल संपत्ति अधिग्रहण (रियल एस्टेट एक्वीजीशन) दो ऐसे काम थे, जिनके लिए रे अभी भी खुद को मैकडोनाल्ड्स कार्यकारी दल में सबसे सुयोग्य मानता था। इसीलिए सभी कार्यकारी जिम्मेवारियों से मुक्त होने के बावजूद रे ने इन दोनों मामलों में अंतिम फैसले का अधिकार अपने पास ही सुरक्षित कर लिया था।

चूँकि उत्पाद विकास व अचल संपत्ति अधिग्रहण में रे की शुरू से ही गहरी रुचि रही थी, इसलिए अब ये कार्य रे के लिए ज्यादा आनंददायक हो गए थे। रे ने मैकडोनाल्ड्स के भविष्य के संपूर्ण विकास पर नजर रखना जारी रखा था और उसकी भोजन-सूची में नए खाद्य-पदार्थों को जोड़ने व नई अचल-संपत्तियों की खरीदारी में सक्रिय भूमिका निभाता था। रे को साफ-साफ दिखाई देता था कि भविष्य में

मैकडोनाल्ड्स की असीमित संभावनाएँ थीं और यह 10 साल पहले की तुलना में और भी ज्यादा स्पष्ट थीं। अब तो मैकडोनाल्ड्स के पास उन संभावनाओं के पीछे दौड़ने व उन्हें साकार करने के लिए सुयोग्य प्रतिभाएँ भी थीं और पर्याप्त संसाधन भी।

फ्रेड टर्नर के पास उपाध्यक्ष एडवर्ड एच शिमट के नेतृत्व में शीर्ष प्रबंधन दल मौजूद था, जो बखूबी जानता था कि मैकडोनाल्ड्स के विस्तार को कैसे हवा दी जाए और उसे कैसे धन कमाने की मशीन में बदला जाए। शिकागो के डीपॉल विश्वविद्यालय का स्नातक शिमट 1964 में मैकडोनाल्ड्स में शामिल हुआ था व चार साल बाद 1968 में उपाध्यक्ष व क्षेत्रीय प्रबंधक नियुक्त किए जाने से पहले विभिन्न प्रबंधन पदों पर काम किया था। उसे 1971 में कार्यकारी उपाध्यक्ष बनाया गया था और 1974 में वरिष्ठ उपाध्यक्ष। तीन साल बाद 1977 में शिमट को अध्यक्ष व मुख्य प्रशासनिक अधिकारी (प्रेसीडेंट ऐंड चीफ एडमिनिस्ट्रेटिव ऑफिसर) नियुक्त किया गया था, जब फ्रेड टर्नर को मुख्य कार्यकारी अधिकारी के साथ-साथ सभापति भी चुन लिया गया था। तब रे क्रोक के लिए मैकडोनाल्ड्स निदेशक मंडल में वरिष्ठ सभापति (सीनियर चेयरमैन) का पद सृजित किया गया था। जून 1982 में शिमट को उप-सभापति (वाइस चेयरमैन) के रूप में पदोन्नत किया गया था।

वैसे दशक के शुरू में रे या मैकडोनाल्ड्स के शीर्ष पदाधिकारियों के लिए यह पूर्वानुमान लगा पाना असंभव था कि भविष्य के अवसर क्या होंगे, लेकिन उन्हें यह जरूर पता था कि जैसे-जैसे देश आगे बढ़ेगा और सामाजिक व आर्थिक जरूरतें आकार लेंगी, वे उसके मुताबिक सेवा-प्रारूप प्रस्तुत कर पाने में सक्षम होंगे। बदलाव मैकडोनाल्ड्स का इतिहास रहा था, लेकिन उसके बढ़त क्रम को समझने के लिए अमेरिका में हो रहे जबरदस्त सामाजिक-आर्थिक बदलावों के प्रक्रिया-क्रम को भी समझना होगा। 1970 के दशक की शुरुआत के मैकडोनाल्ड्स की तुलना, डेढ़ दशक पहले के उसके शुरुआती दौर से नहीं की सकती थी। यह बहुत अच्छा भी रहा कि कंपनी ने 60 के दशक की जरूरतों को समझा था और अपने कार्यदल में अश्वेतों की भरती-संख्या बढ़ाई थी। विशेष रूप से पढ़ी-लिखी अश्वेत महिलाओं को अपने कार्यदल का महत्त्वपूर्ण हिस्सा बनाने के लिए कंपनी ने बाकायदा कार्यक्रम आयोजित किया था। इसके अलावा मैकडोनाल्ड्स ने अपने रेस्तराओं में ऊर्जा खपत को संयमित व संतुलित करने के लिए भी अभियान चलाया था। अब मैकडोनाल्ड्स अंतरराष्ट्रीय संस्था बन चुका था; हैम्बर्गर विश्वविद्यालय अपने आधुनिकतम उपकरणों से लैस कक्षाओंवाले आलीशान भवन में संचालित हो रहा था और मैकडोनाल्ड्स का मुख्यालय ओक ब्रुक (ड्यूपेज काउंटी, इलिनोइस; शिकागो नगर केंद्र से 31 कि.मी. पश्चिम में बसा उपनगर) स्थित अपने आधुनिक आठ मंजिले भवन में स्थानांतरित हो चुका था।

एक-एक काम के अगल विभाग बन चुके थे, जिनमें सैकड़ों लोग काम कर रहे थे।

लेकिन कुछ पुराने रेस्तराँ संचालक मैकडोनाल्ड्स के बदलावों के साथ तालमेल बिठा नहीं पा रहे थे। वे अपने व्यक्तिगत रेस्तराओं की खिड़कियों से मैकडोनाल्ड्स की बड़ी तसवीर को देख नहीं पा रहे थे। उन्हें लग रहा था कि जब उनकी संचालन प्रक्रिया नहीं बदली तो मैकडोनाल्ड्स को अपने तौर-तरीके बदलने की क्या जरूरत थी। वे तो अब भी पुराने बेहतर दिनों की याद करते थे कि जब कोई समस्या आए तो सीधे रे क्रोक या फ्रेड टर्नर को फोन मिलाकर अपनी समस्या का हल खोजने में मदद के कह दिया करते थे। ऐसे में ज्यों-ज्यों मैकडोनाल्ड्स अपनी केंद्रीकृत प्रबंधन प्रणाली को क्षेत्रीय, आँचलिक व जिला स्तरीय ढाँचे में विकेंद्रित करता गया था, पुराने संचालकों को वहाँ के कार्यकारी अधिकारियों के साथ तालमेल बिठाकर काम करने में दिक्कतें महसूस होने लगी थीं। चूँकि इन सभी स्तरों पर अधिकांश नए लोग काम कर रहे थे, इसीलिए वे उन रेस्तराँ संचालकों के साथ नजदीकी रिश्ता भी कायम नहीं कर पा रहे थे, लेकिन उन रेस्तराँ संचालकों की परेशानी की एक बड़ी वजह यह भी थी कि उनके लाइसेंस की 20 साल की अवधि अब पूरी होने के नजदीक आ रही थी।

उन लोगों में कुछ ऐसे संचालक भी थे, जिनका प्रदर्शन अच्छा नहीं रहा था और वे मैकडोनाल्ड्स के गुणवत्ता मानकों को भी दृढता के साथ पालन करने में आना-कानी करते रहे थे। ऐसे दुष्ट लोगों को स्वाभाविक रूप से यह आशंका सताने लगी थी कि कि उनके लाइसेंस की अवधि आगे नहीं बढ़ाई जाएगी, तो इन लोगों ने मैकडोनाल्ड्स की संभावित कार्यवाही के खिलाफ मोर्चाबंदी करने के लिए 1973 में मैकडोनाल्ड्स ऑपरेटर्स एसोसिएशन (एम.ओ.ए.) नामक संस्था का गठन कर लिया था। उस संस्था ने एक छोटी समाचार-पत्रिका का प्रकाशन भी शुरू कर दिया था, जिसमें अफवाहों पर आधिरित शरारतपूर्ण खबरें छपने लगी थीं, जैसे, ''कंपनी बदल चुकी है। यदि आप जवाबी लड़ाई नहीं लड़ते, फ्रेंचाइजी खत्म होने पर आपको बाहर निकाल दिया जाएगा, और कंपनी रेस्तराँ का अधिग्रहण कर लेगी।''

रे ने आत्मकथा में इन खबरों को बकवास करार दिया है। उसने तर्क दिया है कि कंपनी स्वयं-संचालित रेस्तराओं की संख्या को कुल इकाइयों के 30 प्रतिशत से ऊपर ले जाने के पक्ष में कभी भी नहीं रही थी। इस फैसले की भी ठोस वजह थी कि रे हमेशा अच्छे रेस्तराँ संचालकों को प्रोत्साहित करना चाहता था, जो मैकडोनाल्ड्स के खुद के विकास के हित में था। रे अपनी सोच में बहुत साफ था कि जो रेस्तराँ संचालक मैकडोनाल्ड्स मूल सिद्धांतों—गुणवत्ता, सेवा, स्वच्छता व मूल्य पर खरे उतरते रहे हैं, उन्हें हर हाल में और आगे बढ़ने का मौका देना चाहिए और रे के इस सोच की भी एक ठोस वजह यह थी कि ऐसे रेस्तराँ संचालक असल में अपने इलाकों

में मैकडोनाल्ड्स के छवि-निर्माता थे, क्योंकि उन्होंने अपने कारोबार क्षेत्र में धर्मार्थ व सेवा कार्यों में बढ़-चढ़कर हिस्सा लेकर अच्छा समुदायिक रिश्ता कायम किया हुआ था। इन अच्छे रेस्तराँ संचालकों ने अपने रेस्तराओं के कर्मचारियों के साथ व मैकडोनाल्ड्स के क्षेत्रीय कार्यदल के साथ बेहतर संबंध बनाया हुआ था। फिर भी, एम.ओ.ए. द्वारा प्रचारित अफवाहों के चलते इन रेस्तराँ संचालकों में भी घबराहट का माहौल बन रहा था।

डॉन कॉनले उन्हीं कर्मचारियों के समूह का हिस्सा था, जिसे एथल से तलाक लेने के क्रम में पर्याप्त धन जुटाने के लिए रे क्रोक ने अपनी पुरानी बहुमिश्रक अभिकर्ता कंपनी प्रिंस कैसल सेल्स को बेचा था।

असल में, मैकडोनाल्ड्स के शुरुआती कर्मचारी डॉन कॉनले के नेतृत्व में मैकडोनाल्ड्स ऑपरेटर्स एसोसिएशन (एम.ओ.ए.) को संगठित किया गया था। उसे तो मैकडोनाल्ड्स का शुक्रगुजार होना चाहिए था, लेकिन वह कंपनी पर प्रहार के लिए अफवाहों के घटिया हथकंडे इस्तेमाल करने पर तुला हुआ था। याद रहे कि डॉन कॉनले उन्हीं कर्मचारियों के समूह का हिस्सा था, जिसे एथल से तलाक लेने के क्रम में पर्याप्त धन जुटाने के लिए रे क्रोक ने अपनी पुरानी बहुमिश्रक अभिकर्ता कंपनी प्रिंस कैसल सेल्स को बेचा था। उस समूह द्वारा साझा राशि में भी डॉन कॉनले ने कोई नकद योगदान नहीं किया था, बल्कि उसके हिस्से की 7 प्रतिशत रकम प्रिंस कैसल सेल्स के लाभांश से अदा की गई थी। दो वर्षों बाद जब प्रिंस कैसल सेल्स को मार्टिन-ब्रोवेर कॉरपोरेशन ने अधिग्रहीत किया था, तब कॉनले ने छह अंकों का लाभ कमाया था। उसी बिना मेहनत की कमाई से कॉनले ने मैकडोनाल्ड्स के 20,000 शेयर खरीद लिए थे और अब करोड़पति बनकर घमंडी बन गया था। याद रहे कि रे ने अपनी बहुमिश्रक कंपनी को यह सोचकर उचित से भी काफी कम दाम पर बेच दिया था कि आखिरकार वह अपने लोगों के पास जा रही थी, लेकिन तब उसने यह नहीं अनुमान लगाया था कि उसी की कमाई से कोई उसके खिलाफ मोर्चाबंदी करने की जुर्रत करेगा, लेकिन रे का एहसानमंद होने की बजाए कॉनले उसी पर बंदूक ताने हुए था।

लेकिन रे के साथ डॉन कॉनले की एहसानफरामोशी और मैकडोनाल्ड्स के खिलाफ मोर्चेबंदी के पीछे भी एक ठोस वजह थी। असल में अपनी घटिया हरकतों के चलते कॉनले को मैकडोनाल्ड्स से मुअत्तल किया गया था। फिर भी रे की निजी सचिव जून मारीटिनो ने उस पर विशेष कृपा दिखाई थी और उसे संबंध-विच्छेद वेतन के रूप में दो बेहतरीन मैकडोनाल्ड्स रेस्तराओं को खरीदने का मौका दिया था। रे ने आत्मकथा में लिखा है कि संभवत: उस वक्त मैकडोनाल्ड्स में नकदी का बहुत अभाव

था, इसलिए डॉन कॉनले को नौकरी से हटाए जाने के मुआवजा भुगतान के रूप में दोनों रेस्तराओं खरीदने का मौका दिया गया था। जो भी हो, ये रेस्तराँ भी उसे औने-पौने भाव में दिए गए थे और उस दौरान भी रे की यही सोच रही थी कि वह 'अपना ही आदमी' रहा था, लेकिन कॉनले ने रे व मैकडोनाल्ड्स के उन एहसानों को पूरी तरह से भुला दिया था और गली-गलौज की भाषा में उनके खिलाफ काम कर रहा था।

हालाँकि मैकडोनाल्ड्स ऑपरेटर्स एसोसिएशन (एम.ओ.ए.) के सदस्यों की सूची को गुप्त रखा गया था, लेकिन मैकडोनाल्ड्स के लिए यह जानना कोई कठिन काम नहीं था कि इसके पीछे कौन से रेस्तराँ संचालक एकजुट होने की कोशिश कर रहे थे और फिर मैकडोनाल्ड्स के लिए यह भी मुश्किल नहीं था कि वह उन विरोधी संचालकों के लिए रेस्तराँ चला पाना कठिन बना दे। जैसा कि हम पढ़ चुके हैं कि रे कभी भी अपने प्रतिस्पर्धियों की जासूसी करने व उनके खिलाफ साजिश रचने के सख्त खिलाफ रहा था, इसीलिए मैकडोनाल्ड्स ने डॉन कॉनले की मोर्चाबंदी पर कोई जवाबी हमला नहीं किया था। असल में मैकडोनाल्ड्स के लिए उस घटिया स्तर तक उतर पाना ही मुश्किल था। रे व फ्रेड टर्नर सहित मैकडोनाल्ड्स के शीर्ष अधिकारियों को बस उस समय का इंतजार था, जब एम.ओ.ए. की घटिया हरकतों की हवा अपने आप निकल जाएगी। उन्हें मैकडोनाल्ड्स के मूल सिद्धातों व पारदर्शी परिचालन नीतियों पर पक्का भरोसा था कि वह दिन दूर नहीं, जब अच्छे रेस्तराँ संचालक एम.ओ.ए. की अफवाहों व नकारात्मक रवैए को सिरे से खारिज कर देंगे और यह महसूस करेंगे कि अब मैकडोनाल्ड्स संगठन इतना विशाल हो चुका था कि उसका अवैयक्तिक (इम्पर्सनल) हो जाना स्वाभाविक ही था और हर रेस्तराँ संचालक के साथ व्यक्तिगत संबंध बनाए रख पाना उसके लिए संभव ही नहीं था। चूँकि मैकडोनाल्ड्स के मूल सिद्धांतों व कार्यप्रणालियों में कोई दार्शनिक बदलाव नहीं था, इसीलिए रेस्तराँ संचालक अंततः कंपनी के प्रशासनिक ढाँचागत विस्तार के साथ सामंजस्य स्थापित कर लेंगे।

ऐसा ही हुआ था। एम.ओ.ए. के गठन के लगभग तीन वर्षों बाद, 1976 में फ्लोरिडा व हवाई में आयोजित मैकडोनाल्ड्स संचालक सम्मेलनों में फ्रेड टर्नर ने खुलेआम चुनौती दी थी कि अगर किसी संचालक को किसी प्रकार की कोई परेशानी थी या कोई माँग थी तो वे खुलकर सामने आएँ अन्यथा रास्ते से हट जाएँ, क्योंकि कंपनी उनके साथ या उनके बिना भी आगे बढ़ जाने को तैयार थी। उन दोनों मौकों पर सन्नाटा छाया था, किसी संचालक ने किसी प्रकार की कोई शिकायत नहीं की थी। इससे यह निश्चित हो गया था, अब तक एम.ओ.ए. की अफवाहों की हवा अपने आप निकल चुकी थी और अब उसका कोई ठोस वजूद नहीं बचा था।

अब मैकडोनाल्ड्स जलपान कारोबार में भी कूदा

1972 में मैकडोनाल्ड्स ने 'एग मैकमफिन' नाम त्वरित खाद्य उद्योग में एक विशेष प्रकार के झटपट जलपान को पेश किया था। यह सिलसिला आगे बढ़ता रहा था; पाँच वर्षों बाद मैकडोनाल्ड्स ने झटपट जलपानों की पूरी शृंखला पेश कर दी और 1987 में समूचे अमेरिका में किए जानेवाले जलपानों में एक-चौथाई मैकडोनाल्ड्स से आने लगा था।

लेकिन यह सब यूँ ही नहीं शुरू हुआ था। 'फिलेट-ओ-फिश' या अन्य नए खाद्यों की पेशगी की तरह इसके पीछे भी एक कहानी है। वैसे तो मैकडोनाल्ड्स के तमाम रेस्तराँ संचालक अपनी भोजन-सूची में कुछ नया जोड़ने की कोशिशें करते रहते थे, लेकिन रे क्रोक की परीक्षा में खरे उतरे बिना कोई भी नए खाद्य रेस्तराँ में परोसा जाना संभव नहीं था। 1972 की क्रिसमस छुट्टियों में रे क्रोक सांता बारबरा की यात्रा पर था। वहाँ के मैकडोनाल्ड्स रेस्तराँ संचालक हर्ब पीटरसन ने रे को फोन किया था और कहा था कि उसके पास रे को दिखाने के लिए कोई विशेष सामग्री थी, लेकिन पीटरसन ने रे को उस विशेष सामग्री के बारे में कुछ भी नहीं बताया था। इसकी भी एक वजह थी कि यदि पीटरसन उस सामग्री के बारे बताता तो बहुत आशंका थी कि रे उसे खारिज कर देता। रे ने आत्मकथा में लिखा है कि पीटरसन की आशंका सही थी, क्योंकि वह एक विशेष प्रकार का जलपान प्रदर्शित करना चाहता था। मैकडोनाल्ड्स रेस्तराओं में किसी भी प्रकार का जलपान की प्रस्तुति के विचार को ही सिरे से खारिज करता आ रहा था, क्योंकि वह उसे एक सनकी विचार से ज्यादा कुछ भी मानने को तैयार ही नहीं हो पा रहा था।

खैर, पीटरसन के आग्रह को रे ठुकरा न सका था और सांता बारबरा के मैकडोनाल्ड्स रेस्तराँ में पहुँचा था। तब पीटरसन ने उसके सामने एक विशेष प्रकार का सैंडविच परोसा था। इसमें अंडे की पीली जर्दी दिखाई देती एक पट्टी थी, जिसे तलनेवाली कड़ाही में टेफलोन वृत्त में रखकर पकाया गया था; इसके ऊपर के एक अमेरिकन चीज-पट्टी रखी गई थी; उसके ऊपर सूअर-मांस की भुना हुई पट्टी रखी गई थी और फिर उसे मक्खन लगी, सिकी हुई मीठी गोल पावरोटी (मफिन) की दो फाँकों के बीच रखकर एक तश्तरी में परोसा गया था। सरसरे तौर पर रे को यह कोई खास खाद्य नजर नहीं आई थी, लेकिन जब उसने उस सैंडविच को चखा था, तो फिदा हो गया था। पीटरसन की मेहनत व कोशिश सफल हो गई थी, रे ने उस सैंडविच को तत्काल सभी रेस्तराओं में परोसे जाने का आदेश जारी कर दिया था, लेकिन हकीकत में ऐसा कर पाना संभव नहीं था। मैकडोनाल्ड्स को अपनी पूरी प्रणाली में सैंडविच बनाने की प्रक्रिया को पूरी तरह से एकीकृत करने पूरे तीन वर्ष लगे थे, लेकिन फ्रेड टर्नर की

पत्नी ने इस सैंडविच को एक ऐसा नाम दिया था—'एग मैकमफ्फिन', जो ग्राहकों को बहुत भाया था और वह जल्द ही बेहद लोकप्रिय खाद्य साबित हो गया था।

'एग मैकमफ्फिन' की तात्कालिक सफलता ने मैकडोनाल्ड्स के सामने एक बिल्कुल नए संभावनाशील व्यापार क्षेत्र यानी जलपान व्यवसाय का दरवाजा खोल दिया था। मैकडोनाल्ड्स का शीर्ष प्रबंधन इस अवसर को सफलतापूर्वक भुनाने की तूफानी तैयारी में जुट गया था। अनुसंधान व विकास कार्यदल जलपान की पूरी श्रृंखला के विकास में जुट गया था; विपणन व विज्ञापन विभाग ने उसके लिए प्रचार-प्रसार व विपणन की योजनाएँ बनानी शुरू कर दी थीं और परिचालन व आपूर्ति विभाग उसे देश भर में लागू करने की तैयारियों में जुट गया था। कुल मिलाकर मैकडोनाल्ड्स सभी विभागों ने जलपान-व्यवसाय का एकीकृत कार्यक्रम विकसित करने में दिन-रात एक कर दिया था। सभी का एक ही लक्ष्य था—अमेरिकी जलपान व्यवसाय के इतिहास में मैकडोनाल्ड्स का नायाब अध्याय जोड़ना।

लेकिन मैकडोनाल्ड्स की प्रणाली में जलपान की पूरी श्रृंखला को एकीकृत करना आसान काम नहीं था। ऐसी कई समस्याएँ थीं, जिनसे निपट पाना बहुत मुश्किल साबित हो रहा था, क्योंकि मैकडोनाल्ड्स के कार्यदलों के लिए जलपान उत्पाद बिल्कुल नए थे। उदहारण के लिए, जब जलपानों की संपूर्ण भोजन-सूची प्रस्तुत करनी थी तो उसमें पैनकेक होना भी जरूरी था। आमतौर पर अमेरिका में जलपान के रूप में उपयोग में लाया जानेवाला पैनकेक एक गोल-चपटा केक होता है, जिसे आटा, अंडे व दूध के अर्ध-तरल मिश्रण को तवा या तलनेवाली कड़ाही में वनस्पति तेल या मक्खन डाल कर पकाया जाता है और फिर उसके ऊपर जैम, फल, सिरप, चॉकलेट चिप्स, मांस-कतली आदि रखकर परोसा जाता है, लेकिन पैनकेक को पकाने के बाद ज्यादा देर तक रखा नहीं जा सकता है। इसीलिए मैकडोनाल्ड्स की मुश्किल यह थी कि वह अपने रेस्तराओं की रसोई में पैनकेक बनाने की प्रक्रिया को कैसे एकीकृत करे। इसका सबसे बड़ा कारण था कि मैकडोनाल्ड्स रेस्तराओं की रसोई हैम्बर्गर, फ्रेंच फ्राइज, मिल्क शेक आदि बनाने में इतनी व्यस्त होती थी कि उसमें नए उपकरण को जोड़ने और उत्पादन श्रृंखला को बदलने में काफी समय लग रहा था। इसके अलावा जलपानों से संबंधित सामग्रियों की आपूर्ति भी अपने आप में भीषण काम था। अंत में सबसे बड़ा मुद्दा यह था कि संचालक विशेष इसे अपने रेस्तराँ में प्रस्तुत करना जरूरी समझते था या नहीं। जो संचालक इसे लागू करना चाहते थे, उनके पास जलपान श्रृंखला तैयार करनेवाले रसोई कर्मचारी थे या नहीं और यदि कर्मचारी उपलब्ध थे तो उन्हें जल्द-से-जल्द कैसे प्रशिक्षित किया जाए? जाहिर था कि मैकडोनाल्ड्स का जलपान कार्यक्रम बहुत धीरे-धीरे लागू हुआ था और समूचे देश में संपूर्ण जलपान श्रृंखला को प्रस्तुत करने में पाँच वर्ष लग गए थे।

असल में चूँकि भोजन-सूची के नए खाद्यों को जोड़ने का अंतिम फैसला रे क्रोक खुद ही करता था, इसीलिए वह एक साथ कई भोजन-सूचियों पर प्रयोग का सिलसिला कायम रखता था। इसके लिए रे ने सांता बारबरा स्थित अपने रैन बसेरे (रैंच हाउस) परिसर में संपूर्ण प्रायोगिक-परीक्षण—रसोई व प्रयोगशाला विकसित की थीं, जिसमें सभी प्रकार की भोजन-सूचियों पर साल भर काम चलता रहता था। इसके अलावा, मैकडोनाल्ड्स मुख्यालय में एक रचनात्मक-सुविधा बनाई गई थी। फ्रेड टर्नर की हर नए भोजन-सूची विचार को टेढ़ी निगाहों से देखने की आदत सी थी। रे ने आत्मकथा में उसकी इस प्रवृत्ति का दिलचस्प उदाहरण पेश किया है। जब रे किसी पसंदीदा भोजन सूची को टर्नर की राय के लिए सामने रखता तो वह आमतौर पर उसे टालने की कोशिश करता था और फिर बहुत ही चतुर व सारगर्भित भाषा में इस तरह की मजाकिया टिप्पणी किया करता था, ''वह तो ठीक ही होगा, लेकिन हम भुना हुआ केला कब से परोसना शुरू करने जा रहे हैं? हम बगल में मेपल सिरप (विशेष प्रकार की झाड़ियों की पट्टियों से बनाई जानेवाली चाशनी) की छोटी बोतल भी रख सकते हैं, और यह भी हो सकता है कि हम रात के भोजन के समय उन्हें दहकता हुआ परोसें।'' लेकिन इस तरह के व्यंग्य से रे की सेहत पर कोई फर्क नहीं पड़ता था। वह टर्नर की असल सोच व भावना को समझता था और उसका आदर भी करता रहा था। असल में टर्नर यही चाहता था कि नई खाद्य-सामग्रियों के साथ रे व उसका अनुसंधान व विकास कार्यदल कोई ऐसा उटपटांग व्यवहार न करे, जिसे मैकडोनाल्ड्स प्रणाली में एकीकृत कर पाना ही संभव न हो या फिर उसके लिए खामख्वाह मुश्किलें आएँ।

लेकिन इस मामले में रे व उसकी निगरानी में काम करनेवाले खाद्य-विशेषज्ञ टर्नर की बातों को दिल से नहीं लगाते थे और लचीला रवैया अपनाते हुए बाजार की जरूरतों के मुताबिक खाद्य-सामग्रियों के नए विचारों में बदलाव के लिए तैयार रहते थे। वे लोग बखूबी जानते थे कि मैकडोनाल्ड्स की पहचान को कायम रखने के लिए क्या चीजें की जा सकती थीं और कौन सी चीजें कभी भी नहीं की जा सकतीं। उदाहरण के लिए रे क्रोक ने आत्मकथा में लिखा है कि यह पूरी तरह संभव था कि एक दिन मैकडोनाल्ड्स के पास शायद पिज्जा भी हो, लेकिन दूसरी तरफ, ऐसा कोई कारण नहीं था कि मैकडोनाल्ड्स हॉट डॉग जैसे खाद्यों को अपनी भोजन-सूची शामिल करे। रे ने कहा है कि यह कहने की जरूरत नहीं कि हॉट डॉग के अंदर क्या होता था, लेकिन मैकडोनाल्ड्स का गुणवत्ता मानक उसे ऐसी चीजों को अपनाने की अनुमति नहीं देता था।

मैकडोनाल्ड्स का अंतरराष्ट्रीय विस्तार : वर्ष 1970 में मैकडोनाल्ड्स ने कोस्टारिका में अपना पहला रेस्तराँ खोला था, जो अमेरिका व कनाडा के बाद

तीसरा देश था। मई 1971 में यागूना (सिडनी, ऑस्ट्रेलिया) में, जुलाई 1971 में गिन्जा (टोक्यो, जापान) में और 21 अगस्त, 1971 को जानदाम (एम्स्टर्डम के पास, नीदरलैंड) में और नवंबर 1971 में म्युनिख (जर्मनी) में रेस्तराओं के शुभारंभ के साथ मैकडोनाल्ड्स ने अपने अंतराष्ट्रीय विस्तार को आगे बढ़ाया था। मैकडोनाल्ड्स ने अपने परिचालन इतिहास में पहली बार म्यूनिख रेस्तराँ में बीयर भी परोसना शुरू किया था। बाद में अन्य यूरोपीय देशों के मैकडोनाल्ड्स रेस्तराओं में भी बीयर की बिक्री शुरू की गई थी। वर्ष 1972 में क्रेटील (फ्रांस) में पहला मैकडोनाल्ड्स रेस्तराँ खुला था। इसी वर्ष मैकडोनाल्ड्स ने अपनी आधारभूमि डेस प्लेनिस (इलिनोइस) नगर में समूह के 2000वाँ रेस्तराँ का शुभारंभ किया था। 1972 के अंत में समूह के रेस्तराओं की कुल संख्या 2200 हो गई थी और कुल कारोबार 1 अरब डॉलर के पार चला गया था।

23 अक्तूबर, 1973 को स्टॉकहोम में रेस्तराँ के शुभारंभ के साथ मैकडोनाल्ड्स ने स्वीडन में प्रवेश किया था। फिर 13 नवंबर, 1974 को वूलविच (दक्षिण-पूर्वी लंदन) में रेस्तराँ खोलकर मैकडोनाल्ड्स ने यूनाइटेड किंगडम में पहला कदम रखा था, लेकिन यह समूह का 3000वाँ रेस्तराँ था।

जनवरी 1975 में मैकडोनाल्ड्स ने कॉजवे बे इलाके में हांगकांग का पहला रेस्तराँ खोला था। फिर स्विट्जरलैंड का मैकडोनाल्ड्स पहला रेस्तराँ रुए डू मोंट ब्लांक (जिनेवा) में खुला था। 1976 में मैकडोनाल्ड्स ने 20 अरब हैम्बर्गर परोसे थे और समूह का बिक्री राजस्व 3 अरब डॉलर को पार कर गया था। 1978 में मैकडोनाल्ड्स समूह ने अपना 5000वाँ रेस्तराँ ग्रेटर टोक्यो क्षेत्र कनागावा में खोला था। इसी वर्ष मैकडोनाल्ड्स के हैम्बर्गर विश्वविद्यालय ने 15,000वें प्रशिक्षार्थी को हैम्बर्गर विज्ञान में स्नातक की उपाधि का समारोह आयोजित किया था। फिर 1979 में सिंगापुर में दक्षिण-पूर्व एशिया का और ब्राजील में दक्षिण अमेरिका के पहले रेस्तराओं के शुभारंभ किए थे।

अचल-संपत्तियों पर रे की व्यक्तिगत नजर : मैकडोनाल्ड्स रेस्तराँ शृंखला के शुरुआती विकास-क्रम में रे क्रोक को सभी रेस्तराओं के स्थानों, उनके संचालकों, उनके कारोबारों, उनकी स्थानीय समस्याओं, उनके सामुदायिक कार्यों सहित अन्य सभी गतिविधियों का पता रहता था। उसने कभी भी अपने दफ्तर में इससे संबंधित कोई नक्शा नहीं टाँगा था, उसे सबकुछ मुँहजुबानी ही याद रहता था। अब चूँकि रेस्तराँ की संख्या हजारों में बढ़ रही थी, इसलिए रे के लिए यह तो संभव नहीं था कि सभी अलग-अलग रेस्ताराँओं के बारे में पूरी जानकारी रखे, लेकिन वह अभी उनके बारे में संक्षिप्त जानकारी रखता था। अब क्षेत्रीय व जिला स्तर पर सलाहकारों व पदाधिकारियों का

संजाल बनाया जा चुका था और वे संबंधित क्षेत्रों के रेस्तराओं की तमाम गतिविधियों पर पूरी जानकारी रखते थे, लेकिन अचल-संपत्तियों की खोज, खरीद व निर्माण संबंधी गतिविधियों पर अब भी रे की खुद की नजर बनी हुई थी।

मैकडोनाल्ड्स ने शुरू से ही अचल-संपत्तियों के सर्वेक्षण का नायाब तरीका अपनाया हुआ था। इसके लिए कंपनी ने बाकायदा अपना हवाई जहाज खरीदा था। अपने अधिकारियों-सलाहकारों के दल के साथ स्वयं रे क्रोक भी हवाई उड़ान भरता था। पहले लक्षित क्षेत्रों का हवाई सर्वेक्षण किया जाता था कि कहाँ विद्यालय थे, कहाँ गिरजा घर थे, कहाँ की आबादी सघन थी। इससे उन क्षेत्रों की संभावनाओं का व्यापक चित्र मिल जाता था। फिर उन चुने गए इलाकों में गहन सर्वेक्षण का दौर शुरू होता था। अचल संपत्ति की कुल उपलब्धता कैसी है, उपलब्ध स्थानों में सबसे सटीक स्थान कौन-कौन से हैं और उनके मूल्य क्या हैं? फिर सटीक स्थानों की अचल-संपत्तियों के सौदे किए जाते थे, खासतौर पर अमेरिका के विभिन्न राज्यों में जिला-स्तरीय रेस्तराँ संभावनाओं की तलाश के लिए अब कंपनी के पाँच हेलीकॉप्टर थे। रे को हर माह यह सूचना मिलती रहती थी कि फिलहाल किन इलाकों में कंपनी के हेलीकॉप्टर चक्कर लगा रहे थे। अब मैकडोनाल्ड्स के ओक ब्रूक स्थित आधुनिक मुख्यालय में अचल-संपत्तियों के विश्लेषण के लिए बाकायदा कंप्यूटर लगाए जा चुके थे, जो संभावनाशील रेस्तराँ स्थानों के विकल्प सुझाता था। हवाई सर्वेक्षण के दौरान ली गई तसवीरों व कंप्यूटरजनित सुझावों के आधार पर क्षेत्रों को लक्षित किया जा रहा था। जब कोई स्थान निश्चित कर लिया जाता था तो रे खुद कार से उस इलाके का दौरा करता था; वहाँ आस-पास के सैलून, सुपर बाजार में जाता था और लोगों के साथ घुल-मिलकर जानकारियाँ इकट्ठा करता था। उन्हीं जानकारियों के आधार पर रे को पता चलता था कि वहाँ मैकडोनाल्ड्स रेस्तराँ खोलने के लिए क्या-क्या नया करना जरूरी था। रे अपने पदाधिकारियों को भी इस प्रकार की जानकारियाँ इकट्ठा करने पर जोर देता था, क्योंकि उसका मानना था कि लोगों से सीधा संपर्क बनाए बिना उनकी जरूरतों की जानकारी नहीं मिल सकती थी और फिर मैकडोनाल्ड्स रेस्तराँ को सफल बना पाना भी संभव नहीं था।

जी हाँ, रे क्रोक के लिए मैकडोनाल्ड्स के लिए सटीक स्थान का चयन करना सबसे रचनात्मक कार्य था, जिसे करने में उसे आत्मिक संतुष्टि मिलती थी। इसकी कई ठोस वजहें थीं। वह मैकडोनाल्ड्स के रेस्तराँ के लिए अकसर वैसी जगहों की तलाश किया करता था, जो बिल्कुल बेकार पड़ी होती थीं और अन्य लोगों को उनमें कोई संभावना नजर नहीं आ रही होती थी। ऐसी जगहें न केवल सस्ती कीमतों पर मिलती थीं, बल्कि उनके लिए भू-स्वामियों से बहुत कम सौदेबाजी की जरूरत पड़ती थी।

रेस्तराँ संचालक 50 से 100 कर्मचारियों की भरती करता था; फिर चाहे वह कूड़ा उठानेवाला हो या फिर बगीचा लगानेवाला या मांस, बंद, आलू व अन्य सामग्रियों के आपूर्तिकर्ता सभी के लिए नए कारोबारों का अवसर निकल आता था।

देखते-देखते उस जगह पर मैकडोनाल्ड्स रेस्तराँ का भवन खड़ा हो जाता था; रेस्तराँ संचालक 50 से 100 कर्मचारियों की भरती करता था; फिर चाहे वह कूड़ा उठानेवाला हो या फिर बगीचा लगानेवाला या मांस, बंद, आलू व अन्य सामग्रियों के आपूर्तिकर्ता, सभी के लिए नए कारोबारों का अवसर निकल आता था। तभी तो रे को मैकडोनाल्ड्स रेस्तराँ का विकास करते हुए ऐसे महसूस होता था कि वह कोई सामाजिक कार्य कर रहा हो। सचमुच, एक खाली बेकार पड़ी जगह पर मैकडोनाल्ड्स रेस्तराँ के जरिए सालाना औसतन 10 लाख डॉलर का कारोबार खड़ा हो जाता था।

प्रतिवर्ष 485 रेस्तराँ जुड़ने का अनुमान : 1974 में न्यूयॉर्क की स्वतंत्र औचित्य-अनुसंधान प्रतिष्ठान (इक्विटी रिसर्च फर्म) फोर्टीन रिसर्च कॉरपोरेशन ने भविष्य के 25 वर्षों में (1999 तक) मैकडोनाल्ड्स कॉरपोरेशन की संभावनाओं के बारे में 75 पृष्ठों का व्यापक विश्लेषण प्रतिवेदन प्रस्तुत किया था। इस प्रतिवेदन में न केवल कंपनी की आर्थिक प्रगति का अनुमान लगाया गया था, बल्कि उसके द्वारा की जानेवाली अचल-संपत्तियों के विकास की रूपरेखा भी प्रस्तुत की गई थी। उस प्रतिवेदन का सारांश इस प्रकार था—

"मैकडोनाल्ड्स की सफलता का आधार कम कीमतवाले, मूल्य-उन्मुख (वैल्यू ओरिएंटेड) उत्पाद को स्वच्छ व सुखद वातावरण में तेजी व कुशलता के साथ परोसना है, जबकि कंपनी की भोजन-सूची सीमित है, इसमें उत्तरी अमेरिका में व्यापक तौर पर स्वीकृत खाद्य रेशे (फूड स्टेपल्स) शामिल हैं। यही कारण है कि इसके उत्पादों की माँग अन्य अधिकांश रेस्तराँ-प्रारूपों की तुलना में आर्थिक उतार-चढ़ाव के प्रति कम संवेदनशील है।

"1970 के दशक तक, मैकडोनाल्ड्स लगभग विशेष रूप से उप-नगरों में ही विस्तार कर रहा था। फिर भी, कुछ समय से यह राष्ट्रीय विज्ञापन पर बड़ी रकम खर्च करता रहा था, जो उसके उत्पादों के लिए एक अव्यक्त, राष्ट्रव्यापी माँग पैदा कर रहा था। इसलिए कंपनी के लिए अपने विस्तार कार्यक्रम में विविधता व मजबूती लाने का मंच तैयार हो गया था। अब 100 से अधिक रेस्तराँ नगर, खरीदारी केंद्र और यहाँ तक कि महाविद्यालय परिसर भी हैं; अधिकांश असाधारण रूप से अच्छा कर रहे हैं, कई और अधिक की योजना बनाई गई है।

"हम दृढता से विश्वास करते हैं कि मैकडोनाल्ड्स लगभग कहीं भी, जहाँ

जनसंख्या की प्राथमिक एकाग्रता (अर्थात् उपनगरों व नगरों) व माध्यमिक एकाग्रता (अर्थात् विद्यालयों, खरीदारी केंद्रों, औद्योगिक उद्यानों/ इंडस्ट्रियल पार्क, क्रीड़ा-स्थलों/ स्टेडियम आदि) हैं, सफलतापूर्वक दुकान अवस्थित कर सकता है, बशर्ते पूँजी कारोबार की दरें निगमित उद्देश्यों (कॉरपोरेट ऑब्जेक्टिव) को पूरा करती हों। पारंपरिक वृद्धि के साथ-साथ यही वह नुक्कड़ व कोने के प्रकार का विस्तार है, जो हमें यह अनुमान लगाने के लिए आगे बढ़ा रहा है कि विश्व परिचालनों में हर वर्ष (1979 के पार) औसतन 485 नए रेस्तराँ जुड़ते जाएँगे।''

यह बिल्कुल सटीक भविष्यवाणी थी, जो रे की अंतर्दृष्टि के साथ मेल खाती हुई थी और बाद के जो नतीजे आए थे, वे लगभग इसकी ही पुष्टि करते थे। जी हाँ, रे ने आत्मकथा में लिखा है कि अमेरिका में अनगिनत नुक्कड़ व कोने थे, जहाँ वह अपने रेस्तराओं को खुले हुए देखने के इरादे से काम कर रहा था। आखिर मैकडोनाल्ड्स रेस्तराँ की फ्रेंचाइजी को चलाने के लिए सबसे जरूरी बात क्या होती थी? रे का मानना था कि इसके लिए सबसे महत्त्वपूर्ण बात थी व्यक्तिगत समय व ऊर्जा की संपूर्ण प्रतिबद्धता। रेस्तराँ का सफल संचालन करनेवाले व्यक्ति के लिए न तो अत्यधिक तीव्र बुद्धिमान होने की कोई जरूरत थी और न उच्च विद्यालय से ऊपर की शिक्षा की। लेकिन उस व्यक्ति में कठोर मेहनत करने की और सिर्फ उस रेस्तराँ की परिचालन संबंधी चुनौतियों पर अपना ध्यान केंद्रित करने की तीव्र इच्छा जरूर होनी चाहिए थी। किसी को फ्रेंचाइजी देने से पहले रे क्रोक खुद उस व्यक्ति में इन दोनों गुणों की विधिवत् जाँच करता था। यही कारण था कि आनेवाले वर्षों में मैकडोनाल्ड्स के फ्रेंचाइजियों की महत्ता बहुत ज्यादा बढ़ गई थी। रे ने 1955 में सिर्फ 950 डॉलर के फ्रेंचाइजी शुल्क पर रेस्तराँ का लाइसेंस देना शुरू किया था; 10 साल बाद जब मैकडोनाल्ड्स सार्वजनिक हुआ था तो औसत फ्रेंचाइजी निवेश की रकम 81,500 डॉलर हो गई थी और 1970 के दशक में यह रकम बढ़कर 2,00,000 डॉलर हो गई थी, जिसमें उपकरणों, साज-सज्जा, विज्ञापन-पट आदि शामिल थे।

मैकडोनाल्ड्स रेस्तराँ के फ्रेंचाइजी लाइसेंस हासिल करने के इच्छुक उम्मीदवारों को साफ-साफ बताया जाता था कि कंपनी उनसे क्या उम्मीद करती थी और क्या योगदान करनेवाली थी। व्यक्तिगत प्रतिबद्धता व वित्तीय निवेश की जरूरतों के प्रकारों को समझने के बाद भी यदि वह व्यक्ति रुचि लेता हुआ नजर आता था तो उसे उसके घर के नजदीकी मैकडोनाल्ड्स रेस्तराँ में काम करने के लिए भेजा जाता था। उन्हें काम करने के लिए शाम या फिर सप्ताहांत का समय निर्धारित किया जाता था, ताकि उसकी मौजूदा नौकरी या व्यस्तताओं में कोई व्यवधान न आए। फिर वह रेस्तराँ में हर प्रकार का काम कर कर्मचारी दल के तमाम कार्यों व प्रबंधन का सीधा अनुभव हासिल करता

था। इस दौरान कंपनी के साथ खुद उसे भी पता चल जाता था कि वह मैकडोनाल्ड्स जैसे रेस्तराँ के परिचालनों को संचालित कर पाने में सक्षम था या नहीं। अनुभव की इस प्रक्रिया से गुजरने के बाद इच्छुक उम्मीदवार को अंतिम विचार-विमर्श के लिए संबंधित क्षेत्र के लाइसेंस जारी करनेवाले प्रबंधक के पास भेजा जाता था; आवेदन पत्र भरवाकर उससे 4000 डॉलर की राशि जमा करवाई जाती थी और फिर उस व्यक्ति को सूचित किया जाता था कि किस बाजार क्षेत्र में उसके रेस्तराँ की संभावित अवस्थिति क्या हो सकती थी।

मैकडोनाल्ड्स की ओर से किसी समुदाय विशेष का वादा नहीं किया जाता था। चूँकि मैकडोनाल्ड्स स्थान विशेष के चुनाव के लिए पहला मौका अपने मौजूदा संचालकों व अपने 10 वर्ष या उससे भी अधिक पुराने कर्मचारियों को देता था, इसीलिए संबंधित स्थान के लिए पंजीकृत आवेदकों की सूची में नए आवेदक का शामिल हो पाना लगातार मुश्किल होता जा रहा था। 1970 का मध्य आते-आते आवेदकों की प्रतीक्षा सूची इतनी लंबी होती गई थी कि कंपनी की तरफ से संभावित रेस्तराँ अवस्थिति की निश्चित जानकारी प्राप्त करने लिए उन्हें लगभग दो वर्षों का इंतजार करना पड़ रहा था। यदि कोई इतनी प्रतीक्षा के बाद रेस्तराँ की उपलब्ध अवस्थिति देखता था और उसमें रुचि लेता था तो कंपनी उसे अपनी आगे की प्रक्रियाओं में शामिल करती थी। कंपनी के क्षेत्रीय अधिकारी उक्त उमीदवार की हर प्रकार की मदद के लिए तैयार होते थे और लगातार संपर्क में होते थे।

उदाहरण के लिए, यदि उमीदवार अपने मौजूदा कारोबार से मुक्त होना चाहता था, या फिर मौजूदा घर बेचकर संभावित रेस्तराँ के आस-पास के इलाके में घर खरीदा चाहता था, तो कंपनी की ओर से उसे पूरी मदद की जाती थी। फिर उस उम्मीदवार को दुबारा कम-से-कम 500 घंटे किसी मैकडोनाल्ड्स रेस्तराँ में काम करने के लिए कहा जाता था। उस उम्मीदवार को उन्मुखीकरण (ओरिएंटेशन) व प्रबंधन (मैनेजमेंट) कार्यक्रमों में हिस्सा लेने के लिए आमंत्रित किया जाता था। फिर जब उम्मीदवार के रेस्तराँ खुलने की तिथि में चार से छह महीने का समय बचता था, तो उसे उन्नत उन्मुखीकरण पाठ्यक्रम (एडवांस्ड ओरिएंटेशन कोर्स) के लिए हैम्बर्गर विश्वविद्यालय में भेजा जाता था। इस पाठ्यक्रम के दौरान उम्मीदवार की प्रबंधन कुशलता व परिचालन संबंधी जानकारियों को निखारा जाता था, ताकि वह अपने रेस्तराँ में पहले ग्राहकों का स्वागत कर सके।

ये सभी तैयारी संबंधी कार्य व प्रशिक्षण मैकडोनाल्ड्स का फ्रेंचाइजी लाइसेंस हासिल करनेवाले छोटे व्यापारियों को अपनी सफलता सुनिश्चित करने में मदद करते थे। बात यहीं नहीं खत्म हो जाती थी। मैकडोनाल्ड्स अपने स्थानीय प्रतिनिधियों के माध्यम से हमेशा उसकी मदद के लिए तैयार रहता था, लेकिन रेस्तराँ संचालकों को

मैकडोनाल्ड्स द्वारा प्रदान की जानेवाली सेवाओं—रेस्तराँ विकास, प्रशिक्षण, विपणन सलाह, उत्पाद विकास, उपकरण समूह विकास की अनुसंधान लागत व लगातार जारी पर्यवेक्षीय सहायता के लिए अपने सालाना कारोबार में से 11.5 प्रतिशत की रकम कंपनी को अदा करनी पड़ती थी। यह कोई छोटी रकम नहीं थी, फिर भी मैकडोनाल्ड्स रेस्तराँ संचालक इसे खुशी से अदा करते थे, क्यों?

इस सवाल का सटीक जवाब आर्ट बेंडर ने दिया था। वह न केवल मैकडोनाल्ड्स भाइयों का पहला कर्मचारी व प्रबंधक रहा था, बल्कि रे क्रोक को डेस प्लेनिस में पहला नमूना रेस्तराँ खोलने में मदद की थी, बाद में उसे रेस्तराँ संचालन संबंधी प्रशिक्षण देता रहा था और फिर उसके पहले फ्रेंचाइजी रेस्तराँ का संचालक भी था। जब मैकडोनाल्ड्स काफी सफल हो चुका था तो बेंडर से अकसर यह सवाल पूछा जाता था कि जब वह इतना अनुभवी था तो रे क्रोक की कंपनी को अपनी गाढ़ी कमाई में से सालाना 11.5 प्रतिशत की रकम क्यों अदा करता आ रहा था? तब आर्ट बेंडर कहा करता था कि वह एक सफल मैकडोनाल्ड्स संचालक जरूर था, लेकिन 11.5 प्रतिशत सालाना शुल्क के बदले में कंपनी की तरफ से दी जानेवाली सेवाओं को व्यक्तिगत स्तर पर हासिल कर पाने के बारे में सोच भी नहीं सकता था। बेंडर ने कहा था कि इन सेवाओं के अलावा 'मैकडोनाल्ड्स' व्यापार-चिह्न ही अपने आप में बहुत ज्यादा कीमती था; यदि कंपनी इसके लिए अलग से कोई स्वत्वाधिकार-शुल्क माँगती तो रेस्तराँ संचालकों के लिए उसे अदा करना मुश्किल हो जाता। इतना ही नहीं, मैकडोनाल्ड्स अपने राष्ट्रीय विज्ञापन अभियान से रेस्तराँ संचालकों को जो परोक्ष फायदे पहुँचा रहा था, उसके बारे में सोच पाना भी किसी व्यक्तिगत संचालक के लिए संभव नहीं हो सकता था और सबसे बड़ी बात यह कि मैकडोनाल्ड्स के पास एक समूह के नाते जो थोक खरीद क्षमता थी, गुणवत्तापूर्ण आपूर्ति को सुनिश्चित करने का जो भारी-भरकम तंत्र था, वह कोई व्यक्तिगत रेस्तराँ संचालक कैसे हासिल कर सकता था और क्या कोई एक संचालक हैम्बर्गर विश्वविद्यालय बना सकता था?

मैकडोनाल्ड्स की राह में रोड़े अटकाने की कोशिशें

खैर, उपनगरों में मैकडोनाल्ड्स रेस्तराँ खोलना तो फिर भी थोड़ा आसान था, लेकिन नगरों व महानगरों में रेस्तराँ विस्तार कर पाना बहुत ही चुनौतीपूर्ण कार्य था, क्योंकि वहाँ अचल संपत्तियों की स्थितियाँ पूरी तरह अलग थीं। नगरों व महानगरों की सामाजिक व राजनीतिक हवाएँ भी बिल्कुल अलग तरीके से घूम रही होती थीं, जिनसे उपनगरों में तो सामना नहीं होता था। नगरों-महानगरों में तो मैकडोनाल्ड्स को सामाजिक कार्यकर्ताओं के भी भारी विरोध का सामना करना पड़ा था। समय-

समय पर अलग-अलग सामाजिक संस्थाएँ अपने लोकहित के उद्देश्यों के बहाने से मैकडोनाल्ड्स पर आक्रमण करती रहती थी। उन संस्थाओं के लिए मैकडोनाल्ड्स स्थापना-व्यापार का सुविधाजनक प्रतीक था, जिस पर प्रहार करने से उन्हें अपने कार्यों के लिए समर्थन जुटाने का मौका मिलता था।

उदाहरण के लिए, न्यूयॉर्क में रेस्तराँ स्थापना के दौरान मैकडोनाल्ड्स को ऐसी ही एक अनजान समस्या का सामना करना पड़ा था। कुछ दंभी लेखकों ने उस रेस्तराँ के निर्माण को भयावह साजिश करार देने की कोशिश की थी। वहाँ डैडी वारबक्स नामक रोनाल्ड मैकडोनाल्ड्स जैसी विदूषक वेशभूषा का शख्स था, जो वहाँ के भोलेभाले निवासियों को मैकडोनाल्ड्स के प्रति गुमराह कर पैसे ऐंठने में जुटा हुआ था। उसके पीछे कट्टरपंथियों का समूह था, जो पूँजीवादी प्रणाली का विरोध करता था। उनका नजरिया यह था कि मुक्त उद्यम अर्थव्यवस्था में सफल होनेवाला हर व्यवसाय नैतिक रूप से भ्रष्ट होता है और उसमें अन्यायी व्यवसाय प्रथाओं के सभी प्रकार के दोष मौजूद होते हैं। जिस पूँजीवादी अर्थव्यस्था ने स्वतंत्र उद्यम को बढ़ावा देकर अमेरिका को महान् देश बनाया था, वहाँ के कुछ लोगों के छोटे व मनहूस नजरिए के बारे में अफसोस जताने के अलावा और क्या किया जा सकता था। मैकडोनाल्ड्स का सौभाग्य यह था कि वहाँ के आम निवासी ऐसे सनकी तथाकथित सामाजिक कार्यकर्ताओं के बहकावे में नहीं आए थे। स्थानीय निवासियों को मैकडोनाल्ड्स में ऐसी कोई बुराई नजर नहीं आई थी, बल्कि वे मैकडोनाल्ड्स रेस्तराँ की स्वच्छता, कुशल सेवा व संपूर्ण परिचालन से प्रभावित हुए थे। उन्होंने महसूस किया था कि मैकडोनाल्ड्स रेस्तराँ उनके समुदाय को उन्नत बनाने में मदद कर सकता था।

लेकिन कुछ ऐसी भी घटना हुई थी, जहाँ के स्थानीय निवासियों पर सही प्रभाव बना पाने में मैकडोनाल्ड्स को दिक्कतों का सामना करना पड़ा था। ऐसा ही एक मामला न्यूयॉर्क के लाक्सिंगटन एवेन्यू में सामने आया था और मैकडोनाल्ड्स को वहाँ से हटना पड़ा था। उसमें मैकडोनाल्ड्स को भारी आर्थिक नुकसान भी उठाना पड़ा था, लेकिन रे क्रोक का स्पष्ट मत था कि जहाँ के स्थानीय निवासी मैकडोनाल्ड्स रेस्तराँ को स्वीकार नहीं करते थे, वहाँ पर जाने का कोई औचित्य नहीं बनता था, साथ ही तब रे ने यह भी कहा था कि यदि लाक्सिंगटन एवेन्यू के कुलीन निवासियों में से कोई भी यह सोचता था कि मैकडोनाल्ड्स सुरुचिपूर्ण, परिष्कृत व सामाजिक उत्थान का परिचालन नहीं हो सकता था, तो शिकागो के वाटर टावर प्लेस स्थित रेस्तराँ की यात्रा उनका दिमाग बदलने के लिए काफी थी। शिकागो के अत्याधुनिक मिशिगन एवेन्यू के उस भवन में स्थित मैकडोनाल्ड्स रेस्तराँ के पड़ोसियों में खुदरा व्यापार के सभी ऊँचे दर्जे के नाम शामिल थे। उस मैकडोनाल्ड्स रेस्तराँ का कारोबार जबरदस्त था, जबकि

वहाँ मेज पर खाने की सुविधा नहीं थी। सभी कुलीन ग्राहक बाकायदा पंक्ति में खड़े होकर अपने आदेश के खाद्य प्राप्त कर रहे थे।

रे क्रोक ने आत्मकथा में लिखा है कि इन तमाम बदलावों व घटनाओं के बीच मैकडोनाल्ड्स को तेजी से आगे बढ़ता हुआ देखकर उसे व्यक्तिगत तौर पर बहुत खुशी होती थी और वह स्वभाविक रूप से उनका हिस्सा बना रहना चाहता था, लेकिन रे के लिए अब इन तमाम मौकों पर मौजूद रह पाना लगातार मुश्किल होता जा रहा था। वह ऐसे मौकों पर जाने की हर संभव कोशिश करता था, गठिया उसके कूल्हे को पकड़कर बैठ जाती थी। फिर भी, दर्द की परवाह किए बिना भी रे कई जगह चला जाए करता था। पत्नी जोआन उसे ऐसे करने से रोकती भी थी, लेकिन रे का मानना था कि सांता बारबरा के अपने रैन बसेरे में बेकार पड़े रहने की बजाए दर्द सहकर भी काम पर बने रहना ज्यादा बेहतर था। वैसे सांता बारबरा में आराम व सुकून जिंदगी बिताना रे को बहुत पसंद था, लेकिन वह अपनी जिंदगी में जो कुछ हासिल करना चाहता था, वह आराम कुरसी पर लेटकर नहीं किया जा सकता था। जी हाँ, रे खुद को हर हाल में हरा व बढ़ता हुआ बनाए रखना चाहता था—यही तो उसका जीवन दर्शन रहा था और वह अंतिम साँस तक इसका अनुसरण करने के लिए दृढ था।

रे की तीव्र इच्छा थी कि वह बेसबॉल टीम 'शिकागो कब्स' का स्वामित्व हासिल करे और इसका कारण यह था कि वह सात साल की उम्र से उसका पीछा करता आ रहा था। 1972 में रे को ऐसा लगा था कि अब उस टीम को खरीदने का उचित समय आ गया था। उस वक्त फिलिप नाइट रीग्ले (5 दिसंबर, 1894 से 12 अप्रैल, 1977) 'शिकागो कब्स' अध्यक्ष व स्वामी था, जो उसे अपने पिता से विरासत में मिली हुई थी। रे ने रीग्ले के सामने टीम को खरीदने का प्रस्ताव रखा था, लेकिन रीग्ले ने स्वयं उससे बात तक करने की जहमत नहीं उठाई थी। उसने संदेश भिजवाया था कि यदि 'शिकागो कब्स' बिकाऊ होता तो रे उसके लिए योग्य उम्मीदवार था, लेकिन 'शिकागो कब्स' बिकाऊ नहीं था। यह बात रे को बरदाश्त नहीं हुई थी और वह पागल सा हो उठा था। उसका मानना था कि रीग्ले ने टीम को आगे बढ़ाने के लिए कुछ भी नहीं किया था, वह तो बस अपनी पिता की कुरसी पर बैठा आ रहा था, इसीलिए अब उसे टीम के विकास की राह से अलग हट जाना चाहिए था और यदि वह ऐसा नहीं कर रहा था तो यह उसकी बेवकूफी ही थी। वैसे रीग्ले के संदेश से रे को यह भी लगा था, वह अपना मन बदल भी सकता था, लेकिन कब तक ? रे उसके फैसले का ज्यादा इंतजार नहीं कर सकता था और फिर उसके बारे में सोचना ही बंद कर दिया था।

1974 के शुरुआती महीनों में जब वह जोआन से मिलने के लिए लॉस एंजिल्स की हवाई यात्रा पर था तो उसकी नजर इस खबर पर पड़ी थी कि जल्द ही 'सैन डिएगो

'सैन डिएगो पड्रेस' टीम अपनी पहली घरेलू प्रतिस्पर्धा में बुरी तरह हार गई थी और उस घटना से रे क्रोक इतना दुःखी हुआ था कि उसने सार्वजनिक उद्घोषणा माइक्रोफोन से टीम की उसके खराब प्रदर्शन के लिए 40 हजार से अधिक दर्शकों से खचाखच भरे स्टेडियम में सरेआम तीखी आलोचना कर दी थी।

पड्रेस' टीम की बिक्री होने जा रही थी। उसके मन में तत्काल विचार आया था कि सैन डिएगो एक खूबसूरत जगह थी और उसे 'सैन डिएगो पड्रेस' टीम को खरीदने की कोशिश करनी चाहिए थी। 'सैन डिएगो पड्रेस' टीम का तत्कालीन अध्यक्ष व हिस्सेदार एमिल यूसुफ बुज्जी बवासी (12 दिसंबर, 1914 से 1 मई, 2008) था, जो ब्रुकलिन ऐंड लॉस एंजिल्स डॉजर्स टीम का महाप्रबंधक (1951-68) रह चुका था, और अमेरिकी बेसबॉल टीमों के कई एकीकरणों के लिए जाना जाता था। रे बुज्जी का बड़ा प्रशंसक रहा था। टीम के बिकाऊ होने की खबर से रे इतना उत्साहित था कि हवाई अड्डे पर उतरते ही वहाँ इंतजार कर रही पत्नी जोआन के साथ कार में सवार होकर 'सैन डिएगो पड्रेस' टीम की पहली घरेलू प्रतिस्पर्धा को देखने के लिए निकल पड़ा था। रास्ते में रे ने जब जोआन को यह बताया था कि वह 'सैन डिएगो पड्रेस' टीम खरीदने का इच्छुक था तो वह बहुत हैरान हुई थी। जोआन बखूबी रे के जिद्दी स्वभाव को जानती थी कि वह अपनी ख्वाहिश पूरी करके ही दम लेता था, लिहाजा उसे मना करने का सवाल ही कहाँ था?

खैर, 'सैन डिएगो पड्रेस' टीम अपनी पहली घरेलू प्रतिस्पर्धा में बुरी तरह हार गई थी और उस घटना से रे क्रोक इतना दुःखी हुआ था कि उसने सार्वजनिक उद्घोषणा माइक्रोफोन से टीम की उसके खराब प्रदर्शन के लिए 40 हजार से अधिक दर्शकों से खचाखच भरे स्टेडियम में सरेआम तीखी आलोचना कर दी थी। दर्शकों ने भी रे के सुर में सुर मिलाया था और वहाँ हंगामे जैसा माहौल बन गया था। टीम के सभी पदाधिकारी रे की इस अघोषित हरकत पर हैरान थे, जोआन भी हैरान थी और शायद रे भी पछता रहा था कि आखिरकार वह इतने आवेश में क्यों आ गया था। वैसे रे का यह स्वभाव ही था कि वह अपनी भावना को छुपा ही नहीं सकता था, यह उसकी खूबी भी थी और कमजोरी भी। जो होना था, वह हो चुका था और अगले दिन रे की तीखी बयानबाजी ही अखबारों की सुर्खियाँ बनी थीं।

असल में, 'शिकागो कब्स' न खरीद पाने की खीझ पिछले कई हफ्तों से रे को परेशान किए जा रही थी, जो 'सैन डिएगो पड्रेस' टीम के घटिया प्रदर्शन के बाद तीखी भड़ास के रूप में अचानक बाहर निकल आई थी। हवाई यात्रा के क्रम में रे ने जो खबर पढ़ी थी, उसमें यह भी लिखा गया था कि उस टीम का मालिक सी अर्नहोल्ट, जो सैन

डिएगो का बड़ा साहूकार था, उस वक्त आर्थिक संकट से गुजर रहा था और टीम को बेचना उसकी मजबूरी थी। उस टीम की खरीद के कई दावेदार थे, लेकिन रे ने उसके लिए पूरा जाल बिछाया था और अंततः वह उसका स्वामी बन गया था। चूँकि वह टीम पिछले लगातार पाँच वर्षों से एक तरह से तहखाने में बंद पड़ी थी, इसीलिए रे को उससे कोई खास उम्मीद नहीं थी। उसने टीम को अपना प्रदर्शन बेहतर करने के लिए पूरे तीन वर्ष का समय दिया था और उसके लिए सारे जरूरी संसाधन मुहैया कराए थे। चूँकि टीम के खेल का स्टेडियम सैन डिएगो के स्थानीय निकाय का था, इसीलिए रे उसकी मूल बनावट में ज्यादा कुछ तो नहीं कर सका था, फिर भी उसने टीम की सुविधा व दर्शकों के मनोरंजन के लिए काफी इंतजाम कराया था। तीन वर्षों में टीम के प्रदर्शन में काफी सुधार आया था, लेकिन वह रे की उम्मीद से कम था। यही कारण था कि 1977 में रे ने कई नए खिलाड़ियों को जोड़ा था। 1978 में बुज्जी बवासी के इस्तीफे के बाद रे खुद अध्यक्ष बन गया था, लेकिन टीम की रोजाना की गतिविधियों को संचालित कर पाना उसके लिए संभव न था। इसीलिए रे ने अपने दामाद बल्लार्ड स्मिथ को कार्यकारी उपाध्यक्ष नियुक्त किया था, जो पेशेवर अधिकारियों के साथ टीम का संचालन करने लगा था।

इस बीच अगस्त 1976 में रे ने नेशनल हॉकी लीग से 'सैन डिएगो मरीनर्स' को भी खरीदा था, लेकिन उसमें रे को कोई खास उम्मीद नजर नहीं आई थी और उसने साल भर बाद ही उसे वापस लीग को ही बेच दिया था। असल में रे को कभी भी हॉकी में कोई खास रुचि नहीं थी, लेकिन इस खरीद-बिक्री के लिए रे की तीखी आलोचना भी हुई थी। रे ने आत्मकथा में लिखा है कि टीमों की खरीद-बिक्री के क्रम में व्यक्ति विशेष को, उन लोगों की तीखी आलोचना का शिकार होना पड़ता है, जो यह समझते हैं कि वे धन का बेहतर उपयोग कर सकते थे। इस घटना को लेकर भी रे ने दार्शनिक बयान दिया है। उसने लिखा है, "यह आमतौर पर भ्रम है कि धन समस्याओं को दूर कर सकता है। यह नहीं कर सकता। धन समस्याएँ पैदा करता है और आपके पास जितना ज्यादा होता है, समस्याएँ भी उतनी ही ज्यादा बड़ी होती हैं, चाहे आप कितनी ही बुद्धिमानी से उसे खर्च क्यों न करें।"

जी हाँ, लोगों ने कभी-कभी रे क्रोक पर धन का भूखा शेर होने का भी आरोप लगाया था, लेकिन आत्मकथा में रे ने इस आरोप को सिरे से खारिज किया है। उसने लिखा है कि यह सच नहीं था और उसने कभी भी सिर्फ धन के लिए कुछ भी नहीं किया था। बहुत वर्ष पहले, जब मैकडोनाल्ड्स ने पहली बार बड़ी आमदनी पैदा करने की शुरुआत की थी, तो रे ने एक वित्तीय बैठक में भाषण दिया था। तब एक शख्स अचानक उठ खड़ा हुआ था और कहा था, "क्या यह दिलचस्प नहीं है कि श्रीमान क्रोक इतने ज्यादा उत्साही व भावुक हैं। आप जानते हैं कि वह मैकडोनाल्ड्स के 40

लाख शेयरों के स्वामी हैं और शेयर 5 डॉलर ऊपर चला गया है।'' उस समय रे को गद्गद हो जाना चाहिए थे, लेकिन असलियत यह थी, वह इस खुशामदी तारीफ से बुरी तरह से परेशान हो गया था। वह शख्स रे की ओर बड़े ही कौतूहल से देख रहा था। तब रे ने यह कहकर सबको चौंका दिया था कि ''तो क्या हुआ? मैं अभी एक बार में एक ही जोड़े जूते पहन सकता हूँ।''

रे ने आत्मकथा में ऐसी मानसिकतावाले लोगों पर अफसोस जाहिर किया है और लिखा है कि जो लोग सिर्फ मेरा कहाँ है, की भाषा में बात करते हैं, वे नहीं सोच सकते हैं कि कोई दूसरा वैसा नहीं सोचता होगा। असल में, जब प्राकृतिक आपदाओं के मौकों पर मैकडोनाल्ड्स अपने सामाजिक दायित्व की भावना से प्रभावित समुदाय में मुफ्त हैम्बर्गर व कॉफी बाँटा करता था, तब भी कई ऐसे पत्रकार व लेखक थे, जो कंपनी के उस काम को सार्वजनिक संबंध बनाने की नौटंकी करार देने से नहीं चूकते थे। ऐसी घटनाओं से रे काफी आहत हुआ करता था, ऐसी आलोचनाओं को आसानी से पचा पाना भी संभव नहीं था, क्योंकि रे का हमेशा ये मानना रहा था कि मैकडोनाल्ड्स जिस भी समुदाय में कारोबार करता था, उसे कुछ वापस लौटाना उसका सामाजिक दायित्व बनता था। यही कारण था कि रे हमेशा अपने संचालकों को अच्छा पड़ोसी व जिम्मेदार नागरिक बनने की सलाह दिया करता था और उन्हें सामुदायिक कार्यों में बढ़-चढ़कर हिस्सा लेने व अच्छी धर्मार्थ संस्थाओं को दान देने के लिए प्रोत्साहित करता था और उस दर्शन पर रे आजीवन खुद भी अमल करता रहा था।

ऐसे कई मौके आए थे, जब हीन भावना से ग्रसित लोगों ने मैकडोनाल्ड्स पर अपना निशाना साधा था। उनमें सबसे दिलचस्प घटना तब हुई थी, जब मैकडोनाल्ड्स ने कैंब्रिज (मैसाचुसेट्स) स्थित तथाकथित ऐतिहासिक ग्रीक पुनरुद्धार (ग्रीक रिवाइवल) भवन को ढाहकर रेस्तराँ का निर्माण किया था। असल में मैकडोनाल्ड्स के खरीदने से पहले ही उस भवन को पूरी तरह से तबाह कर आग के हवाले किया जा चुका था और कैंब्रिज के स्थानीय प्रशासन ने उसे ऐतिहासिक भवन का दर्जा देने से इनकार कर दिया था, लेकिन मैकडोनाल्ड्स की सफलता को अमेरिकी पूँजीवाद का भयावह प्रतीक माननेवाले आलोचक पत्रकारों ने अपने आलेखों में इस बात की चर्चा तक नहीं की थी। नतीजा यह हुआ था कि 1974 में जब वह रेस्तराँ खुला था तो उसे लंबे समय तक राजनीति से प्रेरित प्रदर्शनों का सामना करना पड़ा था। सुयोग यह था कि उस रेस्तराँ संचालक लौरेंस किम्मेलमैन के पहले से ही कुछ सफल मैकडोनाल्ड्स रेस्तराँ बोस्टन क्षेत्र में चल रहे थे और वह घाटे को बरदाश्त कर पाने की स्थिति में था। धीरे-धीरे कैंब्रिज के स्थानीय निवासियों ने यह एहसास करना शुरू किया था कि वहाँ स्थित मैकडोनाल्ड्स रेस्तराँ उनके लिए एक कीमती अचल-संपत्ति

थी। वे सभी नकारात्मक दुष्प्रचारों को भूलने लेगे थे और रेस्तराँ का कारोबार पनपना शुरू हुआ था। उस रेस्तराँ के विरोध में सबसे ज्यादा सक्रिय एक महिला ने बाद में उस रेस्तराँ में काम भी करना शुरू कर दिया था और फिर शहर के तमाम राजनेता मैकडोनाल्ड्स के प्रशंसक बन गए थे।

सैन फ्रांसिस्को में श्रमिक संघों के साथ विवाद के दौरान मैकडोनाल्ड्स पर 'चौंकानेवाली हेरा-फेरी' का आरोप भी लगा था। रे ने इस आरोप पर बहुत मजाकिया लहजे कहा था कि दूसरे शब्दों में इस आरोप का मतलब यह निकलता है कि हर जगह लोगों को मूर्ख बनाते नहीं फिरते थे, लेकिन हकीकत यह भी थी कि पराजित होना स्वाभाविक रूप से चौंकानेवाली बात ही नजर आती है। उस क्रम में रे को तत्कालीन महापौर (मेयर) को यह कहता हुआ उद्धृत किया गया था, "सैन फ्रांसिस्को में तीसरा मैकडोनाल्ड्स बनाने में क्या लगेगा?" रे ने आत्मकथा में इस वाक्य को सिरे से खारिज किया है कि उसने ऐसा कुछ कहा था, लेकिन ऐसा करते हुए रे ने यह भी साफ किया है कि इसका मतलब यह भी नहीं था कि उससे कभी कोई गलती ही हुई ही नहीं थी। रे का कहना था कि वह अपनी गलतियों के बारे में एक मोटी किताब लिख सकता था, लेकिन उसने ऐसा इसलिए नहीं किया था, क्योंकि उसे कभी भी नकारात्मक बातों से कुछ जुड़ता हुआ नजर नहीं आया था।

एक बार रे ने हैरी सोंनेबोर्न व जून मारीटिनो के साथ मिलकर शिकागो के दक्षिण में स्थित बीयर गार्डन में निवेश किया था और वह असफल साबित हुआ था। इसी तरह एक बार रे पर अपने नाम 'रेमंडस' से सुरुचिपूर्ण हैम्बर्गर रेस्तराँ शृंखला बनाने का भूत सवार हुआ था। चूँकि यह रे का विचार था, तो जाहिर था कि मैकडोनाल्ड्स कॉरपोरेशन के शीर्ष अधिकारियों ने उसे सिर-आँखों पर बिठाया था। फिर रे के ख्वाब को जमीन पर उतारने के लिए मोटी रकम खर्च कर बेवर्ली हिल्स (लॉस एंजिल्स) व शिकागो में दो शानदार रेमंडस रेस्तराओं का शुभारंभ भी किया गया था, लेकिन जल्द ही रे को पता चल गया था कि रेमंडस उसकी सनक भर थी और उसने उन रेस्तराओं से हाथ धोना ही बेहतर समझा था, लेकिन रेमंडस से एक फायदा यह हुआ था कि मैकडोनाल्ड्स को अब पता चल गया था कि महानगरों में किस तरह के रेस्तराओं का निर्माण किया जाए। असल में रे ने रेमंडस में गुणवत्ता पर जोर देने के इरादे से परिचालन मात्रा को सीमित रखने पर जोर दिया था, जिसके चले मुनाफे का अंतर काफी कम रह गया था।

इस तरह कई और गलत प्रयोग किए थे रे ने, लेकिन सबसे बड़ी गलती वह साबित हुई थी, जब उसने 1972 के अमेरिकी राष्ट्रपति चुनाव में रिचर्ड निक्सन के प्रचार अभियान में 2.50 लाख डॉलर का दान दिया था, लेकिन रे के उस दान को

निक्सन के समर्थन के रूप में नहीं, बल्कि उसे जॉर्ज मैकगवर्न के खिलाफ की गई एक कोशिश के रूप में देखा गया था। जल्द ही रे को इसका खामियाजा भुगतना पड़ा था। दुष्ट राजनेताओं ने रे पर यह आरोप लगाया था कि उसने यह दान संघीय मूल्य आयोग (फेडरल प्राइस कमीशन) की कृपा हासिल करने के लिए किया था, जो मैकडोनाल्ड्स के 'क्वार्टर पौंडर' (दो गौमांस व एक चीज पट्टीवाला बड़ा हैम्बर्गर) की कीमतों की छानबीन कर रहा था। रे ने आत्मकथा में अपने एक वकील मित्र के हवाले से लिखा है कि अमेरिकी सरकार के कई विभागों ने रे पर लगे उस आरोप की व्यापक जाँच की थी, लेकिन उन जाँचों का कोई नतीजा नहीं निकला था, खामख्वाह रे बदनाम हो गया था। तब रे को समझ आया था कि उसने अपने उसूल के खिलाफ काम किया था। रे हमेशा कहा करता था कि कभी भी नकारात्मक कोशिशों से सकारात्मक नतीजे निकालने की कोशिश नहीं करनी चाहिए।

मुनाफे का एक हिस्सा समाज को भी वापस करें

रे क्रोक की हमेशा से यही कोशिश रही थी कि जहाँ आप कारोबार करते हों, वहाँ के समाज को कुछ-न-कुछ वापस करें। इस दर्शन को कार्यान्वित करते हुए मैकडोनाल्ड्स ने 1974 में फिलाडेल्फिया (उत्तरी व मध्य अटलांटिक अमेरिकी प्रांत पेनसिलवेनिया का सबसे बड़ा नगर) में पहले 'रोनाल्ड मैकडोनाल्ड हाउस' का शुभारंभ किया था, जिसका उद्देश्य नजदीकी अस्पताल में भरती परिवारों को 'घर से बाहर घर' प्रदान करना था। फिलहाल (2015) में रोनाल्ड मैकडोनाल्ड हाउस चैरिटीज (आर.एम.एस.सी.) के द्वारा दुनिया के 57 देशों में 322 घर से बाहर घर संचालित किए जा रहे थे। उनमें नजदीकी अस्पतालों में अपने बच्चों का इलाज करा रहे जरूरतमंद परिवारों को हर रात कुल 7200 शयन-कक्षों की सुविधा प्रदान की जा रही थी। यदि इनकी तुलना समकक्ष होटलों के शयन-कक्षों से की जाए तो उसकी कीमत 25.70 करोड़ डॉलर आँकी गई थी।

लेकिन यह सब यूँ ही नहीं शुरू हुआ था, इसके पीछे भी एक लंबी कहानी है, जिसे हम यहाँ पर संक्षेप में कहने की कोशिश कर रहे हैं। असल में जब मैकडोनाल्ड्स के कारोबार के साथ-साथ रे क्रोक की निजी परिसंपत्तियों में बहुत ज्यादा इजाफा हो रहा था तो उसके पास 'क्रोक फाउंडेशन' का विचार आया था। शुरू-शुरू में रे किसी प्रकार की धर्मार्थ संस्था बनाने के पक्ष में नहीं था, क्योंकि उस जमाने में भी अमेरिका में ऐसी अधिकांश संस्थाओं को 'कर-आश्रय' (टैक्स शेल्टर) ही माना जा रहा था। रे अपने ऊपर इस तरह का कोई आरोप लेने से बचने की हर संभव कोशिशें करता रहा था। रे खुलेआम यह कहा करता था कि वह या उसकी कंपनी किसी धर्मार्थ इसलिए

दान नहीं कर रहे थे कि उससे करों में कटौती का मौका मिलता था। व्यावसायिक समुदायों में उस वक्त भी इस तरीके से कर बचाने का चलन आम था, लेकिन इस मामले में रे क्रोक एक विचित्र प्राणी ही था, जो ऐसा करने में शर्म महसूस करता था।

असल में रे अपने व्यक्तिगत खर्चों के मामले में भी बहुत अधिक सावधानी बरतता था। उसने जीवन भर मैकडोनाल्ड्स में अपना कोई व्यक्तिगत खर्च खाता नहीं चालू किया था। हाँ, शुरुआती दौर में इस तरह के आदर्शों का कोई मतलब नहीं था, फिर भी वह तब भी मैकडोनाल्ड्स से कोई वेतन नहीं लेता था और उसके सारे घरेलू व व्यक्तिगत खर्च प्रिंस कैसल सेल्स की आमदनी से पूरे हो रहे थे। बाद के वर्षों में भी रे के दिमाग में यह बात कभी भी नहीं आई कि उसके व्यक्तिगत खर्च कंपनी से पूरे हों। इसमें कोई शक नहीं कि रे के पास हमेशा से कंपनी का असीमित 'साख-पत्र' (क्रेडिट कार्ड) हुआ करता था, लेकिन वह अपने सारे खर्च अपनी जेब से ही भरता था। रे ने अपनी जेब से ही ग्रेहाउंड की विशेष रूप से निर्मित 19 बसें खरीदी थीं, जिनमें बाकायदा रसोई, शौचालय, टेलीफोन, रंगीन टेलीविजन व सुस्ताने योग्य बैठने की व्यवस्था की गई थी। रे ने उन बसों को 1 डॉलर प्रतिवर्ष के किराए पर मैकडोनाल्ड्स को ही सौंप दिया था। इन बसों का नाम था 'बिग मैक'। मैकडोनाल्ड्स का हरेक जिला कार्यालय अपने क्षेत्र के रेस्तराँ संचालकों की उन बसों का उपयोग सुरक्षित करता था, जो सुविधाहीन बच्चों व वरिष्ठ नागरिकों को सैर पर ले जाने जैसे सार्थक कामों के लिए उपयोग में लाई जाती थीं। रे ने अपनी ही जेब से ग्रुम्मान गल्फस्ट्रीम जी-2 जेट विमान खरीदा था, जिसे मैकडोनाल्ड्स ने प्रतिवर्ष 1 डॉलर के किराए पर रखा हुआ था। यह विमान दुनिया भर में कहीं भी उड़ सकता था, इस तरह से कंपनी अपने शीर्ष पदाधिकारियों की यात्राओं के खर्च बचाया करती थी। कुल मिलाकर रे अपने धन को उपयोगी तरीके से खर्च करने में विश्वास रखता था।

रे ने अपनी जेब से ही ग्रेहाउंड की विशेष रूप से निर्मित 19 बसें खरीदी थीं, जिनमें बाकायदा रसोई, शौचालय, टेलीफोन, रंगीन टेलीविजन व सुस्ताने योग्य बैठने की व्यवस्था की गई थी। रे ने उन बसों को 1 डॉलर प्रतिवर्ष के किराए पर मैकडोनाल्ड्स को ही सौंप दिया था। इन बसों का नाम था 'बिग मैक'।

लेकिन एक दिन अचानक रे ने क्रोक फाउंडेशन के गठन का फैसला ले लिया था। हुआ यूँ था कि 'सैन डिएगो पड्रेस' बेसबॉल टीम खरीदने के काफी समय पहले एक दिन रे शिकागो ट्रिब्यून के खेल-स्तंभकार डेव कॉनडॉन के साथ यूँ ही गप्पें मार रहा था और फिर 1929 के महान् 'शिकागो कब्स' बेसबॉल टीम की चर्चा छिड़ गई

थी, जब उसने फिलाडैल्फिया के विरुद्ध विश्व-शृंखला जीत ली थी। तब रे के मुँह से अचानक ये शब्द निकल पड़े थे, "जानते हो डेव, मैं पुनर्जन्म का आदर्श उदाहरण हूँ। मैं तो उसी दिन मर गया था, जब हैक विल्सन (प्रसिद्ध अमेरिकी बेसबॉल खिलाड़ी) ने सूरज की रोशनी में उड़ती हुई गेंद को खो दिया था।" खैर वह तो एक मजाक जैसा ही था, लेकिन रे को अकसर ऐसा लगता था कि उसे जीवन में एक अतिरिक्त बल्ला चलाने का मौका दिया गया था। इसके लिए वह खुद को चिकित्सा विज्ञान का कर्जदार महसूस करता था और उसी एहसान का शुक्रिया अदा करने के लिए उसने क्रोक फाउंडेशन के डेव के सुझाव को तत्काल मान लिया था।

जब इस विचार पर डेव के साथ रे ने आगे चर्चा की थी तो उसके दिमाग में आया था कि क्रोक फाउंडेशन की अध्यक्षता के लिए सबसे उपयुक्त व्यक्ति उसका अपना भाई रोबर्ट एल. बॉब क्रोक ही था। बॉब ने ओहियो के ऑबेर्लिन महाविद्यालय से 1929 में स्नातक कला (बी.ए.) के बाद 1931 में स्नातकोतर कला (एम.ए.) और फिर 1933 में विस्कॉन्सिन विश्वविद्यालय से प्राणी विज्ञान (जूलॉजी) व शरीर विज्ञान (फिजियोलॉजी) पी-एच.डी. की उपाधियाँ हासिल की थीं। फिर बॉब ने इंडिआना विश्वविद्यालय में 11 वर्षों तक प्राणी विज्ञान पढ़ाया था और उसके बाद मल्टीने कंपनी (ब्रुकलिन, न्यूयॉर्क) के साथ जैव चिकित्सा अनुसंधान (बायोमेडिकल रिसर्च) के क्षेत्र में अपना पेशेवर जीवन शुरू किया था। उसकी कंपनी का अंततः मॉरिस प्लेन्स (न्यू जर्सी) स्थित दवा निर्माता कंपनी वार्नर-लैम्बर्ट (2000 में फाइजर द्वारा अधिग्रहीत) में विलय हो गया था, जहाँ पर उसने शरीर विज्ञान विभाग के निदेशक के रूप शोध उपलब्धियों के उल्लेखनीय कीर्तिमान स्थापित किया था। चूँकि बॉब चिकित्सा अनुसंधान क्षेत्र की बड़ी हस्ती था, इसलिए रे के लिए उसे उतने बड़े पद को छोड़कर सांता बारबरा स्थित अपने रैन बसेरे में स्थापित क्रोक फाउंडेशन का काम सौंपने के लिए तैयार करने में करीब चार वर्ष का समय लग गया था। आखिरकर 1969 में बॉब ने सेवानिवृत्ति ले ली थी और मॉरिस प्लेन्स स्थित बसा-बसाया घर-बार छोड़कर पूरे परिवार के साथ सांता बारबरा स्थानांतरित हो गया था। तब तक रे ने अपने रैन बसेरे में फाउंडेशन का खूबसूरत भवन तैयार करवा लिया था, जिसमें वैज्ञानिक सम्मेलनों के आयोजन व शोध-पत्रों के प्रदर्शन की आधुनिकतम सुविधाएँ मौजूद थीं। (बॉब आजीवन फाउंडेशन का नेतृत्व करता रहा था और 19 अप्रैल, 2002 को करीब 95 साल की उम्र में उसकी मृत्यु हो गई थी।)

बॉब विज्ञान की भाषा में बात करता था और कम-से-कम गलती करने के चक्कर में बहुत कम काम हाथ में लेता था, लेकिन रे बेसब्र था, वह काम को तेजी से करने के लिए कुछ गलतियों को भी सहजता से स्वीकार कर लेता था। इस तरह

फाउंडेशन के धन को खर्च करने के मामले में भी दोनों भाइयों के सोच में मीलों की दूरी थी। रे ने यह कभी नहीं सोचा था कि अनुदान देने में इतना ज्यादा समय लग सकता था, क्योंकि बिना पूरी जाँच-पड़ताल व गहन साक्षात्कार के बॉब किसी को भी धन जारी करने के लिए राजी ही नहीं होता था। फिर भी बॉब ने कुछ महत्त्वपूर्ण शोध परियोजनाओं के लिए धन जारी कर दिया था। फाउंडेशन द्वारा आयोजित सम्मेलनों में प्रतिष्ठित वैज्ञानिक व अनुसंधानकर्ता हिस्सा ले रहे थे और उनके विचार-विमर्श सत्रों की विषय सामग्री को शोध-पुस्तकों व चिकित्सा शोध पत्रिकाओं में विशेष परिशिष्टों के रूप में प्रकाशित किया जा रहा था।

उस समय क्रोक फाउंडेशन मुख्य रूप से मधुमेह (डायबिटीज), गठिया (आर्थराइटिस) व एकाधिक काठिन्य (मल्टीपल स्क्लेरोसिस) से संबंधित शोध परियोजनाओं की मदद कर रही थी। इसकी एक वजह यह थी कि उस समय वयस्कों को ये बीमारियाँ काफी परेशान किया करती थीं और दूसरी वजह यह थी कि रे खुद भी इन तीनों बीमारियों की चपेट में आता जा रहा था। रे की पहली पत्नी एथल की तब तक मृत्यु हो चुकी थी और वह भी इन तीनों बीमारियों से परेशान रही थीं; रे व एथल की बेटी मारीलीन इन्हीं बीमारियों की चपेट में आकर 1973 में अपनी जान दे चुकी थी। गठिया ने रे के कूल्हों को इस कदर पकड़ लिया था कि 1974 में उसे काफी समय पर बिस्तर पर पड़े रहने के लिए मजबूर कर दिया था और बाद में भी उसे बिना छड़ी के चल-फिर पाने में परेशानी होती थी। चिकित्सकों ने उसकी गठिया की शल्यक्रिया करने से इसलिए मना किया हुआ था कि वह मधुमेह व उच्च रक्तचाप (हाई ब्लड प्रेशर) का भी शिकार था, लेकिन बाद में वह शल्यक्रिया के जरिए प्लास्टिक कूल्हा लगवाने की जिद पर अड़ गया था, चाहे उस दौरान उसकी मृत्यु ही क्यों न हो जाए। वह किसी भी सूरत में बिस्तर पर पड़े रहने को तैयार नहीं था। खैर, शल्यक्रिया सफल साबित हुई थी और रे ने छड़ी को तहखाने में फेंककर फिर से ठीक-ठाक चलना शुरू कर दिया था, हालाँकि जोआन उसे अकसर सावधान किया करती थी। रे की बहन को एकाधिक कठिनाई की समस्या थी, जो अपने पति के साथ लाफियेट (इंडिआना) में तीन मैकडोनाल्ड्स रेस्तराओं का संचालन कर रही थी।

फिर 1976 में क्रोक फाउंडेशन ने शराब दुरुपयोग के कारण परिवारों पड़नेवाले प्रभावों के प्रति जागरूकता फैलाने संबंधी कार्यों में अपना विस्तार किया था, उस जागरूकता अभियान को 'कॉर्क' (क्रोक का उल्टा) नाम दिया गया था। इस कार्यक्रम के पीछे रे की पत्नी जोआन की प्रेरणा थी और उसने इसमें अपना काफी समय लगाया था।

चूँकि रे को कुछ-न-कुछ समाज को वापस देने में आनंद आता था, इसीलिए रे ने 1972 में अपने 70वें जन्मदिवस पर कुछ अन्य सराहनीय कार्यों में 10 लाख डॉलर खर्च

करने का फैसला किया था। इसके लिए रे ने शिकागो की संस्थाओं को चुना था, क्योंकि वह उसका गृहनगर था और मैकडोनाल्ड्स का मुख्यालय भी वहीं था। इसके जरिए रे अपने नगर का आभार प्रकट करना चाहता था। इसका दूसरा कारण यह भी था कि युवा समुदाय व पारिवारिक लोग मैकडोनाल्ड्स की सफलता में महत्त्वपूर्ण भूमिका निभाते रहे थे और रे उन्हें कुछ उपहार भेंट करना चाहता था। इस तरह उपहारों की अंतिम सूची में सामान्य दवाओं के अनुसंधान व उसकी नई सुविधा के निर्माण के लिए चिल्ड्रेन मेमोरियल होस्पिटल, जन्म संबंधी समस्याओं के अध्ययन अनुसंधान संस्था के गठन के लिए नार्थवेस्टर्न मेमोरियल हॉस्पिटल, यूनिवर्स थिएटर के विकास के लिए एडलर प्लेनेटेरियम, ग्रेट एप हाउस के निर्माण के लिए लिंकन पार्क जू, कुक काउंटी जेल के कैदियों की शिक्षा व पुनर्वास कार्यक्रम के लिए पेस इंस्टीट्यूट, अक्षय निधि (एंडोमेंट फंड) की स्थापना के लिए रविनिया फेस्टिवल एसोसिएशन और पारिस्थितिकी विज्ञान की बड़ी प्रदर्शनी के लिए फील्ड म्यूजियम ऑफ नेचुरल हिस्टरी को शामिल किया गया था। इसके अलावा रे के उस जन्मदिन पर कई और काम किए गए थे, जो किसी-न-किसी रूप में समाज को कुछ वापस देने वाले थे और रे ने अपने शहर का कृतज्ञता ज्ञापन किया था और यह सिलसिला आगे भी बढ़ता गया था।

वर्ष 1974 में फिलाडेल्फिया के मैकडोनाल्ड्स रेस्तराओं के संचालकों ने स्थानीय फुटबॉल टीम 'फिलाडेल्फिया ईगल्स' के सहयोग से एक बहुत ही उपयोगी परोपकारी कार्यक्रम को शुरू किया था। वह कार्यक्रम था फिलाडेल्फिया चिल्ड्रेंनस हॉस्पिटल में इलाज करा रहे बच्चों के माता-पिताओं के लिए 'घर से दूर घर' की सुविधाएँ मुहैया कराना, जिसका उन लोगों ने नाम रखा था 'रोनाल्ड मैकडोनाल्ड हाउस'। रे उसके शुभारंभ के मौके पर खुद मौजूद रहा था और उसे यह पहल बहुत अच्छी लगी थी।

उसके बाद 1975 में शिकागो के चिल्ड्रेंनस मेमोरियल हॉस्पिटल में पांडुरोग (ल्यूकेमिया) का इलाज करा रहे बच्चों के माता-पिताओं ने इस विचार को आगे बढ़ाया था। मैकडोनाल्ड्स संचालकों के स्थानीय संचालकों के संगठन की ओर से लगभग 4 लाख डॉलर की इस परियोजना में 1.50 लाख डॉलर का योगदान किया था। स्थानीय फुटबॉल टीम शिकागो बेअर्स ने उसे प्रचारित किया था और फिर 150 व्यक्ति विशेषों व व्यापारियों की मदद से चिल्ड्रेंनस मेमोरियल हॉस्पिटल से महज से कुछ ही दूरी पर रोनाल्ड मैकडोनाल्ड हाउस का निर्माण संभव हुआ था। इसमें 18 परिवारों के ठहरने की व्यवस्था की गई थी। उसमें अस्पताल से 70 मील से ज्यादा दूर रहनेवाले परिवारों को 5 डॉलर प्रति रात की दर पर ठहरने का मौका दिया गया था।

फिर यह सिलसिला तेजी से आगे बढ़ा था, क्योंकि अब मैकडोनाल्ड्स कॉरपोरेशन ने इसे एक देशव्यापी परियोजना के तौर पर आगे बढ़ाना शुरू किया था। देश के

विभिन्न हिस्सों में मैकडोनाल्ड्स संचालकों को प्रोत्साहित करने के लिए कार्यशालाओं का आयोजन किया गया था और फिर कई शहरों—डेनवर, सिएटल, लॉस एंजिल्स, अटलांटा, पिट्सबर्ग व बोस्टन/ प्रोविडेंस क्षेत्र में 'रोनाल्ड मैकडोनाल्ड्स हाउस' के निर्माण शुरू हो गए थे। 1977 में रे क्रोक के 75वें जन्म दिवस के मौके पर उसके दोस्तों ने 2.25 लाख डॉलर की बीज राशि के साथ बाकायदा क्रोक-रोनाल्ड मैकडोनाल्ड चिल्ड्रेंनस फंड की स्थापना की थी, जिसके जरिए समूचे देश में 'रोनाल्ड मैकडोनाल्ड हाउस' के निर्माण के लिए बीज राशियाँ प्रदान करने का क्रम शुरू किया गया था।

वर्ष 1981 में टोरंटो (ओंटारियो, कनाडा) में अमेरिका से पहला रोनाल्ड मैकडोनाल्ड हाउस स्थापित हुआ था। एक दशक बाद 1991 में इसकी विश्वव्यापी संख्या बढ़कर 150 हो चुकी की और 150वाँ रोनाल्ड मैकडोनाल्ड हाउस पेरिस (फ्रांस) में खोला गया था। 25 जुलाई, 2005 को काराकास (वेनेजुएला) में 250वाँ रोनाल्ड मैकडोनाल्ड हाउस स्थापित हुआ था। 7 जून, 2011 को बैंकाक (थाईलैंड) के क्वीन सिरिकित नेशनल इंस्टीट्यूट ऑफ चाइल्ड हेल्थ में अस्पताल के अंदर पहला रोनाल्ड मैकडोनाल्ड हाउस का शुभारंभ हुआ था। 2015 में कुल 324 रोनाल्ड मैकडोनाल्ड हाउस का विशाल संजाल दुनिया के 57 देशों में फैल चुका था।

□

7

रे क्रोक के मूल-सिद्धांतों पर आगे बढ़ता मैकडोनाल्ड्स

1970 के दशक के अंत में अमेरिकी त्वरित खाद्य उद्योग में जो 'बर्गर युद्ध' शुरू हुआ था, वह 1980 के शुरुआती वर्षों में और भी तेज हो गया था। प्रतिस्पर्धी शृंखलाओं में खासतौर पर बर्गर किंग व विंदीस ने मैकडोनाल्ड्स की तेज रफ्तार के साथ मुकाबला करने की कोशिश की थी, लेकिन वह अपनी गति से आगे बढ़ता रहा था। इस बीच आलोचकों ने मैकडोनाल्ड्स के खाद्यों की पौष्टिकता को लेकर भी हाय-तौबा मचाई थी, लेकिन रे क्रोक द्वारा सुस्थापित कारोबारी-प्रारूप बेहद कामयाब साबित हो रहा था और पेशेवर प्रबंधन दल के जरिए मैकडोनाल्ड्स कॉरपोरेशन अंतरराष्ट्रीय बाजारों में अपनी जड़ें जमा रहा था। ऐसे में जब 14 जनवरी, 1984 को सैन डिएगो के स्क्रिप्स मेमोरियल हॉस्पिटल में रे की मौत हुई थी, तब विश्व के 31 देशों में 7500 रेस्तराओं के विशाल संजाल के माध्यम मैकडोनाल्ड्स समूह 8 अरब डॉलर का सालाना कारोबार कर रहा था। उस वक्त रे क्रोक की व्यक्तिगत परिसंपत्ति 50 करोड़ डॉलर आँकी गई थी, जिसका उत्तराधिकार उसकी तत्कालीन पत्नी जोआन को मिला था।

रे क्रोक दूरदर्शी था और उसने काफी पहले ही मैकडोनाल्ड्स कॉरपोरेशन के प्रबंधन ढाँचे को पेशेवर बनाना शुरू कर दिया था। उसने 1968 में ही फ्रेडरिक लियो फ्रेड टर्नर को अपना अध्यक्ष व मुख्य कार्यकारी अधिकारी का पद दे दिया था। अगले नौ वर्षों में टर्नर मैकडोनाल्ड्स को जिस ऊँचाई की ओर ले गया था, उसी का नतीजा था कि रे ने टर्नर को अपना योग्य उत्तराधिकारी मान लिया था और 1977 में उसे अपना सभापति (चेयरमैन) पद भी सौंप दिया था। साफ है कि रे ने जीवित रहते ही देख लिया था कि उसके दार्शनिक कारोबारी सपनों को ठोस रूप दे सकनेवाला और कोई नहीं केवल फ्रेड टर्नर ही था। ऐसे में जब 13 वर्षों के बाद रे की मृत्यु हुई थी तो फ्रेड टर्नर

ने वरिष्ठ सभापति के रूप में उसकी जगह ली थी, तो ऐसा कहना बिल्कुल उचित है कि रे ने मैकडोनाल्ड्स की स्थापना की थी और टर्नर ने मैकडोनाल्ड्स को विश्वव्यापी संस्था के रूप में विकसित किया था। जी हाँ, 2004 में जब टर्नर ने मानद सभापति की भूमिका में कार्यकारी जिम्मेवारियों से खुद को पूरी तरह से मुक्त किया था, तब दुनिया के 118 देशों में मैकडोनाल्ड्स के 31,500 रेस्तराँ संचालित हो रहे थे, लेकिन उसके बाद भी रे क्रोक के मूल सिद्धांतों—गुणवत्ता, सेवा, स्वच्छता व मूल्य पर मैकडोनाल्ड्स लगातार आगे बढ़ता रहा था।

विस्तार के साथ-साथ विविधीकरण पर जोर

1980 के दशक में मैकडोनाल्ड्स ने एक तरफ घरेलू व अंतरराष्ट्रीय बाजारों में विस्तार किया था, तो दूसरी तरफ ग्राहकों के बदलते स्वाद के मुताबिक अपनी भोजन-सूची में भी बदलाव किया था। 1980 में मैकडोनाल्ड्स ने अपना 6000वाँ रेस्तराँ म्यूनिख (जर्मनी) में खोला था। इसी वर्ष कंपनी ने अपना पहला मुरगा-मांस उत्पाद 'मैकचिकन' प्रस्तुत किया था।

'मैकचिकन' एक खास प्रकार का सैंडविच था, जिसे दो सफेद बंद की फाँकों के बीच छोटे मुरगे की छाती के हिस्से के मांस, यानी चिकन ब्रैस्ट में ब्रेड चूरा मिलाकर बनाई गई पट्टी के ऊपर कटा सलाद व मेयोनेज (अंडे की जर्दी में तेल व सिरका फेंट कर बनाई गई मलाईदार चटनी) रखकर तैयार किया गया था, लेकिन ग्राहकों ने इस उत्पाद को ज्यादा पसंद नहीं किया था। नतीजतन मैकडोनाल्ड्स ने जल्द ही उसे अपनी भोजन-सूची से बाहर निकाल दिया था, लेकिन इस असफलता ने कंपनी को इसकी जगह मुरगा-मांस-आधारित एक रचनात्मक खाद्य 'मैकनगेट्स' पेश करने का मौका दिया था, जो तत्काल लोकप्रिय हो गया था।

मैकडोनाल्ड्स पहले कार्यकारी शेफ रेने अरेंड ने 1979 में 'मैकनगेट्स' पकाने की विधि का सफल प्रयोग किया था। यह प्रसंस्कृत मुरगा मांस के टुकड़ों को एक विशेष प्रकार के अर्द्धतरल मिश्रण—गेहूँ आटा, अंडा, पानी व अन्य रसायन के साथ तलकर बनाया गया था, लेकिन उस समय त्वरित-प्रशीतन/ फ्लैश फ्रीजिंग तकनीक, जिसमें तरल नाइट्रोजन के जरिए खाद्य वस्तुओं को 196 डिग्री सेंटीग्रेट, यानी 320.8 डिग्री फारेनहाइट तापमान पर ठंडा किया जाता है, पूर्णरूपेण विकसित नहीं थी। इसलिए मैकनगेट्स के देशव्यापी वितरण को सुनिश्चित करने में काफी समय लग गया था। आखिरकार 1983 में समूचे देश में मैकनगेट्स को पेश किया गया था। इस बीच कंपनी ने व्यापक विज्ञापन अभियान के साथ अपने दो उत्पादों—'बिग मैक' व 'मैकनगेट्स' के बीच आतंरिक प्रतिस्पर्धा शुरू की थी, जिसका घोषवाक्य था—'व्हिच विल बी नंबर

18 जुलाई, 1984 को सैन डिएगो के उपनगर सैन यसिदरो स्थित मैकडोनाल्ड्स रेस्तराँ में बहुत दुःखद घटना हुई थी, जो 'सैन यसिदरो मैकडोनाल्ड्स नरसंहार' के रूप में याद की जाती है। जेम्स हुबेर्टी नामक 41 वर्षीय बेरोजगार सुरक्षा कर्मी व मानसिक रोगी ने दोपहर 3.56 बजे उस रेस्तराँ में पहुँचकर अपनी पिस्तौल से गोलियाँ दागनी शुरू कर दी थीं।

वन'? जी हाँ, इतने कम समय में ही 1983 के अंत में मैकडोनाल्ड्स दुनिया का दूसरा सबसे बड़ा चिकन खुदरा विक्रेता बन गया था।

1981 में मैकडोनाल्ड्स ने मोरायता (मनीला) में फिलीपींस का; 1982 में बुकित बिनतंग (कुआलालंपुर) में मलेशिया का और जनवरी 1984 में सोंगसंग जिला (ताइपे) में ताइवान का पहला रेस्तराँ खोला था। मैकडोनाल्ड्स 1984 के ग्रीष्मकालीन ओलंपिक (28 जुलाई से 12 अगस्त; लॉस एंजिल्स, कैलिफोर्निया) का मुख्य प्रायोजक था और उसने 'व्हेन द यूएस विन्स, यू विन' नारे के साथ विज्ञापन अभियान चलाया था। हालाँकि सोवियत संघ के देशों के बहिष्कार के चलते उस ओलंपिक में अमेरिका ने बहुत से पदक बटोरे थे, लेकिन वह आयोजन बुरी तरह असफल साबित हुआ था और मैकडोनाल्ड्स को अपनी बड़ी लागत के बावजूद कोई लाभ नहीं मिल सका था।

इससे ठीक पहले 18 जुलाई, 1984 को सैन डिएगो के उपनगर सैन यसिदरो स्थित मैकडोनाल्ड्स रेस्तराँ में बहुत दुःखद घटना हुई थी, जो 'सैन यसिदरो मैकडोनाल्ड्स नरसंहार' के रूप में याद की जाती है। जेम्स हुबेर्टी नामक 41 वर्षीय बेरोजगार सुरक्षा कर्मी व मानसिक रोगी ने दोपहर 3.56 बजे उस रेस्तराँ में पहुँचकर अपनी पिस्तौल से गोलियाँ दागनी शुरू कर दी थीं। उस नरसंहार में 21 लोगों की मौत हो गई थी व 19 अन्य घायल हुए थे और जेम्स हुबेर्टी खुद भी पुलिस की गोली से मारा गया था।

अपनी कर्मयोगी छवि को जारी रखने के उद्देश्य मैकडोनाल्ड्स ने दो दिनों बाद ही उस रेस्तराँ को दुबारा सुसज्जित कर लिया था और उस रेस्तराँ में पहले की तरह फिर से परिचालन चालू हो गया था। उस मौके पर मैकडोनाल्ड्स ने मृतक परिवारों की सहायता के लिए गठित निधि में 10 लाख डॉलर दान की घोषणा की थी, लेकिन मृतक परिवारों के विरोध के चलते 28 जुलाई को मैकडोनाल्ड्स ने उस रेस्तराँ को ध्वस्त कर दिया था और वह जमीन सैन डिएगो स्थानीय प्रशासन को दे दी थी। फिर भी मृतक परिवारों ने मुआवजा भुगतान के लिए मैकडोनाल्ड्स के खिलाफ न्यायालयों के दरवाजे भी खटखटाए थे, लेकिन वे सभी खारिज कर दिए गए थे, क्योंकि मैकडोनाल्ड्स का न तो उस नरसंहार से कोई लेना-देना था और न ही नागरिक सुरक्षा प्रदान करना उसकी जिम्मेवारी थी। सैन डिएगो स्थानीय प्रशासन ने उक्त रेस्तराँ जमीन को एक विद्यालय को बेच दिया था और

नरसंहारवाली सीमित भूमि पर मृतकों का यादगारी स्मारक बनवाया था। कुछ समय बाद मैकडोनाल्ड्स ने उससे कुछ ही दूरी पर एक नए रेस्तराँ का निर्माण कर लिया था।

1985 में मैकडोनाल्ड्स ने एक बार अपनी भोजन सूची में एक नया खाद्य-सलाद पेश किया था। यह खाने के लिए तैयार (रेडी-टू-ईट) सलाद था, जो स्वास्थ्य के प्रति जागरूक ग्राहकों की लगातार बढ़ती माँग को देखकर दिया गया था। इस तरह विस्तारित भोजन सूची व कार्यकुशलता के साथ मैकडोनाल्ड्स ने अपने रेस्तराओं में पहले के मुकाबले काफी अधिक ग्राहकों को खींचना शुरू कर दिया था। यही वह समय था, जब मैकडोनाल्ड्स ने उपनगरों के अलावा नगरों व महानगरीय बाजारों की तरफ अपना ध्यान केंद्रित किया था। नगरों के ग्राहकों के हिसाब ने मैकडोनाल्ड्स को अपने रेस्तराँ भवन में नई वास्तुशैली को भी अपनाया था।

1985 में मैकडोनाल्ड्स ने बोल्जानो में इटली का, 1985 में मेक्सिको सिटी में में मैक्सिको का, 1986 में इस्तांबुल में टर्की का और 1987 में रुआ डो कैंपो में मकाऊ (तब पुर्तगाल के कब्जे में) का पहला रेस्तराँ खोला था। ब्रिटेन में पहला रेस्तराँ खोलने के 13 वर्षों बाद 23 नवंबर, 1987 का स्कॉटलैंड का पहला रेस्तराँ डंडी में खोला था, जिसके कुछ ही समय बाद दूसरा रेस्तराँ किर्काल्डी में भी खुला था।

सन् 1987 में माइकल रोबर्ट कुइनलन ने मैकडोनाल्ड्स कॉरपोरेशन के मुख्य कार्यकारी अधिकारी का पदभार सँभाला था। शिकागो के बेहद गरीब व आपराधिक घटनाओंवाले पश्चिमी क्षेत्र (वेस्ट साइड) में 9 दिसंबर, 1944 को जन्मे व पले-बढ़े कुइनलन को छात्रवृत्ति की बदौलत लोयोला विश्वविद्यालय शिकागो में दाखिला मिल गया गया था, लेकिन उसके माता-पिता पढ़ाई का खर्च नहीं उठा सकते थी। इसी दौरान ही जब वह 18 साल का था, तो उसकी बिरादरी के एक भाई ने बताया था कि उसकी माँ जून मारीटिनो उसे नौकरी ढूँढ़ने में मदद कर सकती थी। यह 1963 की बात है, जब मैकडोनाल्ड्स सिस्टम्स के संस्थापक रे क्रोक की सचिव मारीटिनो ने मुख्यालय में कुइनलन को अंशकालिक रूप से 2 डॉलर प्रति घंटे के पारिश्रमिक पर डाक विभाग में रखा था। स्नातक की उपाधि हासिल करने के बाद कुइनलन ने पूर्णकालिक तौर पर काम करना शुरू किया था। अपने कठोर परिश्रम व लगन की बदौलत लगातार आगे बढ़ता हुआ वह 1974 में मैकडोनाल्ड्स कॉरपोरेशन का उपाध्यक्ष और 1980 में मैकडोनाल्ड्स-अमेरिका का अध्यक्ष बन गया था। मुख्य कार्यकारी अधिकारी का पद सँभालने के पहले वर्ष में कुइनलन ने 600 नए रेस्तराँ खोले थे। वह मार्च 1990 से मई 1999 तक मैकडोनाल्ड्स का चेयरमैन रहा था। फिर रोनाल्ड मैकडोनाल्ड हाउस संबंधी गतिविधियों की देखभाल करता रहा था और बाद में अपनी पत्नी के साथ पूर्णरूपेण सामाजिक कामों से जुड़ गया था।

इस बीच 12 अगस्त, 1987 को म्यूनिख (जर्मनी) के वास्सेबर्गर राज्यमार्ग पर स्थित मैकडोनाल्ड्स रेस्तराँ पर पाइपर चेयेन विमान आ गिरा था। औग्स्बर्ग से उड़ान भर कर वह विमान म्यूनिख के रिएम हवाई अड्डे पर उतरने जा रहा था कि बीच में ही उसका इंजन बंद हो गया और वह रेस्तराँ भवन से टकरा गया था। उस दुर्घटना में कुल 17 लोगों की मौत हो गई थी, जिनमें विमान में सवार चार, रेस्तराँ में बैठे सात व सड़क पर खड़ी बस में सवार चार व दो अन्य लोग शामिल थे।

1988 में मैकडोनाल्ड्स ने अपगुजेओंग-डोंग जिला क्षेत्र में सियोल का पहला रेस्तराँ खोला था। उसी वर्ष मैकडोनाल्ड्स ने बेलग्रेड (सर्बिया), यूगोस्लाविया (अब सर्बिआ) व बुडापेस्ट (हंगरी) में रेस्तराओं का शुभारंभ कर कम्युनिस्ट देशों में प्रवेश किया था।

1989 में मैकडोनाल्ड्स ने बच्चों के लिए स्वास्थ्यप्रद 'हैप्पी मील्स' का शुभारंभ किया था। इसके देशव्यापी प्रचार के लिए उसी समय जारी हो रही डिज्नी की सजीव संगीतमय फंतासी फिल्म 'द लिटिल मरमेड' के साथ गठबंधन किया गया था। हैप्पी मील्स में विशेष प्रकार से तैयार एक हैम्बर्गर, एक चीज बर्गर या चिकन मैकनगेट्स को मुख्य खाद्य के रूप में और फ्रेंच फ्राइज, एप्पल स्लाइस, दूध, जूस या शीतल पेय को अतिरिक्त खाद्य के रूप में एक ही आकर्षक डिब्बे में परोसा गया था। बच्चों को आकर्षित करने के लिए डिब्बे के अंदर 'द लिटिल मरमेड' फिल्म के साथ बेचे जा खिलौनों को भी डाला गया था, हालाँकि यह सीमित समय की प्रोत्साहन योजना थी।

31 जनवरी, 1990 को मैकडोनाल्ड्स कनाडा ने तत्कालीन सोवियत संघ की राजधानी मास्को में शानदार रेस्तराँ का शुभारंभ किया था, जो उस समय विश्व का सबसे बड़ा मैकडोनाल्ड्स रेस्तराँ था। हालाँकि कंपनी इस तथ्य खंडन करती रही है कि राजनीतिक कारणों से मैकडोनाल्ड्स ने अपनी कनाडा की कंपनी के माध्यम से इस रेस्तराँ का परिचालन सुनिश्चित किया था। उस रेस्तराँ में एक दीवार पर बाकायदा कनाडा व रूस का ध्वज प्रदर्शित किया गया था। बाद में भी पूर्व सोवियत संघ में जो मैकडोनाल्ड्स रेस्तराँ खोले गए थे, उनके परिचालन भी मैकडोनाल्ड्स कनाडा के अंतर्गत ही थे। स्थानीय आपूर्ति-संबंधी समस्याओं के मद्देनजर मैकडोनाल्ड्स को वहाँ पर अपनी संपूर्ण आपूर्ति-शृंखला विकसित करनी पड़ी थी, जिनमें खेत भी शामिल थे।

अंतरराष्ट्रीय बाजारों में क्रांतिकारी विस्तार

वैसे तो मैकडोनाल्ड्स के इतिहास में 1990 का दशक कई मायनों में महत्त्वपूर्ण है, लेकिन इस दौरान कंपनी ने जिस क्रांतिकारी बढ़त के अंतरराष्ट्रीय बाजारों में अपनी

पैठ बनाई थी, वह सबसे ज्यादा महत्त्वपूर्ण है। लगातार 33 वर्षों की कठोर मेहनत के बाद अप्रैल 1988 में मैकडोनाल्ड्स के रेस्तराओं की संख्या 10,000 पर पहुँची थी, लेकिन इस संख्या को 20000 तक पहुँचाने में कंपनी को सिर्फ 8 वर्ष (मध्य 1996) ही लगे थे। 1997 के अंत में मैकडोनाल्ड्स रेस्तराओं की संख्या 23,000 हो गई थी, और उस वक्त कंपनी प्रति वर्ष 2000 नए रेस्तराओं का शुभारंभ कर रही थी, अर्थात् प्रतिदिन औसतन पाँच नए मैकडोनाल्ड्स रेस्तराँ खुल रहे थे।

इस तरह, 1990 के समूचे दशक के दौरान यानी 1990-99 के बीच मैकडोनाल्ड्स कुल रेस्तराओं की संख्या 11803 से बढ़कर 26309 और कंपनी-संचालित रेस्तराओं की संख्या 2643 से बढ़कर 6059 हो गई थी। 1990 में कंपनी ने करीब 18.75 अरब डॉलर का कारोबार (कुल बिक्री) किया था, जो 1999 में 38.49 अरब डॉलर के स्तर पर पहुँच गया। इसी तरह 1990 में कंपनी की कुल आय 6.64 अरब डॉलर, परिचालन आय 1.59 अरब डॉलर व शुद्ध आय 80.20 करोड़ डॉलर रही थी, जो 1999 में क्रमशः 13.25 अरब डॉलर, 3.32 अरब व 1.94 अरब डॉलर के स्तरों पर पहुँच गई थी। (सारणी देखें)

1990 से 2000 के बीच मैकडोनाल्ड्स का विस्तार व वित्तीय प्रदर्शन

वर्ष/ मद	वर्षांत में रेस्तराओं की संख्या		बिक्री (करोड़ अमेरिकी डॉलर)		राजस्व (करोड़ अमेरिकी डॉलर)		
	कुल	कंपनी संचालित	कुल	कंपनी संचालित	कुल	परिचालन आय	शुद्ध आय
1990	11,803	2,643	1875.90	501.90	664.00	159.60	80.20
1991	12,418	2,547	1992.80	490.80	669.50	167.90	86.00
1992	13,093	2,551	2188.50	510.30	713.30	186.20	95.90
1993	14,127	2,733	2358.70	515.70	740.80	198.40	108.30
1994	15,899	3,216	2598.70	579.30	832.10	224.10	122.40
1995	18,299	3,783	2991.40	686.30	979.50	260.10	142.70
1996	20,884	4,294	3181.20	757.10	1068.70	263.30	157.30
1997	22,928	4,887	3363.80	813.60	1140.90	280.80	164.20
1998	24,513	5,433	3597.90	889.50	1242.10	276.20	155.00
1999	26,309	6,059	3849.10	951.20	1325.90	332.00	194.80
2000	28,707	7,652	4018.10	1046.70	1424.30	333.00	197.70

स्रोत: मैकडोनाल्ड्स कॉरपोरेशन वार्षिक प्रतिवेदन-वर्ष 2000

लेकिन दिलचस्प तथ्य यह था कि 1990 के दशक में मैकडोनाल्ड्स की बढ़त का अधिकांश हिस्सा विदेशी बाजारों से आ रहा था। 1991 में मैकडोनाल्ड्स के 59 अन्य देशों में 3600 रेस्तराँ संचालित कर रहा था, जबकि 1998 में वह 114 देशों में 11,000 से अधिक रेस्तराओं का संजाल बनाने में कामयाब हो गया था। जाहिर है कि जब विदेशों में ज्यादा तेजी से विस्तार हो रहा था तो मैकडोनाल्ड्स के कुल कारोबार में विदेशी आमदनी की हिस्सेदारी भी बढ़ रही थी। 1992 में कंपनी की कुल बिक्री में दो तिहाई यानी लगभग 75 प्रतिशत की हिस्सेदारी अमेरिकी रेस्तराओं से आ रही थी, जो 1997 में 51 प्रतिशत रह गई। यही हाल परिचालन आय का भी था। 1992 में मैकडोनाल्ड्स की कुल परिचालन आय का 60 फीसदी अमेरिका से आ रहा था, जो 1997 में घटकर 42.5 प्रतिशत रह गया था।

यहाँ ध्यान देने की बात यह है कि ऐसा तब हुआ था, जब 1990 के दशक के शुरुआती सात वर्षों में अमेरिका में मैकडोनाल्ड्स रेस्तराओं की संख्या में 40 प्रतिशत की वृद्धि हुई थी। 1990 में अमेरिकी मैकडोनाल्ड्स रेस्तराओं की संख्या 9000 थी, जो 1997 में 12,500 हो गई थी। इसकी वजह यह थी कि मैकडोनाल्ड्स के लिए अमेरिकी बाजार संतृप्ति के स्तर पर पहुँच गया था और नए खोले जा रहे रेस्तराँ नए ग्राहकों की बजाए मैकडोनाल्ड्स के ही ग्रहकों को ज्यादा आकर्षित कर रहे थे और कुल बिक्री में कोई ज्यादा फर्क नहीं पड़ रहा।

मैकडोनाल्ड्स के अंतरराष्ट्रीय विस्तार की दृष्टि से वर्ष 1990 बहुत महत्त्वपूर्ण रहा था। इसी वर्ष मैकडोनाल्ड्स ने पूर्वी यूरोपीय देशों—बेलारूस, बुल्गारिया, चेक गणराज्य, हंगरी, माल्डोवा, पोलैंड, रोमानिया, रूस, स्लोवाकिया व यूक्रेन में रेस्तराओं की शुरुआत व विस्तार किया था। अक्तूबर 1990 में मैकडोनाल्ड्स ने शेन्जेन (गुआंग्डोंग प्रांत) के विशेष आर्थिक क्षेत्र (स्पेशल इकनोमिक जोन/सेज) में अपना पहला रेस्तराँ खोलकर चीन में प्रवेश किया था।

इसी वर्ष मैकडोनाल्ड्स ने पर्यावरण संरक्षण की दिशा में ठोस कदम बढ़ाया था और प्रति वर्ष 10 करोड़ डॉलर मूल्य के पुनर्नवीकृत उत्पादों (रीसाइकल्ड प्रोडक्ट्स) को उपयोग में लाने का फैसला किया था, जिसमें निर्माण, उपकरण, मेज, कुरसी, शौचालय, कागज सहित तमाम उत्पादों को शामिल किया गया था। अमेरिकी पर्यावरण सुरक्षा कोष के साथ मिलकर एक व्यापक ठोस-अपशिष्ट (सॉलिड वेस्ट) कमी कार्यक्रम शुरू किया था। इसके बाद ही हैम्बर्गर सहित अन्य उत्पादों को प्लास्टिक की बजाए कागज-उत्पादों में परोसने के चलन को आगे बढ़ाया गया था।

1991 में मैकडोनाल्ड्स ने लिस्बन के 'कास्काई शौपिंग' में पुर्तगाल का पहला रेस्तराँ खोला था। 1992 में कैसाब्लांका (मोरक्को) में अफ्रीका का पहला

मैकडोनाल्ड्स रेस्तराँ खुला था। 1991 के अंत में मैकडोनाल्ड्स की कुल बिक्री का 37 प्रतिशत अमेरिका से बाहर के विदेशी रेस्तराओं से आने लगा था। याद रहे कि मैकडोनाल्ड्स ने अपना पहला विदेशी रेस्तराँ ब्रिटिश कोलंबिया (कनाडा) में खोला था और 1991 तक उसके 3600 रेस्तराओं का संजाल विश्व के 58 देशों में फैल चुका था। इन विदेशी रेस्तराओं में मैकडोनाल्ड्स की पूर्ण स्वामित्व सहायक कपनियों द्वारा संचालित रेस्तराओं सहित संयुक्त उद्यम (ज्वॉइंट वेंचर) व फ्रेंचाइजी इकाइयाँ शामिल थीं। उस वक्त कंपनी के सबसे मजबूत विदेशी बाजारों—जापान, कनाडा, जर्मनी, ग्रेट ब्रिटेन, ऑस्ट्रेलिया व फ्रांस थे।

1980 के मध्य में अमेरिका में श्रमशक्तियों की भारी कमी चल रही थी और पारंपरिक नियोक्ताओं की तरह मैकडोनाल्ड्स भी इसकी मार झेल रहा था। ऐसे में कंपनी ने सेवानिवृत्त लोगों को नौकरी पर वापसी के लिए प्रोत्साहित किया था। याद रहे कि 1961 में इल्क विल्लेज स्थित रेस्तराँ के तहखाने में शुरू हुआ था हैम्बर्गर विश्वविद्यालय, जो 1983 में ओक ब्रूक (इलिनोइस) मुख्यालय स्थित 80 एकड़ के परिसर में 4 करोड़ डॉलर लागतवाले 1.30 लाख वर्ग फीट के आकारवाले विशाल भवन में आ गया था। इसमें 13 शिक्षण कक्ष, 300 पीठिकाओंवाला सभागार, 12 परस्पर संवादात्मक शिक्षा मंडली कक्ष, 3 रसोई प्रयोगशालाएँ व अत्याधुनिक सेवा प्रशिक्षण प्रयोगशालाएँ बनाई गई थीं। 1990 तक इस विद्यालय से कुल 40,000 लोगों को हैम्बर्गरोलॉजी में स्नातक की उपाधियाँ दी जा चुकी थीं। इस बीच अंतरराष्ट्रीय बाजारों में प्रशिक्षित जनशक्तियों की जरूरतों को पूरा करने के लिए मैकडोनाल्ड्स ने 1971 में टोकियो (जापान), 1975 में म्यूनिख (जर्मनी) व 1982 में लंदन (यूनाइटेड किंगडम) में तीन अन्य हैम्बर्गर विश्वविद्यालय शाखाओं को विकसित कर लिया था। बाद में मैकडोनाल्ड्स ने इस विश्वविद्यालय की शाखाएँ सिडनी (ऑस्ट्रेलिया), साओ पाउलो (ब्राजील) व शंघाई (चीन) में भी स्थापित की थीं। हालाँकि ये सभी शाखा-विश्वविद्यालय अपने मुख्यालय के मूल सिद्धांतों व वैश्विक शिक्षा पाठ्यक्रमों का अक्षरशः पालन करती हैं, लेकिन हरेक में वहाँ की स्थानीय भाषाओं में अध्ययन सामग्रियाँ व शिक्षा प्रदान की जाती है।

इस बीच 1979 में मैकडोनाल्ड्स ने ब्रेल लिपि में भोजन-सूची की शुरुआत की थी और 1988 में चित्र भोजन-सूची पेश की थी। मार्च 1992 में मैकडोनाल्ड्स ने दृष्टि, भाषण या सुनवाई की अपंगतावाले ग्राहकों के लिए ब्रेल व चित्र संयोजित भोजन-सूची को पेश किया था। इसी दौरान मैकडोनाल्ड्स ने अपने रेस्तराओं में हैम्बर्गर को दोनों तरफ से पकानेवाले क्लाम्शेल फ्रायर का इस्तेमाल करना शुरू किया था। इसी दौरान मैकडोनाल्ड्स ने अस्पतालों व सैन्य ठिकानों पर रेस्तराओं का

विस्तार भी शुरू किया था। अब तक माइक्रोवेव ओवन का चलन आम हो रहा था; अमेरिकी बाजारों में 'रसोई के लिए तैयार' (रेडी-टू-कुक) मैकडोनाल्ड्स जैसी भोजन-सामग्रियाँ भी धड़ल्ले से बिकने लगी थीं और लोगों ने मैकडोनाल्ड्स द्वारा परोसे जानेवाली खाद्य विधियाँ अपने घर की रसोइयों में भी आजमानी शुरू कर दी थी। मैकडोनाल्ड्स ने समय रहते ही भाँप लिया था कि यह चलन भविष्य में उसके रेस्तराओं में परोसे जा रहे खाद्यों के लिए चिंता का विषय बन सकता था। चूँकि तब तक मैकडोनाल्ड्स दुनिया का सबसे अधिक विज्ञापित ब्रांड बन चुका था, इसलिए उसने यह प्रचारित करने के लिए बड़ा विज्ञापन व प्रोत्साहन अभियान शुरू कर दिया था कि 'रसोई के लिए तैयार' पैकेटबंद झटपट खाद्य सामग्री की तुलना में उसके खाद्यों के स्वाद व पौष्टिकता ज्यादा बेहतर थीं।

इस बीच 27 फरवरी, 1992 को मैकडोनाल्ड्स एक बार फिर विवादों में घिर गया था। दक्षिण-पश्चिमी अमेरिकी प्रांत न्यू मैक्सिको की सबसे अधिक आबादीवाले नगर अल्बुकर्क स्थित रेस्तराँ से कार में बैठी 79 वर्षीय महिला ने 49 सेंट में कॉफी कप खरीदा था और फिर अपनी जाँघों के बीच कप रखकर मलाई व चीनी मिलाना शुरू किया था। इसी दौरान सारी कॉफी उसकी गोद में गिर गई और नीचे की ओर फैलती चली थी। कॉफी इनती ज्यादा गरम थी कि उस महिला की जाँघों, कूल्हों व कमर की त्वचा बुरी तरह जल गई थी। अस्पताल में उस जलन को तीसरी डिग्री का बताया गया था और उसी के आधार पर उस महिला ने मैकडोनाल्ड्स पर मुआवजा भुगतान का मुकदमा दायर कर दिया। महिला के वकील ने मैकडोनाल्ड्स की 82 से 88 डिग्री सेंटीग्रेट गरम कॉफी के खतरनाक होने का तर्क दिया था और न्यायालय ने मैकडोनाल्ड्स के खिलाफ फैसला सुनाया था और उस महिला को क्षतिपूर्ति के रूप में 20.86 लाख डॉलर के भुगतान का आदेश सुनाया था, जिसमें 1.60 लाख डॉलर का अस्पताल खर्च भी शामिल था। दो वर्षों से भी अधिक समय तक चले इस न्यायायिक विवाद ने मैकडोनाल्ड्स कॉफी केस के रूप में संचार माध्यमों की सुर्खियाँ बटोरी थीं और मैकडोनाल्ड्स की छवि को भारी नुकसान हुआ था। अंततः 6.40 लाख डॉलर पर दोनों पक्षों के बीच रहस्यमय ढंग से समझौता हो गया था।

23 अप्रैल, 1992 को चीन की राजधानी बीजिंग में विश्व के सबसे बड़े मैकडोनाल्ड्स रेस्तराँ (वांगफुजिंग स्ट्रीट, त्यानआनमेन स्क्वेयर के नजदीक) का शुभारंभ हुआ था। 700 पीठिका वाले (सीट) इस रेस्तराँ में 29 इलेक्ट्रॉनिक कैश रजिस्टर स्थापित किए गए थे और 1000 से अधिक कर्मचारियों को रोजगार मिला था। उद्घाटन दिवस पर रेस्तराँ ने 40,000 ग्राहकों की सेवा की थी। हालाँकि मैकडोनाल्ड्स के पास इस दोमंजिला भवन का 20 साल का पट्टा था, लेकिन स्थानीय प्रशासन

> **23 अप्रैल, 1992 को चीन की राजधानी बीजिंग में विश्व के सबसे बड़े मैकडोनाल्ड्स रेस्तराँ का शुभारंभ हुआ था। 700 पीठिका वाले इस रेस्तराँ में 29 इलेक्ट्रॉनिक कैश रजिस्टर स्थापित किए गए थे और 1000 से अधिक कर्मचारियों को रोजगार मिला था।**

ने वहाँ पर एक विशाल खरीदारी परिसर बनाने का फैसला किया था और मैकडोनाल्ड्स को 150 मीटर उत्तर में स्थानांतरित होने का आदेश दिया था। पहले तो मैकडोनाल्ड्स अड़ा रहा था, लेकिन जब बीजिंग स्थानीय प्रशासन ने इस स्थानांतरण के लिए मुआवजा देने का वायदा किया था तो 1 दिसंबर, 1996 को मैकडोनाल्ड्स ने उस भवन से खुद स्थानांतरित करने घोषणा कर दी थी। बाद में स्थानीय प्रशासन ने उस भवन को ध्वस्त कर दिया था और वहाँ पर 1.50 अरब डॉलर की लागतवाले एशिया के सबसे बड़े खरीदारी-कार्यालय-निवास परिसर ओरिएंटल प्लाजा के निर्माण का रास्ता साफ हुआ था। उस वक्त बीजिंग में मैकडोनाल्ड्स के 26 रेस्तराँ चल रहे थे और कंपनी 100 नए रेस्तराओं को चालू करने की योजना पर अमल कर रही थी।

28 व 29 अप्रैल, 1992 को ताइवान स्थित मैकडोनाल्ड्स के सात रेस्तराओं के अंदर या बाहर कई बम धमाके हुए थे, जिसे ताइवान मैकडोनाल्ड्स बम विस्फोट के रूप में याद किया जाता है। इस दुर्घटना में चार नागरिकों की मौत हो गई थी और एक पुलिस अधिकारी बम को निरस्त करने की कोशिश में मारा गया था। ताइपेई के योंघे उपनगर में बम की टिक-टिक आवाज की टोह ले रहे मैकडोनाल्ड्स के दो कर्मचारी व दो बड़े बच्चे घायल हुए थे। इसके अलावा दक्षिणी-पश्चिमी ताइवान के काऊशुंग व ताइवान की राजधानी ताइपेई में पाँच छोटे विस्फोटक उपकरण भी मिले थे, जिनमें से चार रेस्तराँ के अंदर थे। रेस्तराँ के बाहर एक बम विस्फोट भी किया था, लेकिन उसमें कोई घायल नहीं हुआ था।

इस घटना के दौरान गुमनाम व्यक्ति ने दूरभाष पर ताइवान में मैकडोनाल्ड्स की स्थानीय फ्रेंचाइजी कंपनी क्वांटी फूड्स के संचालक से 2.40 लाख डॉलर की माँग की थी, लेकिन संचालक ने किसी प्रकार की सौदेबाजी या भुगतान से साफ इनकार कर दिया था और फिर ताइवान स्थित तत्कालीन 57 रेस्तराओं के परिचालन तत्काल स्थगित कर दिए गए थे। स्थानीय पुलिस द्वारा दोषियों की खोज के दौरान मैकडोनाल्ड्स ने सुराग देनेवाले को 20,000 डॉलर के इनाम की घोषणा की थी। चेन सी-सेह नामक नलसाज (प्लंबर) को इस घटना का दोषी पाया गया था और 25 नवंबर, 1992 को ताइपेई जिला अदालत ने उसे आजीवन कारावास की सजा सुनाई

थी। मुख्य दोषी को विस्फोटक प्रदान करने के आरोप में पैन ची-मिंग नामक व्यक्ति को 15 वर्ष 6 महीने के कारावास की सजा दी गई थी।

1992 मैकडोनाल्ड्स के लिए अशुभ साबित हुआ था। 7 मई, 1992 को सिडनी रिवर (नोवा स्कोटिया, कनाडा) स्थित मैकडोनाल्ड्स रेस्तराँ के ही एक कर्मचारी ने अपने दो दोस्तों के साथ मिलकर तिजोरी लूटने के चक्कर में रेस्तराँ में डकैती डाली थी और सबूत मिटने के चक्कर में तीन कर्मचारियों को मार गिराया था और एक को जीवन भर के लिए अपंग बना दिया था। यह कनाडा की उस समय तक की सबसे सनसनीखेज घटना थी। डेरेक वुड नामक 18 वर्ष के उस युवा कर्मचारी को पता चला था कि रेस्तराँ की तिजोरी में 2 लाख डॉलर थे और उसने रेस्तराँ में लूट की योजना बनाई थी। जब रात में रेस्तराँ बंद हो गया था, वह फिल्मी अंदाज में हेलोवीन मुखौटे पहनकर अपने दो दोस्तों के साथ तहखाने के रास्ते से अंदर घुसा था। मौके पर मौजूद चार कर्मचारियों से उसकी झड़प हो गई थी और उसने पिस्तौल व चाकू से तीन को वहीं मार गिराया था और चौथे को मरा समझकर छोड़ दिया था। ड्रेक वुड को दो आजीवन कैद की सजा मिली थी और उसके एक दोस्त को 25 साल की कैद व दूसरे को 20 साल की कैद मिली थी। मैकडोनाल्ड्स ने उस रेस्तराँ को दो सप्ताह बाद ही फिर से खोल दिया था, लेकिन सिडनी रिवर मैकडोनाल्ड्स मर्डर के रूप में कुख्यात उस घटना की दहशत के चलते उस रेस्तराँ में ग्राहकों की संख्या काफी कम रह गई थी। आखिरकार उस दुर्घटना के आठ वर्षों बाद कंपनी ने उस रेस्तराँ को ध्वस्त कर दिया था और वहाँ से कुछ मिनटों की दूरी पर एक नए रेस्तराँ का निर्माण किया, जो अभी भी सफलतापूर्वक चल रहा था। दुर्घटनावाले रेस्तराँ की जमीन अभी भी खाली पड़ी है।

इन तमाम दुर्घटनाओं के बीच रहते हुए भी मैकडोनाल्ड्स ने अपनी रफ्तार को कम नहीं होने दिया था। 17 जून, 1992 को मैकडोनाल्ड्स ने वॉरसॉ में पोलैंड का पहला रेस्तराँ खोला था।

1993 में मैकडोनाल्ड्स ने दुनिया के सबसे बड़े समुद्री-यात्रा जहाजों में गिने जानेवाले सिलजा यूरोपा, जो हेलसिंकी (फिनलैंड) व स्टॉकहोम (स्वीडन) के बीच नौकायन करता था, में अपना समुद्री रेस्तराँ खोला था। 8 दिसंबर, 1993 को मैकडोनाल्ड्स ने सऊदी अरब में अपना पहला रेस्तराँ शुरू किया था।

1993 में मेलबोर्न (ऑस्ट्रेलिया) के मैकडोनाल्ड्स रेस्तराँ संचालक ऐन ब्राउन ने अपने रेस्तराँ के भीतर ही 'मैककैफे' नाम से कॉफीशॉप का शुभारंभ किया था। चूँकि तब तक दुनिया भर में स्टारबक्स उच्च गुणवत्तापूर्ण कॉफी व विशेष खाद्यों

के रेस्तराओं की विशाल श्रृंखला स्थापित कर चुका था, इसीलिए मैकडोनाल्ड्स के शीर्ष नेतृत्व को यह समझते देर नहीं लगी थी कि विशिष्ट सेवाओं व सुविधाओंवाला कॉफीशॉप उसके लिए दूसरा प्रमुख रेस्तराँ-प्रारूप बन सकता था। मैकडोनाल्ड्स ने इस दिशा में धीरे-धीरे सधे कदम बढ़ाना शुरू किया था। चूँकि यह विशिष्ट ग्राहक वर्ग को सेवा देनेवाला रेस्तराँ प्रारूप था, इसीलिए मैकडोनाल्ड्स ने शुरू से ही अपने हैम्बर्गर रेस्तराओं से अलग मैककैफे की बिल्कुल अलग छवि प्रस्तुत करने की कोशिश की थी और मैककैफे को पूर्ण स्वामित्ववाली अलग सहयोगी कंपनी के रूप संचालित किया था। यही कारण था कि स्टारबक्स के गढ़ अमेरिका के बाजारों में घुसने की बजाए मैकडोनाल्ड्स ने अन्य बाजारों में मैककैफे का विस्तार किया था। ऐसे में जब 2001 में मैककैफे ने अमेरिका में अपना शुभारंभ किया था, तब तक अन्य देशों में इसके 300 रेस्तराँ बन चुके थे। 2002 में मैककैफे 13 देशों में फैल गया था और 2003 में यह ऑस्ट्रेलिया व न्यूजीलैंड का सबसे बड़ा कॉफीशॉप ब्रांड था। मैकडोनाल्ड्स कॉरपोरेशन द्वारा मैककैफे श्रृंखला को आगे बढ़ाने के पीछे तब एक दिलचस्प तथ्य यह भी सामने आया था कि कंपनी के हैम्बर्गर रेस्तराँ के मुकाबले मैककैफे रेस्तराँ 15 प्रतिशत अधिक कमाई कर रहा था। आनेवाले समय में मैकडोनाल्ड्स ने अपने रेस्तराओं के अंदर भी मैककैफे स्टेशन स्थापित करने शुरू कर दिए थे। 2015 में अमेरिका के मैकडोनाल्ड्स रेस्तराओं के अंदर स्थापित मैककैफे स्टेशनों की संख्या 11000 से अधिक हो चुकी थी। इससे पहले अगस्त 2014 में मैकडोनाल्ड्स ने दुनिया भर के बाजारों में अपने मैककैफे ब्रांड को प्रचारित-प्रसारित करने के लिए क्राफ्ट्स फूड्स ग्रुप के साथ व्यापक अनुबंध किया था। उसके बाद यह अनुमान लगाया जा रहा था कि जल्द ही मैककैफे ब्रांड के कॉफी उत्पाद दुनिया भर के बाजारों में किराना दुकानों तक पर उपलब्ध होने लगेंगे।

जैसा कि हमने ऊपर पढ़ा है, इस दशक में मैकडोनाल्ड्स के अमेरिकी कारोबार में सुस्ती का एकमात्र कारण बाजार का संतृप्ति के स्तर पर पहुँच जाना ही नहीं था, बल्कि इस दौरान कंपनी ने कई बड़ी भूलें की थीं। उदाहरण के लिए, 1991 में मैकडोनाल्ड्स ने मोटापा के प्रति जागरूक ग्राहकों को ध्यान में रखकर मैकलीन डीलक्स सैंडविच बाजार में उतारा था, जिसमें 91 प्रतिशत वसा-मुक्त (फैट फ्री) गौमांस पट्टी डाली गई थी। तमाम कोशिशों के बावजूद यह उत्पाद ग्राहकों को खींच पाने में बुरी तरफ असफल रहा और कंपनी ने अंततः फरवरी 1996 में इसे भोजन-सूची से बाहर निकाल दिया। इसके अलावा 1990 के दशक के शुरुआती वर्षों में बाजार में उतारे गए कई मैकडोनाल्ड्स उत्पाद—फ्राइड चिकन, पास्ता, फजिता

(विशेष प्रकार की मकई रोटी पर भुने हुए मांस रखकर तैयार व्यंजन) व पिज्जा आदि भी बुरी तरह पिट गए थे। फिर मई 1996 में मैकडोनाल्ड्स ने वयस्क ग्राहकों के लिए बड़े आकार व स्वाभाविक रूप से ज्यादा कीमतवाला सैंडविच-आर्च डीलक्स (जिसमें एक चौथाई पौंड/लगभग 113 ग्राम गौमांस पट्टी के अलावा एक गोल सूअर मांस पट्टी, अमेरिकन चीज पट्टी व सलाद आदि डाले गए थे) को बाजार में उतारा था। इसके साथ ही वयस्क ग्राहकों को खींचने की उम्मीद में सितंबर 1996 में 20 करोड़ डॉलर के भीषण विज्ञापन अभियान के साथ अन्य मैकडोनाल्ड्स उत्पादों की पूरी शानदार-श्रृंखला (डीलक्स लाइन) बाजार में प्रस्तुत की गई थी। यह प्रचार-प्रसार अभी बीच में ही था कि अगली वसंत ऋतु में 55 सेंट बिग मैक का प्रोत्साहन अभियान शुरू कर दिया गया, जो बहुत बड़ी रणनीतिक भूल साबित हुई। ग्राहकों में भ्रम फैल गया कि वह अपेक्षाकृत ज्यादा महँगी शानदार श्रृंखला के उत्पादों को चुने या फिर सस्ते बिक मैक को। लिहाजा मैकडोनाल्ड्स का इतना खर्चीला विज्ञापन अभियान उत्पादकता-विरोधी (काउंटर प्रोडक्टिव) साबित हो गया। इस असफलता की गाज विज्ञापन एजेंसी लियो बर्नेट पर गिरी थी और जुलाई 1997 में मैकडोनाल्ड्स ने लियो बर्नेट के साथ अपना 15 साल पुराना संबंध तोड़ देने का फैसला कर लिया था। मैकडोनाल्ड्स की इस असफलता का फायदा प्रतिस्पर्धी बर्गर किंग ने 'बिग मैक' का प्रतिलिपि उत्पाद 'बिग किंग' सैंडविच को बाजार में उतार कर उठाया था।

इन रणनीतिक भूलों के चलते अमेरिकी क्षेत्र के मैकडोनाल्ड्स रेस्तराओं की बिक्री बुरी तरह प्रभावित हुई थी। यही कारण था कि मैकडोनाल्ड्स के शीर्ष प्रबंधन ने अमेरिकी बाजार की विस्तार-योजनाओं में भारी कटौती करने का फैसला किया था। 1995 में मैकडोनाल्ड्स ने अमेरिका में 1130 नए रेस्तराँ खोले थे, जबकि 1997 में सिर्फ 400 नए रेस्तराँ खुल सके थे। इसकी वजह यह थी मैकडोनाल्ड्स ने सैकड़ों वालमार्ट खुदरा बिक्री केंद्रों व गैस भराई केंद्रों पर रेस्तराँ खोलने की अपनी पूर्व योजना को स्थगित करने का फैसला कर लिया था। इस दौरान फ्रेंचाइजी संचालकों ने कंपनी के तत्कालीन ढाँचे में जरूरत से ज्यादा नौकरशाही व कमजोर संवाद की शिकायतें की थीं। मैकडोनाल्ड्स-अमेरिका के तत्कालीन अध्यक्ष जैक एम. ग्रीनवर्ग, जिन्होंने अक्तूबर 1996 में यह पदभार ग्रहण किया था, समूचे अमेरिका को पाँच स्वायत्त भौगोलिक प्रभागों (औटोनोमस जियोग्राफिक डिवीजन) में बाँट दिया था।

अमेरिका की सुस्त बिक्री व कठिनाई के बीच मैकडोनाल्ड्स के शीर्ष प्रबंधन में उठापटक की स्थिति आई थी। मई 1998 में माइकल रोबर्ट कुइनलन के स्थान पर जैक एम. ग्रीनवर्ग को अध्यक्ष व मुख्य कार्यकारी अधिकारी नियुक्त किया गया था

और मैकडोनाल्ड्स-अमेरिका के अध्यक्ष पद पर चार साल पहले पिज्जा हट से आए एलन डी. फेल्डमैन को बिठा दिया गया था। यह एक असामान्य कदम था, क्योंकि इससे पहले तक सिर्फ काफी पुराने मैकडोनाल्ड्स अधिकारियों को ही शीर्ष पदों की जिम्मेदारी दी जाती थी। अगले ही माह कुछ ऐसा हुआ था, जो मैकडोनाल्ड्स के इतिहास में पहली बार हो रहा था। मैकडोनाल्ड्स ने अपने मुख्यालय से 525 कर्मचारियों यानी 23 प्रतिशत कर्मचारियों को नौकरी से हटा देने का फैसला किया था। इसके चलते मैकडोनाल्ड्स को 1998 की दूसरी तिमाही के वित्तीय स्थिति विवरण (बैलेंस शीट) में 16 करोड़ डॉलर के मुआवजा भुगतान का प्रावधान करना पड़ा था। नतीजतन, 1965 में सार्वजनिक होने के बाद पहली बार कंपनी को 1998 में शुद्ध आय में गिरावट दर्ज करनी पड़ी थी। 1997 में मैकडोनाल्ड्स की शुद्ध आय 1.64 अरब थी, जो 1998 में 1.55 अरब डॉलर पर आ गिरी थी।

इस बीच 13 अक्तूबर, 1996 को बसंत लोक (नई दिल्ली) में भारत के पहले मैकडोनाल्ड्स का शुभारंभ हुआ था। 19 सितंबर, 1998 को पाकिस्तान का पहला रेस्तराँ लाहौर में खुला था और उसके एक सप्ताह बाद कराची में।

लड़खड़ाता-सँभलता-आगे बढ़ता मैकडोनाल्ड्स

20वीं सदी के अंतिम दशक में मैकडोनाल्ड्स की तूफानी बढ़त को जो झटका लगा था, उसका असर 21वीं सदी के शुरुआती वर्षों के वित्तीय प्रदर्शन पर देखा गया था। अमेरिका सहित विदेशी बाजारों में रेस्तराँ विस्तार का क्रम जारी रहा, लेकिन पिछले दशक के मुकाबले उसकी गति धीमी रही। 21वीं सदी के 14 वर्षों में मैकडोनाल्ड्स ने कुल 7551 नए रेस्तराओं को अपने संजाल में जोड़ा। 2014 के अंत में विश्व भर में कुल 36258 रेस्तराँ संचालित हो रहे थे, जिनमें अमेरिका की हिस्सेदारी सिर्फ 14,267 ही थी। विदेशी बाजारों में 3164 रेस्तराओं के साथ जापान पहले, 2000 से अधिक रेस्तराओं के साथ चीन दूसरे, 1477 रेस्तराओं के साथ जर्मनी तीसरे, 1427 रेस्तराओं के साथ कनाडा चौथे, 1300 से अधिक रेस्तराओं के साथ फ्रांस पाँचवें व 1244 रेस्तराओं के साथ यूनाइटेड किंगडम छठे स्थान पर था। अन्य सबसे बड़े विदेशी बाजारों में ऑस्ट्रेलिया (920 रेस्तराँ), ब्राजील (812 रेस्तराँ), इटली (512 रेस्तराँ), सोवियत संघ/रूस (510 रेस्तराँ), स्पेन (481 रेस्तराँ), दक्षिण कोरिया (409 रेस्तराँ), मैक्सिको (402 रेस्तराँ), फिलीपिंस (400 से अधिक रेस्तराँ) आदि शामिल थे। भारत में 250 से अधिक मैकडोनाल्ड्स रेस्तराओं का संजाल स्थापित हो चुका था, लेकिन स्थानीय फ्रेंचाइजी कंपनी के साथ विवाद के

चलते यहाँ पर विस्तार की गति धीमी थी। पाकिस्तान में मैकडोनाल्ड्स रेस्तराओं की कुल संख्या 30 ही पहुँच सकी थी। इस तरह 2014 के अंत में विश्व के 119 देशों में कुल 36,258 रेस्तराओं के साथ मैकडोनाल्ड्स प्रतिदिन 6.80 करोड़ ग्राहकों अपनी सेवाएँ दे रहा था।

2015 में 10 बहुराष्ट्रीय खाद्य ब्रांड की सूची में मैकडोनाल्ड्स पहले स्थान पर था और उसका ब्रांड मूल्य 81.16 अरब डॉलर आँका गया था, जबकि दूसरे स्थान पर मौजूद स्टारबक्स (29.31 अरब डॉलर) काफी पीछे खड़ा था। अन्य प्रमुख खाद्य ब्रांड के मूल्य इस प्रकार थे—सबवे (22.56 अरब डॉलर), केएफसी (12.64 अरब डॉलर), चिपोटल (10.64 अरब डॉलर), पिज्जाहट (8.51 अरब डॉलर), टीम होर्टोंस (4.59 अरब डॉलर), डोमिनोज पिज्जा (3.75 अरब डॉलर), बर्गर किंग (3.16 अरब डॉलर) व पनेरा (2.96 अरब डॉलर)। (स्रोत : स्टेटिस्टा.कॉम)

विश्वव्यापी विस्तार व कुल बिक्री के लिहाज से धीरे-धीरे ही सही, लेकिन मैकडोनाल्ड्स लगातार आगे बढ़ रहा है। 21वीं सदी के 14 वर्षों मैकडोनाल्ड्स की कुल बिक्री 10.90 अरब डॉलर (2001) से बढ़कर 87.78 अरब डॉलर के स्तर चली गई थी। वैसे तो कंपनी की कुल आय भी लगातार बढ़ती रही है, लेकिन कंपनी की परिचालन आय व शुद्ध आय के आँकड़े लड़खड़ाते-सँभलते रहे हैं। (सारणी देखें)

2001 से 2014 के बीच मैकडोनाल्ड्स का विस्तार व वित्तीय प्रदर्शन

वर्ष/मद	वर्षांत में रेस्तराओं की संख्या		बिक्री (करोड़ अमेरिकी डॉलर)		आय (करोड़ अमेरिकी डॉलर)		
	कुल	कंपनी संचालित	कुल	कंपनी संचालित	कुल	परिचालन आय	शुद्ध आय
2001	29,196	8204	4049.90	1090.90	1473.80	272.10	163.70
2002	30,876	8773	4151.80	1129.60	1520.10	212.80	89.30
2003	30,824	8661	4561.00	1248.10	1682.50	283.70	147.10
2004	31,152	8811	5080.70	1375.50	1859.40	353.80	227.90
2005	31,397	8802	5363.90	1472.60	1983.20	399.20	260.20
2006	31,667	8785	5746.30	1608.30	2158.60	444.50	354.40
2007	31,377	6906	6355.40	1661.10	2278.70	387.90	239.50
2008	31,967	6502	7069.30	1656.10	2352.20	644.30	431.30

2009	32,478	6262	7238.70	1545.90	2274.50	684.10	455.10
2010	32,737	6399	7738.00	1623.30	2407.50	747.30	494.60
2011	33,510	6435	8594.10	1829.30	2700.60	853.00	550.30
2012	34,480	6598	8829.00	1860.30	2756.70	860.50	546.50
2013	35,429	6738	8912.60	1887.50	2810.60	876.40	558.60
2014	36,258	6714	8778.60	1816.90	2744.10	794.90	475.80

स्रोत : मैकडोनाल्ड्स कॉरपोरेशन वार्षिक प्रतिवेदन–2006, 2010, 2014

दिलचस्प तथ्य यह है कि 2008 की विश्वव्यापी आर्थिक मंदी के बावजूद 2013 तक मैकडोनाल्ड्स की कुल आय, परिचालन आय व शुद्ध आय में लगातार सुधार का क्रम बना रहा था, लेकिन 2014 में अचानक ये तीनों आँकड़े लड़खड़ा गए थे। इसका मुख्य कारण यह माना जा रहा है कि मैकडोनाल्ड्स को कॉफी कारोबार में ज्यादा संभावना नजर आ रही है और वह 'मैककैफे' कॉफी हाउस शृंखला के विश्वव्यापी विस्तार में आक्रामक निवेश कर रही है। भले ही अधिकांश वित्तीय विश्लेषक मैकडोनाल्ड्स के शुद्ध लाभ में आई गिरावट के चलते उसकी आलोचना कर रहे हैं, लेकिन मैकडोनाल्ड्स को कॉफी में बहुत संभावना नजर आ रही है। जैसा कि हम ऊपर पढ़ चुके हैं कि मैकडोनाल्ड्स ने 2014 में क्राफ्ट फूड्स ग्रुप के साथ अनुबंध किया है, बहुत अधिक संभावना है कि जल्द ही विश्वव्यापी स्तर पर 'मैककैफे' ब्रांड की कॉफी हर किराना दुकान पर दिखाई देने लगे। अनुमान लगाया जा रहा कि मैकडोनाल्ड्स कॉफी बाजार की सिरमौर कंपनी स्टारबक्स की विशिष्ट छवि को तोड़कर आम ग्राहकों के बीच अपनी पैठ मजबूत करने के दिशा में सधे कदम बढ़ा रही है।

2008 की विश्वव्यापी आर्थिक मंदी के बावजूद 2013 तक मैकडोनाल्ड्स की कुल आय, परिचालन आय व शुद्ध आय में लगातार सुधार का क्रम बना रहा था, लेकिन 2014 में अचानक ये तीनों आँकड़े लड़खड़ा गए थे।

1 जनवरी, 2003 को जेम्स रिचर्ड 'जिम' कैंटालूपो को ग्रीनबर्ग के स्थान पर चेयरमैन चुना गया था, लेकिन 19 अप्रैल, 2004 को हृदयगति रुकने के कारण 60 वर्ष की उम्र में ही उसकी होटल के कमरे में अचानक मौत हो गई थी, जब वह मैकडोनाल्ड्स रेस्तराँ संचालकों के वार्षिक सम्मेलन में भाग लेने ऑर्लैंडो (फ्लोरिडा) गया हुआ था। फ्रेड टर्नर की तरह शिकागो निवासी जिम कैंटालूपो ने भी रेस्तराँकर्मी के रूप मैकडोनाल्ड्स में अपना पेशेवर जीवन शुरू किया था। उसके बाद एंड्रयू जेम्स मैककेना को गैर-कार्यकारी

सभापति (नॉन एग्जीक्यूटिव चेयरमैन) बनाया गया था। 2004 में सेवानिवृत्त होने के बाद फ्रेड टर्नर अवैतनिक सभापति (आनरेरी चेयरमैन) के रूप में मैकडोनाल्ड्स को परोक्ष नेतृत्व प्रदान करता रहा था, लेकिन 80वाँ जन्म दिन के एक दिन बाद 7 जनवरी, 2013 को उसकी मृत्यु हो गई थी। इस तरह संस्थापक रे क्रोक की मृत्यु के 29 वर्षों बाद मैकडोनाल्ड्स में उसका उत्तराधिकारी इस दुनिया से विदा हो गया था। चूँकि रे क्रोक ने मैकडोनाल्ड्स को शुरू से पेशेवर ढाँचे में विकसित किया था, इसलिए कंपनी के पास लंबे समय से काम करनेवाले शीर्ष अधिकारियों की बड़ी फौज मौजूद है, इसीलिए यह उम्मीद की जा रही है कि कंपनी अपने संस्थापक के मूल सिद्धांतों—गुणवत्ता, सेवा, स्वच्छता व मूल्य पर सधे कदम से आगे बढ़ेगी।

□□□